Thomas W. Gaehtgens

Die brennende Kathedrale

Thomas W. Gaehtgens

Die brennende Kathedrale

Eine Geschichte aus dem
Ersten Weltkrieg

C.H.Beck

Unter dem Titel *Reims on Fire. War and Reconciliation between France and Germany* erschien die englische Originalausgabe des Getty Research Institute,
Getty Publications, 1200 Getty Center Drive, Suite 500, Los Angeles, CA 90049-1679
www.getty.edu/publications

Mit 88 Abbildungen

Für die deutsche Ausgabe:

Umschlaggestaltung: Rothfos & Gabler, Hamburg
Umschlagabbildung: © Studio Thomas Demand, Berlin
Satz im Verlag
Druck und Bindung: Pustet, Regensburg
Gedruckt auf säurefreiem, alterungsbeständigem Papier
(hergestellt aus chlorfrei gebleichtem Zellstoff)
Printed in Germany
ISBN 978 3 406 72525 8

www.chbeck.de

Les partis nationalistes, de l'un et de l'autre côté des frontières, exagèrent à l'envi les différences de tempérament et d'esprit qui, selon eux, rendraient impossible toute entente entre Français et Allemands [...] Sur le terrain de la culture, aussi bien dans les sciences que dans les lettres et les arts, les défauts et qualités de part et d'autre sont à ce point complémentaires qu'il ne peut y avoir que profit dans une entente, que préjudice dans un conflit.

André Gide, *Feuillets*, 1918,
Journal, 1889–1939, Bibliothèque de la Pléiade,
Gallimard, Paris 1955, S. 673

Aber die anderen alle, die sonst mit mehr oder weniger Bewußtsein am übernationalen Bau der menschlichen Kultur tätig gewesen sind und jetzt plötzlich den Krieg ins Reich des Geistes hinübertragen wollen, die begehen ein Unrecht und einen großen Denkfehler [...] Und wer soll dazu beitragen und daran arbeiten, daß es wieder anders wird, daß man sich wieder versteht, wieder anerkennt, wieder voneinander lernt – wer soll das tun, wenn nicht wir, die wir am Schreibtisch sitzen und unsere Brüder im Felde stehen wissen? Ehre jedem, der mitkämpft, mit Blut und Leben, auf dem Schlachtfeld unter den Granaten! Uns andern, die es mit der Heimat gut meinen und an der Zukunft nicht verzweifeln wollen, uns ist die Aufgabe geworden, ein Stück Frieden zu erhalten, Brücken zu schlagen, Wege zu suchen, aber nicht mit dreinzuhauen (mit der Feder!) und die Fundamente für die Zukunft Europas noch mehr zu erschüttern.

Hermann Hesse, *O Freunde, nicht diese Töne*!
Neue Zürcher Zeitung, 3. November 1914

Inhalt

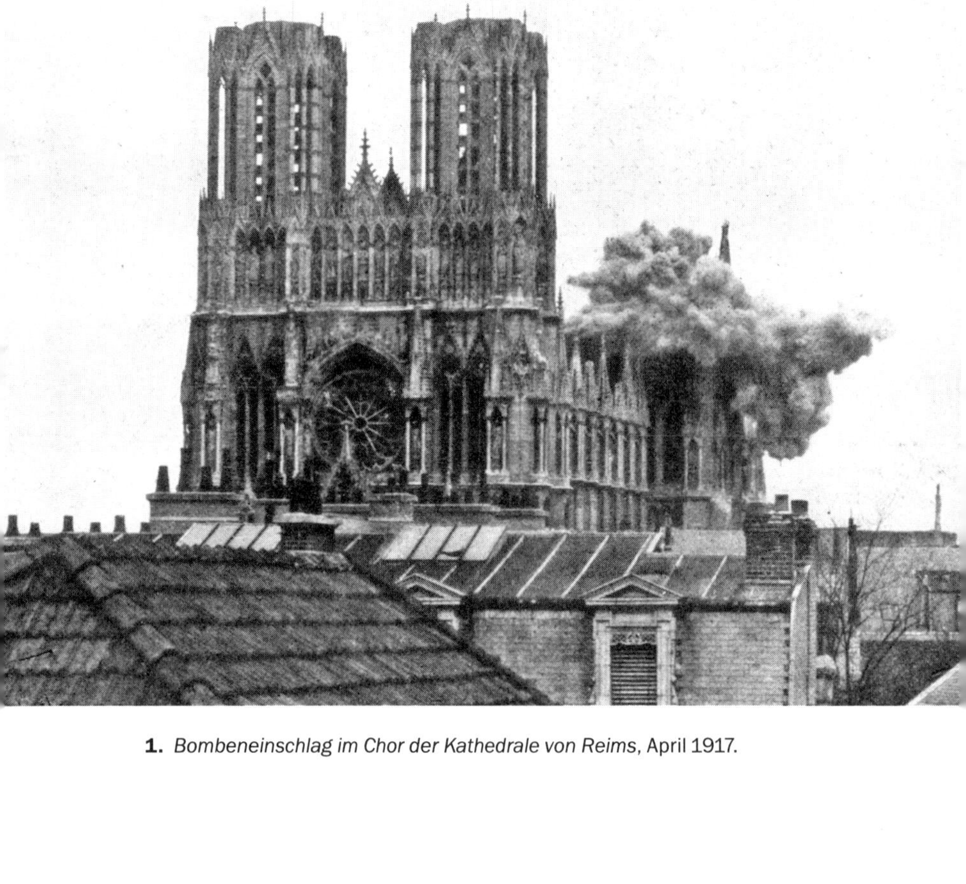

1. *Bombeneinschlag im Chor der Kathedrale von Reims*, April 1917.

Einleitung

Die Beschießung der Kathedrale von Reims durch deutsche Truppen im September 1914 hatte verheerende Folgen. Kulturelle, wissenschaftliche und menschliche Beziehungen zwischen Frankreich und Deutschland waren von nun an undenkbar. (Abb. 1) Selbst in Zeiten kriegerischer Auseinandersetzungen zwischen Ländern bleiben meist berufliche und freundschaftliche Kontakte erhalten. Trotz der Verwüstungen in Heidelberg unter Ludwig XIV., trotz der Befreiungskriege gegen Napoleon und der Zerstörungen in den Jahren 1870/71 waren die Beziehungen zwischen den Nachbarländern niemals völlig abgebrochen worden.

Im September 1914, nach der Bombardierung der Kathedrale, brachen jedoch alle Brücken zwischen den beiden Ländern ab. Selten, wenn überhaupt jemals, hat der militärische Angriff auf ein Baudenkmal einen solchen Sturm der Empörung in Texten und Bildern ausgelöst. Der Vorgang galt weltweit als ein unvorstellbarer Akt des Vandalismus. Nicht nur das Vorgehen der Armee erschien brutal. Die Deutschen insgesamt wurden nach diesem Ereignis als Barbaren, Hunnen oder Vandalen bezeichnet.

Bis heute fehlt eine Untersuchung, die die Gründe für den geistigen Zusammenbruch auf beiden Seiten darstellt, den dieses Ereignis auslöste. Die brennende Kathedrale von Reims steht vor unser aller Augen – tief in unser Gedächtnis eingeprägt durch die sich bereits damals mit großer Geschwindigkeit entwickelnden Bildmedien. Militärisch gesehen ein unerheblicher Vorgang, wurde die Beschießung in den Medien und der Propaganda als ein unfassbares kulturelles Verbrechen dargestellt und entsprechend empfunden. Warum diese Aktion zum Abbruch aller wissenschaftlichen und kulturellen Kontakte führte statt zu einem allgemeinen Aufschrei von Deutschen und Franzosen, diesen sinnlosen Krieg zu beenden, erscheint uns heute unbegreiflich. Die eingehende Betrachtung der erhaltenen Schriften und Bilder, die aus diesem Anlass entstanden, können allerdings verdeutlichen, warum es zu einem gemeinsamen Protest, über die Grenzen hinweg, nicht kommen konnte.

In diesem Buch werden die Umstände des Angriffs auf ein herausragendes Nationaldenkmal geschildert, der, vertieft durch den jahrelangen Stellungskrieg, einen dramatischen Konflikt zwischen Frankreich und Deutschland auslöste. Große Anstrengungen von etwa zwei Generationen wurden benötigt, um ihn zu überwinden. Die Vorgänge waren in ihrem politischen und historischen Zusammenhang einzigartig. Dennoch liefern sie ein paradigmatisches Beispiel für die Bedeutung, die kulturelle Monumente für eine Nation haben, und die Auswirkungen, die ihre Zerstörung nach sich ziehen kann.

Wir handeln in dieser Darstellung von einem bestimmten historischen Ereignis der europäischen Geschichte des frühen 20. Jahrhunderts. Vergleichbare Vorkommnisse, wenn auch jeweils von anderen, spezifischen Voraussetzungen bedingt, haben sich jedoch seit Jahrhunderten auf vielen Kontinenten und in den meisten Kulturen ereignet und können auch in unserer Gegenwart wahrgenommen werden. Thema dieses Buches ist somit, über die im Zentrum stehende Analyse hinaus, die Bedeutung dieser herausragenden Monumente zu beleuchten und ihrem Schutz eine Stimme zu verleihen.

Respekt und Antagonismus

Nach dem Untergang des *Second Empire* 1870, nachdem Frankreich ein bitterer, ja demütigender Friedensvertrag aufgezwungen worden war, suchte das Land nach den Gründen der Niederlage, die zu einer neuen Verfassung und einem veränderten Regierungssystem in der *Troisième République* geführt hatten. Das Verhältnis zu Deutschland blieb in der Dritten Republik angespannt, von Misstrauen gekennzeichnet und von Revanchegedanken gegenüber dem Deutschen Kaiserreich geprägt.

Aber Frankreich blickte auch bewundernd auf die sozialen, wirtschaftlichen, kulturellen und wissenschaftlichen Entwicklungen des Nachbarlandes. Nicht nur die Gegnerschaft, sondern auch der Respekt gegenüber den Deutschen hatte Tradition.[1] Musikliebende Franzosen waren regelmäßige und begeisterte Besucher der Wagner-Festspiele in Bayreuth. Gleichzeitig entstanden in Deutschland die bedeutenden Kunstsammlungen der französischen Moderne, die entscheidende Anregungen für die deutsche Kunst boten und bis heute die Qualität der Museen prägen. Wissenschaftliche und kulturelle Begegnungen von Deutschen und Franzosen fanden häufig statt und inspirierten die Vertreter beider Länder. Auch in Zeiten politischer Kontroversen zwischen der Dritten Republik und dem Deutschen Kaiserreich studierten französische Fachleute die deutsche Schul- und Universitätsausbildung, da sie in mancher Hinsicht als vorbildlich angesehen wurde. Die Produkte der deutschen Industrie wurden in der *Galerie des machines* der Weltausstellungen von 1889 und 1900 bestaunt und studiert. Und als besondere Geste der französischen Nation gegenüber sandte Wilhelm II. drei Gemälde aus seinem Privatbesitz zur Weltausstellung 1900, die die Gastgeber nur zu gern in den Sammlungen des Musée du Louvre gesehen hätten. Sie waren bereits im 18. Jahrhundert von Friedrich dem Großen erworben worden: Jean-Antoine Watteaus *Einschiffung auf Kythera* (1718 / 19), das *Ladenschild von Gersaint* (1720) und die *Italienischen Komödianten* (ca. 1720).

Die politische Gegnerschaft der beiden Länder behinderte auch nicht, dass deutsche Künstler die berühmte Cézanne-Ausstellung nach dessen Tod im Jahre 1906 in Paris besuchten und die deutschen Maler des Expressionismus die Kunst der französischen Fauves studierten. Die deutsche Kunstkritik berichtete ausführlich über die Salons und die Ausstellungen privater Galerien.[2] Seurat, Signac, Gauguin, Matisse, Delaunay und viele andere waren und blieben für die deutschen modernen Maler verehrte Vorbilder. Daran änderte sich auch während und nach dem Ersten Weltkrieg nichts.

Die Vorurteile zwischen Deutschen und Franzosen reichen weit zurück. Sie erfuhren eine neue Dimension im 18. Jahrhundert, als die Bestrebungen nach Einheit der deutschen Partikularstaaten, wie sie etwa von Johann Gottfried von Herder und Johann Gottlieb Fichte zum Ausdruck gebracht wurden, von Frankreich als Bedrohung ihrer europäischen Führungsrolle angesehen wurden. Andererseits trug Frankreich im 19. Jahrhundert durch die napoleonischen Feldzüge sowie die liberalen Revolutionen von 1830 und 1848 selbst dazu bei, den Gedanken an einen gemeinsamen Staat aller Deutschen lebendig zu erhalten und geradezu zu fördern. Das Deutsche Reich wurde schließlich durch die Politik Bismarcks nach dem Sieg über Frankreich unter der Vorherrschaft Preußens in der Spiegelgalerie von Versailles durch die Proklamation Wilhelms I. zum Kaiser gegründet. Diese Provokation blieb den französischen Nachbarn auf lange Zeit fest im Gedächtnis haften.

Trotz der Feindseligkeiten war 1870 noch ein Gespräch zwischen deutschen und französischen Gelehrten möglich, wie der intensive und bewegende Briefwechsel zwischen dem Philosophen und Theologen David Friedrich Strauß und dem Philosophen und Historiker Ernest Renan belegt. Ihre Schreiben suchen die gegensätzlichen politischen und geistigen Standpunkte zu erläutern, wobei sie, auf der Grundlage einer gemeinsamen humanistischen Bildung, sich mit Respekt, ja mit Hochachtung begegnen. Die Gegensätze werden deutlich ausgesprochen, wobei stets die Hoffnung mitschwingt, durch ihre kollegiale und fachliche Auseinandersetzung einen Beitrag zur Verständigung leisten zu können. So schrieb Strauß am 12. August 1870 an Renan:

«Daß ich die vielen guten Eigenschaften der französischen Nation nicht verkenne, daß ich in ihr ein wesentliches und unentbehrliches Glied der europäischen Völkerfamilie, ein vielfach wohltätiges Ferment in dieser Mischung sehe, das brauche ich Ihnen, hochgeehrter Herr, so wenig erst zu versichern, als Sie mich der gleichen unparteiischen Schätzung der deutschen Nation und ihrer Vorzüge zu versichern brauchen. Aber Nationen wie Individuen haben als Kehrseite ihrer Vorzüge auch ihre Fehler, und in Bezug auf diese haben unsere beiden Nationen seit Jahrhunderten eine sehr verschiedene, ja entgegengesetzte Erziehung genossen.»[3]

Trotz der Kriegswirren wurde der Brief von Strauß veröffentlicht, und Renan antwortete in einem ebenso in der Presse publizierten Schreiben einen Monat später, am 13. September 1870 aus Paris. Er beschwor nicht nur die Sinnlosigkeit des Krieges, sondern prangerte auch die Fatalität der Vorurteile für eine friedliche Zusammenarbeit an:

«So hat mich auch [...] dieser Krieg mit Schmerz erfüllt, zunächst um des entsetzlichen Unglücks willen, das er nothwendig nach sich ziehen mußte, dann um des Hasses, um der ungerechten Urtheile willen, die er verbreiten, und des Nachtheils, den er den Fortschritten der Wahrheit bringen wird. Das große Unglück der Welt ist, daß Frankreich Deutschland nicht versteht und Deutschland Frankreich nicht: dieses Mißverständnis wird sich jetzt noch verschlimmern. Man bekämpft den Fanatismus auf der einen Seite durch den gleichen Fanatismus auf der anderen; nach dem Kriege werden wir uns Gemüthern gegenüber befinden, die durch die Leidenschaft verengt, für die Weite und Freiheit unseres Gesichtskreises verdorben sind.»[4]

Im Jahr 1914 hatte sich Renans Voraussage erfüllt. Der Hass dominierte und verhinderte einen Dialog in der Hoffnung auf ein gegenseitiges Verständnis. Die Beschießung der Kathedrale ließ die Franzosen befürchten, die Deutschen seien aufgebrochen, die Kultur des Nachbarn zu zerstören. Unter diesen Bedingungen war ein Gespräch über die Grenzen hinweg, kritisch der eigenen politischen und militärischen Führung gegenüber, kaum möglich.

Kulturkonflikt

Über die Hintergründe, die zum Ersten Weltkrieg führten, wird bis heute, ein Jahrhundert später, intensiv und kontrovers diskutiert. Auch die kulturellen und künstlerischen Manifestationen, die der Krieg auslöste, sind in Ausstellungen und Publikationen dargestellt worden.[5] Selten wurde allerdings in den jüngsten historischen Abhandlungen ein entscheidendes Kapitel der Kriegsführung auch nur erwähnt: die Beschießung der Kathedrale von Reims! Dieses fatale Ereignis, wie auch der Brand der Bibliothek von Löwen in Belgien im August 1914, bedeutete den politischen und kulturgeschichtlichen Höhepunkt des Zerwürfnisses vor allem der Kriegsparteien Frankreich und Deutschland. Die Sprache der Kommentare auf beiden Seiten veränderte sich. Politische Kontroversen verwandelten sich in hasserfüllte Beschimpfungen. Wie konnte es dazu kommen?

Die deutsch-französische Freundschaft und die Europäische Einigung sind eine große geschichtliche Leistung der Generation nach dem Zweiten Weltkrieg. Aber es bleiben noch viele Hürden zu überwinden, um nationalstaatliche Gewohnheiten in einer größeren Gemeinschaft aufzugeben. Blickt man allerdings in die hasserfüllte Auseinandersetzung von 1914 und der darauffolgenden Jahre zurück, kann das bis heute Erreichte, so fragil es gelegentlich im täglichen politischen Leben erscheint, nicht hoch genug anerkannt werden. Wie fest gegründet die Staatengemeinschaft in Europa wirklich ist, wird die Geschichte zeigen. Politische und soziale Spannungen wird es weiterhin geben. Sie können bei gutem Willen auf der Grundlage eines europäischen Gemeinschaftsgefühls gelöst werden. Allerdings wird immer eine kulturelle Identität der einzelnen Länder bleiben, die alle zu respektieren haben. Ja, sie sollte nicht nur respektiert, sondern geschätzt und bewundert werden.

Jean-Jacques Becker und Gerd Krumeich haben darauf hingewiesen, dass sich im Ersten Weltkrieg die Nationen bekämpften, wobei sich vor allem Frankreich und Deutschland feindlich gegenüberstanden: «Europa war eher eine Utopie als eine Realität, es gab noch kein gemeinsames Haus, in dem man sich streiten oder in dem sich feindliche Brüder sogar töten konnten [...] Was 1914 zählte, waren die Nationen, nicht Europa. Man kämpfte für das Vaterland, um das Überleben, um seine Zukunft zu sichern [...] Die Kriegführenden verstanden sich in keiner Weise als ‹Europäer›, sondern als Völker von völlig unterschiedlichen Nationen und seit jeher antagonistisch.»[6] In der intellektuellen Auseinandersetzung zwischen Deutschland und Frankreich nach der Beschießung der Kathedrale von Reims traten diese traditionellen Gegensätze noch einmal mit der größten Schärfe hervor.

Die Bombardierung war kein «normales» Kriegsgeschehen, wie die Reaktion auf den Vorgang zeigen sollte. Die ungewöhnlich heftige publizistische Wirkung beruhte auf sehr unterschiedlichen kulturellen Traditionen. Beide Länder trennte der seit langem diskutierte Gegensatz von *civilisation* und *Kultur*. Und beide Völker betrachteten die Kunst und Kultur der Gotik als Ausdruck ihrer eigenen nationalen Identität.

In dem erbittertsten Kampf, den die Nachbarn in ihrer Geschichte jemals erlebt hatten, traten diese Themen in der propagandistischen Auseinandersetzung mit voller Schärfe in den Vordergrund. Unverständnis und Hass sollten von nun an dazu führen, dass jede Chance, Gemeinsamkeiten auszuloten und das sinnlose Kriegsgeschehen zu beenden, vergeben wurde.

Denkmäler und nationale Identität

Kulturelle Verschiedenheit und Vielfalt macht die Stärke Europas aus. Sichtbare Träger dieser nationalen Identität sind neben Sprache, Literatur, Musik und Kunst auch Monumente wie Kirchen, Rathäuser, Denkmäler, Museen, ja ganze Städte in ihrer urbanistischen Eigenart. Unter ihnen ragen die Denkmäler heraus, die durch besondere historische Ereignisse oder ihre kunsthistorische Bedeutung bis heute Identität stiften, wie zum Beispiel die Kathedrale von Reims. Solche Nationaldenkmäler strahlen in unserer globalen Gegenwart als «World Heritage Monuments» weit über die Grenzen eines Landes hinaus. Sie zu schützen und zu erhalten ist eine Verpflichtung aller Nationen.

Dennoch werden sie bis in unsere Gegenwart immer wieder aus den verschiedensten Gründen angegriffen und zerstört. Mangelnde Bildung und religiöser Fanatismus sind häufig Ursachen dieser verwerflichen Aktionen, die meist geschehen, ohne dass die fatalen kulturellen und politischen Folgen wirklich bedacht werden. Der scheinbare Triumph des Stärkeren erweist sich immer als die Position des Schwächeren. Denn der physischen Zerstörung von Denkmälern folgt eine moralische Schuld, die Generationen belastet.

Um Ähnlichkeiten und Unterschiede zu den gegenwärtigen Ereignissen zu verstehen, ist der Rückblick auf ein historisches Beispiel, die Beschießung der Kathedrale von Reims durch die deutsche Armee, eine herausragende, in sich selbst höchst komplexe Parallele. Der Angriff auf das Nationaldenkmal, das Ergebnis von unglücklichen Umständen und einer unverantwortlichen Entscheidung – nicht, wie die Quellen belegen, durch vorsätzliche Absicht, wie die französische Seite über Jahrzehnte hinweg meinte –, hatte katastrophale Folgen. Nicht ausschließlich, aber auch durch dieses Ereignis gefördert, blieben die Beziehungen zwischen Frankreich und Deutschland auf Jahrzehnte hin zerrüttet.

Die Gründe, weshalb die Beschießung der Kathedrale so dramatische Auswirkungen haben konnte, sind nur scheinbar einfach zu verstehen. Sie liegen natürlich zunächst in dem Verlust von einzigartigem und in diesem Fall auch noch unersetzbarem Kulturgut. Der Angriff löste aber darüber hinaus Emotionen aus, die kaum noch zu kontrollieren waren.

Sie erscheinen heute völlig irrational, zumal dieses historische Monument und architektonische Meisterwerk unbestreitbar von Deutschen und Franzosen gleichermaßen bewundert wurde. Aber gerade die Zerstörung von bedeutenden Denkmälern einer Nation führt zu Auseinandersetzungen, in denen sich lang gehegte Vorurteile, Gefühle von Bedrohung und Hochmut dem Nachbarn gegenüber entladen.

Welche Bedeutung der Angriff auf die Kathedrale von Reims besaß, lässt sich auch daraus ersehen, dass die vielen Toten bei der Bombardierung der Stadt zwar gelegentlich beklagt wurden, aber keineswegs im Mittelpunkt der Berichterstattung standen. Das Denkmal bestimmte die Kontroverse. Es stand über den individuellen Schicksalen der Bewohner der Stadt und repräsentiert bis in unsere Zeit die Geschichte und die Identität der französischen Nation.

Über die Rolle der Denkmäler in kriegerischen Konflikten nachzudenken ist sowohl eine Aufgabe der Historiker wie der Kunsthistoriker.[7] Während die einen die geschichtlichen Zusammenhänge zu analysieren und zu deuten haben, suchen die anderen festzustellen, welche Ausstrahlung Monumente über Jahrhunderte hinweg besitzen. Diese Wirkung verändert sich im Laufe der Zeiten. Denkmäler können in bestimmten Epochen übersehen werden oder ihre Wirkung völlig einbüßen. Im Falle der Beschießung der Kathedrale von Reims im September 1914, nur einen Monat nach Kriegsbeginn, sollte sich allerdings erweisen, dass durch den Angriff auf ein so bedeutendes Monument plötzlich verschiedene, in ihm verankerte Bedeutungsschichten zum Vorschein kamen. Der Angriff auf ein solches Denkmal kann eine Reaktion auslösen, die zu noch engagierteren kriegerischen Handlungen führt.

Krieg der Worte und Bilder

Selten haben die Intellektuellen auf beiden Seiten an einer politischen Auseinandersetzung so intensiv teilgenommen wie an diesem Krieg. Bei der Beschießung von Reims haben sie jedoch versagt! In völliger Verkennung der Umstände waren sie überzeugt, Recht zu haben, glaubten fest an ihren Sieg und sahen die Schuld nur beim Gegner.

Wie die folgenden Kapitel zu zeigen versuchen, gibt es zwei Gründe, deren Kenntnis dazu beitragen kann, diesen Umstand zu verstehen. Der eine beruht auf der symbolischen, ja geradezu mythischen Bedeutung der gotischen Kathedrale von Reims und der konkurrierenden Interpretation der Gotik in den beiden Nachbarländern. Der andere liegt in dem völligen Versagen der deutschen und französischen Intellektuellen. Bis auf ganz wenige Ausnahmen, wie etwa Romain Rolland auf der französischen oder Albert Einstein auf der deutschen Seite, haben sie, statt die Sinnlosigkeit des Krieges anzuprangern, sich in nationalistische Überheblichkeit und blinde Obrigkeitshörigkeit verstiegen.[8] An Lautstärke hat es auf beiden Seiten nicht gefehlt, wohl aber an Überzeugungskraft, der Vernunft statt nationalen Parolen den Vorzug zu geben. Die allgemeine Empörung nach der Beschießung des architektonischen Meisterwerks und Nationaldenkmals der französischen Geschichte beschränkte sich auf die Anklage des eindringenden Feindes.

Die deutschen Kunsthistoriker der Epoche haben zweifellos die Zerstörungen tief bedauert, obwohl es nur wenige Zeugnisse ihrer Haltung gibt. Nicht einmal sie haben es gewagt, der allgemeinen Kriegsbegeisterung entgegenzutreten. Die wenigen, die sich zu Wort meldeten, hielten die Berichte der ausländischen Presse, soweit sie ihnen zugänglich war, für Propaganda des Feindes, äußerten sich respektvoll der eigenen politischen und militärischen Führung gegenüber und verwiesen auf den Vandalismus der französischen Revolution im 18. Jahrhundert.

Kunstwerke können sich in kriegerischen Auseinandersetzungen nicht wehren. Sie sind Opfer, wofür es endlose Belege in der Vergangenheit und unserer Gegenwart gibt. Im Fall der Kathedrale von Reims, scheinbar einzigartig in der Geschichte, hat sich das Bauwerk, wenn die Metapher erlaubt ist, gleichsam selbst verteidigt. Es wurde beschossen, aber nicht völlig zerstört. In wortreichen Beschreibungen wurden der Kathedrale geradezu menschliche Eigenschaften zugemutet, wie «verwundet» oder «verletzt» worden zu sein. Für französische Autoren wurde sie zu einer «Märtyrerin» der Zivilisation, auf die die Deutschen ein «Attentat» verübten und die sie angeblich zugrunde zu richten suchten.

Im Zentrum dieses Buches stehen nicht die Baugeschichte oder die künstlerische Bedeutung der architektonischen Form und des Skulpturenprogramms der Kathedrale. Gefragt wird vielmehr nach der Ausstrahlung, vielleicht könnte man sogar sagen nach der Macht und der Ohnmacht, die ein bedeutendes Bauwerk in der Geschichte darzustellen vermag.

Einer der wenigen herausragenden Intellektuellen, die sich gegen den Krieg engagierten, war Romain Rolland. Er sah die Katastrophe voraus, beklagte aber vor allem die Zerstörung aller Hoffnungen auf ein europäisches Gemeinschaftsgefühl. Er erkannte, dass die Beschießung von Reims den Abbruch aller Beziehungen nach sich ziehen würde, weil dieses Monument mehr als ein Menschenleben bedeute. Die Kathedrale von Reims repräsentiere ein Volk mit all seinen Freuden, seinen Hoffnungen, seinen Schmerzen und seinen Träumen. «Wer dieses Werk tötet, ermordet mehr als einen Menschen, er ermordet die reinste Seele einer Rasse.»[9] Auch Rolland «vermenschlichte» die Kathedrale, um das partizipatorische Element des Mitgefühls an diesem «Mord» zu erhöhen.

Der Erste Weltkrieg war, wie bereits oft betont, nicht nur ein Krieg der Waffen, sondern auch ein Krieg der Worte und Bilder, die den mörderischen Kampf im Feld und in den Gräben nicht nur begleiteten, sondern häufig genug entzündeten und unterstützten. Die Beschießung der Kathedrale von Reims war ein Brennpunkt in diesem Kampf der Medien. Auf beiden Seiten waren die hasserfüllten Artikel voller Missverständnisse, Fehlurteile und sachlicher Fehler. Dabei wurde die Kathedrale sogar als völlig vom Erdboden verschwunden bezeichnet, wovon jedoch in Wahrheit keine Rede sein konnte.

Der Krieg musste sinnloserweise weitergehen, obwohl er im September 1914 mit dem Scheitern des deutschen Schlieffenplans bereits hätte beendet werden können! Stattdessen begannen nach dem Abzug der deutschen Truppen aus Reims die entsetzlichen Grabenkämpfe, welche in den weiteren vier Jahren größten Horror und sinnlose Verluste bringen sollten.

In seinen *Lebenserinnerungen* schrieb der Philosoph und Nobelpreisträger Rudolf Eucken, der Rückzug der deutschen Armee an der Marne sei ein Schicksalstag, ein «dies ater für das deutsche Volk gewesen. […] Im Grunde war der ganze Krieg schon damals entschieden, so konnten wir auf die Dauer dem ungeheuren Druck der Gegner nicht standhalten.»[10] Die Zeilen sind lange nach der Katastrophe geschrieben und bezogen sich sicher nicht nur auf den militärischen, sondern vor allem auf den medialen Angriff auf Deutschland. Im September 1914 gehörte auch Eucken zu den 93 Unterzeichnern des berüchtigten Manifestes *An die Kulturwelt!*, das die deutsche Armee vor Kriegsverbrechen in Schutz nehmen sollte und die Einheit von Militär und intellektueller Elite Deutschlands beschwor.[11]

Nach der Euphorie, die in vielen Ländern den Kriegsbeginn begleitet hatte, stellten sich doch manche Zeitgenossen sehr bald die Frage, welche Ziele erreicht werden sollten. Schon unmittelbar nach den Ereignissen in Reims äußerte sich Fürst Lichnowsky gegenüber dem Chefredakteur des Berliner Tageblattes, Theodor Wolff, dass, wie man den Krieg auch betrachte, er der vollendete Wahnsinn sei.[12]

Quellen und Forschung

Die Literatur über das Ereignis ist überwältigend. Man kann sie in zwei Bereiche unterteilen. Auf der einen Seite steht eine Fülle von schriftlichen Quellen aus der Epoche des Ersten Weltkriegs zur Verfügung. Die sehr viel umfangreicheren französischen Publikationen sind wesentlich geprägt von Empörung, Entsetzen, ja Hass auf den Gegner. Den Franzosen gelang es, die internationale Presse für das Ereignis propagandistisch zu instrumentalisieren. Die Deutschen reagierten schwerfällig und waren durch die Pressezensur schlechter informiert. Empörte Aufrufe entstanden nicht als Ergebnis der bedauernswerten Vorgänge, sondern als Protest gegen den scharfen publizistischen Angriff der Franzosen, die Deutschen seien Vandalen und Hunnen.

Auf der anderen Seite, intensiviert durch das 100-jährige Gedenken an das Jahr 1914, hat sich die jüngere historische und kunsthistorische Forschung verschiedener Themen angenommen, von denen nur einige hier genannt werden können. Klaus H. Kiefer, François Cochet, Yann Harlaut und Elizabeth Emery kommt das große Verdienst zu – soweit dies nach den vorhandenen Quellen möglich ist –, die Vorgänge und ihre Bedeutung im Zusammenhang des Kriegsgeschehens und der Propaganda der Epoche analysiert zu haben.[13]

Der Bombardierung von Reims folgte unmittelbar die Entscheidung der deutschen Führung, den «Kunstschutz» einzurichten. Paul Clemen, Landesdenkmalpfleger der Rheinlande und Professor an der Universität Bonn, wurde vom Kaiser zum Aufbau dieser militärischen Einheit berufen. Christina Kott hat in ihrer auf reichen und bis dahin unerschlossenen Quellen beruhenden Untersuchung die Entstehung und Tätigkeit des Kunstschutzes dargestellt.[14]

Wichtige Studien wurden ferner den Kontroversen der Kunsthistoriker gewidmet. Vor allem die Arbeiten von Nicola Lambourne, Heinrich Dilly, Evonne Levy und Michela Passini seien hervorgehoben, die grundlegende Beiträge zum Verständnis der unterschiedlichen nationalistischen Vorstellungen der Kunstgeschichte in Frankreich und Deutschland leisteten. Erwähnt sei ferner die Untersuchung von Michael Klepsch über Romain Rollands Engagement in dieser Epoche. Sie bietet einen wichtigen Einblick in die intellektuelle Auseinandersetzung zwischen Deutschland und Frankreich während des Ersten Weltkriegs.[15]

Eine Reihe von Studien ist der politischen Konfrontation der Nachbarländer und der unversöhnlichen Konfrontation in nationalistischer Befangenheit gewidmet. Weiterhin, wenn auch in diesem Zusammenhang Reims kaum erwähnt wird, muss das Ereignis im Rahmen der Auseinandersetzung der deutschen und französischen Intellektuellen betrachtet werden. Diese Debatte kreist um das Thema des Gegensatzes von *civilisation* und *Kultur*, eine Kontroverse, in der sich besonders Henri Bergson auf der französischen und Thomas Mann auf der deutschen Seite engagierten.

Mit dem Begriff «Kultur» verband sich allerdings für die französischen Nachbarn auch ein innerer Zwiespalt. Wenn die Deutschen ihnen als «unzivilisiert» erschienen, wurden und werden sie für eine Eigenschaft bewundert, die oft als «Seelentiefe» bezeichnet wurde. In der Verehrung für die Musik Wagners äußert sich diese Sehnsucht nach Empathie, die die eigene Kunst- und Musiktradition ihnen nicht zu bieten schien. Die Wagner-Euphorie äußerte sich zum Beispiel in der ironischen Empfehlung eines französischen Wagner-Opernführers, nach Bayreuth müsse man eigentlich eine Pilgerschaft auf den Knien zu den Festspielen unternehmen.[16]

In der bildenden Kunst führt ein Gemälde von Anton von Werner, *Im Etappenquartier*, 1894, diese Dichotomie besonders eindringlich vor Au-

2. *In Feindesland,* ca. 1914–18 (nach *Anton von Werner, Im Etappenquartier vor Paris,* 1894, Staatliche Museen, Nationalgalerie, Berlin), Postkarte Los Angeles, Getty Research Institute.

gen. (Abb. 2)[17] Das in Erinnerung des Feldzugs von 1870/71 entstandene Werk zeigt musizierende preußische Soldaten in einem französischen Schloss, in dem sie Quartier bezogen haben. In einem eleganten Interieur des *Second Empire* machen sie sich mit ihren schmutzigen Stiefeln breit, um Lieder von Schubert, nicht die «Wacht am Rhein», zu singen. Das französische Schlosspersonal, erwärmt von so viel deutscher Kultur, hört, trotz ihrer Gegnerschaft gegenüber den Eindringlingen, andächtig zu. Es gehört zu den Absurditäten propagandistischer Aktivitäten, dass gerade dieses Genrebild als Kriegspostkarte mit dem Titel «In Feindesland» während des Ersten Weltkriegs verbreitet wurde, um der deutschen Bevölkerung einen fröhlichen Vormarsch der Truppen vorzutäuschen, während sich die Armeen in den Gräben gegenüberlagen.

Meine Überlegungen bauen auf den oben genannten Untersuchungen auf, wobei immer wieder die Schriften von Pierre Nora und Wolfgang J. Mommsen entscheidende Anregungen vermittelten. Allerdings frage ich nicht nur nach dem Geschehen selbst und den unmittelbaren Auswirkungen des Ereignisses nach 1914. Die Beschießung gerade dieser Kathedrale löste explosionsartige Reaktionen aus, die in einem weiteren Rahmen der Beziehungen der beiden Länder zu betrachten sind. Das Ereignis hat eine lange Vorgeschichte und wirkt auch noch bis heute nach. Es führte aber auch zu der gemeinsamen Teilnahme von Charles de Gaulle und Konrad Adenauer an einer Messe in der wiederaufgebauten Kathedrale im Jahre 1962, der, wenige Monate später, die Unterzeichnung des Élysée-Vertrages folgen sollte. Der Historiker Christian Amalvi kennzeichnete den historischen Moment treffend und voller Hoffnung: «Es war dieses ganze Erbe des Hasses und des Unverständnisses, das dieses Gipfeltreffen im Juli 1962 auszulöschen und zu überwinden vermochte.»[18]

Der Mythos dieses Kirchenbaus hat sich auf die schönste und friedlichste Weise erweitert. Für die Deutschen und die Franzosen ist dieser Ort das Symbol der «conciliation», der nachbarlichen und freundschaftlichen Zusammenarbeit der beiden Nationen geworden, ohne die ein friedliches Europa nicht möglich ist.

I. Die Beschießung von Reims

Die Deutschen besetzen Reims

Mit bewegten Worten beschrieb Maurice Landrieux, Abbé der Kathedrale von Reims, die täglich abgehaltenen Messen in den letzten Augusttagen des Jahres 1914. Von den anrückenden deutschen Truppen war noch nichts zu sehen, der sich nähernde Krieg bestimmte aber bereits das tägliche Leben. Der Priester erinnerte sich lebhaft, wie Kardinal Louis Henri Joseph Luçon an jedem Morgen die Messe las, bis seine Eminenz am 24. August zum Konklave nach Rom aufbrach und seinen Mitarbeitern die Fürsorge des Bistums überließ.[1] Auch abends versammelten sich die Gläubigen in dem Gotteshaus zur Kreuzwegandacht, an der viele Soldaten teilnahmen, um Zuspruch zu erhalten. Diese Gebete nahmen, wie Landrieux formulierte, den Charakter einer nationalen Fürbitte an.[2]

Die Ankunft der deutschen Truppen beendete diese noch friedliche, wenn auch schon als sichtbar bedrohlich empfundene Situation. Immer mehr flüchtende Bewohner aus den umliegenden Ortschaften suchten in der Stadt Schutz. Die französischen Truppen hatten die Stadt verlassen, um südlich von Reims Aufstellung zu nehmen.[3]

Am Abend des 3. September war eine Vorhut unter der Führung von Carl Wilhelm von Humbrecht, Kavallerieoffizier des XII. (I. Königlich Sächsischen) Armee-Korps der III. Armee unter Generaloberst Max von Hausen, in die Stadt entsandt worden, um die Situation zu erkunden und die Übernahme vorzubereiten. Sie wurden im Rathaus von Bürgermeister Jean-Baptiste Langlet empfangen und verbrachten auch die

Nacht in Reims. Der Bürgermeister, den von Humbrecht festnahm, deklarierte Reims zu einer offenen, militärfreien Stadt.[4]

Plötzlich, völlig unerwartet, am frühen Freitagmorgen des 4. September, eine Stunde nach der Messe, die Landrieux gelesen hatte, detonierten Kanonenschüsse, die auch die Kathedrale trafen. Landrieux und der Abbé Louis Andrieux stürzten in der allgemeinen Verwirrung zu ihrem Gotteshaus. Wie Landrieux später berichtete, «bot die Kathedrale einen erschreckenden Anblick. Die Kirche war voller Rauch. Staub stieg in bunten Kreisen zum Gewölbe hoch [...] Glasfenster lagen zerbrochen in den Seitenschiffen».[5] Nachdem sie mühevoll eine abgeschlossene Tür aus den Angeln gehoben hatten, stürmten sie zur Spitze des Nordturmes und hissten dort eine weiße Fahne.

Die sächsische Vorhut, die sich noch im Rathaus befand, war so verwirrt wie die Einwohner der Stadt und vermutete zunächst die Rückkehr der französischen Truppen. Als deutlich wurde, dass es sich um deutsche Geschosse handelte, brachen sofort zwei von ihnen in Richtung der Kanonen auf, die sich sieben Kilometer entfernt in Mesneux befanden. Dort war die preußische II. Armee unter Generalfeldmarschall Karl von Bülow angekommen, die von der Ankunft der Sachsen nichts wusste.[6] Mit der Koordination des Vormarsches der deutschen Armeen an der Westfront stand es offenbar nicht zum Besten. Die Preußen hatten ebenfalls Parlamentäre in die Stadt gesandt. Sie waren allerdings dort nicht angekommen, sondern gelangten versehentlich in die französischen Linien.[7] Da sie nicht zurückkehrten, begannen die preußischen Batterien mit einem Beschuss der Stadt, der nach Angaben von Landrieux 60 Menschen das Leben kostete, mehrere Häuser in Brand setzte und auch die Kathedrale, wenngleich nicht erheblich und sicher unbeabsichtigt, beschädigte.[8]

Durch die ausführliche Beschreibung von Landrieux und einige Fotografien kann man sich in etwa ein Bild der Schäden an der Kathedrale durch die erste Beschießung machen, die sich, so bedauerlich sie waren, im Vergleich zu den späteren noch sehr in Grenzen hielten. Glasfenster zerbarsten, und unglücklicherweise wurden auch Teile von Skulpturen an der Fassade beschädigt. Jedenfalls wurde die Kathedrale nicht geschlossen und Messen fanden weiterhin statt, was die aus der Kirche strömenden Besucher auf dem Foto, das während der deutschen Beset-

3. *Deutsche Truppen in Reims*, Sonntag, 6. September 1914, Fotografie Jules Matot, Reims, Sammlung Edouard und Christine Abelé.

zung aufgenommen wurde, belegen. (Abb. 3) Die Aufnahme stammt vermutlich vom Sonntag, dem 6. September, und zeigt im Vordergrund lagernde deutsche Soldaten. Sie bestätigt auch deutlich, dass die Nordfassade und der Nordturm eingerüstet waren. Schutzmaßnahmen durch Sandsäcke waren zu diesem Zeitpunkt noch nicht ergriffen worden.

Diese Vorgänge werden ausführlich in dem Buch beschrieben, welches Maurice Landrieux nach Kriegsende unter dem Titel *La Cathédrale de Reims, Un Crime allemand* veröffentlichte. Es beruht auf Aufzeichnungen, die bereits 1915 niedergeschrieben wurden und sowohl seine wie auch die Erlebnisse anderer Zeugen zusammenfassten. Für die 1919 erschienene Publikation verarbeitete er auch Presseberichte und Verlautbarungen der Regierung und des Militärs, soweit sie ihm zugänglich wurden. Er bezog dabei nicht nur französische, sondern auch ausländische, besonders deutsche Veröffentlichungen mit ein. Die allgemeine Tendenz des Buches ist von den Ereignissen geprägt, die sich nach dieser ersten, versehentlichen Kanonade am 4. September ereigneten. Der Geistliche blieb nicht unbeeindruckt von der allgemeinen Welle der Empörung über den anscheinend brutalen Vormarsch der Deutschen Armee und der weitverbreiteten Propaganda über die angebliche Lust der Deutschen, die französische Kultur zu zerstören.

Es wird überliefert, dass ein Offizier, vermutlich der preußische Oberstleutnant von Kiesewetter, leichenblass und wütend geäußert habe, die Deutschen seien keine Barbaren und ein Volk von hoher Kultur. Über die Schäden an der Kathedrale habe er geäußert, wenn die schöne Kathedrale nur leicht berührt worden ist, sei dies auf die Tatsache zurückzuführen, dass von oberster Stelle ausdrücklich der Befehl gegeben worden sei, sie zu verschonen. Allerdings habe er mit großem Bedauern konstatieren müssen, dass deutsche Geschosse die Kathedrale getroffen hätten.[9] Auch Landrieux scheint noch an einen unbeabsichtigten Beschuss geglaubt zu haben, wenn er auch aufgrund der späteren Vorgänge leise Zweifel nicht zu unterdrücken vermochte.[10] Die Betroffenheit des deutschen Offiziers jedenfalls ist auch ein Beleg dafür, dass eine später immer wieder behauptete, vorsätzlich geplante Zerstörung des Gotteshauses durch die Deutsche Armee schon damals eine geradezu absurde Vorstellung war.[11]

Am 4. September gegen 1 Uhr zogen die Preußen in die Stadt ein. Die Heeresleitung, geführt von den Generälen Alexander von Kluck, Karl von Bülow sowie Prinz August Wilhelm von Hohenzollern, quartierte sich in dem der Kathedrale gegenüberliegenden Hôtel du Lion d'Or ein. In der nächsten Zeit wurde der Platz vor der Kirche von dort lagernden Truppen eingenommen, was eine Fotografie veranschaulicht.[12] Die deutsche Besatzung beschlagnahmte Nahrungsmittel in großem Umfang. Im Laufe der nächsten Tage kam es auch zu Plünderungen durch die Soldaten in den Geschäften und Privathäusern der Stadt.

Man kann sich vorstellen, dass der, obwohl kampflose, Einzug der preußischen Armee von den Deutschen wie ein Sieg gefeiert wurde. Die Stadt besaß eine hohe symbolische Ausstrahlung, die ihnen sehr bewusst war. Aus diesem Grunde sollten auch bedeutende Persönlichkeiten als Besucher anreisen, wie am 11. September Prinz Heinrich von

Preußen, der Bruder des Kaisers, und sogar der preußische Kronprinz Wilhelm.[13]

Es wird verschiedentlich überliefert, dass in dieser Woche, während der deutschen Besetzung der Stadt, in der Kathedrale eine kunsthistorische Führung durch einen deutschen Offizier stattfand. Man hat lange gerätselt, um wen es sich bei diesem Offizier handelte. In der Tat befanden sich mehrere Kunsthistoriker in der Armee an der Westfront.[14] Es kann aber kein Zweifel bestehen, dass es Georg Graf Vitzthum war.[15] Der Kunsthistoriker und Professor an der Universität Kiel befand sich an der Westfront in der Champagne. Als Spezialist der französischen mittelalterlichen Kunst, vor allem der Buchmalerei, hat er auf diese Weise der Kathedrale seinen Respekt erwiesen und seinen Kameraden die Bedeutung und Schönheit des Baus vor Augen geführt.

Die auch von Landrieux überlieferte Führung durch den deutschen Offizier am Rand des Kriegsgeschehens ist bedeutend, da sie den späteren Vorwürfen, die Deutschen seien von vandalistischer Zerstörungswut getrieben gewesen, eindeutig widerspricht. Jedenfalls gab es in der Armee Stimmen, die vor der Bombardierung von Reims warnten. Dass diese Warnungen sich später nicht durchzusetzen vermochten, gehört zu den tragischen Begleiterscheinungen militärischer Einsätze. Eine Kriegsmaschinerie lässt sich in ihrem Drang von Ratschlägen, die von außen auf die militärische Führung eindringen, meist nicht mehr aufhalten.

Über den Inhalt von Vitzthums Erläuterungen sind keine Quellen erhalten. Wir können uns aber einige Gedanken darüber machen, was er den Offizieren in der Kathedrale vorgetragen haben könnte. 1924 erschien im *Handbuch der Kunstwissenschaft* sein Beitrag: *Die Malerei und Plastik des Mittelalters in Italien*.[16] Das Werk ist der italienischen mittelalterlichen Malerei und Plastik gewidmet. In der Einleitung, «Zur Einführung in das Wesen der Mittelalterlichen Kunst», sind einige Ausführungen zur Gotik, besonders der französischen, enthalten, die deutlich machen, dass er diese Epoche als den künstlerischen Höhepunkt der europäischen Kultur des Nordens ansah. Zentrales Argument seiner Ausführungen ist der Gegensatz zwischen Norden und Süden. Die klassische griechische Kunst habe ein Formempfinden der Harmonie und Ausgeglichenheit geschaffen. Der Norden hingegen «sieht den Kern des

Kunstwerks nicht in der Klärung und Beruhigung der Erscheinungen, sondern in einer intensiven Gefühlserregung, die in den Formen sich verkörpert.»[17] Vitzthum beschreibt diese «künstlerische Gesinnung» in ihrem Gegensatz zur mediterranen Kultur als ein Merkmal der nordischen Völker, der germanischen Rassen, von denen in der Epoche um 1900 allgemein viel die Rede war. Insofern sei die ganze mittelalterliche Kunst, auch die frühmittelalterliche und karolingisch-romanische, im Grunde «gotisch». «Und die ‹Gotik› im engeren, landläufigen Sinn ist die Zeit der Blüte, die die höchste Ausreifung und die lebendigste Manifestation des gesamten mittelalterlichen Kunstwollens herbeiführt.»[18]

Der Autor, der sich vor allem mit der Buchmalerei und der Skulptur des Mittelalters beschäftigte, deutete die künstlerische Form einer gotischen Madonna «als Spiegelung einer rein innerlichen Ausdrucksempfindung».[19] Der sogenannte «gotische Schwung» der Skulpturen beruhe nicht «auf objektiver Beobachtung, ist nicht Kanonisierung naturgemäßer Bewegungsvorgänge im menschlichen Körper, wie der Doryphoros des Polyklet [...].»[20] Vitzthum suchte, wie viele seiner Zeitgenossen in dieser Epoche, die Besonderheit der Kunst des Nordens zu erkennen. Er scheute auch nicht davor zurück, eine Königsfigur der Kathedrale von Reims mit einer Radierung von Rembrandt zu vergleichen, um in beiden Werken eine «innere Wesensverwandtschaft» wahrzunehmen.[21]

Wenn wir auch nicht wissen, wie Vitzthum seine Führung in der Kathedrale von Reims gestaltete, kann doch vermutet werden, dass er die Bedeutung dieses Hauptwerks der Gotik im Sinne dieser Gedanken betonte. Der Gelehrte wird die gemeinsame kulturelle Identität aller Länder des Nordens gegenüber der mediterranen Welt, mit diesem gotischen Meisterwerk als einem Höhepunkt, herausgestellt haben. Vitzthum war, wie seine Schüler überlieferten, ein Redner, der seine Hörer begeisterte. Ihm war daran gelegen, wie er mehrfach zu seinem Schüler Herbert von Einem sagte, im Sinne des Untertitels von Jacob Burckhardts *Cicerone* zum Genuss von Kunstwerken anzuleiten.[22] Darum wird er sich auch in der Kathedrale von Reims bemüht haben. Geradezu absurd ist der Gedanke, die deutsche Armee, angeführt von ihren Offizieren, sei auf Reims mit dem Ziel vorgerückt, die Kathedrale und damit einen Höhepunkt der französischen Kultur zu zerstören, wie es die französische Presse und Propaganda kurz darauf verbreiten sollte.

4. *Das Innere der Kathedrale mit Stroh ausgelegt*, September 1914, Fotografie Jules Matot, Reims, Sammlung Edouard und Christine Abelé.

Vitzthum war nicht der einzige Kunsthistoriker an der Westfront. Wilhelm Pinder, später Ordinarius an der Universität München, befand sich ebenfalls dort. Die beiden Wissenschaftler lernten sich während des Vormarsches auf Reims kennen und setzten sich nachhaltig dafür ein, Reims nicht zu bombardieren.[23] Die Kathedrale sei ein heiliger Ort und dürfe auf keinen Fall beschädigt werden. Sie warnten vergeblich, wie wir sehen werden.

Am 12. September beschloss die deutsche Heeresleitung, offenbar aufgrund der großen Anzahl von nach Reims transportierten Verletzten, die Kathedrale als Lazarett zu nutzen. 200 Verwundete sollten in dem Gebäude untergebracht werden, gegen den Protest von Landrieux und seinen Kollegen, die in dem Gebäude weiterhin Gottesdienste abhalten wollten. Strohballen wurden daraufhin in die Kirche geschafft und Vorbereitungen für die Einrichtung als Pflegestation unternommen. (Abb. 4) Prinz August-Wilhelm soll bei einer Besprechung im Rathaus geäußert haben, der schönste Beleg für seinen Wunsch, die Kathedrale zu schützen, sei, in ihr die Verwundeten unterzubringen.[24]

Jedoch blieb keine Zeit mehr, sie in das Gotteshaus zu überführen. Reims erlebte nur wenige Tage der Besetzung. In unmittelbarer Nähe der Stadt brandete bereits die Marneschlacht, die eine historische Wende des Einfalls der deutschen Armee in Frankreich bringen sollte. Am Nachmittag des 12. September sahen sich die deutschen Truppen gezwungen, die Besetzung von Reims aufzugeben. Bei ihrem Rückzug nahmen sie eine große Anzahl von Geiseln mit, um ihren Abzug vor der Beschießung durch den nachrückenden Gegner zu schützen. Sie wurden nach kurzer Zeit freigelassen.[25]

Das Wunder an der Marne

Bereits Anfang September 1914 war der Vormarsch der deutschen Armee scheinbar nicht mehr aufzuhalten. Viele meinten, der Krieg sei für Frankreich verloren und der Einzug des Feindes in Paris stünde unmittelbar bevor. Regierung und Armee diskutierten fieberhaft, wie die Hauptstadt noch verteidigt werden könne. Solle man dies überhaupt tun, Paris nicht lieber zur offenen Stadt erklären, um die Zerstörung seiner Denkmäler zu vermeiden, war die heftig umstrittene Frage. General Joseph Gallieni, zum Oberbefehlshaber der Verteidigung der Hauptstadt ernannt, war fest entschlossen, die Stadt nicht kampflos dem Gegner zu überlassen. Ihm wurde ein Armeekorps unterstellt, das das Vordringen der deutschen Truppen verhindern sollte. Vorbereitungen wurden getroffen, um im Notfall die Brücken der Stadt sprengen zu können.

Hoffnung auf einen Sieg und eine Vertreibung des eindringenden Feindes hatten nur noch wenige. Jedenfalls nicht die Mitglieder der Regierung, die am 2. September Paris in Richtung Bordeaux verließen. Ein allgemeiner Auszug der Bevölkerung begann und führte zu chaotischen Zuständen auf den Transportwegen nach Süden. Nur wenige diplomatische Vertreter, unter ihnen der amerikanische Botschafter, Myron T. Herrick, blieben in der Hauptstadt. Am 3. September richtete er ein Telegramm an den amerikanischen Präsidenten Wilson mit dem Vorschlag, er möge an die kriegführenden Parteien appellieren, Museen, Kirchen, Kunstgalerien in den Metropolen zu respektieren und die Regeln zivilisierter Kriegführung einzuhalten. Die Berichte über Zerstörungen in Belgien und den Brand der Bibliothek in Löwen waren in kürzester Zeit international bekannt geworden. Die Bitte an Wilson belegt die allgemein verbreitete Befürchtung, die deutsche Armee gehe mit der größten Brutalität und vor allem ohne jegliche Rücksicht auf kulturell bedeutende Monumente vor.

Wie Myron T. Herrick berichtete, teilte ihm der französische Präsident Raymond Poincaré unmittelbar vor der Abreise der französischen Regierung mit, er wüsste von Plänen, dass die deutsche Armee bei ihrem bevorstehenden Einmarsch in Paris Quartier um Quartier zerstören wolle, bis Frankreich bedingungslos kapituliere. Die Regierung begebe sich daher nach Bordeaux, um sich nicht unter Druck setzen zu lassen. «Dies», sagte er, «solle niemals geschehen». Es sei besser, die Hauptstadt würde niedergebrannt, als dass sich Frankreich ergäbe. Die Stadt würde bis zum letzten Graben verteidigt, wie es auch immer ausginge. Dies waren mutige Worte, in denen aber Verzweiflung mitschwang.[26]

Der amerikanische Botschafter referiert weiter, dass er mit Poincaré seinen Plan diskutierte, Museen, historische Gebäude und bedeutende Kunstwerke vor der Zerstörung durch die Deutschen zu schützen. Die Gefahr, dass Paris niedergebrannt würde, bis die Regierung kapituliere, habe seine Absicht gestärkt, das Unersetzliche zu retten. Poincaré war tief bewegt bei der Vorstellung, dass Paris in die Hände der Deutschen fallen könnte. Er sah in dem Umstand, dass der Botschafter sich zum Verbleib in der Hauptstadt entschlossen hatte und entschieden war, die Kunstschätze dieser Stadt zu verteidigen, einen Hoffnungsschimmer. Die überlieferten Gespräche zwischen dem französischen Präsidenten und dem amerikanischen Botschafter belegen, welchen Schrecken der Vormarsch der deutschen Truppen nach den Ereignissen in Belgien verbreitete. Dass die Deutschen Paris Quartier um Quartier niederzubrennen beabsichtigten, ist eine absurde Vorstellung, für die es keine gesicherten Quellen gibt.

Botschafter Herrick hatte auf Bitten des deutschen Botschafters, Wilhelm von Schoen, vor dessen Abreise die Vertretung der Interessen des Kaiserreiches übernommen. Herrick leitete aus diesem Umstand einige Vollmachten ab und ließ mit der amerikanischen Fahne versehene Schutzbriefe in französischer und deutscher Sprache verteilen, die an Häusern angebracht wurden. Auf diese Weise sollten die Einhaltung der Haager Konventionen durchgesetzt und Privathäuser vor deutschen Übergriffen geschützt werden. Herrick fühlte sich verpflichtet, als Repräsentant der neutralen Vereinigten Staaten die umfangreichen Kunstschätze in Paris zu verteidigen, weil sie für die gesamte zivilisierte Welt unverzichtbar seien. Ihre Zerstörung aus militärischen oder politischen Gründen sei genauso ein Verbrechen an den Amerikanern wie an den Franzosen. Herrick erklärte sich berechtigt, sich für die Kulturgüter einzusetzen, «um ihnen unseren Schutz gegen die anstürmenden Truppen [...] und ihre beabsichtigte Zerstörung zu geben.»[27] Ob berechtigt oder nicht, der deutschen Armee eilte nach dem zerstörerischen Durchmarsch durch Belgien der Ruf voraus, ihr Auftrag sei nicht nur, einen militärischen Sieg zu erringen, sondern die Kultur der Nachbarländer zu vernichten. «Absichtliche Zerstörung» sei das Ziel der Deutschen. Hiervon waren viele Franzosen überzeugt. Die Beschießung der Kathedrale von Reims, nur zwei Wochen nach dem Bericht des amerikanischen Botschafters, sollte diese Befürchtungen verstärken.

Allerdings kam es nicht zum Einmarsch in Paris. Nur wenige Tage nach dem Auszug der Regierung nutzte der französische Oberbefehlshaber Joseph Joffre eine Chance zu einem Generalangriff auf die deutschen

Truppen in der Nähe der Marne, östlich von Paris. Ob Joffre oder Gallieni die strategische Möglichkeit erkannten, die Deutschen zum Rückzug zu zwingen, ist umstritten. Galliens Armee vermochte den ungedeckten, sogenannten deutschen Schwenkungsflügel zurückzudrängen, wobei der General, ein berühmt gewordener Geniestreich, Taxis zum Transport der Truppen einsetzte. Das Unternehmen war allerdings nicht so erfolgreich wie erhofft.

Jedenfalls gelang der Angriff, auch mit Hilfe der British Expeditionary Force (BEF), deren Führung, nachdem sie den Krieg bereits als verloren ansah, sich endlich entschlossen und engagiert beteiligte. Die BEF vermochte sich zwischen die beiden Armeen von Bülow und Kluck zu zwängen und sie zurückzudrängen.

Nach heftigen und ungewöhnlich verlustreichen Kämpfen und völliger Erschöpfung auf beiden Seiten mussten sich die deutschen Armeen, die zudem durch die Verlagerung von Truppen nach Ostpreußen geschwächt waren, etwa 80 km zurückziehen.[28] Damit war der sogenannte Schlieffenplan, den Alfred Graf von Schlieffen bereits 1905 als Chef des Generalstabs der kaiserlichen Armee für einen möglichen Feldzug durch Belgien nach Frankreich ausgearbeitet hatte, gescheitert. Er bestand in der Vorstellung, den Vormarsch bis Paris in kürzester Zeit durchzuführen, um Truppen für das Vordringen nach Russland an die Ostfront verlagern zu können. Inspiriert von Hannibals Sieg über die römischen Truppen bei Cannae im Zweiten Punischen Krieg 216 v. Chr. schwenkten die deutschen Armeen vor Paris nach Süden um und exponierten sich der Armee von Gallieni, die als schwach angesehen wurde.[29]

Diese Strategie war nicht aufgegangen. Die deutsche Armee wurde angehalten und sogar zurückgedrängt. Die geplante Umfassungsschlacht war gescheitert. Die deutsche Militärführung war dem «Cannae-Wahn» und «ihrer kriegsgeschichtlichen Obsession für antike Vorbilder zum Opfer gefallen».[30] Generaloberst von Kluck hat in den Nachkriegsjahren wiederholt über die Marneschlacht geschrieben und sich dabei stets bemüht, die komplexen Faktoren und Missverständnisse, die zur Niederlage der deutschen Armee geführt hatten, herauszustellen. Seine Erinnerungen belegen, dass er sich über die fatalen Konsequenzen, die diese Niederlage mit sich brachte, voll im Klaren war. Der Krieg war Anfang September 1914 eigentlich bereits verloren: «Der Wunsch der Obersten

Heeresleitung, noch jetzt die in der erfolgreichen Marneschlacht schicksalshaft aufgegebene Initiative und operative Armfreiheit wiederum zu gewinnen, war unerfüllbar. Über jenen Tagen schwebt die Tragik des Wortes ‹vergeblich›, die noch jetzt das Herz jedes Mitkämpfers erbeben macht. Es begann der Stellungskrieg im Westen, der bis 1918 einen ausgreifenden Bewegungskrieg in Nordfrankreich völlig lahmlegte. Des Grafen Schlieffen hehrer Gedanke war begraben.»[31]

Der Sieg an der Marne wurde auf französischer Seite wie ein Wunder gefeiert. In Paris fand am 13. September 1914 eine große Prozession statt, an der eine breite Bevölkerung teilnahm. Die Reliquien der Heiligen Genoveva, mit deren Intervention der Sage nach die nach Frankreich eingedrungenen Hunnen im Jahre 451 vor Paris besiegt werden konnten, wurden durch die Stadt getragen. Auch Statuen und Reliquien aus Notre-Dame in Paris und aus der Kirche Notre-Dame-des-Victoires, die zur Erinnerung an den Sieg Ludwigs XIII. über die Protestanten in La Rochelle im 17. Jahrhundert errichtet wurde, führten die über den Sieg beglückten Teilnehmer der Prozession durch die Straßen. An Jeanne d'Arc, deren Intervention den Sieg damals wie heute ermöglicht habe, richteten die Gläubigen Gebete. Kardinal Léon Adolphe Amette versprach sogar die Errichtung einer ihr gewidmeten Kirche. Die allgemeine Begeisterung fasste Paul Claudel in die Worte: «In der großen Marneschlacht [...] hatten wir die Heilige Genoveva auf unserer linken, den Heiligen Remigius in der Mitte und Jeanne d'Arc auf unserer rechten Seite.»[32]

Es scheint der konservative Schriftsteller und Politiker Maurice Barrès gewesen zu sein, der als Erster von vielen Autoren die Schlacht an der Marne als ein «Wunder» bezeichnete. Im Dezember 1914 berichtete er in einem Zeitungsartikel in lebhaften Worten über die Feier zu Ehren Jeanne d'Arcs als eine bewegende Demonstration der nationalen Geschlossenheit im Kampf gegen den Angreifer.[33] Seine Teilnahme an der Gedenkfeier zu Ehren der Heiligen ein Jahr zuvor ist in einer Fotografie überliefert, welche Barrès im Gespräch mit der Schauspielerin zeigt, die Jeanne d'Arc in voller Rüstung verkörpert und wirkt, als sei sie gerade vom Himmel herabgestiegen. (Abb. 5)

Das «Wunder an der Marne» war nicht nur ein Erfolg auf der Seite der französischen Armeeführung, die einen taktischen Fehler und die entstandene Lücke zwischen den deutschen Armeen ausnutzte. Es war

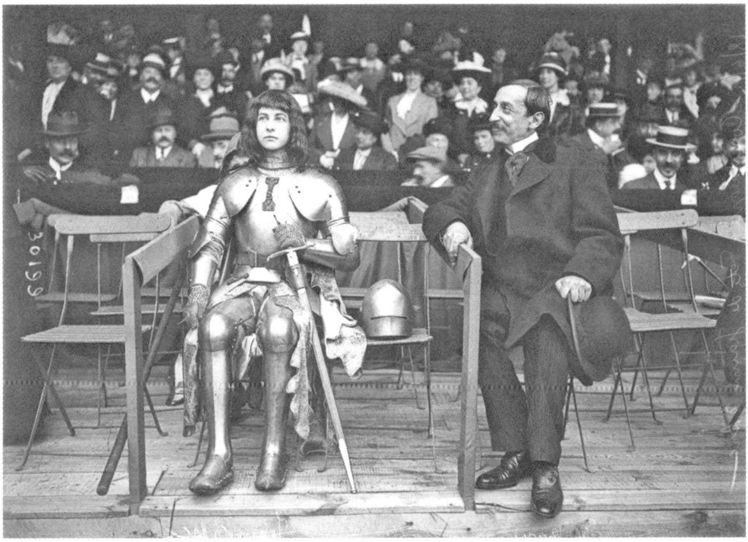

5. *Schauspielerin als Jeanne d'Arc mit Maurice Barrès,* Fotografie, 18. Juni 1913, Paris, Bibliothèque nationale de France.

vor allem ein Sieg des Einsatzes der französischen Soldaten, die unermessliche Entbehrungen in schier endlosen Märschen unter feindlichem Feuer auszuhalten hatten. Diese nicht nur physische, sondern moralische Kraft wurde getragen von dem Willen, Paris nicht in die Hände des Gegners fallen zu lassen. Die beschämende Niederlage von 1870 durfte sich nicht wiederholen! Der Sieg wurde nicht wegen militärischer oder technischer Überlegenheit errungen. Das «Wunder» gelang aufgrund eines nationalen Gemeinschaftsgefühls, das alle physischen Qualen zu überwinden schien. In diesem Sinne äußerte sich auch der unterlegene Generaloberst von Kluck anerkennend: «Die Lage Frankreichs und der Verbündeten ist […] klar zu ersehen, klar der Wille zum Durchhalten und zum Siege […]. Die schon 1870 gemachte Erfahrung, daß der hohe nationale Sinn unseres westlichen Nachbarn sich zu unerhöhrten Anstrengungen aufraffen werde, hat sich auch Ende 1914 bestätigt».[34]

Gegenüber den ausführlichen und euphorischen Berichten auf französischer Seite, die der Bevölkerung endlich Hoffnung machten, der

Krieg sei noch nicht verloren, waren die Berichte auf deutscher Seite spärlich. Man habe sich zurückgezogen, um sich neu aufzustellen, hieß es. Auffallend war allerdings, dass Helmuth von Moltke als Chef des Generalstabs, angeblich wegen seines Gesundheitszustandes, abgelöst und durch General Erich von Falkenhayn ersetzt wurde.

Die Kathedrale brennt

Die deutschen Truppen mussten sich am 12. September wegen der Niederlage an der Marne und der vorrückenden französischen Truppen aus Reims zurückziehen. Sie besetzten die zur Verteidigung der Stadt errichteten Forts und gruben sich nördlich von Reims ein. Sie sollten dort bis zum Ende des Krieges bleiben. Die Verwundeten der Marneschlacht konnten in der Eile des Rückzugs nicht mitgenommen werden und verblieben in der Stadt. Sie waren noch nicht in die Kathedrale überführt worden.

Die Soldaten beider Seiten waren vollkommen erschöpft. Die Franzosen hatten kaum noch Kraft, dem Gegner weiter nachzusetzen, ein Thema, das später nachhaltig diskutiert wurde. Der Stillstand der Armeen bedeutete zwar ein Innehalten und einen Moment der Neuordnung der Truppen, aber die Anspannung, wie es weitergehen würde, war groß. Sie war sicherlich ein Grund für die folgenden kriegerischen Ereignisse.

Unmittelbar nach dem Abzug der Deutschen kehrten im Morgengrauen des 13. September zur Freude der Bevölkerung die französischen Truppen wieder nach Reims zurück und bezogen Stellungen zur Verteidigung der Stadt, offenbar auch in der Nähe der Kathedrale, wie ein Bericht in der *London Times* vom 22. September 1914 bestätigt.[35] Wie nahe an dem Gotteshaus, ist allerdings unklar. Das französische Militär suchte mit guten Gründen die Bewegungen des sich zum ersten Mal seit Beginn des Krieges zurückziehenden Feindes genau zu erkunden. Der Turm der Kathedrale war dafür bestens geeignet.[36]

Unglücklicherweise wurde in diesem historischen Moment der Reims schützende Status als militärfreie offene Stadt, die der Gegner nicht zu verteidigen beabsichtige, aufgegeben. Da die deutschen Truppen auch noch die Forts im Vorfeld der Stadt, die zum Schutz nach dem Krieg 1870/71 errichtet worden waren, besetzt hielten, befanden sich die französischen Truppen in keiner guten Ausgangslage. Die Stadt konnte leicht von den deutschen Kanonen erreicht werden. Diese Forts zu erobern, musste ein dringendes Ziel der französischen Heeresleitung sein. Die Truppenbewegungen der Deutschen zu beobachten, war daher für die französischen Offiziere eine absolut notwendige Aufgabe. Einen besseren Aussichtspunkt als den Nordturm der Kathedrale gab es nicht. Trotz der allgemeinen Dementis von französischer Seite überwiegt heute die Meinung, dass diese Beobachtungen in der Tat stattgefunden haben.[37] Damit wäre eindeutig gegen die Haager Konventionen verstoßen worden, die festlegen, dass Denkmäler und Kirchen nicht zu militärischen Aufgaben genutzt werden dürfen.

Die deutsche Seite berief sich in späteren Rechtfertigungen immer wieder auf diese Tatsache.[38] In der französischen Zeitschrift *L'Illustration* wurde angemerkt, dass bereits am 13. September ein Scheinwerfer auf dem Nordturm installiert worden sei. Er sei aber wieder entfernt worden, da, und hier ist der Wortlaut des Berichts wichtig, sich die Kathedrale als Beobachtungspunkt als militärisch nutzlos erwiesen habe.[39] Dies ist zwar ein eindeutiger Hinweis für Versuche der Aufklärung von dem Gotteshaus aus, aber im Grunde auch ein Hinweis, dass von dem Turm aus nichts wirklich zu erkennen war. Dennoch scheinen sich auch nach der Entfernung des Scheinwerfers Soldaten auf dem Turm aufgehalten zu haben, wie Berichte von Zeugen bestätigen. Nach dem Bericht des deutschen Kriegsministeriums seien die Beobachter sowohl mit Fernrohren wie von Fliegern festgestellt worden.

Letztlich ist dieser Umstand wohl nicht mehr eindeutig zu klären. Die Formulierung, die auf den berühmten Militärtheoretiker Carl von Clausewitz zurückgeht, im Kriege liege manches Handeln im Nebel der Ungewissheit, kann auch hier angewendet werden. Immerhin wird man feststellen können, dass es für die deutsche Seite keinen Grund gegeben hat, den Turm unter Beschuss zu nehmen, es sei denn, sie ging von seiner Nutzung als Beobachtungsposten aus. Für die böswillige Absicht, aus reiner Lust die Kathedrale zu zerstören, gibt es jedenfalls nach allen verfügbaren Quellen keine Hinweise.[40]

Die Frage ist aber im weiteren Verlauf der gegenseitigen Beschuldigungen von großem Interesse, da mit ihr verbunden ist, ob es sich bei der Beschießung um ein Kriegsverbrechen handelte. Unabhängig davon, ob das Gotteshaus zu militärischen Beobachtungen benutzt wurde, war es nicht nur ein bedeutendes Denkmal, sondern diente auch noch als Lazarett für deutsche Verwundete. Dieser Umstand war aber möglicherweise den deutschen Kanonieren zu diesem Zeitpunkt nicht bewusst, obwohl nach französischen Aussagen eine Fahne des Roten Kreuzes auf dem Nordturm gehisst worden war.[41]

Es ist nicht ganz deutlich, wann und von welcher Seite die Bombardements begannen. In der unmittelbaren Nähe von Reims wurde bereits seit dem 13. September gekämpft. Am 14. September wurden offenbar die ersten Schüsse auf die Stadt abgegeben.[42] Der französische Kommandant ließ bald darauf die verwundeten Deutschen in die Kathedrale bringen. Sie sollten, wie in *L'Illustration* zu lesen war, als Schutzschild vor einer weiteren Beschießung der Kathedrale dienen.[43] Zu diesem Zeitpunkt sei die Fahne auf dem Turm aufgezogen worden und dieser Vorgang dem Feind zur Kenntnis gegeben. Hierfür gibt es allerdings keine Bestätigung von deutscher Seite.

Reims einzunehmen war ein vordringliches Ziel der deutschen Heeresleitung, wie von Bülow bestätigte: «Bei der Stärke der feindlichen Stellung sollte vorerst einmal das besetzte Reims planmäßig unter Feuer genommen werden».[44] Am 17. September trafen 3 Geschosse die Kathedrale. Am folgenden Tag unter noch heftigerem Feuer von der deutschen Seite wurden 13 Bombeneinschläge gezählt. Es konnte der Eindruck entstehen, dass von der Schonung der Kathedrale keine Rede mehr sei. Yann Harlaut hat die Dokumente, Zeugenaussagen und bildlichen Darstellungen, die sich auf die für die Kathedrale leider katastrophalen Vorgänge des folgenden Tages, des 19. September, beziehen, auf genaueste Weise ausgewertet. Er gelangte trotz der umfangreichen Quellen zu keinem eindeutigen Ergebnis, da sich die Zeugen zum Teil widersprachen und sie auch in ihren Aussagen von den späteren propagandistischen Publikationen nicht unbeeinflusst waren.[45]

Am 19. September erreichten 25 Treffer die Kathedrale, wodurch das Gerüst am Nordturm in Brand geriet, zusammenstürzte und vielfältige Zerstörungen am skulpturalen Schmuck der Fassade bewirkte. (Abb. 6, 7, 8) Die Flammen breiteten sich aus und entzündeten den Dachstuhl, der

6. *Das Gerüst brennt*, 19. September 1914, Fotografie Lucien Dage, Reims, Sammlung Edouard und Christine Abelé.

völlig ausbrannte. Dabei schmolz die Bleiverdachung und das erhitzte flüssige Metall ergoss sich über die Wasserspeier, tropfte aber auch ins Innere der Kathedrale. Das nach einiger Zeit wieder erstarrte Blei blieb an den Gesimsen, Gebälken und auch den Skulpturen haften.[46] (Abb. 9, 10) Auch der größte Teil der mittelalterlichen Glasfenster ging zugrunde.

7. *Der Dachstuhl in Flammen*, 19. September 1914, Fotografie J. Serpe, Reims, Sammlung Edouard und Christine Abelé.

8. *Die brennende Kathedrale von Süd-Osten*, 19. September 1914, Fotografie Berthelomier, aus: Maurice Landrieux, *La cathédrale de Reims: Un crime allemand*, Paris 1919.

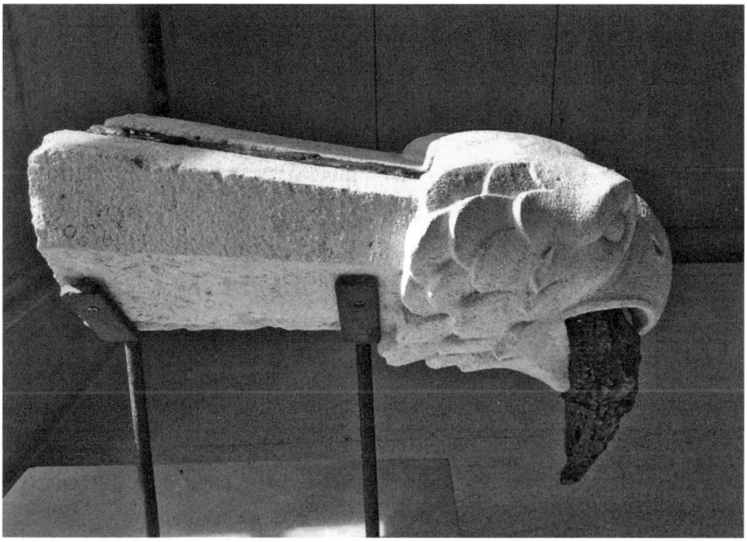

9. *Wasserspeier mit geschmolzenem Blei*, Reims, Palais du Tau, Fotografie, Privatsammlung.

Als die Bombardierung begann, befanden sich noch die deutschen Verwundeten in der Kathedrale. Sie wurden schnellstens evakuiert, wobei einige ihr Leben verloren. (Abb. 11, 12) Die Verwundeten wurden nach einigen Berichten von Einwohnern der Stadt bedroht.[47] Allerdings scheinen vor allem die Priester, Landrieux und seine Kollegen, ein Blutbad verhindert zu haben.

Neben den schriftlichen Berichten, vor allem der ausführlichen Darstellung von Landrieux, sind genügend Fotografien erhalten, die ein Bild von den Zerstörungen der Stadt und den Schäden an der Kathedrale übermitteln. (Abb. 13) Der größte Teil der Bevölkerung verließ in den folgenden Monaten die Stadt. Die Verwüstung hatte aber mit der Beschießung am Anfang des Krieges noch kein Ende gefunden. Mittlerweile war, allerdings erst 1915, die Fassade mit Sandsäcken ausgestattet worden. (Abb. 14) Auch in den folgenden Jahren bis zum März 1918 wurde die Stadt immer wieder bombardiert. Viele Treffer erreichten auch dann noch die Kathedrale, die am Ende des Krieges schwer beschädigt, mit erheblich beschädigtem Gewölbe und ohne Dach die Stadt überragte.

10. *Die Kathedrale ohne Dachstuhl*, 1918, aus: Maurice Landrieux, *La cathédrale de Reims: Un crime allemand*, Paris 1919.

11. *Tote Deutsche im Inneren der Kathedrale*, 19.–20. September 1914, Fotografie Jules Matot, Reims, Sammlung Edouard und Christine Abelé.

12. *Särge im Inneren der Kathedrale*, September 1914, Fotografie Jules Matot, Reims, Sammlung Edouard und Christine Abelé.

13. *Die Fassade nach der Bombardierung am 19. September 1914*, Fotografie Leon Doucet, Reims, Sammlung Edouard und Christine Abelé.

14. *Reims Bombardé* (Sandsäcke an der Fassade), 1915, Postkarte, Reims, Sammlung Edouard und Christine Abelé.

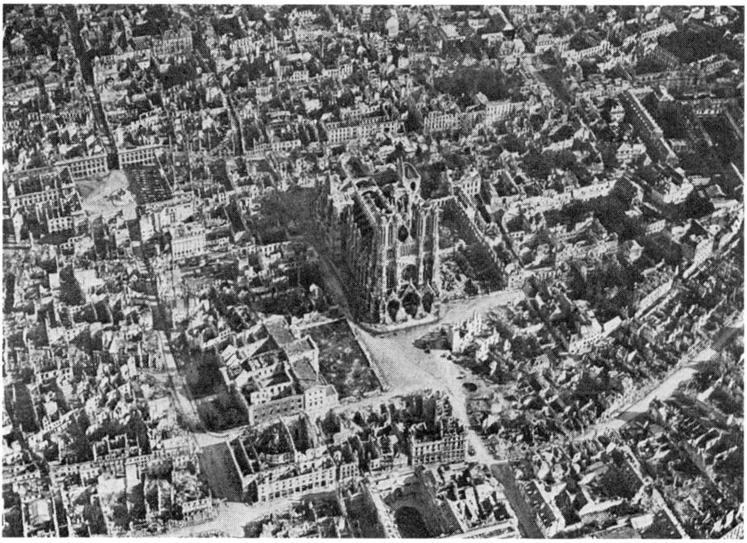

15. Das zerstörte Reims, Luftaufnahme, ca. 1918, in *L'illustration* (1918), aus: Maurice Landrieux, *La cathédrale de Reims: Un crime allemand*, Paris 1919.

Die Kathedrale war zwar nicht völlig zerstört, wie häufig zu lesen war, aber erheblich in Mitleidenschaft gezogen worden und ragte am Ende des Krieges aus der erschreckenden Ruinenlandschaft der Stadt heraus. (Abb. 15)

Landrieux hat in einer eindrucksvollen Übersicht die Einschläge der Bomben in der Nähe der Kathedrale kartographiert. (Farbtafel 16) Ihm war vor allem daran gelegen, deutlich zu machen, dass die deutschen Truppen die Zerstörung der Kathedrale beabsichtigten, ein Hauptthema der internationalen Presse und zahlloser Verlautbarungen. Jedoch kann auch die präzise Aufzeichnung der Einschläge diesen Umstand nicht belegen, zumal eine vergleichbare Dichte an Bombeneinschlägen für die gesamte Stadt festzustellen ist.

Die unglücklichen Kampfhandlungen in Reims seit dem 14. September sind meist ausschließlich mit dem Blick auf die Schäden an der Kathedrale dargestellt worden. Eine genauere Betrachtung der Umstände lässt aber erkennen, dass die militärischen Aktionen, die den in der Stadt aufgestellten französischen Batterien galten, zu den katastrophalen Schäden an dem Gotteshaus geführt haben. Die deutschen Truppen nahmen die von ihnen belagerte Stadt in Beschuss, um sie zurückzuerobern. Französische Kanonen, die über die ganze Stadt verteilt waren, haben das Feuer erwidert. Im Rahmen dieses Kampfgeschehens sind auch Geschosse in der Nähe der Kathedrale eingeschlagen, einige haben das Gotteshaus selbst getroffen. Die Kathedrale war aber keineswegs das ausgemachte Ziel der Aktion.

Die Bevölkerung der Stadt Reims hatte nicht nur unter der Beschießung im September 1914, sondern auch unter späteren Angriffen bis zum Ende des Ersten Weltkrieges auf bitterste Weise zu leiden. Während des weiteren Verlaufs des Krieges bis 1918 wurde Reims immer wieder von deutschen Kanonen beschossen. Dies führte zur fast völligen Zerstörung der Stadt und zu großen Verlusten der Einwohner. Auch die Kathedrale wurde wiederholt getroffen. Reims war am Kriegsende weitgehend verlassen! Die Stadt war zwar von der französischen Besatzung heroisch verteidigt, das städtische Leben jedoch vollkommen vernichtet worden, wovon der bewegende Bericht des Reimser Bürgers Paul Hess auf lebendige Weise Zeugnis ablegt.[48] Der militärische Sinn dieser Bombardierungen war höchst zweifelhaft und letztlich auch für den Kriegsablauf völlig ergebnislos.

Die Fotografien, die während und nach Ende des Krieges, unter anderen von Pierre Antony-Thouret, aufgenommen wurden, vermitteln den erschütternden Eindruck einer völlig verwüsteten Stadt.[49] Man kann sich kaum des Eindrucks erwehren, Reims sei geradezu barbarischen Zerstörungen unterworfen worden. Allerdings ragt in diesen bedrückenden Bildern die Kathedrale aus dem Meer der Verwüstung heraus. Trotz ihrer schweren Beschädigungen kann sie daher nicht ein Hauptziel der deutschen Kanoniere gewesen sein.

Rechtfertigung der deutschen Heeresleitung

Unmittelbar nach dem Brand der Kathedrale im September 1914 wurden sowohl von französischer wie von deutscher Seite offizielle Untersuchungen über die Schäden und den aktuellen Zustand der Kathedrale in Auftrag gegeben. Auf französischer Seite wurde, auch um vor einem internationalen Publikum den Eindruck einer neutralen Darstellung entstehen zu lassen, der amerikanische Architekt Whitney Warren beauftragt, sich vor Ort ein genaues Bild der Schäden zu machen.[50] Im Vergleich zu seinem sehr genauen Bericht leidet der von Paul Clemen für die deutsche Seite verfasste Rapport darunter, dass sich der Denkmalpfleger nur auf Angaben von Luftaufklärern und die Beobachtung der Kathedrale mit einem Scherenfernrohr stützen konnte.[51] Der deutsche Bericht diente der offiziellen Stellungnahme des Kriegsministeriums.

Die deutsche Regierung und die Heeresleitung waren offenbar wie gelähmt von dem ungeheuren internationalen Presseecho und den vielen Verlautbarungen schärfster Kritik über das Bombardement des Gotteshauses. Sie reagierten schwerfällig, administrativ, geschäftsmäßig und natürlich defensiv. Das Kriegsministerium antwortete mit einem Bericht auf der Grundlage einer in Auftrag gegebenen Untersuchung der Vorgänge, auf die sich vor allem die deutschen Presseberichte beriefen. Er erschien erst 1915, viel zu spät, um der propagandistischen Welle von feindseligen Bildern und Äußerungen wirkungsvoll entgegentreten zu können.

Die vom preußischen Kriegsministerium herausgegebene Broschüre mit dem Titel *Die Beschießung der Kathedrale von Reims* enthält zwei Teile, einen zusammenfassenden Bericht und umfangreiche Zeugenaussagen.[52] Wie zu erwarten, wehrte sich das Kriegsministerium in dieser offiziellen Darstellung gegen die «ebenso grundlosen wie gehässigen Anschuldigungen», die Bombardierung sei «ohne jede militärische Notwendigkeit aus reiner Zerstörungswut erfolgt».[53]

Den französischen Artikeln stellte das Kriegsministerium in Berlin in seiner offiziellen Stellungnahme vor allem drei Gesichtspunkte entgegen. Erstens habe die Heeresleitung, im Gegensatz zu den französischen Vorwürfen der mutwilligen Zerstörung, schriftlich festgelegt, das Monument sei unbedingt zu schonen. Allerdings habe, zweitens, der Befehl gegeben werden müssen, einen gezielten Schuss auf den Nordturm abzugeben, da sich dort militärische Beobachter befunden hätten. Sie seien eindeutig sowohl mit Scherenfernrohren als auch durch Flieger beobachtet worden. Außerdem seien dort Scheinwerfer aufgestellt worden. Der Beschuss habe bedauerlicherweise das Holzgerüst des Nordturms in Brand gesetzt. Das Feuer habe sich dann im Inneren, in dem sich die Strohballen für die Verwundeten befanden, ausgebreitet und auf das Dach übergegriffen. Als dritte wichtige Erklärung behauptete die deutsche Seite, französische Armeeeinheiten und Kanonen wären bewusst nahe der Kathedrale und gleichsam unter ihrem Schutz aufgestellt worden. Beim Versuch, sie zu zerstören, hätten unglücklicherweise auch einige Bomben die Kirche getroffen. Die deutsche Seite belegte ihre Darstellung mit ausführlichen Zeugenaussagen, wobei eidesstattliche Erklärungen die Glaubwürdigkeit der Angaben bestätigen sollten.

Die Mitteilungen des Königlich Preußischen Kriegsministeriums beruhten auf Befragungen von Zeugen, die die *Militäruntersuchungsstelle für Verletzungen des Kriegsrechts* durchgeführt hatte. Die beeidigten Aussagen werden im zweiten Teil der Broschüre im Wortlaut wiedergegeben. Die Aussagen der Zeugen verschiedenster Dienstgrade bestätigten übereinstimmend, dass militärische Beobachtungen vom Nordturm aus vorgenommen wurden. Sie heben auch hervor, dass ein Befehl von oberster Stelle vorlag, die Kathedrale nicht zu beschießen. Nur um den oder die «Winker» auf dem Turm auszuschalten, sei die Genehmigung für einen Mörserschuss erteilt worden.

Um die Behauptungen von französischer Seite zu entkräften, konnten sogar einige französische Artikel benutzt werden. In ihnen fanden sich Hinweise, dass die Kathedrale in der Tat als «Beobachtungsstand» gedient hatte, unter anderem durch die Aufstellung eines elektrischen Scheinwerfers.[54] Als weiterer Beleg für die Verletzung der Haager Konvention führte die Schrift des Ministeriums die Aussage eines Engländers vom 8. November 1914 an, er habe auf dem Turm neben der Rotes Kreuz-Fahne ein Telefon, eine elektrische Lichtanlage und Soldatenbetten gesehen.[55] Ferner bestätigte ein Bericht in der *London Times* vom 22. September, dass die französische Armee Truppen und Kanonen im Schutze der Kathedrale aufgestellt hätte.[56] Auch deutsche Luftaufklärer hätten Beobachter auf dem Turm erkannt. Aus diesem Grunde sei dann der Befehl erteilt worden, «die Stadt unter Feuer zu nehmen», wobei ausdrücklich auf die Anweisung des Armeeoberkommandos hingewiesen wurde, die Kathedrale zu schonen. Der Schuss auf den Nordturm sei der einzige direkte Angriff auf die Kathedrale gewesen, der unglücklicherweise zu dem Brand des Gerüstes und den verheerenden Folgen geführt habe.

In der Verlautbarung des Kriegsministeriums wurde sogar der französischen Seite die Schuld für den Brand gegeben, da sie «in unverständlicher Nachlässigkeit verabsäumt» habe, das Gerüst am Nordturm abzubauen. Auch seien keine Schutzmaßnahmen ergriffen, ja nicht einmal Löscharbeiten durchgeführt worden. Die Untersuchung gelangt zu dem sehr vereinfachten Ergebnis: «Die Schuld an der bedauerlichen Zerstörung trifft mithin einzig und allein die Franzosen».[57]

Einige Tage später, am 22. und 23. September, sei eine französische Batterie unter Beschuss genommen worden, die im Schutze des Chores Aufstellung genommen habe. Auch in diesem Fall habe man mit Hilfe eines Stadtplanes versucht, die französischen Kanonen so genau wie möglich zu treffen. Es habe aber ein Schuss unbeabsichtigt den bereits ausgebrannten Dachstuhl getroffen.[58] Die weiteren Beschießungen hätten ausschließlich der Stadt und den dort befindlichen Truppen gegolten. Die Kathedrale sei grundsätzlich verschont worden.

Der Bericht des Ministeriums befasst sich jedoch nicht nur mit dem Bauwerk, sondern prangert auch die Verlagerung der deutschen verwundeten Soldaten in die Kathedrale an. Die Schrift des Kriegsministeriums behauptet, vielleicht nicht ganz zu Unrecht, dass die verwundeten deutschen Soldaten bewusst in die Kathedrale gebracht worden seien, um die Beschießung zu verhindern. Es ist deutlich, dass mit diesem Punkt dem verbreiteten Eindruck entgegengetreten werden musste, die deutsche Armee habe die Kathedrale unter Beschuss genommen, obwohl den befehlsgebenden Offizieren klar gewesen sei, dass sich deutsche Verwundete in dem Gebäude aufhielten. Der Ton des Berichtes ändert sich nun im Sinne einer moralischen Entrüstung. Die Franzosen hätten die Deutschen bewusst in die Kathedrale verlegt, um dann unter der Flagge des Roten Kreuzes ihre militärischen Beobachtungen durchführen zu können. «Es war ein teuflischer Plan, der in seiner Niederträchtigkeit und Gemeinheit nur noch durch die Art seiner Ausführung übertroffen wird.» Die aus der brennenden Kathedrale flüchtenden Soldaten seien dann «ohne Erbarmen von französischen Soldaten feige ermordet» worden.[59]

Die als Rechtfertigung gedachte Veröffentlichung diente vor allem dazu, die französische Seite ins Unrecht zu setzen. Dabei kam es darauf an, vor allem die Verletzungen des Völkerrechts von der deutschen auf die gegnerische Seite zu schieben. Nicht nur der Nutzung des Nordturms zur militärischen Beobachtung, sondern auch der Ermordung hilfloser deutscher Verwundeter, die aus der raucherfüllten und brennenden Kathedrale zu flüchten versuchten, wird daher weiter Raum eingeräumt.

Der Bericht des Kriegsministeriums bemühte sich weitgehend um sachliche Berichterstattung, ist aber nicht ohne Polemik abgefasst. Auch in dieser Publikation wird die als bösartig empfundene Aussage zitiert, die «Deutschen seien schlimmer als die Hunnen».[60] Eine französische Krankenschwester habe die Verwundeten unermüdlich mit diesem Vorwurf beschimpft. Dieser Vergleich hat die deutsche Seite offenbar immer wieder besonders verletzt. Allerdings wird auch hervorgehoben, dass die französischen Geistlichen sich in Reims außerordentlich hilfreich und korrekt verhalten hätten.[61]

Man wird der Darstellung des Kriegsministeriums in Berlin den Versuch nicht absprechen können, einen sachlichen Bericht der Vorgänge abzugeben. Was im Einzelnen geschehen ist, wird sich kaum noch mit Sicherheit in allen Details rekonstruieren lassen. Mit der bürokratischen Richtigstellung war aber nur wenig gewonnen. Die Anklage, einen für die Geschichte Frankreichs hochbedeutenden Kirchenbau beschossen zu haben, war nicht mehr aus der Welt zu schaffen. Die Kathedrale blieb in der Wahrnehmung der internationalen Öffentlichkeit das «Opfer». Das Charisma des Denkmals besaß eine größere Ausstrahlung als alle Rechtfertigungen eines Angreifers, dem bereits die in Belgien begangenen Gräueltaten, ob in allen Fällen berechtigt oder nicht, nachgesagt wurden.

Die Broschüre des Kriegsministeriums sollte, neben der Darstellung der Vorgänge aus der Sicht des deutschen Militärs, vor allem zum Ausdruck bringen, dass die Armee angewiesen sei, Kunstwerke und Denkmäler zu respektieren. Man muss wohl eher bezweifeln, dass diesem Gesichtspunkt in der Vorbereitung des Feldzugs besonderes Gewicht gegeben wurde. Der eilige Marsch durch Belgien unter Hinterlassung wesentlicher Zerstörungen spricht eine andere Sprache. Immer wieder gelangten auch Berichte nach Berlin, die keineswegs von einem schonenden Vorgehen der Truppen Zeugnis ablegten.[62] Auch nach den Ereignissen in Löwen war es der Heeresleitung offenbar weit wichtiger, Paris so schnell wie möglich zu erreichen, als auf die zivile Bevölkerung oder gar auf Monumente Rücksicht zu nehmen.

Theodor Wolff, Chefredakteur des *Berliner Tageblattes*, berichtet in seinem Tagebuch am 12. Oktober 1914, dass er einen Artikel zu veröffentlichen beabsichtigte, in dem er an die Führung des Heeres appellieren wollte, die Flieger sollten bei der Bombardierung von Paris die Monumente und Zivilisten schonen: «Zwei Flieger haben nämlich wieder, am Sonntag Vormittag, Paris so bombardiert, 13 Personen getötet u. Notre-Dame beschädigt, was die Stimmung des Auslandes uns gegenüber nicht gerade bessert.»[63] Wolff schildert weiterhin, dass er seinen Artikel der Zensur eingereicht habe. Von dieser Behörde sei aber so viel in seinem Text gestrichen worden, dass er auf die Publikation verzichtete. Er habe dann an den Generalstab geschrieben, aber nur die Antwort erhalten, «das alles sei der Krieg und darum gut».[64] Die von Wolff überlieferte Erfahrung mit der Zensur spricht nicht für die grundsätzlich von der deutschen Armee geplante Schonung von Zivilisten und Monumenten.

II. Die Kathedrale im Medienkrieg

Der Fall Löwen

Die Bombardierung der Kathedrale von Reims im September 1914 wurde zu einem der größten Medienereignisse des Ersten Weltkriegs, natürlich vor allem in Frankreich und Deutschland.[1] Aber auch in den anderen europäischen Ländern und in den USA wurde der Vorgang ausführlich kommentiert. Dabei traten die Opfer in der Bevölkerung und die Zerstörung der Stadt ganz in den Hintergrund. Im Zentrum der Auseinandersetzung stand das «Attentat» gegen das Kirchengebäude. Die historische, sakrale Bedeutung dieses Monumentes als eines nationalen Heiligtums erregte allgemeinen Aufruhr. Die dramatische Beschießung bewirkte nicht nur eine verschärfte Feindschaft gegenüber dem Deutschen Reich und seiner Führung, sondern grundsätzliche Abkehr von allem Deutschen. Über die folgenden Kriegsjahre hinweg, und sogar darüber hinaus, sollte Hass die Beziehungen zwischen Frankreich und Deutschland kennzeichnen. Zwar wurde er nicht ausschließlich durch die Beschießung der Kathedrale bestimmt, aber doch entscheidend intensiviert.

Die französischen Stimmen, die sich unmittelbar nach Bekanntwerden der Ereignisse am 18. und 19. September mit größter Empörung meldeten, sind kaum zu zählen. Neben Journalisten und Politikern äußerten sich auch Schriftsteller, Dichter, Musiker und Wissenschaftler unterschiedlichster politischer Überzeugung und sandten Protestschreiben an Zeitungen und Illustrierte. Da Fotografien der brennenden Kathedrale bereits damals in relativ kurzer Zeit weit verbreitet werden konnten, war der skandalöse Vorgang in aller Munde. Niemand zweifelte an der Grausamkeit von Kriegsgeschehen. Die Reimser Vorgänge aber schienen in ihrer Absurdität unvorstellbar. Ein Kirchengebäude und besonders die Kathedrale von Reims zu beschießen war als Verbrechen nur außerhalb des menschlichen, zumindest jenseits allen zivilisierten Verhaltens denkbar.

Es muss nicht verwundern, dass die Berichte weit über die Tatsachen hinausgingen. Die Kathedrale wurde als völlig zerstört geschildert und als brennende Ruine beschrieben. Das Meisterwerk der abendländischen Architektur wurde sogar als vom Boden verschwunden gemeldet. Aus den vielen Kommentaren lassen sich einige zentrale, immer wieder betonte Argumente herausschälen. Sich mit ihnen näher zu beschäftigen vermittelt Einblick in das dramatische kulturelle und geistige Zerwürfnis zwischen den beiden Nationen Deutschland und Frankreich.

Die politischen Beziehungen zwischen Ländern, die einen Krieg beginnen, sind zerrüttet. Das bedeutet jedoch nicht grundsätzlich, dass traditionelle kulturelle Bindungen plötzlich abgeschnitten werden. Im September 1914 war aber gerade dies der Fall. Nicht nur die politischen Führer der Länder scheiterten in ihren diplomatischen Kontakten, sondern auch die geistige und intellektuelle Elite brach das Gespräch über die Grenzen hinweg ab. Die Beschießung der Kathedrale von Reims, der Angriff auf ein architektonisches Meisterwerk und einen der ehrwürdigsten Kirchenbauten Frankreichs, beendete die über Jahre aufgebauten beruflichen und privaten Verbindungen.

Der Vorwurf der Barbarei und des Vandalismus lief der deutschen Armee in anklagenden Presseberichten voraus. Unter Verletzung der Neutralität war sie durch Belgien gezogen und unerwartet auf heftigen Widerstand der Bevölkerung gestoßen. Die an Truppenstärke weit unterlegene belgische Armee und Freischärler hatten den Vormarsch der deutschen Armeen nicht aufhalten können, aber immer wieder mutig und opferbereit behindert. Das deutsche Militär antwortete mit drastischen Maßnahmen. Öffentliche Erschießungen von Geiseln entsetzten die Bevölkerung und führten zu Gerüchten über schreckliche Verbrechen der Soldaten. Den Höhepunkt der dramatischen Ereignisse in Belgien stellte der Brand der Bibliothek von Löwen am 25. August 1914 dar. (Abb. 17)

In Frankreich wurde der Untergang der Bibliothek mit besonderer Aufmerksamkeit verfolgt, nicht nur der sichtbar auf das Land zukom-

17. *Die ausgebrannte Bibliothek in Löwen*, nach August 1914, Postkarte, Los Angeles, Getty Research Institute.

menden Bedrohung wegen, sondern auch in Erinnerung an das «Verbrechen gegen die Kultur», die Beschießung der Bibliothek von Straßburg durch die preußische Armee im Jahre 1870. Es ist aufschlussreich zu sehen, dass die Zerstörung eines Kulturdenkmals, einer Bibliothek mit bedeutenden mittelalterlichen Handschriften, besondere Empörung verursachte. Das Vorgehen des Militärs gegenüber der Bevölkerung wurde selbstverständlich auch, aber in der internationalen Presse in geringer Breite dargestellt. Der Hamburger Kunsthistoriker Aby Warburg notierte über den Verlust des internationalen Ansehens des Deutschen Reiches in sein Tagebuch: «Was durch die Verletzung der Neutralität Belgiens und den Brand von Löwen verlorengegangen ist, kann man nicht wieder zurückgewinnen».[2] Was war geschehen?

Die Rekonstruktion der Vorgänge ist außergewöhnlich schwierig und die Aufarbeitung der Quellen ist immer noch Gegenstand kontroverser Darstellungen. Im Zentrum der Auseinandersetzung steht seit Jahrzehnten die sogenannte Franctireurdiskussion.[3]

Die deutschen Truppen hatten Löwen am 19. August erreicht. Das belgische Militär war abgezogen und hatte die Stadt kampflos übergeben. Die im Rathaus untergebrachte Kommandantur erließ Maßnahmen wie eine nächtliche Ausgangssperre und die Abgabe von Waffen, wobei bei Zuwiderhandlung mit der Todesstrafe gedroht wurde. Am 25. August begann die belgische Armee mit einem Angriff im Norden Löwens, der die relative Ruhe der Besetzung unterbrach. Deutsche Truppen durchzogen die Stadt, als gegen 20 Uhr, zunächst in der Nähe des Bahnhofs, Gewehrschüsse zu hören waren, die dramatische Auswirkungen hatten. Verschiedene Thesen wurden in den Darstellungen der Vorgänge verbreitet. So sollen deutsche Soldaten, die möglicherweise betrunken waren, eigene Landsleute für Freischärler gehalten und sie unter Beschuss genommen haben.[4] Wie auch immer die schrecklichen Ereignisse zu rekonstruieren sind, die Folgen waren katastrophal. Die militärische Führung erließ gemäß Kriegsrecht, wie es offiziell hieß, ein «Strafgericht über Löwen». Bewohner wurden nachts aus den Häusern getrieben, aus denen geschossen worden war, und die Gebäude in Brand gesetzt.

Löwen erlebte apokalyptische Zustände, in deren Verlauf auch die Bibliothek Feuer fing und die Bestände an mittelalterlichen Handschriften vollständig vernichtet wurden. Es gibt keine Belege, dass das Gebäude mit vandalistischer Absicht angezündet wurde. In der internationalen Berichterstattung wurde aber vor allem betont, die Deutschen zerstörten bewusst Denkmäler und kulturelle Einrichtungen des Gegners, ja dies sei sogar das eigentliche Ziel des kriegerischen Einfalls gewesen.

Der Brand der Bibliothek mit ihren wertvollen Beständen wurde in der zeitgenössischen Presse ausführlich kommentiert. Bereits damals wurde die deutsche Kriegsführung von vielen Zeitgenossen mit Abscheu betrachtet. Selbst in Ländern, die sich noch neutral verhielten, wie etwa die Vereinigten Staaten von Amerika, wurde nun den Deutschen die alleinige Schuld gegeben, den Krieg ausgelöst zu haben. Und es erschien als offensichtlich, dass das deutsche Militär nicht nur zu Eroberung und Unterwerfung, sondern zur Zerstörung der Kultur des Nachbarlandes ausgezogen war. Diese Vorstellung war eine Konsequenz der Berichterstattung, die die Medien in kürzester Zeit weit und entschieden verbreiteten. Warum allerdings sollte die deutsche Armee Bibliotheken zugrunde richten? Das Interesse der Heeresleitung bestand vielmehr darin, so schnell wie möglich durch Belgien zu marschieren, um Paris zu erobern und den Schlieffenplan zu erfüllen.

Aufgrund der belgischen Vorgänge ging der deutschen Armee der Ruf des Vandalismus voraus. Für die Alliierten, vor allem für die Franzosen, waren sie eine Warnung. Mit der allgemein verbreiteten angeblichen Rücksichtslosigkeit des deutschen Militärs musste auch auf französischem Boden gerechnet werden. Die Ereignisse in Reims, so die allgemeine Berichterstattung später, bestätigten diese Vorwürfe. Die französische und internationale Reaktion nach der Beschießung von Reims setzte somit in der Aggressivität der Sprache und der Bilder die Berichte und Kommentare aus Belgien fort.

Die gotische Königskathedrale

Bei der Beschießung von Reims stellte sich die Situation jedoch noch ganz anders und viel dramatischer dar. Die Stadt Reims zeichnete sich durch einen besonderen Status aus, der im Bewusstsein der Franzosen bis heute tief verankert ist, weil sich dort die Krönungskathedrale der französischen Könige erhebt. Auch wenn seit fast 200 Jahren, seit Karl X. im Jahre 1825, kein Monarch mehr gekrönt wurde, Reims und ihre Kathedrale gelten als ein *lieu de mémoire*, an dem Staat und Kirche über Jahrtausende hinweg im *Sacre* ein enges Bündnis eingingen. (Abb. 18, 19) Reims und die Königskathedrale repräsentieren einen Ort politischer und nationaler Identität. Ein solcher Ort ist und bleibt ein Wallfahrtsort der Geschichte der Franzosen, auch in Zeiten nach der Französischen Revolution und der Etablierung einer demokratischen Gesellschaftsordnung. Mit Reims sind, gerade aufgrund eines starken und stolzen historischen Bewusstseins dieses Landes, tiefgreifende Emotionen verbunden.

Die für alle französischen Herrscher des *Ancien Régime* verbindliche Tradition des *Sacre* hat mythische Ursprünge. Der sowohl feierliche wie staatspolitisch hochbedeutende Akt hatte eine religiöse wie säkulare Bedeutung. Er verband Kirche und Staat sowohl in einem Rechtsakt wie gleichzeitig in einem kirchlichen Zeremoniell. Drei sakrosankte Orte, die an dem Vorgang Anteil nahmen, spielten in diesem Zusammenhang eine entscheidende Rolle. In Saint-Denis, heute einem Vorort von Paris, wurden die Regalien aufbewahrt, durch die in der Weihehandlung in Reims der König die Insignien und damit die notwendigen gesetzmäßigen Vollmachten seiner Amtsausübung erhielt. Saint-Rémi in Reims bewahrte die Ampulle mit dem heiligen Öl, das, nach der Legende von einer Taube vom Himmel gebracht, zur Taufe des ersten Frankenkönigs Chlodwig nach der siegreichen Schlacht bei Tolbiac (dem heutigen Zülpich) im Jahre 496 über die Alemannen diente. Chlodwig folgte bei seiner Bekehrung dem Glauben seiner Gemahlin Clothilde, deren Verehrung bis in das 19. Jahrhundert reichte und der zu Ehren eine neugotische Kirche in Paris errichtet und geweiht wurde.

Das aufwendige und feierliche Ereignis der Krönung in der Reimser Kathedrale verlieh dem König durch die Ölung und andere Handlungen sowohl den göttlichen Segen als auch eine gleichsam priesterliche Weihe. Dieses tiefreligiöse Zeremoniell sanktionierte die irdische Macht des Königtums und übertrug gleichzeitig dem Monarchen die Aufgabe, das Christentum zu schützen und zu verteidigen.[5] Die Kathedrale Notre-Dame in Reims, in deren Vierung die Weihehandlung vollzogen wurde, vergegenwärtigt dieses kirchlich und staatspolitisch hochbedeutende Ereignis.[6] Der Kirchenbau in Reims war somit nicht nur ein Erzbischofssitz wie andere, sondern repräsentierte für jeden Franzosen einen hochbedeutenden Erinnerungsort der Nation. Selbst nach der so heftig umstrittenen Trennung von Kirche und Staat im Jahre 1905 in der Dritten Republik war diese Kathedrale immer noch ein Ort sowohl der kirchlichen wie der nationalen Einkehr. Auch der erbittertste Feind Frankreichs hätte alles tun müssen, um die Beschießung dieser symbolisch so gewichtigen Kathedrale zu vermeiden.

Auch war Notre-Dame de Reims von einem architektonischen Standpunkt aus gesehen eine der herausragendsten und als klassisch bezeichneten gotischen Kathedralen. Ob aus religiöser Überzeugung, aus ästhetischer Begeisterung oder historischem Interesse, die Gotik gilt den Franzosen als ein Gut, das sie gegenüber anderen Nationen als ihre ureigenste Schöpfung ansehen. Über Jahrhunderte hinweg, vom späten Mittelalter bis in die Epoche der Aufklärung, hatte die Gotik nur eine untergeordnete Rolle gespielt. Die Antike und die Renaissance boten die geistigen und künstlerischen Vorbilder für die nachmittelalterlichen Epochen. Das 19. Jahrhundert hingegen durchlebte sowohl einen Prozess

18. *Le magnifique portail de l'église Cathédrale de Notre Dame de Reims* (*Einzug Ludwigs XV. zur Krönung in der Kathedrale von Reims*), 23. Oktober 1722, Kupferstich, Paris.

19. *Représentation du sacre du Roy Louis XV dans l'église de Reims le XXV octobre MDCCXXII* (*Krönung Ludwigs XV. in der Kathedrale von Reims*), Kupferstich, Paris, Bibliothèque nationale de France.

der Wiederentdeckung des Mittelalters und insbesondere der Gotik sowie auch ihrer Aneignung in die Vorstellungen der Gegenwart. An diesem Prozess hatten nicht nur Fachgelehrte, sondern vor allem Schriftsteller und Dichter, wie François-René de Chateaubriand, Victor Hugo, Joris-Karl Huysmans, Marcel Proust und andere, intensiv teilgenommen. Gerade in der Epoche, in der die politische Mehrheit eine Trennung von Kirche und Staat durchzusetzen vermochte, engagierten sich die konservativen Intellektuellen für die finanzielle Unterstützung der Kirchengebäude, da ihre Erhaltung durch die Gemeinden allein nicht gewährleistet werden konnte.

Allerdings war bereits seit dem 18. Jahrhundert ein Zwist über die Frage ausgebrochen, ob Frankreich oder Deutschland die Erfindung dieses Stiles beanspruchen konnte. Diese Auseinandersetzung, von der noch weiter die Rede sein wird, die im Grunde in der zweiten Hälfte des 19. Jahrhunderts von den Fachgelehrten längst zugunsten Frankreichs entschieden war, entbrannte aber vor dem Ersten Weltkrieg noch einmal. Wenn Frankreich nicht mehr die frühe Entwicklung des Stiles abgesprochen wurde, ließen sich doch deutsche nationalistische Stimmen vernehmen, die die deutsche Gotik als den wahren Höhepunkt dieses mittelalterlichen Stils propagierten. Die Beschießung des herausragenden gotischen Kirchenbaus in Reims geriet somit auch in den Fokus der Auseinandersetzung der Fachleute, die von emotionalen und nationalistischen Tönen bestimmt wurde.

Jeanne d'Arc

Vor der Kathedrale von Reims steht eine Statue der Jeanne d'Arc, die sie vorwärts stürmend, mit erhobenem Schwert in ihrer Rechten zeigt. (Abb. 20) Der Bildhauer Paul Dubois schuf sie, nachdem die *Académie nationale* von Reims im Jahre 1888 zu einer Spendenaktion aufgerufen hatte.[7] Am französischen Nationalfeiertag, dem *14 juillet* des Jahres 1896, wurde sie feierlich durch den Staatspräsidenten Félix Faure eingeweiht.

Die sowohl historische wie sagenumwobene Gestalt der Jeanne d'Arc ist eng mit Reims und der Kathedrale verbunden. Sie war es, die den französischen König Karl VII. unter dramatischen Umständen zum Sieg

20. Paul Dubois, *Statue der Jeanne d'Arc vor der Kathedrale in Reims* (1896 eingeweiht), ca. 1917–18, Fotografie, nach *Collier's New Photographic History of the World's War* (New York: P. F. Collier & Son, 1918), S. 74.

über die Engländer und am 17. Juli 1429 zur Krönung nach Reims führte. Jeanne d'Arc ist die bedeutendste Nationalheilige Frankreichs. Auch mit ihr sind diese beiden Vorstellungen, von Gott sanktioniertes Königtum und Verteidigung des Christentums, verbunden, die die Grundlage der französischen Staatsordnung des *Ancien Régime* ausmachten. In Jeanne d'Arc erneuerte sich am Ende des Mittelalters die Allianz von König und Kirche, die in den Weihehandlungen anlässlich der Krönungen ihren so anschaulichen und sichtbaren Ausdruck fanden.

Obwohl sie eng mit dem *Ancien Régime* verbunden war, verblich das Ansehen dieser zum Mythos erhobenen Gestalt auch nach der Französischen Revolution nicht. Ihre Verehrung blieb erhalten, wobei sie von den unterschiedlichen Parteien für deren jeweilige politische Ziele in Anspruch genommen wurde. Bei den Monarchisten stand sie als Nationalheilige weiterhin in hohem Ansehen, während sie auf der republikanisch gesinnten Seite als ein auserwähltes Kind des Volkes größte Bewunderung fand. Der Historiker Jules Michelet fasste diese Interpretation ihrer Leistung in die Worte: «Die Besonderheit der Jungfrau, das, was ihren Erfolg ausmachte, war nicht so sehr ihre Tapferkeit oder ihre Visionen; es war ihr gesunder Menschenverstand. In ihrer Begeisterung sah dieses Mädchen aus dem Volk die Aufgabe und wusste sie zu lösen».[8] Jeanne d'Arc war im Sinne Michelets ein Vorbild für die Moderne und die in der Gegenwart durch das Volk durchzusetzenden demokratischen Ziele.

Denkmäler von Jeanne d'Arc waren im 19. Jahrhundert in fast allen französischen Städten aufgestellt worden.[9] Historiengemälde von Jean-Auguste-Dominique Ingres und Paul Delaroche sowie von Jules Lenepveu im Pantheon heroisierten sie als ein Vorbild für Glaubensstärke und patriotisches Verhalten. In Reims allerdings bedeutete die feierliche Einweihung des Standbildes durch den Staatspräsidenten eine besondere politische Deklaration. Das Ereignis war sichtlich in Szene gesetzt, um vor der Kathedrale die Einheit von monarchistisch und republikanisch gesinnten Zeitgenossen zu beschwören. In einer Epoche, in der über die Trennung von Kirche und Staat bereits gestritten wurde, was in manchen Kreisen Unruhe auslöste, sollte durch die Erinnerung an Jeanne d'Arc als die Stifterin der nationalen Einheit im 15. Jahrhundert an das Gemeinschaftsgefühl aller Franzosen appelliert werden. Im Jahre 1909 wurde sie selig, 1920 heilig gesprochen.

Es ist daher nicht verwunderlich, dass Jeanne d'Arc auch nach der Beschießung der Kathedrale von Reims im September 1914 und während des ganzen Ersten Weltkriegs in Andachten um Hilfe angerufen wurde. Sie diente nach wie vor als eine vorbildliche legendäre Gestalt, deren Erinnerung den Patriotismus und den Widerstandswillen zu stärken vermochte. Sie erscheint daher in propagandistischen Bildern, vor allem auf Postkarten, als Beschützerin der Kathedrale von Reims und als neuerliche Retterin Frankreichs. So wie sie bereits im 15. Jahrhundert die Einheit des Landes gerettet hatte, sollten sich die Franzosen durch die Beschwörung ihrer Lichtgestalt auch in der Zukunft leiten lassen.

In diesem Sinne wurde Jeanne d'Arc auch im 20. Jahrhundert verehrt. Auf einer Postkarte aus dem Jahr 1914, in deren Hintergrund die brennende Kathedrale erscheint, bezichtigt sie Wilhelm II. des Vandalismus. (Farbtafel 21) In der Unterschrift wird darauf verwiesen, dass er nicht nur für die Ermordung von Kindern verantwortlich sei, sondern als «roi des bandits et celui des vandales» auch für die Zerstörung der Kathedralen. Aber wie so oft in den propagandistischen Bildern dieser Zeit wird auch hier dem Betrachter gleichzeitig mit dem Hinweis Mut gemacht, der deutsche Kaiser werde den Alliierten hilflos unterliegen. Jeanne d'Arc erscheint wiederum in ihrer Rolle, die Franzosen zu einen und zusammenzuführen, um auf diese Weise der Nation zum Sieg zu verhelfen.

Auf einer weiteren Postkarte, die eine Szene vor der brennenden Kathedrale wiedergibt, wird der zukünftig erwartete Sieg über das Deutsche Kaiserreich und Wilhelm II. heraufbeschworen. (Abb. 22) Untertitelt als *Le Sacre*, steht Jeanne d'Arc im Zentrum der Komposition, das Schwert in der Rechten und den Oriflamme in der Linken haltend, blickt sie, mit einem Heiligenschein ausgezeichnet, gen Himmel auf den dort erscheinenden gekreuzigten Christus. Zu ihren Füßen ist der deutsche Adler hilflos zu Boden gesunken, während Wilhelm II., mit seinem kaiserlichen Ornat angetan, zu entfliehen versucht. Zepter und Weltkugel liegen vor ihm auf dem Boden.

Eine unmittelbare Gegenüberstellung der historischen Ereignisse der Jahre 1429 und 1914–15 präsentiert ein auf einer Postkarte wiedergegebenes Kriegslied. (Abb. 23) In mehreren Strophen erinnert der Dichter Eugène Joullot an die scheinbar ähnliche historische Gefahr für das Land, aus der es aber von Jeanne d'Arc herausgeführt werden sollte. In dieser

22. *Le Sacre, Guillaume, roi des vandals*, ca. 1914–18, Postkarte, Privatsammlung.

23. Eugène Joullot (Text) und Leo Danidereff (Melodie), *Les chants de la guerre 1914–15: La Cathédrale de Reims,* 1915, Postkarte, Reims, Sammlung Edouard und Christine Abelé.

propagandistischen Botschaft sind die Hoffnung auf den Sieg und der Appell an den gemeinsamen Kampf miteinander verbunden.

Auch der Illustrator Jacques Onfroy de Bréville, der sich Job nannte, ein hervorragender Kenner der Militärgeschichte und berühmt vor allem durch seine der nationalen Geschichte gewidmeten Kinderbücher, ließ sich als Patriot, trotz seiner Vertrautheit mit der deutschen Kultur, in die verbreitete nationalistische, oft auch chauvinistische Propaganda hineinziehen. (Farbtafel 24) Sein als *Expiation,* Sühne, betiteltes Blatt schildert, wie ein französischer Soldat den gefesselten Wilhelm II. auf die Knie zwingt. Im Hintergrund über ihnen erscheinen vor der Kathedrale von Reims die gekrönten französischen Könige, vor ihnen siegreich Jeanne d'Arc mit gezogenem Schwert und Oriflamme, der heiligen Kampfstandarte des französischen Königs.[10]

Den deutschen Karikaturisten blieb die häufige Darstellung der französischen Nationalheldin im Zusammenhang mit antideutscher Propaganda nicht verborgen und sie antworteten mit ihren eigenen Dar-

25. Wilhelm Schulz, «Jeanne d'Arc: Die Dome brennen – der Engländer ist wieder im Land!», in: *Simplicissimus* 23, Nr. 5 (1918), S. 61, Los Angeles, Getty Research Institute.

stellungen der Figur. Ihre Interpretation der Jungfrau von Orléans unterschied sich natürlich in der Aussage grundsätzlich von den französischen Darstellungen. (Abb. 25) Jeanne d'Arc, gezeichnet von Wilhelm Schulz, wird auf einer Wolke stehend gezeigt, erschreckt über die unter ihr brennenden Bauten. Der Kommentar erklärt das Blatt sehr deutlich: «Die Dome brennen – der Engländer ist wieder im Land!» Nicht ungeschickt wird einerseits auf den historischen Gegner der Jeanne d'Arc angespielt und andererseits auf die Zerstörungen von Bauwerken im Norden Belgiens und Frankreichs, etwa in Ypern, durch die englischen Truppen verwiesen. Ablenkung von dem gegenwärtigen Geschehen ist ein altbewährtes Verfahren der Gegenpropaganda.

Die französische und internationale Pressereaktion

Der Brand der Bibliothek in Löwen und die Beschießung der Kathedrale von Reims lösten ein Presseecho aus, in dem die Deutschen als Barbaren bezeichnet wurden. Es begann mit einer Fehlmeldung. Unmittelbar nach Bekanntwerden der Ereignisse in Reims gab die französische Regierung in Bordeaux am 20. September 1914 ein Communiqué mit dem Hinweis heraus: «Die Deutschen waren darauf versessen, ohne militärischen Grund, auf die Kathedrale von Reims zu schießen, die in Flammen steht.» Die Deutschen antworteten sofort mit einer Mitteilung desselben Tages, man habe Anweisungen gegeben, die Kathedrale so weit wie möglich zu schonen.[11] Allerdings meldete der französische Außenminister, Théophile Delcassé, die Kathedrale sei nur noch eine Ruine: «Ohne auch nur den leisesten Vorwand für eine militärische Notwendigkeit geltend machen zu können, aus reinem Vergnügen zu zerstören, haben die deutschen Truppen die Kathedrale von Reims einem systematischen und wüsten Bombardement ausgesetzt. Von der berühmten Basilika ist jetzt nur noch ein Trümmerhaufen übriggeblieben. Die Regierung der Republik hat die Pflicht, in der allgemeinen Empörung diesen abscheulichen Akt des Vandalismus anzuprangern, durch den ein Heiligtum unserer Geschichte den Flammen überliefert und der Menschheit ein unvergleichliches Kleinod seines künstlerischen kulturellen Erbes entzogen wurde».[12] Diese Nachricht wurde zwar von französischer Seite sehr bald korrigiert, aber sie war bereits so weit verbreitet, dass die völlige Zerstörung die allgemeine Berichterstattung und die Kommentare bestimmte.[13] Der *Figaro* veröffentlichte am 21. September unter der Überschrift: *Le Crime* einen Artikel: *La cathédrale de Reims est détruite!*[14] Davon konnte in Wirklichkeit keine Rede sein. Sie war erheblich beschädigt, aber nicht völlig zerstört worden.

Die *London Times* widmete dem Ereignis fast zwei Seiten mit Beiträgen von verschiedenen Autoren, die sich zum Teil widersprachen.[15] Doch konnten die Leser aus einem der Artikel durchaus entnehmen, dass der Bau in seiner Struktur erhalten, wenn auch stark in Mitleidenschaft gezogen war. Andere Artikel lasen sich fast wie Nachrufe, wenn in ihnen der als verloren erscheinende Kirchenbau in seiner historischen und kunsthistorischen Bedeutung gewürdigt wurde. Ein großer Teil der Glasfenster sei ja schon in früheren Jahrhunderten entfernt und viele Skulpturen im 19. Jahrhundert zu stark restauriert worden. Im Übrigen habe der Bau zweifellos architektonische Qualitäten aufgewiesen, Amiens und Paris aber seien in manchen Elementen höher einzuschätzen. Bedauerlich sei allerdings, dass der Kölner Dom nun unverletzt dastehe, obwohl er doch in Wahrheit nur eine kalte Kopie der Kathedrale von Amiens sei.

Die *London Times* berichtete weiterhin unter dem Titel *The Crowning Infamy, Reims Cathedral in Ruins* über das Grauen und die Barbarei, auf die die zivilisierte Welt schaue. Der Papst habe den Bericht kaum glauben wollen. Es sei doch undenkbar, dass im zivilisierten 20. Jahrhundert ein solcher Rückfall in die Zeit Attilas möglich sei.[16] Diese Stichworte werden uns immer wieder begegnen. Die Deutschen seien nicht nur unzivilisiert, sie wollten, wie die Hunnen Attilas, die Zivilisation ihrer Nachbarn sogar zerstören. Da selbst der Papst dieses Argument aufgriff, konnte die Gleichsetzung der Deutschen mit den Hunnen geradezu als sanktioniert gelten.

Auch in den Vereinigten Staaten von Amerika wurde unmittelbar nach der Beschießung ausführlich über die Vorgänge berichtet. Der Schriftsteller Henry James verfasste ein Protestschreiben, das im Oktober im *Journal des débats* abgedruckt wurde.[17]

Der amerikanische Architektur- und Gartenhistoriker Barr Ferree sammelte alle ihm erreichbaren französischen und vor allem amerikanischen Zeitungsberichte und andere Quellen und dokumentierte die Beschießung von Reims in einer Publikation.[18] Er führte alle Bombeneinschläge in der Kathedrale von September 1914 bis September 1917 auf. Das von Ferree angelegte Archiv befindet sich in der Universitätsbibliothek Princeton. Die umfangreiche Sammlung an Zeitungsausschnitten und Karikaturen belegt die außergewöhnliche Anteilnahme der amerikanischen Öffentlichkeit an den Vorgängen in Reims. Die intensive Berichterstattung führte allerdings noch nicht zu einem Kriegseintritt der USA, wenn auch der Weg für einen solchen Schritt vorbereitet wurde und die Sympathie für Deutschland erheblich nachließ.

Im *Figaro* vom 20. September wird die Bombardierung der Kathedrale als ein Racheakt interpretiert, weil die deutschen Truppen vor der französischen Armee des Rechts und der Freiheit hätten zurückweichen müssen. Die Deutschen werden als brutal bezeichnet, die in ihrem «vandalisme alcoolique» Frauen und Kinder ermordeten. Wo immer deutsche Soldaten auftauchten, würden Denkmäler, die die schlimmsten Kriege überstanden hätten, vernichtet. Sie zerstörten systematisch alle Bauwerke, die als Kunstschätze von der ganzen Menschheit bewundert würden. Der Kaiser als neuer Attila habe davon geträumt, in die Kathedrale von Reims einzuziehen, «pour insulter toute notre histoire».[19] Man müsse das deutsche Volk wegen dieser Barbarei hassen, noch mehr als es sowieso schon gehasst würde. Es dürfe keinen Frieden geben, bis das Kaiserreich zugrunde gerichtet sei: «Il faut tuer la bête!»

Nach der Beschießung der Kathedrale von Reims entwickelte die Polemik einen noch schärferen Ton. Nicht mehr nur Misstrauen, Gegnerschaft und Feindschaft, sondern unversöhnlicher Hass bestimmte das Urteil über die Nachbarn. Militärische Niederlagen konnten verbittert zur Kenntnis genommen werden, waren sie doch Beleg für eigene Schwächen oder unzureichende Vorbereitung des Krieges. Aber die Ausnutzung des Sieges zur systematischen Zerstörung der kulturellen und geschichtlichen Denkmäler war unverzeihbar. Dieser Feind schien die Auslöschung der Identität des Gegners anzustreben. Um ihn in die Knie zu zwingen, sollten alle zusammenstehen, nicht nur die Franzosen, sondern die ganze zivilisierte Welt. Und weiterhin, da mit diesem Gegner auch nicht gesprochen werden konnte, musste der Krieg weitergehen. Erst jetzt hatte der Feind als Zerstörer der Kultur der Nachbarländer sein wahres Gesicht gezeigt.

Zu der Sprache des Hasses, die in den Tagen unmittelbar nach der Beschießung der Kathedrale laut wurde, gehörte auch, den Vorgang als ein «Attentat» zu bezeichnen. Im *Figaro* vom 22. September war ein Bericht über einen Appell der Regierung an alle neutralen Staaten in der Welt abgedruckt, in dem es unter anderem hieß: «Ohne auch nur den Schein einer militärischen Notwendigkeit, nur um des reinen Vergnügens der Zerstörung willen, haben die deutschen Truppen die Kathedrale von Reims einem systematischen und wilden Bombardement ausgesetzt. Jetzt ist die Kathedrale nur noch ein Ruinenhügel».[20] Diese Behauptung übernahm fast wörtlich das Communiqué des französischen Außenministers vom 20. September 1914. Dass die Deutschen ein Vergnügen an der Zerstörung kultureller Denkmäler hätten, sollte ein Leitmotiv der Propaganda gegen das Kaiserreich und seine Bevölkerung werden.

Ein gutes Beispiel ist der Kommentar von André Beaunier im *Figaro* vom 14. Dezember 1914. Der Romancier und Kritiker kommentierte die kontroversen Überzeugungen, mit denen sich deutsche und französische «Intellektuelle» unversöhnbar gegenüberstanden. In dem Artikel, der auf der Titelseite mit «Nos ‹Intellectuels› et les leurs» überschrieben ist, galt die Sympathie des Autors den Ausführungen von Henri Bergson. Ihm stellte er den Philosophen und Theologen Georg Lasson und den Chemiker Wilhelm Ostwald gegenüber, die, von Nietzsche angeregt, von der Überlegenheit der germanischen Rasse gesprochen hatten.[21] Das ganze Volk «vom Kaiser bis zum letzten Geschäftsmann», heißt es im *Figaro*, sei geradezu geisteskrank und eine Plage der Menschheit, die es zu bändigen gelte.[22] Bergson dagegen argumentiere eigentlich immer mit Ehrerbietung, auch wenn er anderer Ansicht sei. Diesmal allerdings ginge es nicht um Philosophie, sondern um die intellektuelle Verbrämung von lasterhaften, brutalen Ansprüchen Deutschlands.[23]

Dies waren bereits schwere Angriffe auf die Äußerungen der deutschen Wissenschaftler. Aber der Kommentator des *Figaro* ging noch einen Schritt weiter. Die Intellektuellen des Reiches machten, indem sie anscheinend alle moralischen Grundsätze über Bord warfen, sich mit den Plünderern und Mördern der deutschen Armee gemein.[24] In Frankreich hingegen seien sich alle einig. Philosophen und Soldaten verteidigten die allgemein akzeptierten ethischen Grundsätze.

Mit dieser Argumentation stand der Berichterstatter des *Figaro* nicht allein. Es könnten viele Autoren angeführt werden, die ähnliche Angriffe formulierten. Beide Seiten vertraten die Ansicht, ihre Kultur sei der des Gegners überlegen. Selbstüberschätzung, Respektlosigkeit und Arroganz waren allgemein verbreitet. Die Nachricht von der Zerstörung des Meisterwerkes der Architektur und des sakralen Nationalmonuments traf Frankreich in einer bereits bis auf das Äußerste angespannten, öffentlichen Diskussion, die die kriegerischen Maßnahmen begleitete.

Die Presseberichte werden heutigen Lesern oft als absurd, gelegentlich geradezu lächerlich und abstoßend erscheinen. Sie repräsentierten aber deutlich die Entfremdung und den kompromisslosen Abbruch aller Kontakte zwischen den beiden Nationen. Mangelnde Informationen und maßlose Übertreibungen der Vorgänge waren noch die harmloseste Form der verzerrten Darstellungen, wie etwa, die Kathedrale sei völlig zerstört und läge in Schutt und Asche.[25]

Einigen Zeitgenossen erschienen die nicht nachlassende, überwältigende Berichterstattung und die aggressive und feindselige Verurteilung der Deutschen geradezu gefährlich. So äußerte der Bildhauer Antoine Bourdelle, die Presse dürfe nicht ununterbrochen beschreiben, dass die Kathedrale noch stehe und als Ruine noch ehrwürdiger wirke. Das führe nur dazu, dass die Deutschen ihre Kanonen erneut auf sie richteten, um sie endgültig zugrunde zu richten.[26]

Selbstverständlich wurde immer wieder betont, die Deutschen hätten vor allem die Kathedrale ins Visier genommen. Sie dem Erdboden gleichzumachen, sei die entscheidende Absicht gewesen. Die deutsche Kriegsführung habe das Ziel verfolgt, die Franzosen zu erniedrigen und die Kultur des Nachbarlandes durch eine höherstehende deutsche zu ersetzen. Der Erste Weltkrieg wurde nicht als das Ergebnis einer diplomatischen Katastrophe mit kriegerischen Folgen, sondern als eine kulturelle Auseinandersetzung zwischen Frankreich und Deutschland gedeutet. Aus dieser Perspektive ergaben sich die historischen Metaphern, mit denen die Deutschen in den feindseligen Kommentaren bedacht wurden. Sie seien Hunnen und hätten das Nachbarland, wie Attilas Reitertruppen im 4. und 5. Jahrhundert, mit Schrecken und Terror überfallen. Erinnert wurde aber auch an die germanische Vorgeschichte. Die Deutschen blieben als unkultivierte Barbaren ihren Vorfahren immer noch verbunden. Im Gegensatz zu den Franzosen habe kein zivilisatorischer Prozess der Verfeinerung der Sitten stattgefunden.

Besonders merkwürdig war die Beschreibung der Deutschen als wilde Goten. Denn mit dieser Bezeichnung war unversehens der Weg frei, die französische Gotik gleichsam als kulturelle Leistung dieses germanischen Stammes zu interpretieren. Wie noch zu zeigen sein wird, nahmen deutsche Gegenstimmen dieses Argument freudig auf und erklärten, dass die Bauten der französischen Gotik in der Tat von deutschen Baumeistern, gleichsam als Gastarbeiter, im Auftrag der römisch-katholischen Kirche ausgeführt worden wären. Diese und andere Blüten grotesker Argumentation repräsentierten das intellektuelle Niveau der Angriffe, die nach der Beschießung der Kathedrale von Reims die französische und deutsche Presse bestimmten.

Auch in *Le Temps* vom 21. September wurde die «törichte Bombardierung als ein neuerliches Anzeichen für die Rückentwicklung der deutschen Mentalität zu einem Zustand der Wilden» gedeutet.[27] Als barbarischer Akt wurde die Beschießung in ganz Europa in der Presse gemeldet. Angeprangert als ein Angriff auf die zivilisierte Welt, erschien er als eine Schande im Namen der Menschlichkeit.[28] In *Le Gaulois* wurde sogar die Meinung vertreten, dass der Vergleich mit den Hunnen und Vandalen ungerechtfertigt sei, denn diese würden dadurch in einer Weise verurteilt, die sie nicht verdienten.[29]

Als zerstörerisch wurde aber vor allem der deutsche Militarismus angesehen, für den die Geringschätzung und Verachtung aller Monumente, die die Menschen respektierten und bewunderten, kennzeichnend sei.[30] Auch in den Vereinigten Staaten von Amerika stimmten die Journalisten in die beißende Kritik der französischen Zeitungen ein: «Der preußische Militarismus hat den Rekord des Vandalismus aller Jahrhunderte gewonnen.»[31]

Es gilt allerdings noch ein weiteres Argument französischer Berichterstattung und Kommentierung anzuführen, das tiefer greift und auf traditionelle Vorurteile in der Beurteilung des Nachbarn zurückgeht. Als ein wesentliches Element der Vorwürfe kann die Aussage gelten, es handele sich nicht nur um ein brutales Vorgehen des Militärs. Vielmehr liege dieser Zerstörungswut eine Art kultureller Instinkt der Deutschen zugrunde. Die Schuld läge nicht nur beim preußischen Feudalismus und germanischen Imperialismus, sondern auch bei den Vertretern von Wissenschaft und Kultur, welche diese Aktionen teilten und daher mitverantwortlich seien.[32] In diesem Sinne konnten die Leser von *Les Débats* am 22. September 1914 den Satz finden: «Einmal mehr haben die Barbaren zerstört, um zu zerstören. Sie wussten, was sie taten, da ihre Gelehrten sie darauf hinwiesen, dass Notre-Dame in Reims eines der Weltwunder war».[33] Immer wieder findet sich der Begriff der «barbarie savante» in den Schriften der empörten französischen Intellektuellen.[34] Durch solche Kommentare wurden auch Historiker und Kunsthistoriker als Mitschuldige der Beschießung miteinbezogen.

Von den vielen verletzenden Anklagen lassen sich vor allem drei als die zentralen hervorheben. Zum einen wurde die Beschießung der Kathedrale als ein vorsätzlicher, wenn nicht sogar vorbereiteter Akt gedeutet. Er hätte sich nicht im Laufe des Kriegsgeschehens aus unglücklichen Umständen ergeben, sondern sei geplant worden, um die französische Kultur zu zerstören.

Ein zweites wichtiges Element der Anfeindung bestand in dem Hinweis, nicht allein das Militär, sondern die Deutschen ganz allgemein stünden hinter diesem brutalen Vorgehen. Insbesondere die Wissenschaftler hätten insofern dazu beigetragen, als sie durch ihre Kenntnis dieses architektonischen Meisterwerks geradezu den Weg gewiesen hätten, wie man die französische Kultur besonders treffen könne.

Und drittens sei dieser Akt der Zerstörung ein Beleg für die Unkultur der Deutschen, die sich im Grunde über den Urzustand der germanischen Stämme nicht hinausentwickelt hätten. Die diesen Völkern zugeschriebene Brutalität und Kulturlosigkeit sei bis heute nicht überwunden und leite ihre Aktionen. «Das Verbrechen von Reims ist das Verbrechen einer Rasse», erklärte André Suarès in *Les Cahiers vaudois*, womit diese Auffassung zugespitzt formuliert wurde.[35]

Die generelle Empörung über den Beschuss der Kathedrale ließ den Umstand, dass die ganze Stadt in Mitleidenschaft gezogen und vor allem erhebliche Verluste an Menschenleben zu beklagen waren, ganz in den Hintergrund treten. Durch den tiefen Schock des «Attentats» auf das nationale Heiligtum und architektonische Kunstwerk wurden die Opfer, die durch die kriegerischen Vorgänge zu beklagen waren, übersehen, wenn nicht gar vergessen. Die französischen Kommentatoren sahen das Ereignis als einen Angriff auf ihre oder ganz allgemein auf die Zivilisation schlechthin an. Die angeblich bewusste Zerstörung der Kathedrale schien diese höhere, im Grunde höchste Ebene der Perversion menschlichen Verhaltens zu belegen. Individuelle Opfer an Menschenleben waren in Kriegen immer zu beklagen. Aber der Angriff auf eines der bedeutendsten Kulturdenkmäler Europas konnte nur durch Angehörige einer primitiven und unzivilisierten Rasse ausgeführt worden sein.

Deutsche Zensur

Die deutschen Zeitungen berichteten über die Beschießung der Kathedrale von Reims nur mit wenigen Zeilen. Diese Texte sind im Wortlaut so ähnlich, dass eine aktive Tätigkeit der Zensur vermutet werden muss. Übereinstimmend vermitteln sie, dass die Kathedrale von Reims beschossen werden musste, da sie zu Beobachtungszwecken benutzt worden sei. Betont wird aber auch, dass das deutsche Militär den Schutz des Bauwerks als eine hohe Priorität angesehen habe, ja ein Befehl von höchster Stelle in diesem Sinne vorgelegen habe. Allerdings sei es unvermeidlich gewesen, einen gezielten Schuss auf den Nordturm abzugeben, um die Beobachtung von Truppenbewegungen zu unterbinden. Einige deutsche Kommentatoren betrachteten die Beschießung der Kathedrale als ein Kriegsgeschehen, das der «höheren» militärischen Aufgabe gegenüber hingenommen werden müsse. Mit der Betonung, dass die Aktion notwendig gewesen sei, antworteten die deutschen, von der Zensur genehmigten Texte auf die Anfeindungen der französischen Presse.

Die Artikel bringen weiterhin übereinstimmend zum Ausdruck, dass die Kathedrale zwar Schaden genommen habe, dieser aber relativ unerheblich sei. Auch der Brand, ausgelöst durch das Holzgerüst, wird erwähnt. Allerdings wird mit Entschiedenheit betont, dass alle Schuld für die Beschädigung des Kirchenbaus von den Franzosen selbst zu verantworten sei. Die Haager Bestimmungen seien eindeutig verletzt worden.

Hervorgehoben wird auch, dass das deutsche Militär sich grundsätzlich für den Schutz der Monumente und Kunstwerke bei Kriegshandlungen einsetze. Nach den Zerstörungen in Belgien und dem Brand der Bibliothek in Löwen erschienen diese Aussagen wenig überzeugend, obwohl bei den Strafmaßnahmen historische Bauwerke anscheinend geschont wurden.

Die Heeresleitung befand sich nach den Ereignissen im September in Reims allerdings sichtlich in einer Verteidigungsposition. Sie war gegenüber der überwältigenden Flut an kritischen Kommentaren und Karikaturen der belgischen, französischen und internationalen Presse überfordert und reagierte unvorbereitet.

Da protestierende Stimmen der deutschen Öffentlichkeit kaum bekannt sind, muss wohl davon ausgegangen werden, dass die Zensur eine Verbreitung der genauen Umstände erfolgreich verhindert hatte. Man kann wohl kaum annehmen, dass die vielen aggressiven Kommentare und Karikaturen der französischen Seite in Deutschland allgemein verbreitet waren. Aber der allgemeine Aufschrei der internationalen Presse muss sich trotz der Zensur verbreitet haben. Die heftige Kritik des Auslands scheint aber keineswegs Nachdenklichkeit über die Vorgänge, sondern eher Protest und Widerstand ausgelöst zu haben. Das Manifest *An die Kulturwelt!* der 93 Wissenschaftler, Schriftsteller und Künstler, über das noch zu handeln sein wird, ist hierfür ein anschaulicher Beleg.

Ende September 1914 war die deutsche Bevölkerung keineswegs kriegsmüde und folgte voller Vertrauen der Regierung und dem Kaiser. Die Öffentlichkeit war an stete militärische Erfolgsmeldungen gewöhnt. Der Einmarsch in Paris schien unmittelbar bevorzustehen. Dass die Marneschlacht einen Wendepunkt des Vormarsches der Armee und das endgültige Scheitern des Schlieffenplans bedeuten würde, war zu diesem Zeitpunkt für die deutsche Bevölkerung noch nicht absehbar.

Kennzeichnend für die Berichterstattung ist folgende kurze und zusammenfassende Mitteilung der österreichischen *Reichspost* vom 23. September 1914: «Die Blätter weisen darauf hin, daß die Beschädigung der Kathedrale von Reims von den Franzosen verschuldet ist, die französische Geschütze bei der Kathedrale aufstellten und ihrerseits zu feuern begannen. Daß sie dadurch das deutsche Artilleriefeuer auf sich und das ihnen als Deckung dienende Gotteshaus lenken mußten, verstand sich von selbst und wird keiner Entschuldigung bedürfen. Wie der ‹Lokalanzeiger› hervorhebt, blieb die ganze Stadt Reims, als die deutschen Truppen sie auf dem Vormarsch zur Marne durchzogen, völlig unberührt. Es hätte den Franzosen freigestanden, sie auch bei den erneuten Kämpfen aus der Feuerlinie herauszulassen. Übrigens beschränkt sich die Beschädigung der Kathedrale auf wenig erhebliche Teile».[36]

Deutlich ist in diesem ganz offenbar strategisch durchdachten und von der Zensur genehmigten Text, wie den französischen Anfeindungen geantwortet werden sollte. Die Preisgabe der offenen Stadt Reims, so der Text, war ein militärischer Fehler, der die Zerstörungen, von denen nicht im Einzelnen berichtet wird, als von den Franzosen selbst verschuldet darstellt. Heruntergespielt werden auch die Beschädigungen, über die der Leser keine Details erfährt. Nicht einmal von dem Brand des Daches ist die Rede.

Einen Tag später, am 24. September, erschien ein etwas ausführlicherer Artikel in der *Bonner Zeitung*. Offenbar hatte sich der Brand des Gotteshauses herumgesprochen. Der Beitrag schildert ihn nicht im Detail, sondern vermerkt: «Die bittere Notwendigkeit hat unser Heer gezwungen, die Kathedrale von Reims zu beschießen, die von der französischen Heeresleitung zu militärischen Zwecken benutzt wurde.» Der Artikel kommentiert jedoch weiter, dass «diese köstliche Perle gotischer Baukunst» zwar Schaden gelitten habe, dies aber nirgendswo mehr beklagt würde als in Deutschland. Zurückgewiesen wurde damit die böswillige Unterstellung, die deutsche Armee zerstöre mit Absicht die Denkmäler des Nachbarlandes.

Indirekt kann aus diesen kurzen Hinweisen entnommen werden, dass die französischen Pressekommentare jedenfalls den Zensoren bekannt gewesen sind. Der Artikel enthält weiterhin einen Hinweis auf die Plünderung von Heidelberg unter Ludwig XIV.: «Es ist ein anderes, ob in einer schon besetzten Stadt ein herrliches Bauwerk planmäßig, grundlos zerstört wird, wie einst das Heidelberger Schloß – oder ob es, mit seinen ragenden Mauern, ein Opfer des Geschützkampfes wird [...]. Nicht wir, sondern die Franzosen haben die gotischen Türme von Reims dem Geschützfeuer überliefert».[37] Mit dieser Bemerkung sollte zum Ausdruck gebracht werden, dass die deutsche Armee jede militärisch unnötige Aktion vermeide, ganz im Gegensatz zu den französischen Truppen im pfälzischen Erbfolgekrieg des 17. Jahrhunderts. Offenbar wurde von der Zensur als dringlich empfunden, den Vorwürfen des Vorgehens der Kaiserlichen Armee in Belgien entgegenzutreten und solche Kritik dem Gegner anzulasten. Ganz in diesem Sinne argumentierte auch der renommierte Kunsthistoriker Richard Hamann in seinem bereits oben zitierten Artikel in der *Frankfurter Zeitung* mit dem Titel: «Wir Barbaren und die Kathedrale von Reims». Hamann gehörte nicht zu den begeisterten Befürwortern des Kriegseintritts, wehrte sich aber, wie viele seiner Kollegen, gegen den Vorwurf des Barbarentums der französischen Presse.[38]

Seit dem 23. September, wie die Berichte auf der ersten Seite des *Berliner Tageblattes* belegen, drangen jedoch zusätzliche und präzisere Nachrichten über die Vorgänge in die deutsche Öffentlichkeit. Die Zeitungen druckten Telegramme von ihren Korrespondenten aus den neutralen Ländern wie den Niederlanden und der Schweiz ab. Auch der Protest der französischen Regierung und die internationale Empörung über die Beschießung wurden nun erwähnt. Vermutlich konnten diese Hinweise nur abgedruckt werden, weil gleichzeitig eine ausführliche Stellungnahme des Kriegsministeriums veröffentlicht wurde, die den Ablauf der Ereignisse in Frage stellen sollte. In ihr hieß es: «Die französische Regierung hat sich leider nicht vor einer verleumderischen Entstellung der Tatsachen gescheut, wenn sie behauptet, daß deutsche Truppen ohne militärische Notwendigkeit den Dom von Reims zur Zielscheibe eines systematischen Bombardements gemacht hätten. Reims ist eine ‹Festung›, die von den Franzosen noch in den letzten Tagen mit allen zur Verfügung stehenden Mitteln ausgebaut worden ist und zur Verteidigung ihrer jetzigen Stellung benutzt wird. Bei dem Angriff auf diese Stellung wurde das Bombardement von Reims leider zu einer Notwendigkeit. Befehle waren erteilt, die berühmte Kathedrale hierbei zu schonen».[39] Die Schuld wird wiederum den Franzosen selbst für den Angriff gegeben.

Besonders zurückgewiesen wird weiterhin, dass die deutschen Truppen von «Zerstörungswut» getrieben seien, ein Vorwurf, der offenbar als besonders verletzend empfunden wurde: «Wir müssen energischen Protest gegen die Verleumdung erheben, dass deutsche Truppen aus Zerstörungswut und ohne dringendste Notwendigkeit Denkmäler der Geschichte und Architektur zerstören.»[40] Mit diesem Satz wurde deutlich, dass der Hinweis auf die militärische Notwendigkeit nicht genügte. Der Vorwurf der «Zerstörungswut» traf nicht nur die Armee, sondern mit ihr Deutschland als Kulturnation. Unabhängig davon, ob diese Kritik berechtigt war, sie forderte ein Bekenntnis zu den eigenen Truppen heraus. Die breite Mehrheit der Deutschen, vor allem die Intellektuellen, waren, zu diesem Zeitpunkt jedenfalls, nicht zu einer Haltung der kritischen Distanz bereit. Die heftigen Vorwürfe lösten vielmehr das Gegenteil aus, nämlich Sympathieerklärungen zu dem Vorgehen der Heeresleitung und der Armee.

Die Proteste der französischen Intellektuellen

Nicht nur die Berichte in der französischen Presse bestimmten das allgemeine Urteil über die Deutschen, sondern auch zunehmend öffentliche Äußerungen von international renommierten Gelehrten, Wissenschaftlern und Schriftstellern. Henri Bergson, der berühmte französische Philosoph, ging allen voran und brachte bereits am 8. August 1914 in einer Rede vor der *Académie des sciences morales et politiques* in Paris zum Ausdruck, es gelte nun, sich gegen die Barbarei zur Wehr zu setzen. Mit dem Ausspruch: «der mit Deutschland eingegangene Kampf ist ein Kampf der Zivilisation gegen die Barbarei» interpretierte er den Krieg als einen Konflikt der Kulturen.[41] Damit war ein Thema angesprochen, das in den Beziehungen der beiden Länder eine lange Tradition besaß. Die Vorstellungen über «civilisation» in Frankreich und «Kultur» in Deutschland wurden als unvereinbar betont. Die Beschießung der Kathedrale von Reims schien neuerlich zu belegen, dass die Deutschen letztlich unzivilisiert seien und eine stete Gefahr darstellten. Aus diesem Grunde sei es durchaus verständlich, wenn nicht gar bewiesen, dass der Angriff auf die Nachbarn nicht nur als Versuch, politischen Gewinn zu machen, verstanden werden könne. Die Deutschen wollten vielmehr die Kultur anderer Völker zerstören. Kunstwerke zu vernichten oder Bibliotheken anzuzünden, läge in ihrem ideologischen Interesse.

Bergson formulierte seinen Angriff auf die Deutschen schon in der ersten Kriegswoche, kurze Zeit vor der Zerstörung der Bibliothek von Löwen Ende August. Sie wurde also nicht von den Berichten über die Erschießung Unschuldiger und dem Verlust einer einzigartigen Sammlung von Manuskripten ausgelöst. Der Vorwurf der Barbarei war bereits präsent und besaß eine lange Geschichte der gegenseitigen misstrauischen Beobachtung des Nachbarn. Jetzt erfuhr er wieder einmal eine praktische Bestätigung und sollte das Hauptthema der publizistischen und propagandistischen Auseinandersetzung des Ersten Weltkriegs, vor allem zwischen Deutschland und Frankreich, werden. Die Beschießung der Kathedrale von Reims brachte diesen Konflikt zu einem Höhepunkt. Parallel zu den kriegerischen Handlungen stürzten sich die Intellektuellen der gegnerischen Länder förmlich mit Worten und Bildern aufeinander.

Zahllose französische Wissenschaftler, Künstler und Schriftsteller folgten Bergson und nahmen öffentlich zu dem Kriegsgeschehen in Reims Stellung.[42] Romain Rolland, einer der prominentesten französischen Schriftsteller der Epoche, brachte bereits vor Beginn des Krieges seine pazifistische Haltung deutlich zum Ausdruck. In der allgemeinen Euphorie und Kriegsbegeisterung hatte er sich mit dieser Überzeugung keine Freunde gemacht und war als Defätist beschimpft worden. Seine deutschfreundliche Einstellung, seine Bewunderung Goethes und Beethovens, die in seinem erfolgreichen Roman *Jean-Christophe* (1904–1910) deutlich zum Ausdruck kam, gab manchen seiner Zeitgenossen Anlass genug, ihm mangelnden Patriotismus vorzuwerfen.[43]

Rolland war einer der wenigen Europäer, die durch den äußeren auch in einen inneren Konflikt gerieten. Sein Bekenntnis zur Kultur beider Länder und zu Europa ließ ihn förmlich verzweifeln. Als er von den ersten französischen Niederlagen in Lothringen erfuhr, notierte er in sein Tagebuch: «Da ist das Entsetzen über alle diese Leiden, die herzzerreißende Gemeinschaft mit all diesen Millionen Unglücklichen. Da ist der seelische Todeskampf, den mir der Anblick dieses Bankrotts der Zivilisation, dieser wahnwitzigen Menschheit verursacht, die ihre kostbarsten Schätze, ihre Kräfte, ihren Genius, ihre höchsten Tugenden, ihre Glut heldenhafter Hingebung dem mörderischen und stumpfsinnigen Götzen des Krieges opfert. Da ist die Leere, die mir das Herz abdrückt, die Leere, in der jedes göttliche Wort fehlt, jeder Strahl Christi, jeder moralische Führer, der über dem Getümmel den Gottesstaat zeigt. Und, um zum Ende zu kommen, die Nutzlosigkeit meines Lebens, die Vergeblichkeit meines Werkes. Ich möchte einschlafen und nicht mehr die Augen öffnen».[44]

Rolland Defätismus vorzuwerfen, war völlig unberechtigt. Er gehörte vielmehr zu den wenigen Intellektuellen der Epoche, die ihre Stimme erhoben, um vor der sich anbahnenden Katastrophe dieses Krieges zu warnen. Wie der Vorsitzende der Sozialistischen Partei, Jean Jaurès, der unmittelbar vor Kriegsausbruch, am 31. Juli 1914, in Paris einem Mordanschlag zum Opfer fiel, konnten sich die vereinzelten, von der Sinnlosigkeit des Waffenganges überzeugten Zeitgenossen kaum Gehör verschaffen. Sie hatten meist enge Verbindungen über die Grenzen hinweg und waren mit der Kultur des Nachbarlandes bestens vertraut. Im Falle von Rolland bezeugt der Briefwechsel mit dem deutschen Schriftsteller Stefan Zweig nicht nur die Freundschaft der beiden Autoren. Sie verband vor allem die feste Überzeugung, es müsse die Gemeinsamkeit einer europäischen kulturellen Identität erkannt werden. Ein Krieg zwischen den Nationen war für sie unvorstellbar.

Romain Rolland, wie auch Stefan Zweig, wurde durch den Ausbruch des Krieges in große Zweifel und Verwirrung gestürzt. Rolland äußerte sich tief betroffen, als er von der Beschießung von Reims erfuhr. In mehreren Beiträgen hat er sich mit aller Deutlichkeit gegen die deutsche Regierung und ihre Kriegsführung gewandt. Die verschiedenen Schriften fasste er in einem Band mit dem Titel *Au-dessus de la mêlée*, 1915 erschienen, zusammen. Er fand ein allgemein positives Echo, wenn ihm auch letztlich seine pazifistische Haltung weiterhin verübelt wurde. An seinem Engagement für sein Land konnte allerdings wegen der heftigen Kritik an Deutschland in dieser Schrift kein Zweifel sein.

Am 29. August 1914 veröffentlichte Rolland einen offenen Brief an den Schriftsteller Gerhart Hauptmann, in dem es heißt: «Ich bin nicht, Gerhart Hauptmann, einer derjenigen Franzosen, die Deutschland als ein Land der Barbaren kennzeichnen. Die intellektuelle und moralische Größe Eurer kraftvollen Rasse ist mir bekannt. Ich weiß, was ich den Denkern des Alten Deutschlands verdanke; und selbst in diesem Moment erinnere ich mich des Beispiels und der Worte unseres gemeinsamen Goethe – er gehört der gesamten Menschheit – wenn er nationalen Hass verdammte».[45]

Rolland reagierte auf Hauptmanns öffentliches Eintreten für den Krieg und den Appell, sich für die deutsche Nation mit allem Patriotismus zu engagieren. Hauptmann hatte nach der Zerstörung von Löwen das Vorgehen der Armee als eine notwendige Kriegsmaßnahme verteidigt. Rolland hingegen warf der deutschen Regierung die Verletzung der Neutralität und schwere Verbrechen der deutschen Armee in Belgien vor und beklagte das grausame Vorgehen des Militärs, das nicht die geringste Rücksicht auf die Kultur des Landes nähme. «Sie bombardieren Maastricht, sie zünden Rubens an. Löwen ist ein Haufen Asche – Löwen mit seinen Kunst- und Wissenschaftsschätzen. Die heilige Stadt», rief er

Hauptmann zu und verwies auf die Zerstörung von Denkmälern, die einen gemeinsamen europäischen Kulturbesitz darstellten. Wenn Hauptmann den Vorwurf der Barbarei zurückweise, dann müsse, so Rolland, gefragt werden: «Seid Ihr die Enkel von Goethe oder die von Attila? Führt Ihr gegen Armeen Krieg oder gegen den menschlichen Geist?» Und es folgt der Satz, der manche weitere Polemik auslösen sollte: «Tötet die Menschen, aber respektiert deren Werke! Sie sind das kulturelle Erbe der Menschheit».[46] Die Kunstwerke seien das Erbe der Menschheit. Wer sie zerstört, zeige sich als unwürdig, zu den Verteidigern der Zivilisation zu gehören. Rolland fordert Hauptmann auf, sich von den Machthabern, «den Hunnen, die Euch Befehle geben», zu distanzieren.

«Tuez les hommes, mais respectez les oeuvres!» Mit diesem entscheidenden Satz definiert Rolland seine Auffassung von europäischer Kultur. Er hat etwas Grausames, fast Inhumanes, enthält sogar einen inneren Widerspruch. Kultur wird als die entscheidende Leistung der Menschheit betrachtet und als der wichtigste Beitrag der Humanität schlechthin. Gleichzeitig sei das geschaffene künstlerische Werk bedeutender als ein Leben, wo doch, nach tiefster christlicher Überzeugung, das Leben das höchste zu schützende Gut ist. Für Rolland jedoch gilt das *Patrimoine*, das nationale wie das europäische, mehr als ein menschliches Leben, da es als Zeugnis für die Kultur der gesamten Menschheit weiterhin wirke. Wer solche Werke zerstört, stelle sich außerhalb der zivilisierten Welt.

Gerhart Hauptmann antwortete irritiert und unversöhnlich.[47] Rolland könne die Lage nur aus der französischen Perspektive beurteilen. Alles, was er über die deutsche Regierung sage, sei falsch und verzerrt. Der berühmteste Dramatiker seiner Epoche stellte sich hinter seine Obrigkeit, obwohl er seiner politischen Überzeugung nach mit ihr nicht übereinstimmte. In Kriegszeiten allerdings galt für ihn Geschlossenheit als selbstverständlich. Auch wies er Rollands Klage über die Zerstörungen zurück. Krieg sei Krieg. Und bei allem Bedauern über den Verlust eines Gemäldes von Peter Paul Rubens, ihm bereite die zerschossene Brust eines Kameraden weit größeres Leid.

Hauptmann gab sich kaisertreu. Er wehrte sich gegen den Vorwurf, die deutschen Truppen seien Hunnen und Kinder Attilas. Diese Beschimpfung würde auf diejenigen zurückfallen, die sie vorbrächten. Eine Verständigung zwischen den beiden Autoren war nicht möglich.

Rollands Versuch eines Brückenbaus nach Deutschland musste scheitern.

Der Ton der Schriften von Romain Rolland wurde schärfer und bitterer, nachdem er von der Bombardierung der Kathedrale von Reims gehört hatte. In seinem Artikel *Pro aris* vom September 1914 führte er intensiver und dringlicher aus, dass der Schutz der Denkmäler eine humanitäre Aufgabe sei. Er rief seine Zeitgenossen auf, sich für ihre Verteidigung zu engagieren. Die Beschießung von Reims stellte er als das größte Unheil dar, das dieser Krieg bewirkt habe. Von den vielen Wunden, die Frankreich zu erleiden habe, sei das Attentat auf seinen «Parthenon», auf Notre-Dame de Reims, die grausamste.

Rolland führte weiterhin aus, er habe Briefe von Soldaten aus den Gräben erhalten, die trotz ihrer täglichen Strapazen und Leiden vor allem die Beschießung von Reims beklagten: «Es ist richtig, dass wir den Geist höher ansetzen als das Fleisch. Dadurch unterscheiden wir uns von diesen deutschen Intellektuellen, die auf meine Vorwürfe über die frevelhaften Taten ihrer zerstörerischen Armeen mit einer Stimme geantwortet haben: Lieber sollen die Meisterwerke untergehen als ein deutscher Soldat!»[48] Ein Monument wie Reims sei bedeutender als ein Leben. Die Kathedrale repräsentiere die Geschichte Frankreichs, das Empfinden von Schönheit, den Glauben, die Identität einer Rasse, einer Nation und sei damit Teil der Kultur der Menschheit: «Wer dieses Werk zerstört, ermordet mehr als einen Menschen, er ermordet die reinste Seele einer Rasse».[49]

Vor allen Dingen aber zeigte sich Rolland erschüttert von dem Umstand, dass sich die deutschen Intellektuellen ausnahmslos hinter ihre politische und militärische Führung stellten. Aus Deutschland sei keine Kritik, kein Bedauern über das brutale Vorgehen und die verheerenden Verwüstungen in Belgien zu vernehmen. Die schlimmste Untat des preußischen Imperialismus bestünde darin, dass er seine Verbrechen verberge und den Protest unterdrücke.

Die von Rolland erwähnte Frage, ob für die Rettung eines bedeutenden historischen und kunsthistorischen, ja eines nationalen Denkmals Menschenleben zu opfern gerechtfertigt, ja sogar notwendig sei, wurde überraschenderweise nach dem Zweiten Weltkrieg von dem Philosophen und Soziologen Theodor W. Adorno in seinen 1958 gehaltenen, einflussreichen Vorlesungen über «Ästhetik» aufgegriffen. Nach Adorno «sind so etwas unfruchtbare Alternativen – ob es wichtiger ist, daß die Kathedrale von Reims stehenbleibt oder soundsoviele Soldaten am Leben bleiben –, das sind Alternativen von deren Fruchtbarkeit ich nicht eben überzeugt bin.»[50] Es scheint, als habe Adorno sich der Stelle bei Rolland oder der Schriften des Kunsthistorikers Paul Clemen erinnert. Wichtig erscheint zunächst, dass auch nach dem Zweiten Weltkrieg die Erinnerung an die Beschießung der Kathedrale noch gegenwärtig war.

Adorno diskutiert keineswegs die historischen Zusammenhänge, ja er lässt sie völlig unkommentiert und setzt ihre Kenntnis voraus. Aufschlussreich ist jedoch, dass ihm Reims einfiel, als er die ästhetische Bedeutung von Kunstwerken und ihr Verhältnis zur Wirklichkeit zu definieren suchte. Die «Dignität der Kunstwerke», von denen der Philosoph spricht, äußere sich darin, dass «in ihnen selber etwas lebt, was mehr ist als bloß Kunst.» Adorno verweist auf die Kathedrale nicht im Sinne unserer historischen Analyse. Aber er trägt, ganz unbewusst, ein Argument zu dem uns beschäftigenden Versuch bei, zu verstehen, warum gerade dieses Ereignis und das Charisma dieses Monuments zu einer solchen, die beiden Nationen tief spaltenden Auseinandersetzung führten.

Es zeichnet Marcel Proust aus, dass er sich vor Pauschalurteilen zurückhielt und auch das Schimpfwort «boches» für die Deutschen ablehnte. Die Beschießung der Kathedrale von Reims allerdings verurteilte er als ein Verbrechen, das aus Wut über die verlorene Marneschlacht begangen worden sei, eine Ansicht, die von vielen seiner Zeitgenossen geteilt wurde. In einem Brief an Louis d'Albufera schrieb er vermutlich im März 1915: «Ich glaube, dass die deutschenVerbrechen zu sehr verallgemeinert werden, dafür habe ich wenig verdächtige Zeugen, etwa das einer Dame vom französischen Roten Kreuz, die in Deutschland in Gefangenschaft war […]. Andererseits jedoch habe ich zum Beispiel den Eindruck, dass sie, die doch die Kathedrale von Reims so gut kannten, sie (wegen Bamberg) allen anderen vorzogen und deren Schönheit sie viele gewichtige Bände gewidmet haben, aus abscheulicher Wut ‹geschändet› haben. Die Niedertracht dieses Gefühls, das sie anstachelte, entspricht der Ungeheuerlichkeit des Verbrechens».[51]

Paul Clemen, der kurz nach der Beschießung von Reims zum Leiter des deutschen *Kunstschutzes*, auf welchen in Kapitel V noch einzugehen sein wird, bestellt wurde, bezog sich vermutlich auf Rolland, als er 1915 in einem Artikel *Der Schutz der Kunstdenkmäler im Kriege* ein Menschenleben höher bewertete als eine Kathedrale. «Hätte die Welt und die Weltkultur nicht mehr verloren, wenn eine Kugel den jungen Goethe hingestreckt hätte, als wenn eine mittelalterliche Kathedrale in Trümmer gesunken wäre?» schrieb er, und weiter: «Wir haben mit Frankreich getrauert, dass einer der Führer der Jungen, Charles Péguy, […] an der Front gefallen ist. Wiegt ein solches Leben nicht einen toten Bau auf?» Selbst Clemen, Landeskonservator der Rheinprovinz, stellte sein Ethos als Denkmalpfleger zurück, da es um das höchste Ziel, die Verteidigung des Vaterlandes, ginge. Die bedauerlichen und übertrieben dargestellten Zerstörungen müsse man in Kauf nehmen. Der Krieg sei nun einmal grausam: «Wie eine wunderliche und anachronistische Sentimentalität erscheint jetzt manchmal dieser unzeitgemäße Denkmälerkultus in einem Augenblick, wo es sich doch nicht um einen abgesteckten Zweikampf, sondern um Sein und Nichtsein, um unsere ganze nationale Existenz, um Sieg oder Untergang des deutschen Gedankens in der Welt handelt».[52] Alle Leidenschaften und beruflichen Überzeugungen hatten zurückzustehen gegenüber der nationalen Aufgabe, sein Leben für das Vaterland einzusetzen. Der Überfall auf Belgien und Frankreich wurde als eine notwendige militärische Aktion der Verteidigung verstanden, die nicht zu vermeidende Zerstörungen von Monumenten des Nachbarn rechtfertigte.

Immer wieder lässt sich in den Schriften von Franzosen und Deutschen dieser Gegensatz aufzeigen. Während die Deutschen das Leben als das höchste zu schützende Gut betrachten, ist den Franzosen das Überleben des Kunstwerks ein Menschenleben wert.[53] Betrachten die einen ein Denkmal als Materie, sehen die anderen in ihm die lebendige Ausstrahlung für weitere Generationen. Kultur bedeutet den einen die Garantie eines menschenwürdigen Lebens, das es gegen alle Feinde zu verteidigen gilt. Zivilisation besteht für die anderen seit der Französischen Revolution darin, den Fortschritt auf der Grundlage der menschlichen Errungenschaften zu sichern. Frankreich verstand sich als eine Gesellschaft, die gemeinsame Werte verbindet, die über die Nation hinaus ihre Gültigkeit besitzen. Deutschland betonte die Gemeinschaft aller Bürger, die durch Herkunft und Sprache vereint gerade in einem Verteidigungskrieg, wie er allgemein gedeutet und auch empfunden wurde, zusammenstehen mussten.

Der immer lauter werdende Vorwurf, die Deutschen sorgten sich vielleicht um das Leben ihrer Soldaten, verhielten sich allerdings durch die Zerstörung von Denkmälern als Barbaren, traf ins Mark. Mit der Einrichtung des *Kunstschutzes* wurde, wie wir sehen werden, noch im Jahre 1914 versucht, eine wirksame Gegenpropaganda aufzubauen.

«An die Kulturwelt»

Die Beschießung der Kathedrale von Reims vereinigte die französische Bevölkerung in ihrem Entsetzen über den Vandalismus der deutschen militärischen Führung. Inspiriert wurde sie von der vehement vorgetragenen, aggressiven und geradezu hasserfüllten Berichterstattung vieler Journalisten und Intellektuellen.

Die deutsche Öffentlichkeit und ihre Vertreter in Wissenschaft und Kultur antworteten indigniert und empört. 93 Wissenschaftler, Professoren, Institutsdirektoren, Künstler und Schriftsteller waren mittlerweile aktiv geworden und hatten eine Unterschriftenaktion ins Leben gerufen und einen Protest unterschrieben. Er wurde am 4. Oktober 1914 in zahlreichen deutschen Zeitungen und Zeitschriften unter dem Titel *An die Kulturwelt!* veröffentlicht. Er nahm auf die Vorgänge in Belgien, aber nicht direkt auf das Geschehen in Reims Bezug. In der Öffentlichkeit musste es allerdings so erscheinen, als wäre der Protest durch die internationale Reaktion auf die zwei Wochen vorher in Brand geschossene Kathedrale ausgelöst worden.[54]

Der wie Luthers Thesen abgefasste Text dementierte die französischen Anschuldigungen des Vandalismus, aber auch die aus anderen Ländern mittlerweile publizierten Proteste mit voller Schärfe. Es sei zwar bedauerlich, dass im Laufe von kriegerischen Handlungen Verluste entstünden. Sie seien aber unvermeidlich. Im Übrigen bezog sich das Protestschreiben in den wesentlichen Punkten auf die offiziellen regierungs- und militäramtlichen Stellungnahmen.[55] So wurde die Zerstörung von Löwen mit der Ermordung deutscher Soldaten, die angeblich aus dem Hinterhalt von Freischärlern erschossen wurden, begründet.

Der Vorwurf der Barbarei wurde offenbar als besonders verletzend empfunden und scharf zurückgewiesen. Die deutsche Bevölkerung nahm, durch die Zensur bedingt, vor allem die offiziellen Verlautbarungen und die Berichte einer von der Regierung zensierten Presse als die wichtigsten Informationsquellen wahr. Selbst ein so ausgesprochener Freund Frankreichs wie Julius Meier-Graefe schrieb am 22. September 1914 in sein Tagebuch: «In den ausländischen Zeitungen wird wahnsinnig auf unser Barbarentum geschimpft. [...] Es ist natürlich eine Schlauheit der Franzosen, die Kathedrale von Reims in die Kampflinie zu ziehen und den Dom von Antwerpen mit Gewehren zu spicken. Wir müssen darauf schießen und sind dann die Unholde.» Er wird die Karikatur von Werner Hahmann im Kladderadatsch mit dem Titel «Schlau» gesehen haben. (Abb. 31)[56]

Der Aufruf betonte aber auch, dass sich die deutsche Armee gerade für den Schutz der Kunstwerke und Denkmäler einsetzen würde: «Der größte Teil von Löwen ist erhalten geblieben. Das berühmte Rathaus steht gänzlich unversehrt. Mit Selbstaufopferung haben unsere Soldaten es vor den Flammen bewahrt. Sollten in diesem furchtbaren Kriege Kunstwerke zerstört worden sein oder noch zerstört werden, so würde jeder Deutsche es beklagen. Aber so wenig wir uns in der Liebe zur Kunst von irgend jemand übertreffen lassen, so entschieden lehnen wir es ab, die Erhaltung eines Kunstwerks mit einer deutschen Niederlage zu erkaufen».[57]

Unter den Unterzeichnern des Aufrufs befanden sich international bekannte Natur- und Geisteswissenschaftler, Künstler und Schriftsteller, wie etwa Rudolf Eucken, Max Planck und Wilhelm Röntgen sowie als einziger Politiker Friedrich Naumann. An Historikern, Künstlern, Musikern und Schriftstellern schlossen sich unter anderen an: Franz von Stuck, Gerhart Hauptmann, Peter Behrens, Wilhelm Wundt, Max Liebermann, Adolf von Hildebrand, Theodor Wiegand, Hans Thoma, Max Klinger, Wilhelm von Bode und Max Reinhardt.[58]

Der Text ist kein literarisches Meisterwerk und wurde offenbar schnell formuliert und unter Zeitdruck veröffentlicht. «Der verfehlte Text sollte unter anderem darüber aufklären, daß es zwischen deutscher Kultur und deutschem Militarismus keine Gegensätzlichkeit gäbe, sondern daß beide in schönstem Einvernehmen miteinander ständen», erinnerte sich Werner Weisbach, und fährt fort: «Wie ich später erfuhr, war von den Veranstaltern der Kundgebung unter Mitwirkung von Regierungsstellen ein starker Druck – und nicht immer mit ganz sauberen Mitteln – ausgeübt worden, um Namen zu gewinnen. Als sich zeigte, welche Angriffsfläche der Inhalt des so groß aufgemachten Manifestes dem Auslande bot, wünschte mancher der linksstehenden Unterzeichner nachträglich, er wäre der Sache ferngeblieben, und hat sich mir gegenüber in diesem Sinne ausgesprochen».[59]

Nur wenige verweigerten von vornherein die Unterzeichnung, unter ihnen etwa der Berliner Professor für Physiologie Georg Friedrich Nicolai und Albert Einstein, die sich gegen den Krieg und für eine friedliche Zusammenarbeit engagierten. In diesem Sinne trafen sich Gleichgesinnte wie Einstein und Nicolai in dem sogenannten *Bund Neues Vaterland* in Berlin, an deren Treffen auch Werner Weisbach, Harry Graf Kessler, Käthe Kollwitz, Heinrich Mann, Stefan Zweig, Helene Stöcker, Clara Zetkin, Max Pechstein und andere teilnahmen. Ihrer Initiative für einen Appell an alle europäischen Intellektuellen folgten jedoch nur wenige.[60]

Auch Theodor Wolff, Chefredakteur beim *Berliner Tageblatt*, reagierte indigniert. Er schrieb in sein Tagebuch, dass der Krieg alle kritiklos mache. Das Manifest zeuge von einem «allgemeinen Gemeinplätzeln und einer schwammigen Gedankenlosigkeit [...] jeder glaubt, sich in die Brust werfen zu müssen, um zu zeigen, daß er so tapfer wie unsere wirklich so großen tapferen Soldaten draußen sei.» Wolff kritisiert das «geschmacklose Kraftgetue». Ihm ist «unbegreiflich, daß die ersten ‹Denker› Deutschlands Bürgschaft dafür leisten wollen, daß in einem solchen Kriege alles gerecht u. ordnungsgemäß» zugehe und «in einem Millionenheere, wo auch, wie in jedem, üble Gestalten mitmarchiren, keine Brutalität vorgekommen sei». Wolff war entsetzt über das Erschießen von Geiseln. Er bedauert vor allem, dass durch diese «kritiklose Art der Gesinnung die Gewinnung des Auslandes gestört wird, dem man durch eine ernsthafte, verständige Sprache vielleicht näher käme».[61] Trotz der offiziellen Zensur gut aus der internationalen Presse informiert, täuschte ihn sein sicheres Gespür nicht, dass durch Aktionen wie *An die Kulturwelt!*, welches auch bekannt war als das *Manifest der 93*, alle Versuche, Gespräche zu ermöglichen und Brücken zu bauen, zum Scheitern verurteilt waren. Wolff kritisierte auch die vielen anderen Deklarationen und Unterschriftensammlungen, zu der sich die Universitäten sowohl in Frankreich wie in Deutschland verpflichtet fühlten. Sie trugen seiner Meinung nach nicht viel zur Aufklärung bei und führten eher zu weiteren Auseinandersetzungen. Er empfahl, «lieber im Stillen auf das große Leid zu lauschen, die große Bewunderung und die große Liebe, die in jedem Herzen sind.»[62] Wolffs allerdings nicht in die Öffentlichkeit gelangten Zeilen sind ein seltener Beleg für einen kritischen Kopf, der die wahren Zustände durchschaute und die sich weiter entwickelnde Katastrophe voraussah.

Die meisten deutschen Intellektuellen reagierten bei Kritik unversöhnlich und ohne jedes Verständnis. Als der Schweizer Maler Ferdinand Hodler in der *Tribune de Genève* einen Protest gegen die Bombardierung der Kathedrale von Reims mitunterzeichnete, löste er einen Sturm der Empörung aus.[63] Sein monumentales Gemälde in der Friedrich-Schiller-Universität Jena, das den Aufbruch der Studenten in den Befreiungskriegen gegen Napoleon schilderte, war in Gefahr, zerstört zu werden. Ausgerechnet der Philosoph Rudolf Eucken, einer der 93 Mitunterzeichner des Aufrufs *An die Kulturwelt!* und gemeinsam mit seiner Frau ursprünglich wichtigster Förderer von Hodler, sprach sich für die Entfernung dieses Meisterwerks der Moderne aus. Eucken war einer der deutschen Intellektuellen, die in Vorträgen und Schriften den Krieg und die militärische Führung mit Nachdruck unterstützten. Wie Kurt Flasch bemerkte, gab er die «philosophisch wenig anspruchsvollen [...] Stichworte [...] Sie boten den Kanon dessen, was ein gebildeter Deutscher 1914 über den Weltkrieg denken sollte».[64] Glücklicherweise wurde der Kompromiss gefunden, das Gemälde durch eine Bretterwand zu überdecken und so der Betrachtung zu entziehen. Hodler blieb jedoch auf Jahre ein politisch umstrittener Künstler in Deutschland.[65]

Auffallend ist die Zurückhaltung, die sich die deutschen Kunsthistoriker auferlegten. Von ihnen ging keine Initiative des Protestes aus. Bis auf Wilhelm von Bode, den Generaldirektor der Berliner Museen, und Justus Brinckmann, den Direktor des Museums für Kunst und Gewerbe in Hamburg, unterschrieben sie zwar nicht das Manifest *An die Kulturwelt!*, doch wurden die meisten vermutlich auch nicht um ihre Unterschrift gebeten. Es sind aber auch keine Briefwechsel mit französischen Kollegen bekannt geworden, in denen sie das Vorgehen des Militärs bedauerten und die Zerstörungen missbilligten.[66] Die Zensur und das Misstrauen gegenüber der Berichterstattung der Presse mögen zu diesem Umstand beigetragen haben. Wahrscheinlicher ist jedoch, dass die Kunsthistoriker, wie der größte Teil der Professoren an den deutschen Universitäten, den Berichten über das brutale Vorgehen des Militärs wenig Glauben schenkten und der offiziellen politischen Linie vertrauten.[67] Werner Weisbachs Reaktion auf die erschütternden Ereignisse in Reims wurden erst in seinen Erinnerungen festgehalten und konnten in den ersten Kriegsjahren kaum öffentlich geäußert werden: «Während ich hier verweilte, traf mich die Nachricht von der Beschießung der Kathedrale von Reims. In den deutschen Zeitungen wurde die Beschießung der Kathedrale wohl als ein kriegsnotwendiger Akt hingestellt, weil sich auf ihrem Turm ein französischer Beobachtungsposten befunden hätte, aber das Argument klang zu wenig überzeugend, als daß ich es für die Zerstörung eines solchen Werkes als stichhaltig hätte hinnehmen können.»[68]

So hatte Cornelius Gurlitt, Professor für Kunstgeschichte an der Technischen Hochschule Dresden, dem Artikel Richard Hamanns in der *Frankfurter Zeitung* folgend, wenige Wochen nach der Bombardierung von Reims am 29. November 1914 einen Artikel im *Berliner Tageblatt* veröffentlicht, in dem er auf den Vandalismus der Französischen Revolution hinwies. Dem Vorwurf gegen die deutsche Armee von französischer Seite widersprach er mit dem Argument, Frankreich könne sich kaum damit rühmen, den eigenen Monumenten in der Vergangenheit besonderen Schutz gewährt zu haben. Der Hinweis auf die Französische Revolution sollte in der weiteren propagandistischen Auseinandersetzung immer wieder eine wichtige Rolle spielen. Aufschlussreich ist in diesem Artikel auch, dass der Vormarsch der deutschen Armee ausdrücklich verteidigt wird. Wenn militärische Einrichtungen bedeutende Denkmäler als Schutzschilde benutzten, müsse man sich nicht wundern, wenn sie in Mitleidenschaft gezogen würden. Der französischen Seite wird somit auch hier die Schuld für die Bombardierung zugewiesen.[69]

Das *Manifest der 93* trug erheblich zum Abbruch der intellektuellen Beziehungen zwischen den beiden Ländern bei. Bestehende wissenschaftliche, kulturelle und persönliche Kontakte aufrechtzuerhalten, erschien seit diesem kriegerischen Ereignis nicht mehr vorstellbar. Die

Intellektuellen beider Länder verpassten die Gelegenheit, als kritische Warner vor weiterem Unheil ihre Stimme zu erheben. Die Katastrophe von Reims bewirkte kein Erwachen aus nationalistischer Verblendung, sondern vertiefte den Hass auf beiden Seiten. Die wenigen Stimmen, die ein Einlenken und das Ende des Krieges forderten, blieben ungehört.

Wie zu erwarten, reagierten die französische Presse und die Intellektuellen jenseits des Rheins mit neuerlichen Protesten. Sowohl im *Institut de France* wie in den Universitäten wurde nachhaltig über Gegenmanifeste diskutiert. Interessanterweise wehrten sich in beiden Einrichtungen die Naturwissenschaftler gegen Verlautbarungen, die von den Fakultäten herausgegeben werden sollten. Das *Manifest der 93* sei ein Unternehmen von Einzelnen, denen auch nur Privatleute entgegentreten könnten. Deutsche Korrespondierende Mitglieder der französischen Akademien, die das Manifest *An die Kulturwelt!* unterschrieben hatten, wurden allerdings aus den akademischen Einrichtungen ausgeschlossen.[70]

Auch die französischen Schriftsteller, Künstler und Geisteswissenschaftler erhoben ihre Stimme und wehrten sich ihrerseits durch Gegenmanifeste. 1915 erschienen verschiedene Aufrufe, die in der internationalen Presse ausführlich kommentiert wurden. Vor allem ein Manifest von 100 Schriftstellern, Wissenschaftlern, Politikern und Künstlern erregte großes Aufsehen. Es wurde in einer Sammlung von Protestschreiben mit dem Titel *Les Allemands destructeurs de cathédrales et de trésors du passé* vom Kulturministerium veröffentlicht. Ihm schlossen sich unter anderen Pierre Bonnard, Georges Clemenceau, Claude Debussy, Anatole France, Maurice Barrès, Aristide Maillol, Octave Mirbeau, Claude Monet, Henri Matisse, Odilon Redon, Auguste Rodin, Alfred Roll, Paul Signac, Camille Saint-Saëns und viele andere an.[71]

«Überall wo die deutschen Truppen vordrangen, haben sie das Recht der Menschen mit Füßen getreten», heißt es in dem Manifest, und weiter: «und haben die Zivilisation und das kulturelle Erbe der Völker als unbedeutend angesehen».[72] Eine ausführliche Beschreibung der Vorgänge in Reims bildet den zweiten Teil der Schrift. Er beginnt mit der Behauptung, die den politischen Gegner besonders traf und immer wieder aufgegriffen wurde: «Dass das Bombardement von Notre-Dame in Reims einem vorbestimmten Plan folgte, ist unbezweifelbar. Als eine Geisel, die bedeutendste von allen, so hat der deutsche Generalstab die Königskathedrale betrachtet.»[73] Solche Aussagen entbehrten jeder Grundlage.

Nach den Zerstörungen in Löwen und der Beschießung von Reims waren freundschaftliche Beziehungen zwischen Intellektuellen der beiden Länder undenkbar geworden. Der Ausspruch von Max Beckmann: «Auf die Franzosen schieße ich nicht, von denen habe ich so viel gelernt», muss als ungewöhnlich mutig interpretiert werden. Hätte der Maler ihn öffentlich geäußert, hätte man ihn gewiss als schlimmsten Defätisten angeprangert.[74]

Die brennende Kathedrale im Bild

Der öffentlich ausgetragene Kampf folgte auf die Beschießung von Notre-Dame in Reims nicht nur mit Worten, sondern – viel weitere Kreise der europäischen und außereuropäischen Bevölkerung erreichend – auch mit Bildern. Postkarten, Karikaturen, Plakate wurden zu einem intensiven Bilderkampf genutzt. Die deutsche Seite hat diesen Medienkrieg verloren.[75] Sie reagierte nicht rechtzeitig genug und verkannte die große Wirkung dieser Waffe. Die französischen, aber die auch italienischen, englischen und US-amerikanischen Darstellungen, die während der gesamten Kriegszeit verbreitet wurden, brachten durch ihre Schärfe die deutsche Seite in eine Verteidigungssituation, der sie im Grunde nichts entgegenzusetzen hatte. Die brennende Kathedrale in Reims blieb ein zentrales Leitmotiv, das als ein herausragendes Beispiel die Verbrechen der Deutschen sinnbildhaft, allgemein verständlich und bloßstellend vergegenwärtigen konnte.

Die Bilder der brennenden Kathedrale müssen sich jedem Zeitgenossen tief eingeprägt haben. Sie wurden selbst in weit entfernten Ländern, wie Brasilien, verbreitet. Vor allem in den Ländern der Alliierten jedoch wurde das Ereignis als ein schlagkräftiges Motiv der Propaganda aufgenommen. Eine unendliche Welle der Sympathie und der Solidarität für Frankreich förderte die Moral für den Kampf gegen Deutschland und Österreich-Ungarn. Dieses Ereignis bestätigte, dass man auf der richtigen Seite stand.

Die Darstellung der Kathedrale in Flammen führte am Kriegsbeginn jedoch noch nicht dazu, die USA zum Kampf zu bewegen. Sie waren aber das erste große Medienereignis, dem die bewegenden Bilder des Untergangs der *Lusitania* folgten. Das Passagierschiff wurde durch die Torpedos eines deutschen U-Bootes am 7. Mai 1915 versenkt, ein verhängnisvolles Ereignis, das die amerikanische Politik zur Mitwirkung im Krieg förmlich zwang (wenngleich es noch zwei Jahre dauern sollte, bevor die USA offiziell in den Krieg eintraten).

Eine typologische Betrachtung der vielfältigen und kaum überschaubaren Bilderwelt mit der Darstellung der brennenden Kathedrale von Reims lässt bestimmte Kriterien der Bildpropaganda erkennen, die den bereits erörterten Pressekommentaren vergleichbar sind. Ein erheblicher Teil der bildlichen Überlieferung geht auf die Fotografie zurück, die während des Ersten Weltkriegs eine bis dahin ungeahnte mediale Bedeutung erlangte. Die fotografischen Aufnahmen des Ereignisses schienen die Telegramme und Zeitungsartikel zu bestätigen. Sie vermochten die Katastrophe durch die unmittelbare Anschaulichkeit erst in ihrer wirklichen Tragik zu verdeutlichen. Vor allem die rasche Verbreitung von Postkarten förderte die propagandistische Ausdeutung des als barbarisch angesehenen Vorgehens der deutschen Truppen.[76]

Viele Fotografien der brennenden Kathedrale, wenn nicht sogar die meisten, gelangten allerdings nicht ohne manipulative Bearbeitung an die Öffentlichkeit. Die fotografische Technik der Epoche erlaubte noch nicht, Aufnahmen ohne Stativ und längere Belichtungszeit herzustellen. Zeitraubende Vorbereitung war notwendig, wodurch sich das Geschehen, welches festgehalten werden sollte, ständig änderte. Die außergewöhnlich eindrucksvolle Aufnahme der brennenden Kathedrale, von Norden eingefangen, die durch Postkarten weite Verbreitung erfuhr, ist in ihrer Dramatik gegenüber anderen Fotografien unübertroffen, gerade weil sie an bestimmten Stellen übermalt wurde. Die Retouchierung ist sehr deutlich in den hellen Flammen zu erkennen, die am Seitenschiff und im Dach hinzugefügt wurden. Flammen waren vermutlich in der Realität nicht sichtbar, sicherlich aber heftiger Rauch. Diese Postkarte wird bis heute in den Souvenirläden gegenüber der Kathedrale verkauft. Eine Farbversion, vermutlich in den 1960er Jahren entstanden, steigerte die Dramatisierung des Brandes nochmals in einer Weise, dass der Betrachter vermuten muss, das Bauwerk würde zweifellos bis auf die

Grundmauern abbrennen. (Farbtafel 26) Die von vielen Autoren in den ersten spontanen Protesten beklagte vollständige Zerstörung der Kathedrale war sicherlich auch durch die Verbreitung der scheinbar wirklichkeitstreuen Fotografien bedingt.

Postkarten mit manipulierten Ansichten wurden in großer Zahl sehr rasch verbreitet. Sie sollten die barbarischen Zerstörungen illustrieren und verdeutlichen, dass diese Verbrechen bewusst ausgeführt worden seien. (Abb. 27) Dies konnte besonders mit Ansichten der Skulpturen der Gewändeportale anschaulich gemacht werden. Scheinbar originale Fotografien zeigen die Figuren ohne Köpfe, als ob sie handgreiflich mit Äxten zerstört worden wären. In der Tat entstanden diese, die tatsächlichen Schäden entstellenden Bilder als reine Manipulationen, worauf bereits der Abbé Landrieux verwies.[77]

Auf der deutschen Seite wurden die französischen Postkarten mit ebenfalls manipulierten Bildern, die den Charakter von Fotografien imitierten, beantwortet. (Farbtafel 28) Sie unterstützten den offiziellen Heeresbericht, der die Beschießung mit der Beobachtung der Heeresbewegungen vom Nordturm aus, wie auch mit dem angeblich installierten Scheinwerfer, begründete. Nach der auch von Frankreich unterzeichneten Haager Landkriegsordnung von 1907 war die Nutzung von historisch und kulturell bedeutenden Bauwerken zu Kriegszielen nicht erlaubt. Auf diesen Umstand stützte sich die offizielle propagandistische Verteidigungsstrategie Deutschlands auch in den ihrerseits manipulierten Bildern und Karikaturen. Die erklärende Beischrift auf der Postkarte ist charakteristisch für die Strategie der Verteidigung der deutschen Gegenpropaganda: «Die Franzosen benutzen die Kathedrale von Reims als Operations-Basis und gefährden damit das herrliche Kunstwerk». Mit diesem Satz wird zweierlei zum Ausdruck gebracht: Zum einen wird festgestellt, dass die französische Armee die Kathedrale gegen die Haager Konvention in Gefahr gebracht und die Beschießung somit selbst verschuldet hat. Zum anderen wird betont, dass die Deutschen die Kathedrale als ein «herrliches» Bauwerk ansehen und mit dieser Aussage den Vorwurf des Vandalismus und der Barbarei zurückweisen.

Neben den Postkarten wurde die deutsche Version der Vorgänge auch in Zeitschriften, die Zeichnungen und Karikaturen enthielten, verbreitet. So findet sich in der von Paul Cassirer herausgegebenen *Kriegs-*

SPECIMENS OF "FAKED" PICTURE-POSTCARDS CIRCULATED IN 1915. THE STATUES IN THE UPPER PHOTOGRAPH, PURPORTING TO BE FROM THE CENTRAL PORCH, ARE ABSOLUTELY INTACT. THOSE IN THE LOWER PHOTOGRAPH, PURPORTING TO REPRESENT THE CONDITION OF THE LEFT PORCH AFTER THE FIRE, ARE QUITE WRONG. See Plates 23, 25, 26 (*face p.* 174)

27. *Manipulierte Fotografien der Gewändestatuen*, 1915, aus: Maurice Landrieux, *La cathédrale de Reims: Un crime allemand*, Paris 1919.

zeit Künstlerflugblätter eine Zeichnung Walter Bondys mit dem Titel *Die Hohe Kirche von Reims. Ein Stützpunkt der französischen Armee.* Ein starker Strahl geht in der Zeichnung von der Rose der Kathedrale aus, um den Scheinwerfer anzudeuten, der sich auf der Kathedrale, wenn auch nicht in der Fensterrose, sondern möglicherweise auf einem der Türme, befand. (Abb. 29)

In den *Kriegsflugblättern* des Münchner *Simplicissimus* erschien eine Karikatur von Olaf Gulbransson, die die Kathedrale mit feuernden Kanonen auf beiden Türmen wiedergibt. Die Unterschrift lautet ironisch: «Die Deutschen werden doch nicht die Schamlosigkeit besitzen, das Feuer auf die Kathedrale zu erwidern!» (Abb. 30) Auch auf der Titelseite des *Kladderadatsch* vom 4. Oktober 1914 findet sich eine Karikatur, die nun sogar einen schießenden Soldaten auf der Kathedrale liegend zeigt. (Abb. 31)

Die Satire erweiterte das absurde propagandistische Argument noch dahingehend, dass man erwarten könne, die Franzosen würden sogar Kunstschätze aus dem Louvre an die Front bringen, um die Beschießung durch die deutschen Truppen zu vermeiden. Antike Skulpturen, Michelangelos Sklave und Leonardos Gemälde der Mona Lisa dienen als Schutz für französische Kanonen, um zu karikieren, wie die Franzosen die Kathedrale zur Protektion der Aufstellung ihrer Batterien nutzen.

Und schließlich wurde von der deutschen Propaganda eine Postkarte der Fassade der Kathedrale, links und rechts begleitet von zwei massiven französischen Kanonen, verbreitet. (Abb. 32) Sie sollte den deutschen Vorwurf illustrieren, die französische Armee hätte bewusst militärische Einheiten zu Verteidigungszwecken nahe an der Kathedrale zur Aufstellung gebracht, um die Deckung durch die Kirche zu nutzen. Die deutsche Seite begründete die angeblich nicht vermeidbaren Treffer vor allem des Chores damit, dass die dort in der Nähe stationierten französischen Kanonen getroffen werden sollten.

Nicht nur durch Fotografien, sondern auch in Zeichnungen, in Gemälden und in Graphiken wurde die brennende oder ausgebrannte Kathedrale von Reims im Bild festgehalten. Die künstlerische Auseinandersetzung mit dem Monument und dem Ereignis geschah auf zwei Ebenen. Einerseits suchten die Maler das Kirchengebäude selbst in bestimmten, für die Bombardierung charakteristischen Momenten wiederzugeben.

Kriegszeit
KÜNSTLERFLUGBLÄTTER
Nr. 5 Berlin 30. September 1914 Vorzugs Exempl. 35
Gleichzeitig erscheint Nr. 6 als Sonder Ausgabe (Max Liebermann Nr.)

W. Bondy

DIE HOHE KIRCHE ZV REIMS
EIN STÜTZPVNKT DER FRANZÖSISCHEN ARMEE....

29. Walter Bondy, «Die hohe Kirche von Reims: Ein Stützpunkt der französischen Armee», Titelblatt, *Kriegszeit: Künstlerflugblätter,* Nr. 5, 30. September 1914, Los Angeles, Getty Research Institute.

30. Olaf Gulbransson, *Der Kampf um Reims, Kriegsflugblätter des Simplicissimus,* Nr. 8, 8. März 1915, Los Angeles, Getty Research Institute.

Alleinige Anzeigen-Annahme
RUDOLF MOSSE
Annoncen-Expedition für sämtl. Zeitungen Deutschlands und des Auslandes in Berlin SW 19,
Basel, Breslau, Dresden, Düsseldorf, Frankfurt a. M., Halle a. S., Hamburg, Köln a. Rh., Leipzig, Magdeburg, Mannheim, München, Nürnberg, Prag, Straßburg i. E., Stuttgart, Wien, Zürich.

Kladderadatsch

ANZEIGENPREIS
für die viergespaltene (48 mm breite) Nonpareille-Zeile oder deren Raum Mark 1,—

Nr. 40 Zweites Beiblatt | Berlin, den 4. Oktober 1914 | LXVII. Jahrgang

Schlau

Da ihnen die Kathedrale von Reims schon als Deckung gedient hat, werden die schlauen Franzosen bald den Inhalt des Louvre als kugelsicheres Schanzmaterial verwenden.

31. Werner Hahmann, «Schlau», *Kladderadatsch,* Nr. 40, 4. Oktober 1914, Heidelberg, Universitätsbibliothek.

32. *Reims, Cathédrale,* ca. 1914–15, Postkarte, Privatsammlung.

Dieser realistischen oder impressionistischen Auffassung stand andererseits eine allegorische oder visionäre Darstellung und Interpretation der Vorgänge gegenüber.[78] Zu dieser zweiten Kategorie von Darstellungen gehören etwa das Gemälde *Intérieur de cathédrale*, 1915 von Georges Rochegrosse, und die Zeichnungen *Le Martyre de Reims* von Antoine Bourdelle. An nur wenigen Beispielen sei hier ausgeführt, wie Reims als Kriegsschauplatz die bildenden Künstler inspirierte. (siehe Farbtafeln 48, 51a, Abb. 51b)

In der renommierten Galerie Georges Petit in Paris, die sich für die Kunst des Impressionismus einsetzte und regelmäßig Gemälde von Claude Monet ausstellte, besuchten im Jahre 1919 Präsident Raymond Poincaré und sein amerikanischer Kollege, Thomas Woodrow Wilson, eine Ausstellung von Pastellen des Reimser Malers und Graphikers Adrien Sénéchal. Die beiden Politiker nutzten einen freien Moment während der bewegten Tage der politischen Verhandlungen des Vertrages von Versailles. Der Besuch dieser Ausstellung war nicht ohne Grund auf das Programm der Staatsvisite des Amerikaners gesetzt worden. Die Gemälde sollten dem Gast die Zerstörungen von Monumenten, die nicht zuletzt durch Fliegerangriffe und Bombardierungen verursacht wurden, sowie besonders das katastrophale Ereignis der brennenden Kathedrale von Reims vor Augen führen, deren Ruine der Amerikaner am 26. Januar selbst besuchte und erschüttert bemerkte: «No one can put into words the impressions I have received among such scenes of desolation and ruin.»[79] Nach diesem Ausflug, zwei Tage später, wurde der Vertrag in Versailles feierlich unterzeichnet. Die Betrachtung der Bilder und der Ausflug nach Reims sollten dem amerikanischen Präsidenten das Schicksal der Kathedrale und der Stadt unmittelbar erlebbar machen und ihn auch emotional beeindrucken. Die amerikanische Hilfsbereitschaft beim Wiederaufbau Frankreichs und besonders der Kathedrale von Reims in den folgenden Jahren wurde auch durch Wilson nachdrücklich gefördert. Ein Ex Libris für die Bibliothek von Wilson, entworfen von Carl S. Junge, erinnert an diese Initiative: Sie zeigt den amerikanischen Präsidenten an seinem Schreibtisch vor der strahlenden Kathedrale von Reims. Die Bildunterschrift lautet: «Hinter den Wolken scheint immer noch die Sonne. Aber aus der Dunkelheit muss Einigkeit erwachsen.» (Abb. 33)

Die Serie der 18 Pastelle, die Sénéchal ausstellte, war sicherlich von Claude Monets Serie der Kathedrale von Rouen (1892–94) inspiriert.[80] (Abb. 34a, 34b, Farbtafel 34c) Allerdings stand nicht die künstlerische Wiedergabe der Fassade im Licht der unterschiedlichen Tageszeiten wie bei Monet im Zentrum der Pastelle, sondern das «Attentat» auf die Kathedrale, wie es in Frankreich allgemein genannt wurde. Der Künstler beschrieb seine Pastelle im Katalog der Ausstellung als «eine Serie von sehr persönlichen Eindrücken und eine Gruppe von Dokumenten, die sehr traurige aber sehr wahre Berichte illustrieren.»[81] Er war als 19-jähriger am Morgen des 19. September 1914 nach Reims gefahren und hatte die Bombardierung am Nachmittag des Tages selbst aus unmittelbarer Nähe miterlebt. Die Pastelle, denen der Maler Beschreibungen und die Angabe der Uhrzeit hinzufügte, rekonstruieren den Vorgang, aber interpretieren ihn auch gleichzeitig, um den Horror des Brandes zu dramatisieren.

Sénéchal suchte durch die Folge der Bilder den Ablauf der Ereignisse festzuhalten. Dem morgendlichen Beschuss, der die ersten Rauchwolken auslöste, folgt der Brand des Holzgerüsts, das zusammenstürzte und

33. Carl S. Junge, *Entwurf für ein Ex Libris von Woodrow Wilson*, ca. 1919, Washington, D.C., Library of Congress, Prints and Photographs Division.

dabei eine Reihe von Statuen der Fassade erheblich verstümmelte. Auf diese beiden ersten Darstellungen folgt ein Blick von der Nordseite, der zeigt, wie helle Flammen aus dem Dachstuhl schlagen. Weitere Bilder geben dramatische Nachtszenen wieder, in der die Farbe rot dominiert. Rote Rauchschwaden dienen als die zentrale Lichtquelle, deren Schein auf den architektonischen Formen des Kirchenbaus reflektiert. Die Türme brennen noch in einem Nachtbild, in dem das Langhaus bereits ohne Dach als dunkle Silhouette erscheint. Ein weiteres leuchtendes, visionäres Bild heroisiert die Statue der Jeanne d'Arc mit der wehenden republikanischen Fahne in der Hand vor dem brennenden Bischofspalast.

Durch die Serialität von Sénéchals Bildern und die Beigabe der jeweils bestimmten Uhrzeiten vermitteln die Werke einen reportagear-

34a. Adrien Sénéchal, *Notre-Dame de Reims, 19. September 1914,* 1914, Pastell, aus: Jean-François Boulanger et al. (Hg.): *Reims, 14–18: De la guerre à la paix: Histoire, mémoire, symboles* (Straßburg: La Nuée bleue, 2013), S. 90–103.

34b. Adrien Sénéchal, *Notre-Dame de Reims, 19. September 1914,* 1914, Pastell, aus: Jean-François Boulanger et al. (Hg.): *Reims, 14–18: De la guerre à la paix: Histoire, mémoire, symboles* (Straßburg: La Nuée bleue, 2013), S. 90–103.

tigen Eindruck, der der Wahrheit jedoch nicht entspricht. Die Serie dramatisiert das Geschehen in einer Weise, die ein Augenzeuge so nicht hätte wahrnehmen können. Der Maler hat in seine Bilderfolge auch Ansichten von Szenen in den Straßen von Reims wiedergegeben. Menschen sind in diesen eindrucksvollen Bildern nicht zu sehen, wodurch ihnen ein apokalyptischer Charakter der Katastrophe verliehen wird, in denen Menschen keinen Platz finden können.

Der Künstler nutzte die Technik des Pastells, um einerseits den flimmernden, lebendigen Eindruck des Farbenspiels wiederzugeben, den Monet in seiner Bilderserie der Kathedrale von Rouen so virtuos beherrschte. Sénéchal ging in der Auflösung allerdings nicht so weit wie der berühmte impressionistische Maler. Die Farbpigmente sind stärker mit den Objekten verbunden. Dafür allerdings erhöht er das dramatische Element des Ausdrucks. Ob von weitem überhaupt Flammen zu sehen waren, ist unsicher. Sénéchal setzte allerdings sein malerisches Können zur Darstellung der den Himmel beleuchtenden feuerroten brennenden Kathedrale ein, um die emotionale Anteilnahme an diesem Geschehen für den Betrachter zu erhöhen. Gerade dieser emphatische Charakter der Darstellungen, in denen die Feuersbrunst das geschichtsträchtige Monument völlig zu vernichten scheint, macht diese eindrucksvollen Werke allerdings auch zu Instrumenten einer propagandistischen Aussage. Ohne genannt zu werden, war der Verursacher dieser Apokalypse in den Bildern gegenwärtig. Die *Union sacrée*, repräsentiert in der Gestalt der die Nationalfarben tragenden Jeanne d'Arc, wird letztlich den eindringenden Feind besiegen.

Diese dramatisierende Strategie der Darstellung war auch dazu geeignet, die Pastelle als Postkarten zu verbreiten oder für Plakate, einer Gattung, in der sich der Künstler im Laufe seines Lebens nachhaltig spezialisieren sollte, zu benutzen. (Abb. 74) Der Künstler verwendete eine der Darstellungen auch für den Holzschnitt eines Bucheinbandes mit Texten von René Druart.[82]

Barbaren, Hunnen, Vandalen

Die französische Bildpropaganda war, gegenüber den wenigen deutschen Bildern, unendlich viel aktiver, beweglicher und in den Themen vielgestaltiger. Die Karikaturisten zeigten sich erfindungsreicher in den Inhalten und im künstlerischen Ausdruck. Allerdings griffen sie oft auf traditionelle Stereotypen in der Beurteilung des Nachbarlandes zurück. Die bekannten Klischees, die sich bis in unsere Gegenwart erhalten haben, wurden auch für die Vorgänge in Reims genutzt.

In vielen Karikaturen wurde darauf hingewiesen, dass die Deutschen nach wie vor ihre germanische Herkunft nicht verleugnen können. Die Wildheit der verschiedenen Stämme läge ihnen auch weiterhin im Blut. Sie äußere sich in äußerster Brutalität ihren Gegnern gegenüber, die zu morden ihnen Vergnügen bereite. Eine mit *Les Sauvages* betitelte Postkarte vergegenwärtigt einen vierschrötigen, halbnackten Riesen, der in der rechten Hand eine Keule hält. (Farbtafel 35) Mit der Linken wirbelt er einen Soldaten in der Luft, der allerdings miniaturhaft klein, dem Ungetüm völlig hilflos ausgeliefert ist. Blutflecken überziehen den Körper des Wilden und Blutlachen bedecken den Boden. Im Hintergrund ist die brennende Kathedrale von Reims deutlich sichtbar.

Der Wilde trägt eine Kette mit Zähnen erlegter Opfer um den Hals und sein Gesicht und Bart erinnern an den Deutschen Kaiser Wilhelm II. Die bösartige Karikatur prangert nicht nur die sinnlose Zerstörung der Kathedrale, sondern auch das brutale Morden dieses Ungeheuers an.

Das Bild ist im Grunde leicht verständlich. Allerdings fügt die Unterschrift der Darstellung noch ein weiteres Element der Deutung hinzu: «On ne pourra dire que notre – Kulturre – n'est pas la plus belle de l'humanité! (*sic*).» Mit diesem Hinweis spielt der Autor der Postkarte auf die in dieser Epoche intensiv geführte Diskussion über den Gegensatz von Kultur und Zivilisation an. Kultur, geschrieben mit einem zusätzlichen r, um auf die deutsche Aussprache anzuspielen, wird als der Urzustand der wilden germanischen Stämme bezeichnet. Und diese sogenannte Kultur versuche die Zivilisation des Nachbarlandes zu unterwerfen.

Eine ganzseitige Karikatur aus *Imagerie d'Épinal* mit dem Titel *Le Dieu Thor, la plus barbare d'entre les barbares divinités de la Vieille Germanie* führt dieses Thema mit weiteren Motiven fort.[83] (Abb. 36) Die zentrale Figur ist ein als Blitz- und Donnergott Thor bezeichneter Riese. Mit seinem mächtigen Hammer zertrümmert er alles, was sich ihm in den Weg stellt. Kapitelle und zerbrochene Skulpturen der bereits weitgehend zertrümmerten Kirchenbauten im Hintergrund liegen zu seinen Füßen. Die wilde Gottheit ist mit einem phantastischen Kostüm bekleidet, das sowohl Motive des Federschmucks von Indianern als auch von mittelalterlichen Rüstungen aufweist. Sie trägt einen Speer auf dem Rücken, an dem mehrere Leichen baumeln. Thor folgen in viel kleinerer Gestalt die Deutschen, und zwar nicht die Armee, sondern eine Volksmenge. An der Kleidung können verschiedene Stände und Berufsgruppen, auch katholische und protestantische Geistliche, erkannt werden. Dies ist offenbar ein Hinweis darauf, dass die Deutschen nicht nur die Eroberung, sondern die Besetzung und Aneignung der Nachbarländer planten.

Vielleicht als Hinweis auf den Blitz- und Donnergott gedacht, schwebt vor Thor eine Bombenkugel, von der Feuerstrahlen in verschiedene Richtungen ausgehen. Sie ist von einem mit einem Eisernen Kreuz geschmückten, stehenden Adler mit ausgebreiteten Flügeln bekrönt. Dahinter erscheinen in den Wolken die Vertreter der deutschen Armee. «Son Vieux Bon Dieu» ist als erklärende Unterschrift, begleitet von kleinen Totenköpfen und Adlern, im unteren Teil des Blattes zu lesen. Ferner findet sich als Aufschrift ein Zitat von Heinrich Heine: «Le jour viendra, Hélas! Les vieilles divinités germaniques se lèveront de leurs tombeaux fabuleux et essuyeront de leurs yeux la poussière séculaire. Thor se dressera avec son marteau gigantesque et détruira les cathédrales gothiques», darunter: «Henri Heine, 1915/1834». Eine weitere Erklärung findet sich am unteren Bildrand: «Denn es kann sich nur um DIESEN handeln, den der KAISER nicht aufhört zu zitieren, wenn es um die schlimmsten Akte von Vandalismus geht, von denen das überfallene Belgien und Frankreich die glänzendsten Zeugen darstellen [...] HEINRICH HEINE, der deutsche Dichter, der den letzten Teil seines Lebens in Frankreich verbrachte, hatte seit 1834, wie man sieht, die Rückkehr zu der Wildheit der Vorfahren vorausgesehen [...] In den Jahren 1914–15 befiehlt der Kaiser, und Deutschland applaudiert.»[84]

In der zeitgenössischen Presse wurde der Ausspruch Heinrich Heines häufig zitiert, um auf den schon seit langer Zeit bestehenden Vorsatz der Deutschen hinzuweisen, Frankreich zu erobern und seine Kultur zugrunde zu richten. Das Zitat stammt aus dem dritten Buch der 1834 erschienenen Abhandlung *Zur Geschichte der Religion und Philosophie in Deutschland* und ist aus dem Zusammenhang gerissen.[85] Der frankophile Heine äußert sich mit diesen Worten kritisch gegenüber den politischen Zuständen in seinem Heimatland. Die Sätze sind das ironische Menetekel eines Autors, der nur in Frankreich die Freiheit finden konnte, sich literarisch und publizistisch ohne Verfolgung zu betätigen. Für die französische Anklage des Vandalismus nach der Beschießung der Kathedrale von Reims waren Heines Worte natürlich eine gleichsam sanktionierte Referenz, zumal sie von einem Deutschen stammten. Nicht nur Karikaturisten, sondern auch Journalisten und sogar Wissenschaftler nutzten dieses Zitat für propagandistische Zwecke. Sie konnten darauf verweisen, dass sich Heines Vision nun durch die Invasion des Deutschen Kaiserreiches erfüllt habe.

Das Heine-Zitat wird von den Zeitgenossen, jedenfalls von den gebildeten, wenig ernst genommen worden sein. Der Hinweis auf die Hunnen hatte jedoch einen zeitgenössischen Kontext in der berüchtigten so-

36. F. Clasquin, *Le Dieu Thor, la plus barbare d'entre les barbares divinités de la Vieille Germanie. Imagerie d'Épinal,* Nr. 87 (1915), Paris.

genannten «Hunnenrede». Wilhelm II. hatte am 27. Juli 1900 anlässlich der Verabschiedung der deutschen Truppen zur Niederschlagung des Boxeraufstandes in China zu rücksichtslosem Vorgehen aufgefordert: «Kommt ihr vor den Feind, so wird derselbe geschlagen! Pardon wird nicht gegeben! Gefangene werden nicht gemacht! Wer euch in die Hände fällt, sei euch verfallen! Wie vor tausend Jahren die Hunnen unter ihrem König Etzel sich einen Namen gemacht, der sie noch jetzt in Überlieferung und Märchen gewaltig erscheinen lässt, so möge der Name Deutscher in China auf 1000 Jahre durch euch in einer Weise bestätigt werden, dass es niemals wieder ein Chinese wagt, einen Deutschen scheel anzusehen!»[86]

Trotz des Versuches, die Rede nur zensiert zu verbreiten, gelangte der originale Wortlaut in die Presse. Das äußerst militaristische Auftreten des Kaisers war international ausführlich kommentiert worden. Es war nicht erstaunlich, dass viele Autoren nach den Ereignissen in Löwen und Reims diese Rede in Erinnerung brachten. Die deutsche Armee als mordende Hunnen zu bezeichnen, sollte während des Ersten Weltkriegs zu einer geläufigen propagandistischen rhetorischen Formel werden.

Auch außerhalb Frankreichs wurde das als brutal angesehene Vorgehen der deutschen Armee ein wichtiges Bildmotiv. Ein sprechendes Beispiel ist ein populäres Plakat von 1917, mit dem die amerikanische Bevölkerung aufgerufen wurde, sich freiwillig zum Kriegsdienst zu melden. (Abb. 37) Das Blatt zeigt einen wilden Gorilla, der einen preußischen Pickelhelm mit der Aufschrift «Militarism» trägt. Er hat gerade das von ihm zerstörte Europa mit der Ruine der Kathedrale von Reims im Hintergrund verlassen, das Meer überwunden und Amerika erreicht. Mit aufgerissenem Maul stürzt er bedrohlich auf den Betrachter zu. Im linken Arm trägt er eine ohnmächtige weibliche Gestalt, während er in der Rechten eine blutige Keule mit der Aufschrift «Kultur» hält. «Destroy this mad brute – America enlist» besagt die Unterschrift, die an das notwendige Engagement appelliert, damit Deutschland und seine Verbündeten in diesem Weltkrieg besiegt werden können und die Gefahr eines Übergreifens des Krieges auf amerikanischen Boden gebannt wird.[87]

Die hier beschriebenen Darstellungen, mit denen nur drei Beispiele aus einer Vielzahl verwandter Bilder herausgegriffen werden, veranschaulichen vor allem zwei Themen: Zum einen prangern sie die Bruta-

37. Harry R. Hopps, *Destroy This Mad Brute,* 1917, Plakat, Saint Louis, The Louis and Jodi Atkin Family Collection, Modern Graphic History Library, Washington University Libraries.

lität und Unmenschlichkeit der deutschen Armee an, die keine Rücksicht auf Menschenleben zu nehmen bereit sei, vor allem aber auch kein Verständnis für die Kultur der Nachbarländer kenne. Außerdem veranschaulichen die Bilder die propagandistische Aussage, die Deutschen befänden sich immer noch in einem Zustand, der sie mit ihren germanischen Vorfahren verbindet. Eine Geschichte der zivilisatorischen Entwicklung, wie sie etwa Frankreich habe, fehle ihnen.

Germanen, Barbaren, Vandalen oder Hunnen – in der verbalen und bildlichen Rhetorik der Epoche des Ersten Weltkriegs stehen diese Bezeichnungen gleichberechtigt nebeneinander. Sie sollen den Urzustand von Völkern charakterisieren, die aufgrund ihrer Wildheit eine ständige Bedrohung für die zivilisierten Länder darstellten. Letztlich geht diese klischeehafte Vorstellung auf Herodots Beschreibung der Nichtgriechen als Barbaren zurück. Aber vor allem Tacitus verbreitete mit seiner Schrift *Germania* (98 n. Chr.) die Ansicht, die nordischen Völker hätten zwar ihre eigenen Sitten, seien aber ein Teil der nicht-zivilisierten Menschheit.[88]

Dieses Urteil erhielt durch die Erinnerung an die Völkerwanderungszeit weitere Verbreitung. Die Deutschen mit den aus dem im östlichen Europa stammenden Hunnen zu vergleichen, entbehrt jeglicher historischer Grundlage. Allerdings lag diese Anspielung in den Karikaturen und propagandistischen Äußerungen insofern nahe, als die Hunnen im 5. Jahrhundert unter Attila bis nach Nordfrankreich vorgedrungen waren und auch Städte wie Reims, Amiens und Metz erobert und zerstört hatten.

Das langlebige Klischee, die Germanen seien wie die Hunnen unzivilisiert und zerstörten nicht nur mutwillig, sondern geradezu in freudiger Rage die Kultur ihrer Nachbarn, erfuhr eine genauere Definition durch den Begriff des «Vandalismus». Er geht auf die Zerstörung von Rom im Jahre 455 durch den germanischen Stamm der Vandalen zurück, wobei nach der Überlieferung die Stadt gebrandschatzt und in Schutt und Asche gelegt wurde. Den Begriff «vandalisme» verwandte der Abbé Henri-Baptiste Grégoire, der 1794 während der Französischen Revolution in einer berühmten Rede die sinnlose Zerstörung der Denkmäler und Kirchen beklagte. Der Angriff auf die jakobinische Partei wurde unter dem Titel *Rapport sur les destructions opérées par le vandalisme et sur les moyens de le réprimer* veröffentlicht und kann als die Geburtsstunde für die seitdem gültige Definition blinder Zerstörungswut von Denkmälern gelten.[89] Der Brand der Bibliothek von Löwen und die Beschießung der Kathedrale von Reims erschienen den Zeitgenossen als Ereignisse von historischer Bedeutung. Die Karikaturisten wussten diese schockierenden Nachrichten durch klischeehafte Anspielungen propagandistisch wirksam zu nutzen.

Verbreitet waren auch Karikaturen, in denen Tiere den aggressiven Militarismus des Kaisers und seiner Armee illustrieren sollten. In *L'Avance Allemande* bewegt sich ein großer Hummer mit dem Kopf von Wilhelm II. über einer Landkarte von Belgien nach Nordfrankreich voran. (Abb. 38) Mit seinen Zangen rafft er Kunstwerke und ikonische Monumente zusammen und ergreift dabei auch die Kathedrale von Reims, ein deutlicher Hinweis auf ihre Zerstörung.

In einer Karikatur mit dem Titel *El llanto del cocodrilo* («Krokodilstränen») der argentinischen Zeitschrift *Critica* thront ein Krokodil mit einer Pickelhaube auf Kanonen und betrachtet genüsslich die trauernde Allegorie der «Civilización», die ihren schützenden Arm auf die brennende Kathedrale von Reims gelegt hat. (Abb. 39)

Eine Vielzahl von Karikaturen verbindet Vandalismus und Kunstraub. Immer wieder sind es preußische Soldaten mit den Gesichtszügen des Kaisers, die, wenn sie die Kunst nicht rauben können, sie zumindest in Brand stecken. Und selbstverständlich war es die Beschießung der Reimser Kathedrale, die als größtes Verbrechen des Vandalismus der deutschen Armee herausgestellt wurde. Die Legende des Blattes weist darauf hin, dass die Kathedrale nicht wie eine Standuhr gestohlen werden kann, aber man könne sie in Brand setzen. (Farbtafel 40)

Die Diskussion über den möglichen Kunstraub durch die deutsche Armee wurde auf französischer Seite anhaltend diskutiert. In der Tat gab es Pläne seitens des Berliner Generaldirektors Wilhelm von Bode, Kunstwerke, Bibliotheksbestände und Archive, die unter Napoleon geraubt worden waren, nach dem erwarteten siegreichen Krieg nach Deutschland zurückzuführen.[90] Diese Vorschläge waren aber den Franzosen vermutlich nicht bekannt. Ausführlich diskutiert wurden allerdings die Vorgänge in Valenciennes, wo die deutsche Armee mit Hilfe von beratenden Kunsthistorikern französische Kunstwerke, die durch die Kriegsereignisse bedroht waren, zusammenführten und sogar in ei-

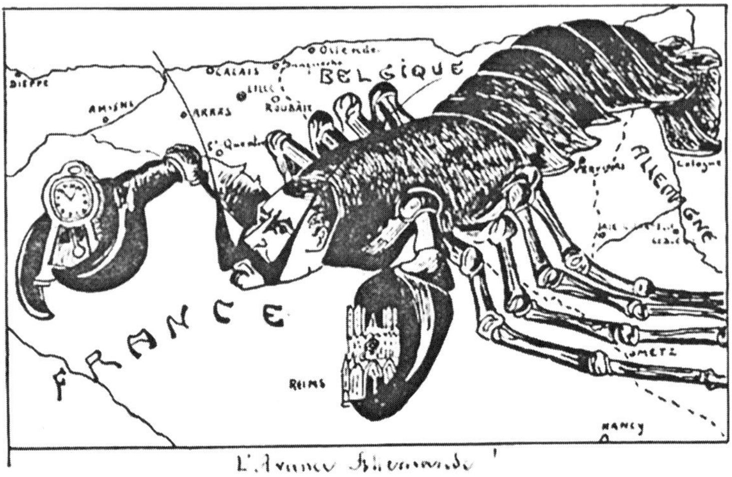

38. *L'Avance Allemande!*, Karikatur, ca. 1914, Privatsammlung.

39. Pedro de Rojas, *El llanto del cocodrilo*. «Guerra Mundial», in: *Critica* (ca. 1917), Privatsammlung.

ner musealen Präsentation der Öffentlichkeit zugänglich machten. Die französische Seite befürchtete, dass dieses Unternehmen nur der Vorbereitung zum Abtransport der Kunstwerke dienen sollte.[91]

Wilhelm II. als zynischer Zerstörer von französischen Meisterwerken wurde ein beliebtes Motiv der Karikaturisten.[92] Die Kathedrale von Reims blieb in diesem Zusammenhang das zentrale Motiv. (Farbtafel 41) Mehrfach ist der deutsche Kaiser dargestellt, wie er zufrieden aus der Ferne die brennende Kathedrale betrachtet. (Abb. 42) In einer Darstellung wird ihm sogar vorgeworfen, er sei eifersüchtig auf Nero gewesen. Das brennende Rom wird der Reimser Kathedrale gegenübergestellt. (Abb. 43) Die Verbindung von Militarismus und Kultur blieb über viele Jahre ein wichtiges Thema der französischen Propaganda, wobei die «Schuldigen» auf Postkarten mit ihren Bildnissen vor der brennenden Kathedrale von Reims direkt genannt wurden. (Abb. 44)

Die Strategie der Propaganda wies zwei Richtungen auf. Dem Angriff auf die Aggressoren durch Wort und Bild stand die Inszenierung der Verluste gegenüber, die der Krieg verursachte. Diese zweite Form der propagandistischen Darstellung militärischer Verbrechen der deutschen Armee wirkte vermutlich noch stärker, da sie auf eine gefühlsmäßige Anteilnahme hin ausgerichtet war. In diesem Sinne wurden Postkarten mit dem berühmten, *Le Sourire de Reims* genannten Engel vor und nach der Zerstörung verbreitet. Von diesem Engelskopf wurde auch eine Briefmarke in Umlauf gebracht. (Abb. 45, 46) In vielen Publikationen gelang es vor allem durch die Methode des Bildvergleichs vor und nach der Zerstörung, das Entsetzen über die Bombardierung eines der bedeutendsten französischen Kirchengebäudes als ein Verbrechen gegen die Zivilisation hervorzurufen.

Ein Bild Adrien Sénéchals, in welchem das Kirchengebäude von einem schwarzen Schleier verhüllt ist, suggeriert, dass nicht nur die Kathedrale, sondern Frankreich, ja die ganze mit diesem Land verbundene Welt Trauer trägt. (Abb. 47)

Nicht allein in der Graphik, sondern auch in Gemälden stand die von den deutschen Truppen angegriffene Kathedrale von Reims im Zentrum wie in dem *Intérieur de cathédrale* von Georges Rochegrosse aus dem Jahre 1915. (Farbtafel 48) Das Gemälde zeigt das Innere einer gotischen Kirche, wobei der Maler sich mehr an Kirchen in Paris als an der Reimser

42. A. P. Jarry, *La Cathédrale Incendiée*, ca. 1914, Postkarte, Privatsammlung.

43. P. F., *Il était jaloux de Néron*, ca. 1914, Postkarte, Privatsammlung.

44. R.P.–J.C., *Kolossal Kultur*, ca. 1915, Postkarte, Los Angeles, Getty Research Institute.

45. *L'Ange au Sourire, avant et après*, nach 1914, Postkarte, Privatsammlung.

46. A. Delzers und Louis Pierre Rigal, *Le Sourire de Reims*, 1930, Briefmarke, Privatsammlung.

47. Adrien Sénéchal, *L'art en deuil MCMXIV*, 1914, Lithographie, Reims, Musée des Beaux-Arts de la Ville de Reims.

Kathedrale orientiert hat. Im Vordergrund liegt eine Frau, mit ihrem Oberkörper an einen Pfeiler angelehnt. Sie streckt ihren linken Arm in Richtung eines offenbar durch ein Geschoss zerstörten Gewölbes aus, deren Steine zu Boden gefallen sind. Die weibliche Gestalt, die mit einem Heiligenschein ausgezeichnet ist, erscheint als eine Allegorie der Kirche, die durch den Angriff zu Boden gesunken ist. Diese eher sentimentale Darstellung bezieht sich vielleicht nicht direkt auf Reims, sondern auf alle im Ersten Weltkrieg unter Beschuss geratenen Kirchen. Es ist möglich, dass Rochegrosse durch den Besuch Sarah Bernhardts in Reims inspiriert wurde. Aber auch ihr spektakulärer Auftritt in einer dramatischen Dichtung von Eugène Morand, in der fünf Schauspielerinnen französische Kathedralen personifizierten, kann ihn zu dem Gemälde angeregt haben.[93]

Es war vor allem dieses emotionale Element der französischen Bildpropaganda, das die internationale Anteilnahme an dem angegriffenen Land auslöste. So notierte Stefan Zweig bereits am 30. September 1914 in seinem Tagebuch: «Heute ein paar amerikanische Zeitungen gelesen, den New York Herald, es ist furchtbar, wie sie die Lage fälschen. Deutschland ist dort kurzweg der ‹enemy›, ein Haß strömt einem entgegen, der schauern macht! Wie die Waffen Deutschlands jetzt doppelt kämpfen müssen, einmal gegen die Feinde und ein zweites Mal gegen die eigenen diplomatischen Versäumnisse! Und die Größe Frankreichs, es darf wahrhaft stolz sein auf die Liebe der ganzen Welt! So geliebt zu sein, wiegt auf, viele Schlachten verloren zu haben».[94]

Kultur gegen «Zivilisation»

Wie wir gesehen haben, vertieften die Ereignisse in Löwen und Reims die Feindschaft zwischen Frankreich und Deutschland. Gespräche zwischen den Gegnern waren unmöglich und ohne Aussicht. Verständnislosigkeit, Abscheu und Hass bestimmten den Umgang mit dem Gegner. In beiden Ländern wurden zahllose Vorträge gehalten, Manifeste formuliert und Pressekommentare abgegeben, die darauf verwiesen, dass eigentlich der kulturelle Gegensatz zwischen den beiden Ländern seit langem bekannt sei. Aber erst jetzt habe er sich mit aller Deutlichkeit offenbart. Das entscheidende, immer wieder hervorgehobene Argument war letztlich das Aufeinanderprallen der Vorstellungen von «Zivilisation» und «Kultur». Keineswegs war dabei eindeutig, was unter dem jeweiligen Begriff zu verstehen sei.

Für die meisten französischen Autoren bezeichnete der Begriff Zivilisation die Grundlage eines Gesellschaftsmodells, im Sinne der in der Französischen Revolution proklamierten Forderungen nach «Freiheit, Gleichheit und Brüderlichkeit». Es repräsentierte, wie Norbert Elias formulierte, «den Glauben, daß die französische Nationaltradition moralische und andere Werte und Leistungen einschloß, die für die Menschheit als ganze Gültigkeit besaßen.»[95] Von der *Troisième République* als demokratischer Nation wurde die Erfüllung dieser Prinzipien erwartet. Die Kultur des politischen Gegners galt ihnen dagegen als eine Form des militärischen Imperialismus unter preußischer Vorherrschaft. Diese Volksgemeinschaft wurde als intolerant und sogar aggressiv empfunden.

Den die Entwicklung der begrifflichen Antithese zusammenfassenden Höhepunkt stellte Oswald Spenglers ungewöhnlich wirkungsreiches Werk *Der Untergang des Abendlandes* dar, das nach dem Ende des Ersten Weltkrieges 1918 in erster Auflage erschien. Für Spengler bedeutete Kultur den Höhepunkt der Menschheitsentwicklung, während Zivilisation ihr Absterben und ihre Erstarrung bedeute. «Ein rationales, theoretisches Verständnis der Welt, so Spengler, habe einen hohen Preis, nämlich den, dass es ‹die Stimme des Blutes zu schweigen verweist›, eben die Stimme also, die jedes Individuum mit der Kette der Vorfahren und dem eigenen Volk und der Vorsehung verbinde», formuliert der Historiker Philipp Blom.[96]

Verallgemeinernde Pauschalurteile über ein ganzes Volk sind immer fragwürdig. In Zeiten politischer, ja sogar kriegerischer Auseinandersetzung bestimmen sie oft die Rhetorik polemischer Aussagen über den Gegner. Die Zerstörungen von Denkmälern im ersten Kriegsmonat schienen zu belegen, dass die Deutschen unzivilisiert seien. Um die offenbar unversöhnbare Differenz zwischen Frankreich und Deutschland zu beschreiben, griffen viele Autoren die von Henri Bergson kurz nach Kriegsbeginn, am 8. August 1914, in einer Rede vor der *Académie des sciences morales et politiques* provozierend formulierte Darstellung auf, jetzt sei der Zeitpunkt gekommen, die Zivilisation gegen die Barbarei zu verteidigen. Es handele sich nicht nur um die Verteidigung des Vaterlandes, sondern um ein viel grundlegenderes Engagement, das Überleben des Abendlandes. Die Kultur der Deutschen sei aggressiv und barbarisch und richte sich gegen die zivilisierte Welt.

Bergsons Vortrag fand, wie bereits bemerkt, unmittelbar nach Ausbruch der kriegerischen Handlungen und dem Einmarsch der kaiserlichen Armee in das neutrale Belgien statt, also vor der allgemeinen Berichterstattung über das brutale Vorgehen der deutschen Truppen und vor dem Brand der Bibliothek in Löwen. Seine Aussage muss sich also auf eine bereits virulente kulturelle und politische Auseinandersetzung beziehen. In der Tat lässt sich mit den beiden Begriffen «Zivilisation» für die französische Seite und «Kultur» für die deutsche eine unterschiedliche Auffassung zu moralischen, ethischen, sozialen und politischen Fragen feststellen. Die Wurzeln dieser Gegensätze reichen weit zurück. Sie sollen hier nicht bis in frühere Jahrhunderte zurückverfolgt werden. Sie wurden aber in der Epoche um 1900 in den kulturellen Beziehungen deutlich sichtbar und erhöhten die Spannungen zwischen den Nachbarländern Deutschland und Frankreich. Henri Bergson hatte hierzu selbst beigetragen. Seine Thesen über den *élan vital* als die treibende Kraft menschlicher Handlungen hat nicht nur die Philosophie, sondern auch Historiker und Künstler, ja die Kultur in Deutschland allgemein, wesentlich geprägt. Bergsons Einfluss verband sich mit der Wirkung der Schriften von Friedrich Nietzsche, eine Verbindung, die vor, während und auch noch nach dem Ersten Weltkrieg in den deutsch-französischen Beziehungen außerordentlich folgenreich sein sollte.[97]

Mit Zivilisation meinte auch Bergson die Vorstellung, die die Französische Revolution mit ihrem Programm von Freiheit, Gleichheit und Brüderlichkeit propagierte. Die Überzeugung, dass die Menschheit sich fortschreitend moralisch verbessern und würdigere Lebensbedingungen schaffen könne, zeichnete das idealistische Programm der Revolution aus. Es wurde nicht nur als Richtlinie für die französische Gesellschaft definiert, sondern als ein kosmopolitisches Programm verstanden.

Allerdings gab es auf französischer Seite kein einheitliches Urteil über die als Barbaren bezeichneten Nachbarn. Bei vielen französischen Autoren war die Überzeugung verbreitet, es gäbe zwei Deutschlands.

Das eine besinne sich auf die Tradition der bedeutenden Dichter, Denker und Komponisten. Dieses Deutschland, wie es etwa von Germaine de Staël beschrieben wurde, habe stets mit Frankreich in engem Kontakt gestanden.

Das andere Deutschland hingegen sei von Preußen entwickelt worden und habe den Militarismus gefördert, den selbst Wissenschaftler und Künstler in obrigkeitshöriger Weise unterstützt hätten. Dieser Teil Deutschlands, unter Preußens Führung, sei aggressiv und habe sich im Überfall 1870/71 als expansiv erwiesen, als Frankreich Elsass und Lothringen dem Deutschen Reich abtreten musste. Wie in der Einleitung bereits angesprochen, musste die Taktlosigkeit, den preußischen König im Spiegelsaal von Versailles zum Deutschen Kaiser auszurufen, den Nationalstolz der Franzosen tief treffen und Gedanken der Revanche auf viele Jahrzehnte hin wachhalten. Deutschland wurde als eine innerlich gespaltene Nation empfunden. Bewunderung für die kulturelle und wissenschaftliche Leistung und Gefühle der Bedrohung verbanden, ja verbinden sich bis heute in dem französischen Deutschlandbild.

Am Tag nach der ersten katastrophalen Beschießung der Kathedrale von Reims, am 20. September 1914, erinnerte sich der Historiker Jacques Bainville des geschichtlichen Vorgangs in Versailles im Januar 1871 und schrieb in sein Tagebuch: «Die Deutschen wussten, was sie taten, als sie blindwütig die Kathedrale von Reims zerstörten. Kein Volk hat einen größeren Sinn für Geschichte und ein größeres Verständnis für historische Symbole. Die Kathedrale zu zerstören, in der die Könige Frankreichs gekrönt wurden, war eine Manifestation, die der Proklamierung des Deutschen Reiches im Schloß von Versailles gleichkam.»[98]

Die meisten französischen Intellektuellen vertraten die Ansicht, dass das von der Französischen Revolution definierte Gesellschaftsmodell, dem sich auch die *Troisième République* verpflichtet fühlte, von den Deutschen abgelehnt würde. Nicht Freiheit des Einzelnen, sondern Unterwerfung unter die Politik des Staates sei die Maxime der deutschen Kultur. In heftigen Auseinandersetzungen wurde in Paris darüber gestritten, wie die bedeutenden deutschen Philosophen zu beurteilen seien. Immanuel Kant konnte durch seine Appelle an die Freiheit des Einzelnen und seine Sympathien für die Französische Revolution als Vertreter des zivilisierten Deutschland interpretiert werden.[99] Johann Gottlieb Fichte mit seinen Appellen an die deutsche Nation und vor allem Georg Wilhelm Friedrich Hegel mit seiner Überzeugung eines unaufhaltbaren inneren Dranges der Entwicklung der Menschheit galten hingegen als Repräsentanten der deutschen Kultur, die auf Aggression, Expansion und Unterwerfung hin ausgerichtet sei.

Katholische Autoren wie Jacques Maritain und François Paquier vertraten noch radikalere Standpunkte. Sie lehnten die These von den zwei Deutschlands ab und erklärten Martin Luther sowie alle anderen Geistesgrößen als Ursache einer Weltanschauung des Individualismus. Wenn Luther das Heil des Menschen allein vom Glauben abhängig mache, seien moralische und menschliche Haltungen unwesentlich. Sowohl gutes wie auch schlechtes Verhalten habe keine Folgen.[100]

Von großem Einfluss auf die Vorstellung, wie die deutsche Aggression zu verstehen sei, war ferner die Schrift von Émile Durkheim, dem Begründer der Soziologie, mit dem vielsagenden Titel *«L'Allemagne au-dessus de tout:» La mentalité allemande et la guerre* (1915) («Deutschland über alles»: Die deutsche Gesinnung und der Krieg (1914–1918)). In ihr wurden der pangermanische Eroberungsdrang als Grundlage der wilhelminischen Politik dargestellt und die Schriften von Heinrich von Treitschke als die Leitlinien der expansiven, maßlosen nationalistischen Ambitionen beschrieben. Ein Krieg mit allen Mitteln sei nicht nur gerechtfertigt, sondern sogar notwendig. Nach dieser Interpretation ließen sich die vandalistischen Zerstörungen der deutschen Armee erklären. Durkheim widersprach seinen Kritikern, die vorbrachten, es sei undenkbar, «daß Deutschland, das gestern noch Mitglied in der großen Familie der Kulturvölker war, und hier sogar eine mustergültige Rolle spielte, in diesem Punkt die Prinzipien der menschlichen Zivilisation hätte verleugnen können. Es ist unmöglich, daß jene Männer, mit denen wir verkehrten, die wir schätzten, die schließlich derselben moralischen Gemeinschaft angehörten wie wir, solche barbarische Wesen werden konnten, aggressiv und ohne Skrupel, so daß man sie dem öffentlichen Abscheu preisgibt».[101]

Zivilisation, im französischen Sinne, fördere hingegen auch die Entstehung von bedeutenden Kunstwerken und Monumenten, die der Staat zu schützen habe. Denn die Monumente seien nicht nur als Kunstwerke, sondern auch als Zeugen menschlicher Kreativität unverzichtbar. In diesem Sinne hatte der französische Archäologe Alexandre Lenoir die in der frühen vandalistischen Phase der Französischen Revolution gefährdeten Denkmäler aus den Kirchen gerettet und in seinem *Musée des monuments français* zum Studium der Kunstwerke und der Geschichte zusammengeführt.[102] Sie seien für alle Zeiten und für alle Völker zu schützen. Nun aber zeige sich erneut, dass die Deutschen die wahren Vandalen seien, da sie absichtlich die Denkmäler zu zerstören suchten. In der französischen Kritik wird daher immer wieder das unglückliche Zitat von Heinrich Heine als Beleg für den angeblich aggressiven Charakter der deutschen Kultur angeführt.

Im Gegensatz zur Zivilisation, so argumentierten französische Autoren, habe die deutsche Vorstellung von Kultur einen zerstörerischen Kern. Sie sei aggressiv und wolle Tradition und Identität eines anderen Volkes zerstören und durch ihre eigenen ersetzen. Manche deutschen Aussagen leisteten dieser Auffassung Vorschub, so etwa die bereits zitierte sogenannte Hunnenrede des Kaisers vom 27. Juli 1900. Die französische Deutung der deutschen Kultur betonte das Animalische, Unberechenbare und Getriebene, das für die germanischen Wilden kennzeichnend sei. Dieses historische Erbe sei von den Deutschen noch nicht abgelegt worden und der Prozess der Zivilisation noch nicht ausreichend fortgeschritten.[103]

In diesem Sinne blieben die französischen Stereotypen der deutschen Nachbarn als Barbaren über Generationen hinweg lebendig. Sie wurden immer wieder, vor allem in politischen Krisenzeiten, herangezogen. Bei der Invasion Frankreichs in den Jahren 1870/71 war das Klischee von den die französische Zivilisation zerstörenden barbarischen Deutschen weit verbreitet. Die deutsche Seite griff die verbale Attacke jedoch auf und nutzte sie zu ihren Gunsten. So wurden dem Barbar Eigenschaften zugeordnet, die ihn als einen Erneuerer einer dekadenten Gesellschaft auszeichneten. Es sei möglich, dass Opfer gebracht und sogar Zerstörungen in Kauf genommen werden müssten, um eine überkommene Gesellschaft durch eine moderne zu ersetzen. In einem Gedicht des Schriftstellers Karl Alexander von Gleichen-Rußwurm mit dem Titel «Barbaren» aus dem Jahr 1914 wird diese Umkehrung des Schimpfwortes in eine positive Bedeutung deutlich:

«[…] Wer schwach sich fühlt,
Ergreift das Wort zum Schimpf,
Wir nehmen's auf.
Für Euch sind wir Barbaren,
Wir sind Euch fremd
Und wollen fremd Euch sein.»[104]

Die deutsche Gegenpropaganda nutzte den Begriff des «Barbaren» im Sinne seiner ursprüngliche Bedeutung des «Fremden». Natürlich unterlag diesem «Fremden» oder «Anderen» die Vorstellung von Superiorität. Der eigenen Kultur wurde ein höherer Wert zugemessen als der Zivilisation des Nachbarn.

Auf der Grundlage dieser Überzeugung konnte auch der Erste Weltkrieg als ein «Verteidigungskrieg» gerechtfertigt werden. Die vielen Schriften von deutschen Geisteswissenschaftlern, die ihn in diesem Sinne als notwendig darstellten, wurden selbstverständlich auch in Frankreich wahrgenommen. Nur wenige Beispiele seien hier angeführt, wie etwa die Aussagen des einflussreichen Theologen und Philosophen Ernst Troeltsch in einer Rede in Berlin am 1. Juli 1915. Er beschreibt den «geistigen Krieg, den Kulturkrieg, den unsere Gegner in der ganzen Welt, bei sich, bei den Neutralen, ja bei den Kolonialen gegen uns schüren und hetzen.» Troeltsch hatte dabei weniger Frankreich als die Kritik aus England im Blick, wenn er schrieb: «Überall stießen wir vielmehr auf Gegensätze des Geistes und der Kultur, der politischen und sozialen Prinzipien, auf ausführliche Konstruktionen und Begründungen eines kulturfeindlichen, antihumanen Charakters der Deutschen.» Troeltsch definiert auch den Unterschied der deutschen und der französischen Kunstauffassung: «Dazu kommt der ästhetisch-künstlerische Gegensatz der Formen, in denen Werk und Sprache, Kunst und Literatur hüben und drüben sich ausspricht. Den von der Renaissance heute noch beherrschten Romanen scheint das deutsche Ringen um eigenen Stil und die deutsche Fortdauer mittelalterlicher Instinkte auf diesem Gebiete, die ungraziösere und unsicherere, zugleich gewagtere und schwerfälligere Formensprache, die ganze geringer entwickelte Sinnlichkeitskultur, etwas Fremdes und Unangenehmes». Troeltsch wies die propagandistischen Publikationen, einschließlich «gefälschter Photographien und gefälschter Filme», zurück und verteidigte die deutsche Kriegsführung: «der politisch-militärischen entsprach eine literarisch-kulturelle Isolierung und Einkreisung».[105]

Und auch der bedeutende Philosoph und Anthropologe Max Scheler verteidigte die «gerechte» Sache des deutschen Krieges: «Wer ruhig prüft, ob der gegenwärtige Krieg in diesem scharf bestimmten Sinne ein ‹gerechter Krieg› ist, der wird ihm meiner Überzeugung nach diesen Titel als Einheit eines Krieges nicht verweigern können. […] Er ist gerecht, weil gleichzeitige höchst charakteristische und große, historisch bewährte Kulturideen hinter den kämpfenden Mächten stehen». Scheler spricht von den «höheren Rechten Deutschlands über die Welt und gegen seine Feinde» und weist alle Kritik zurück: «Weg, du kläglicher Philistertraum, unwürdig eines großen, mächtigen, wachsamen, kriegerischen Volkes!»[106] Solche Aussagen über «deutsches Weltmachtstreben» und «kulturelles Sendungsbewußtsein» sind in Frankreich nicht unbekannt geblieben und mussten den Eindruck einer zerstörenden Aggressivität der Deutschen vermitteln.[107] Natürlich hätte Scheler nie gefordert oder auch nur daran gedacht, die deutsche Armee solle die französischen Kathedralen zerstören. Es wird aber deutlich, welche extremen Positionen gegenseitigen Unverständnisses zwischen den Intellektuellen der Nachbarländer bestanden. Eine gemeinsame Opposition von Schriftstellern, Künstlern und Wissenschaftlern gegen das militärische Vorgehen der deutschen Armee war daher undenkbar. In Frankreich provozierte sie Unverständnis und Hass. Der als «irrationalc Zerstörungswut» angesehene Vormarsch der deutschen Truppen und die Beschießung der Städte mit ihren historischen Denkmälern konnten als geplant verstanden werden, da sie theoretischen Äußerungen einiger deutscher Intellektueller zu entsprechen schienen.

Im Gegensatz zu der Haltung Schelers beklagte Sigmund Freud die Sinnlosigkeit dieses Krieges. Er suchte zu verstehen, wie es möglich sei, dass sich über Jahrhunderte respektierende und inspirierende «Kulturvölker» so vollständig voneinander abwenden konnten und sich Nachbarn in blindem Hass gegenseitig zugrunde zu richten suchten. In seinem bereits 1915 veröffentlichten Text *Zeitgemäßes über Krieg und Tod*, der nach einem Verständnis für völkerpsychologisches Verhalten forscht, bringt Freud Erstaunen und Irritation über die französische Bezeichnung der Deutschen als Barbaren zum Ausdruck: «Der Krieg, an den wir nicht glauben wollten, brach nun aus und er brachte die – Enttäuschung. Er ist nicht nur blutiger und verlustreicher als einer der Kriege vorher, infolge der mächtig vervollkommneten Waffen des Angriffs und der Verteidigung, sondern mindestens ebenso grausam, erbittert, schonungslos wie irgend ein früherer. […] Er wirft nieder, was ihm im Wege steht, in blinder Wut, als sollte es keine Zukunft und keinen Frieden unter den Menschen nach ihm geben. Er zerreißt alle Bande der Gemeinschaft unter den miteinander ringenden Völkern und droht eine Erbitterung zu hinterlassen, welche eine Wiederanknüpfung derselben für lange Zeit unmöglich machen wird. Er brachte auch das kaum begreifliche Phänomen zum Vorschein, daß die Kulturvölker einander so wenig kennen und verstehen, daß sich das eine mit Haß und Abscheu gegen das andere wenden kann. Ja daß eine der großen Kulturnationen so allgemein mißliebig ist, daß der Versuch gewagt werden kann, sie als ‹barbarisch› von der Kulturgemeinschaft auszuschließen, obwohl sie ihre Eignung durch die großartigsten Beitragsleistungen längst erwiesen hat.»[108]

Auch Friedrich Nietzsches Zivilisationskritik konnte von französischen Autoren als Beleg angeführt werden, dass deutsche Kultur gerade in der Abwendung von einer zivilisierten Gesellschaft bestünde. Nietzsches Analyse der städtischen Gesellschaft als oberflächlich und materialistisch schien zu bestätigen, dass die Deutschen einem irrationalen Weltverständnis folgten. Das Begriffspaar «Zivilisation» und «Kultur» wurde sowohl in Frankreich wie in Deutschland im Zusammenhang eines grundlegenden Gegensatzes der Weltanschauungen in diesen beiden Ländern interpretiert.[109] Ein anschauliches Beispiel vermitteln die während des Krieges geschriebenen *Gedanken im Kriege* und die 1918 in mehreren Auflagen publizierten *Betrachtungen eines Unpolitischen* von Thomas Mann sowie die bereits oben angeführte Kontroverse zwischen Gerhart Hauptmann und Romain Rolland.[110]

An Kommentaren in diesem Sinn fehlte es während und nach dem Krieg nicht. Eine wichtige Stimme in diesem Zusammenhang war Thomas Mann, der in seinem im September 1914 begonnenen langen Essay über *Friedrich und die große Koalition* die Bemerkung gemacht hatte, ein katholischer Kirchenbau könne zwar als ein Wahrzeichen christlicher Kultur, aber nicht als eines der jakobinischen Zivilisation gelten.[111]

Thomas Mann hatte das *Manifest der 93* nicht unterschrieben. Er gehörte gleichwohl, im Gegensatz zu seinem Bruder Heinrich, zu den Verteidigern des militärischen Vorgehens der deutschen Armee, da er wie viele von dem als siegreich erhofften Kampf, ganz im Sinne Nietzsches, eine Erneuerung und eine Stärkung der europäischen Gesellschaft erhoffte. Der Vorwurf der Barbarei wird von Thomas Mann entschieden zurückgewiesen. Barbarisch sei die moderne Vergnügungsindustrie. Der Deutsche sei durch und durch bürgerlich. Sein Ziel sei Bildung. Der deutschen Seele, die völlig unpolitisch sei, wird «Tiefe» und Erneuerung der Gesellschaft attestiert. Den Franzosen wird von Mann hingegen «Fortschrittsoptimismus», «demokratische Gleichmacherei», «Grandeur» und «Gloiresucht» bescheinigt.[112] Seinen Bruder Heinrich nannte er, wegen dessen Vorliebe für die französische Literatur, einen «Zivilisationsliteraten». Heinrich hat ihm, trotz mancher Versuche, die gegensätzlichen Positionen anzunähern, und mehrerer Versöhnungen dies niemals wirklich verziehen.

Selbst Alfred Döblin ließ sich von der allgemeinen nationalistischen Bewegung mitreißen, wenn er in einem *Reims* gewidmeten, dramatisch formulierten Essay im Jahre 1914 schrieb, dass für Kultur zu diesem Zeitpunkt kein Platz sei: «Rasch wurden in der Kunst die Fahnen eingezogen. In dieser feinfühligen Gesellschaft begriff man: unsere Tage sind vorbei».[113] Der mit Leidenschaft verfasste Beitrag, mit dem er sich gegen die aus dem Ausland bekannt gewordenen Proteste der Beschießung der Kathedrale von Reims zur Wehr setzte, enthält keine Kritik an dem Vorgehen des Militärs. Im Gegenteil, er greift die Gegner an, die kein Recht hätten, eine christliche Kirche in Schutz zu nehmen: «Gebaut war diese Kathedrale zur Verherrlichung christlicher und menschlicher Gedanken: wie kommt jemand dazu, sich den Schutz dieses Bauwerks anzumaßen, im gleichen Augenblick, wo seine Worte Hohn jenen Gedanken sprechen? Die deutsche Heeresleitung brauchte kein Wort an sie zu verlieren. Und wenn die deutschen Batterien den ganzen Dom zertrümmert hätten, so wäre niemand berechtigt gewesen, ihr einen Vorwurf zu machen; es sei denn, er weist die militärische Unnötigkeit der Zerstörung nach. Die Kultur leidet nie und nimmer unter der Abwesenheit einiger schöner Bauwerke».[114]

Das war keine bedächtige Aussage des expressionistischen Schriftstellers, der solche Sätze in späteren Jahren sicher bedauert hat, zumal die

Frage nach der militärischen Notwendigkeit keineswegs klar beantwortet werden konnte. Bereits im September 1914 hätten die klügsten Köpfe der Nation sich Gedanken über die Sinnlosigkeit dieses als Verteidigungskampfes ausgegebenen Waffenganges machen können. Sie engagierten sich aber auf beiden Seiten in dem die militärischen Aktionen begleitenden und unterstützenden Kulturkrieg.

Aus den verschiedenen Manifesten und Artikeln tritt immer wieder eine gegensätzliche Vorstellung hervor, die besondere Beachtung verdient. In dem Aufruf *An die Kulturwelt!*, dem *Manifest der 93,* wurde betont, dass die deutschen Intellektuellen in treuer Ergebenheit hinter den militärischen Maßnahmen stünden. Die Unterzeichner bekannten sich aber nicht nur zu den Entscheidungen der politischen Führung und dem Vorgehen der Armee, sondern auch dazu, dass im Kriege Opfer gebracht werden müssten. Bedauerlicherweise müssten auch Zerstörungen von Denkmälern in Kauf genommen werden, zumal dann, wenn das Leben von Soldaten auf dem Spiel stünde. Wörtlich heißt es im Manifest:

«Sollten in diesem furchtbaren Kriege Kunstwerke zerstört worden sein oder noch zerstört werden, so würde jeder Deutsche es beklagen. Aber so wenig wir uns in der Liebe zur Kunst von irgend jemand übertreffen lassen, so entschieden lehnen wir es ab, die Erhaltung eines Kunstwerks mit einer deutschen Niederlage zu erkaufen».[115] Der Sieg ist nach dieser Aussage wichtiger als die Erhaltung von Denkmälern. Die Unterzeichner bedauerten mit dieser Aussage zwar Zerstörungen, wie den Brand der Bibliothek in Löwen und die Beschießung der Kathedrale von Reims, die nicht unmittelbar genannt werden, gleichzeitig aber suchten sie diese Vorgänge zu rechtfertigen und zu bagatellisieren.

Diese Aussage war in ihrer allgemeinen Formulierung außerordentlich angreifbar. Denn sie überließ die Entscheidung für eine Zerstörung eines historischen und kulturellen Denkmals allein den Militärs. Die Frage blieb offen, ob von ihnen eine kompetente Entscheidung in solchen Fällen getroffen werden konnte. Wie später zu zeigen sein wird, reagierte die deutsche Regierung mit der Einrichtung des *Kunstschutzes*, durch den kunsthistorisch ausgebildete Fachleute der militärischen Führung zugeteilt wurden. Zunächst jedoch antworteten die Franzosen auf das Manifest mit schärfstem Widerspruch und großer Bitterkeit, ja geradezu mit Hass. «Kultur», besonders deutsche Kultur, erweise sich wieder einmal als aggressiv und zerstörerisch. Siege würden von deutscher Seite um jeden Preis erkämpft und Denkmäler bewusst zerstört.

Im Widerspruch zu den Unterzeichnern des *Manifests der 93* steht die Aussage Romain Rollands, die Franzosen würden vielmehr ihr Leben geben, um ein bedeutendes Denkmal, wie die Kathedrale von Reims, vor dem Untergang zu retten. Dahinter steht der Gedanke, dass Kulturdenkmäler den Prozess der Zivilisation repräsentieren. Sie sind nicht nur für eine Generation geschaffen worden, sondern sind selbst Teil des Fortschritts der Geschichte der Menschheit.

Die geistige Auseinandersetzung zwischen Frankreich und Deutschland über die jeweilige kulturelle Identität, der Streit über Zivilisation und Kultur ist Teil der Stereotypen, die die Länder seit Jahrhunderten trennten. Die neuerliche Schärfe der gegenseitigen Beurteilung wurde jedoch durch den Brand der Bibliothek von Löwen, besonders aber die Beschießung der Kathedrale von Reims ausgelöst. Mit der Zerstörung dieses Kirchenbaus schienen die Brutalität und Rücksichtslosigkeit des Vorgehens der deutschen Armee einen Höhepunkt erreicht zu haben. Der internationalen Welle des Protestes suchten die deutschen Intellektuellen Argumente entgegenzusetzen. Bei dieser Herausforderung lösten sie sich nicht von ihrem Gehorsam der Obrigkeit gegenüber, sie rechtfertigten sogar deren Vorgehen. Ihre Argumentation war allerdings vordergründig. Man wolle lieber das Leben eines Soldaten retten und dafür ein Kulturdenkmal opfern. Im Fall von Reims ging es nicht um diese Frage. Durch die Beschießung der Kirche wurde kein Leben gerettet, vielmehr wurden unschuldige Zivilisten und die eigenen verwundeten Soldaten getötet oder lebensgefährlich bedroht.

Die ungeheure Flut an protestierenden Äußerungen deutscher Intellektueller kann nicht darüber hinwegtäuschen, dass sie hochmütig und selbstgewiss in ihrer eigenen Position befangen waren. Auch wenn sie überzeugt waren, dass das Deutsche Kaiserreich einen Verteidigungskrieg gegen eine aggressive Entente führen musste, hätten sie doch im Angesicht der Zerstörungen der belgischen und französischen Denkmäler an den Verlust für Europa denken können. Ihr Empfinden der Superiorität zeigte sich aber besonders an der Neu-Interpretation des «Barbaren». Auf Nietzsche beruhend wird er gleichsam «aufgewertet». Der Barbar verkörpert die Eigenschaften des nordischen, des gotischen Men-

49. Louis Oppenheim, *Sind wir die Barbaren?*, 1916, Plakat, Straßburg, Archives de Strasbourg.

schen. Nach Wilhelm Worringers Schrift *Formprobleme der Gotik*, erschienen 1912, auf die wir nochmals zurückkommen werden, ist die klassische Form durch Eigenschaften wie Maß, Glück, Harmonie und Ruhe ausgezeichnet. Ihr gegenüber steht die gotische Form, die sich durch Unruhe, Leidenschaft, Maßlosigkeit und Sehnsucht nach dem Überirdischen auszeichnet. Aus diesen Charakteristika leitete Worringer Grundtypen der Menschheit ab. Neben dem «primitiven» und dem «klassischen» Menschentyp entwickelt er den «gotischen» Menschen, welcher schöpferisch getrieben, von einem «rein geistigen Ausdruckswillen» bestimmt ist.[116]

Worringer fand mit seinen Vorstellungen keineswegs allgemeine Zustimmung. Richard Hamann kritisierte diese Interpretation des Gotischen in seiner Besprechung der *Formprobleme der Gotik* als «grenzenlose Höhensteigerung […] und metaphysische Rauschsucht».[117]

Mit Bezug auf diese Interpretation des Begriffs «Barbar» wandte sich auch Karl Scheffler gegen die Vorwürfe von französischer Seite. «Eben jetzt», führte er in seinem Buch *Geist der Gotik* aus, sei «das Wort ‹barbarisch› wieder einmal zu einem weltgeschichtlichen Fremdwort geworden». Der «Barbar» sei aber nicht bildungsunfähig, sondern lebe vielmehr in einem «Zustand der Ursprünglichkeit und Naturnähe».[118] Die Empörung der französischen Kritiker Deutschlands schien an den deutschen Intellektuellen abzugleiten. Sie wussten das Schimpfwort Barbar positiv umzudeuten. Sie fühlten sich zutiefst missverstanden. Auch in der bildlichen Propaganda suchte Deutschland sich dem Vorwurf des Barbarentums zu erwehren, wie beispielsweise durch ein 1916 verbreitetes Plakat, auf welchem die jährlichen Ausgaben für Bildung oder Sozialwesen, die Anzahl der Analphabeten und der errungenen Nobelpreise Deutschlands und Frankreichs vergleichend dargestellt wurde. (Abb. 49)

Die Deutschen empörten sich, als Barbaren und Vandalen bezeichnet zu werden. Sie wehrten sich gegen diesen in seiner Aggressivität absurden und in seiner Verallgemeinerung unsinnigen Vorwurf, der veranschaulichte, auf welchem Niveau propagandistischer Respektlosigkeit sich die Nachbarn auseinandersetzten. Die Beschimpfung wurde jedoch schon nach kurzer Zeit so geläufig, dass sich manche Deutsche zwar nicht damit abfanden, aber doch im täglichen Leben immer gelassener damit umgingen und die allgemeine Hysterie abschwächten. Wilhelm Worringer hatte sich noch über Ferdinand Hodler erregt, der den in der *Tribune de Genève* veröffentlichten Protest gegen die sogenannte «Deutsche Barbarei» in Reims unterschrieben hatte. In einem Brief an Samuel Singer bemerkte er allerdings ironisch über seine lebhafte Tochter Renate, die von ihren Freundinnen ihres Temperaments wegen «Granate» genannt wurde, sie entwickele «allmählig eine Derbheit und Frechheit, als wenn es ihr höchster Ehrgeiz wäre, sich als Hunnen- und Barbarensprößling zu benehmen.»[119]

III. Der Mythos der Gotik in Frankreich

Romantische Wiederentdeckung

Um die Auseinandersetzung zwischen Deutschen und Franzosen zum Zeitpunkt der Beschießung des Gotteshauses in Reims zu verstehen, ist es notwendig, sich die Bedeutung der Gotik allgemein und der gotischen Kathedralen im französischen politischen und kulturellen Leben seit dem Mittelalter vor Augen zu führen. Aus diesem weiten Rahmen können hier nur einige stichwortartige Hinweise gegeben werden, die allerdings beleuchten, warum die Heeresleitung auf die Nachfrage des vor der Stadt lagernden befehlshabenden Offiziers niemals die Erlaubnis hätte geben dürfen, auf die Kathedrale von Reims zu schießen.

In der Epoche um 1900 war um die französische Kathedrale ein wahrer Kult entstanden.[1] Auf die Gotik wurden Vorstellungen übertragen, die den Hoffnungen und Idealen der Gesellschaft dieser Zeit entsprachen. Die gotischen Kathedralen und ihre Ausstattung galten als eine der größten künstlerischen und architektonischen Leistungen Frankreichs. Sie waren nicht nur religiöse, sondern nationale Denkmäler. Darüber hinaus schienen diese Bauten eine Gemeinschaft zu repräsentieren, die in der politisch zersplitterten Gegenwart als gesellschaftliches Ideal angesehen werden konnte. Schriftsteller wie Victor Hugo, Joris-Karl Huysmans, Marcel Proust und viele andere beschrieben die gotische Kathedrale bewundernd, während Künstler wie Claude Monet und Auguste Rodin sich an ihren architektonischen Formen für moderne malerische und skulpturale Ausdrucksweisen inspirierten.[2]

Die Popularität der Kathedralen bewirkte zwangsläufig nicht nur

Misstrauen, sondern heftige Opposition gegen die Pläne der Trennung von Kirche und Staat in Frankreich, nicht zuletzt weil ihre denkmalpflegerische Fürsorge ein Problem darstellte. Aber nicht nur die Frage nach der Erhaltung der großen Kathedralen, sondern auch die Sorge um die kleineren Kirchen in den Provinzstädten rückte in das Zentrum polemischer Auseinandersetzung vor allem der katholischen Bevölkerung mit der republikanisch geführten Staatsverwaltung der Dritten Republik.

Das Interesse für das Mittelalter, und besonders für die Gotik, hatte bereits am Ende des 18. Jahrhunderts begonnen. Die Rettung der Skulpturen aus den Kirchen vor dem Vandalismus der Revolutionäre durch Alexandre Lenoir und ihre Aufstellung im *Musée des monuments français* hatten das Interesse auf diese Epoche gelenkt. Der auch von der ersten Gemahlin Napoleons, Joséphine de Beauharnais, geförderte sogenannte Style Troubadour reflektierte um 1800 einen romantischen, verspielten Umgang mit den historischen Quellen. Die in den Gemälden dargestellten historischen Themen lösten ein neues Verständnis für diese Epoche aus. Das Mittelalter wurde nicht mehr als eine dunkle Zeit empfunden, sondern bot Literatur und bildenden Künsten eine Fülle von heroischen und patriotischen Themen, die die antiken zu ersetzen vermochten.

Von großer Wirkung bei der Wiederentdeckung des Mittelalters in Frankreich waren die Schriften von François-René Chateaubriand, der in seinem Werk *Génie du Christianisme* (1802) den gotischen Kirchen ein Kapitel gewidmet hatte.[3] Seine Beschreibung der gotischen Architektur diente allerdings nicht der künstlerischen Erkenntnis ihrer Form, der Schriftsteller suchte vielmehr den in ihnen verkörperten Katholizismus wiederzubeleben.

Diesem Bestreben stand Victor Hugos ungewöhnlich einflussreicher und populärer Roman *Notre-Dame de Paris*, erschienen 1831, entgegen. Die gotische Kathedrale von Paris erscheint in diesem literarischen Meisterwerk kaum als religiöses Gebäude. Sie wird von Hugo vielmehr zu einem nationalen und freiheitlichen, geradezu demokratischen Symbol Frankreichs umgedeutet.[4] Wie die ägyptischen Pyramiden oder die indischen Tempel seien die gotischen Kathedralen Werke des Volkes.[5]

Seine Begeisterung für die gotischen Bauten als Werke einer demokratischen Gemeinschaft, die sich gegen die Vorherrschaft von Kirche und Adel durchsetzte, lässt sich historisch nicht halten. Die Gotik als eine künstlerische und architektonische Leistung des Volkes und vor allem als nationaler Stil wurde aber als Vorstellung mit diesem Roman begründet und weit verbreitet. Die Hinwendung zur Antike und ihre Umdeutung im Klassizismus waren überwunden. Hugo sollte Zeit seines Lebens leidenschaftlich dafür eintreten, die gotischen Bauten zu erhalten und nicht verfallen zu lassen.

Notre-Dame de Paris von Victor Hugo inspirierte jedoch auch die wissenschaftliche Auseinandersetzung mit der mittelalterlichen Kunst, vor allem mit der Gotik. Der zehnbändige *Dictionnaire raisonné de l'architecture française du XIe au XVIe siècle* von Eugène Emmanuel Viollet-le-Duc, 1854–1868 erschienen, kann als das Resultat der intensiven Untersuchung der französischen mittelalterlichen Denkmäler eines Forschers gelten, der in einem Standardwerk alles Wissenswerte in detaillierter Weise zusammentrug und beschrieb.

Viollet-le-Duc war Architekt. Er verweigerte allerdings eine Ausbildung an der klassizistisch orientierten École des Beaux-Arts und zog ein selbstgewähltes Studium der mittelalterlichen Architektur vor.[6] Im Gegensatz zu den in dieser Epoche auch in Frankreich diskutierten Vorstellungen von John Ruskin waren er und sein Freund und Mitarbeiter, der Architekt Jean-Baptiste Lassus, der Überzeugung, die überkommenen Bauwerke dürften nicht beschädigt oder sogar als Ruinen fortbestehen, sondern sollten restauriert und ihrer ursprünglichen oder sogar einer neuen Bestimmung dienen, aber in jedem Fall genutzt werden.[7]

Viollet-le-Ducs unschätzbares Verdienst war bereits zu seinen Lebzeiten umstritten und wird auch heute kritisch betrachtet, da die restauratorisch motivierten Rekonstruktionen häufig Eingriffe in die Bausubstanz bedeuteten, die keine oder keine ausreichende dokumentarische Grundlage besaßen, wie im Fall seiner Rekonstruktion des Obergadens im Querschiff von Notre-Dame in Paris. Dennoch wurden seine architektonischen Eingriffe und vor allem seine Schriften Grundlage für die weitere Forschung über die mittelalterliche Architektur.

Die romantische Bewegung in ihrer Rückbesinnung auf das Mittelalter bildete nicht nur die geistige Grundlage für die literarische und künstlerische Auseinandersetzung mit dieser Epoche. Sie war auch die Voraussetzung für die Entstehung der neogotischen Architektur. Lassus und Viollet-le-Duc waren ihre entscheidenden Förderer. Vorausgegangen war ihnen Adolphe-Napoléon Didron, in dessen *Annales archéologiques*, die seit 1841 erschienen, die wichtigsten archäologischen Funde und bauhistorischen Analysen veröffentlicht wurden.[8] Die mittelalterliche Kultur trat in eine neue Phase wissenschaftlicher Erforschung, wobei seit den 1830er Jahren klar wurde, dass die Gotik ihren Ausgang in Frankreich genommen hatte.[9]

In diesem Sinne suchten Lassus und Viollet-le-Duc, sie gegenüber dem Klassizismus in ihrer architekturhistorischen Bedeutung aufzuwerten.[10] Viollet-le-Duc fasste die Neubewertung des Mittelalters und besonders der Gotik mit folgenden Worten zusammen: «Als die Gotik degenerierte, bediente sich die Renaissance der Antike. Heute ist die Renaissance ihrerseits verbraucht, also bedienen wir uns der Gotik.»[11] Die Befürworter der Gotik wandten sich daher gegen den Eklektizismus der klassizistischen Architektur, die durch stete Repetition der antiken Formen ermüde. Die Gotik könne hingegen eine Modernisierung einer überkommenen Formensprache bedeuten und neue Kreativität erzeugen. Es ginge nicht darum, gotische Formen nur zu kopieren, sondern sie zu studieren und in eine der eigenen Zeit gemäße Sprache zu integrieren.

Allerdings wurden mit der Hinwendung zur Gotik auch ideologische Argumente verbunden. Der gotische Stil sei geeigneter, tiefe religiöse Empfindungen zu wecken. Er könne daher im Rahmen eines Prozesses der Rechristianisierung der französischen Gesellschaft nach der Französischen Revolution eine entscheidende Rolle spielen.[12]

Nach einer ersten Phase, die gelegentlich als *gothique pittoresque* bezeichnet wird, folgte die allgemein als *gothique archéologique* charakterisierte Auseinandersetzung, die auf einer genaueren konstruktiven Analyse dieses Baustils beruhte. Vor allem Viollet-le-Ducs Schriften, seine Restaurierungen und erfindungsreichen Ergänzungen der historischen Bauten des Mittelalters bewirkten, dass die Gotik in der Epoche des Historismus einen hohen Grad an, wenn auch umstrittener, Popularität gewann.[13] Begeisterung löste vor allem die Leistung der genialen Baumeister des Mittelalters aus, die virtuos die fragil erscheinenden Konstruktionen zu bauen verstanden. Viollet-le-Duc propagierte ihre Werke als Vorbilder der modernen architektonischen Ingenieurkunst, die sich im 19. Jahrhundert des Gusseisens statt des Steins bediente.

Gotik als nationaler Stil

Neben seinem Interesse an einem konstruktiven Verständnis für die gleichsam natürlich gewachsene Form der gotischen Kathedrale vertrat Viollet-le-Duc auch die Ansicht, es handele sich bei der Gotik um eine ureigene französische Schöpfung. Viollet-le-Duc betonte: «Was wir von allen fordern [...] ist eine Rückkehr zu einer Kunst, die in unserem Land geboren wurde.»[14] Diese «art national» könne der Gegenwart und der Moderne mit allen ihren technischen Möglichkeiten angepasst werden.[15]

Die Auseinandersetzung wurde besonders entfacht, als unerwartet im Jahre 1846 der *Conseil des bâtiments civils* den Bau der Kirche Sainte-Clotilde im «style ogival du XIIIe siècle», wie der Archäologe Adolphe Napoléon Didron ihn nannte, genehmigt wurde.[16] Der Autor hoffte auf einen Bau nach dem Vorbild der großen französischen Kathedralen. Die ersten eingereichten Pläne des aus Köln stammenden Architekten Franz Christian Gau wurden von Didron kritisiert, der sie als ein Amalgam von Anregungen der Kathedrale in Rouen und des Kölner Doms bezeichnete. Ein solcher Bau entsprach nicht den Vorstellungen, die von einer Erneuerung der Architektur nach dem Vorbild der französischen Kathedralen erwartet wurden. Dennoch wurde der Bau zusammen mit seinem Assistenten Théodure Ballu 1846–1857 von Gau, nun in Anlehnung an Reimser Bauten, insbesondere Saint-Nicaise, ausgeführt.[17]

Entscheidender als die Auseinandersetzung über die architektonischen Formen war allerdings die Frage, welche Gesellschaft die Gotik repräsentiere. In der heftigen Diskussion über die Pläne für Sainte-Clotilde in Paris engagierte sich vor allem der Professor der Académie des Beaux-Arts, Désiré-Raoul Rochette, mit einem kritischen Beitrag, der den sprechenden Titel trägt: *Considérations sur la question de savoir s'il est convenable, au XIXe siècle, de bâtir des églises en style gothique.*[18] Viollet-le-Duc widersprach ihm nachdrücklich.[19] Rochette argumentierte vor allem, dass die gotischen Kirchen nicht wiederbelebt werden könnten, da sie keineswegs nur aus dem Christentum heraus entstanden seien. Wie die römischen Bauten bewiesen, könne sich der Glaube auch mit klassischen Formen identifizieren. Die Gotik sei vielmehr Ausdruck der Sitten und Gebräuche der Gesellschaft einer bestimmten Epoche, die zu kopieren keinen Sinn mache.

Viollet-le-Duc hingegen widersprach und führte in seiner Entgegnung aus, dass die Gotik nicht nur als der architektonische und künstlerische Ausdruck einer religiösen Überzeugung verstanden werden dürfe, sondern als die Schöpfung und größte Leistung eines gleichsam republikanischen Stadtbürgertums.[20] Die Gotik galt ihm als ein nationaler Stil, durchaus im Sinne der begeisterten Beschreibungen von Notre-Dame in Paris durch Victor Hugo. Die Auffassung, dass die Gotik eine Erfindung der französischen Nation sei, sollte sich verbreiten und als allgemein akzeptierte Tatsache durchsetzen. Im Laufe der zweiten Hälfte des 19. Jahrhunderts wurden mit der Überzeugung, sie sei eine französische Erfindung, verstärkt auch nationalistische Gedanken verbunden. Die Gotik in anderen Ländern konnte aus diesem Anspruch heraus als ein Derivat, als Kopie des Originals bezeichnet werden.

Die Kirche Sacré-Coeur auf der Butte de Montmartre in Paris hätte eigentlich in gotischen Formen errichtet werden sollen. Entsprechende Vorschläge waren auch gemacht worden.[21] Der bedeutendste Kirchenbau der Dritten Republik ist keine Kathedrale, aber in seinen Ausmaßen und in seiner die Stadt Paris bekrönenden Lage ein Bauwerk von kathedralartiger Wirkung. Für die Pläne des als Sühnekirche für die Schandtaten der Commune errichteten, gewaltigen Baus setzte sich der Architekt Paul Abadie jedoch mit einem Projekt in romanisch-byzantinischen Formen durch.[22] Obwohl Abadie zunächst unter Viollet-le-Duc, später als sein Nachfolger in der Position als Inspektor an der Restaurierung von Notre-Dame beschäftigt war, wählte der Absolvent der École des Beaux-Arts ein Konzept, das jeden Hinweis auf gotische Formen vermied.

Die Entscheidung für seinen Entwurf bezeugt die Spannungen innerhalb der katholischen Richtungen in der Dritten Republik. Die geradezu feindselige Haltung der Republikaner gegenüber den katholischen Parteien führte keineswegs zu einer stärkeren Einigung der Konservativen. Auch die Anteilnahme des Papstes war oft nicht hilfreich. Die 1875 begonnene, 1914 vollendete, aber erst 1919 eingeweihte Kirche Sacré-Coeur war den Republikanern schon aus ihrer antiklerikalen Haltung heraus ein Dorn im Auge. Ihre architektonische Form war jedoch ein zusätzlicher Punkt der Kritik, weil nicht der als französisch verstandene gotische, sondern ein anscheinend antigallikanischer, vom Vatikan bestimmter Stil gewählt worden war.

Aus Protest gegen die Architektur von Sacré-Coeur erklärten sowohl Republikaner wie Konservative, dass die Gotik die eigentlich nationale französische Architektur sei. Elizabeth Emery beschreibt diesen Brückenschlag sonst gegnerischer Parteien, die sich aber in ihrem Nationalbewusstsein in diesem Punkt trafen: «In Reaktion gegen Sacré-Coeur und die unsicheren und fragwürdigen modernen Werte, die es darstellte, begannen Katholiken und Republikaner die gotische Kathedrale als das wahre Bild der französischen Nation und ihres Glaubens zu propagieren.»[23] Für die Katholiken repräsentierte die gotische Architektur die wahre Manifestation des Glaubens, während die Republikaner aus politischer Überzeugung Victor Hugo folgten, der diese Bauwerke als Schöpfungen einer gemeinsamen, demokratischen Gesinnung gedeutet hatte.

Joris-Karl Huysmans' Roman *La Cathédrale*

Trotz der romanisch-byzantinischen Architektur von Sacré-Coeur blieb die Faszination für das Mittelalter und die gotischen Kathedralen im Fin-de-Siècle erhalten, sie wurde sogar noch gesteigert. Hierzu trugen sowohl Schriftsteller wie Wissenschaftler bei. Joris-Karl Huysmans' populärer Roman *La Cathédrale*, 1898 erschienen, war Ausdruck seiner Hinwendung zu einem mystischen Katholizismus und repräsentierte die allgemeine Suche nach einer Welt des Spiritualismus.[24] Sie erschien als ein Gegenpart zu der rationalistischen und positivistischen Epoche und ihrer wirtschaftlichen und industriellen Revolution. Der Roman spielt im Wesentlichen in Chartres, greift allerdings in Beschreibungen von Kirchen und Kunstwerken weit aus. Das Buch ist geradezu überladen mit Informationen über die damalige Kenntnis zur Geschichte und Interpretation der mittelalterlichen Kultur. Die Gotik steht dabei sehr deutlich im Zentrum des Werkes. Sie vermag, so Huysmans, die Seele in einem religiösen Sinn zu erheben, was sie von der Romanik absetzt.[25]

Der Autor widmete weite Teile des Romans der Symbolik des Kirchenbaus, die wie ein Buch gelesen werden müsse.[26] Archäologie und

Architekturgeschichte hätten sich nur auf oberflächliche Weise mit den gotischen Kathedralen beschäftigt. Der Schriftsteller ließ dieser Feststellung eine Frage folgen: «[...] sie haben uns einfach nur ihren Organismus erklärt, den Körper der Kathedralen, aber was sagt uns die Seele?»[27] Seine Antwort: Die gotische Kathedrale vermag, nach Huysmans, durch ihre architektonische Form und ihre skulpturale Erzählung den Besucher in einen Gläubigen zu verwandeln. Der Romanheld, Durtal, erlebt diese religiöse Wandlung, die autobiographische Elemente des Autors enthält.

In seinem Roman betont Huysmans weiterhin, dass Frankreichs größte Leistung in der Architektur bestehe, während Italien in der Malerei führend gewesen sei.[28] Bei einem Ausflug nach Köln erlebt Durtal den Dom als ein zeitgenössisches Gebäude, dem die Skulpturen fehlten. Auch vom Inneren ist er wenig beeindruckt. Kritisch betrachtet Durtal auch die deutsche Malerei, etwa die Kunst des Stephan Lochner.[29] Als die wirklich bedeutendste architektonische Schöpfung und spezifische Leistung werden hingegen die gotischen Kathedralen Frankreichs gefeiert.

Aufgrund dieser Einschätzung enthält der Roman auch eine herabwürdigende Bemerkung über die Kirche Sacré-Coeur. Huysmans bezeichnet den Bau als «bedrückend und schwerfällig».[30] Vor allem kritisiert er die Eitelkeit der Stifter, deren Namen in roten Buchstaben auf den Wänden eingraviert wurden. Die Architektur übergeht er stillschweigend.[31] Die ganze Idee dieses Unternehmens, das auch noch von allen möglichen Skandalen begleitet war, steht im Gegensatz zu den Bedingungen, die ein nationales Gemeinschaftswerk wie die gotischen Kathedralen ermöglichten. Elizabeth Emery bringt diesen Zusammenhang auf den Punkt: «In *La Cathédrale* erinnert Huysmans seine Zeitgenossen an die künstlerischen Meisterleistungen, zu denen die französische Nation fähig ist, wenn das Volk in Richtung eines einigenden Zieles strebe.»[32]

Huysmans' Roman fand nach seinem Erscheinen im Jahre 1898 eine breite Leserschaft. Er wurde ein solcher Bestseller, dass der Autor seine Anstellung im Staatsdienst aufgeben und sich ganz dem Schreiben widmen konnte. Das Buch trug erheblich zur Wahrnehmung der gotischen Kathedralen als weiterhin wirkungsstarke, religiöse, katholische Monumente und als Schöpfungen der französischen Zivilisation bei.

Huysmans war allerdings bei weitem nicht der einzige Schriftsteller, in dessen Werk die gotische Kathedrale eine zentrale Rolle spielte. Wenn auch nicht so explizit auf die Gotik bezogen, spielt sie auch bei Émile Zola in mehreren Romanen, wie etwa *Le Rêve* (1888) oder *Les Trois Villes* (1984–98), eine entscheidende Rolle.[33] Die mittelalterlichen Bauwerke, wenn sie auch auf sehr verschiedene Weise in der Literatur gedeutet wurden, waren als herausragende nationale Monumente in der Epoche um 1900 im allgemeinen Bewusstsein vollkommen gegenwärtig.

Émile Mâle und der *Renouveau catholique*

Während Huysmans an seinem Roman schrieb, erforschte der französische Kunsthistoriker Émile Mâle für seine Doktorarbeit die religiöse Kunst des Mittelalters im 13. Jahrhundert. Sie sollte unter dem Titel *L'art religieux du XIIIe siècle en France: étude sur l'iconographie du moyen âge et sur ses sources d'inspiration* nur vier Monate nach Huysmans' Roman erscheinen und ein Standardwerk werden.[34] Ob Mâle Huysmans persönlich begegnet ist, ist nicht bekannt. Vermutlich hat er den Roman gelesen. Interessant wäre zu wissen, was der junge Wissenschaftler über dieses Werk gesagt hätte. Huysmans hingegen lobte nach der Lektüre von Mâles Buch, dass es endlich das Verständnis für die Ikonographie der Kathedrale erschlossen habe.[35]

In jedem Fall repräsentieren beide Werke eine neue Phase der literarischen und wissenschaftlichen Zuwendung zur mittelalterlichen Kunst und Architektur in Frankreich. In ihren Deutungen finden sich, ohne dass ein direkter Einfluss anzunehmen ist, viele Übereinstimmungen. Huysmans' «Lektüre» der gotischen Kirche als eines religiösen Gesamtkunstwerks kann Mâles aus historischen Quellen erarbeitete Deutung der religiösen Bilderwelt des Mittelalters gegenübergestellt werden. Beide Autoren, der Schriftsteller und der Wissenschaftler, trugen in ihrer Interpretation der Gotik dazu bei, ihren Zeitgenossen die Vorstellung einer herausragenden Schöpfung der französischen Geschichte zu vermitteln.

Mâles ikonographische Methode eröffnete ein neues Verständnis der mittelalterlichen christlichen Kunst. Auf den Arbeiten von Adolphe-Napoléon Didron aufbauend, gelang es ihm, die Kathedralen, besonders die gotischen Kathedralen in ihrem vielfältigen inhaltlichen Programm, verständlich zu machen. Mâles Interesse galt vor allem der bildlichen Ausstattung, die als eine Darstellung der Glaubensinhalte, wie sie die herausragenden Theologen der Epoche formulierten, gedeutet wurde. Die Kathedralen mit ihrem reichen, vor allem skulpturalen Schmuck sollten von den Gläubigen wie in einer illustrierten Handschrift gelesen und verstanden werden. Von Didron angeregt, übernahm Mâle in der Gliederung seines Buches die des *Speculum Maius* des Vincent von Beauvais. Er betonte die Rolle der Theologen bei der Ausarbeitung der ikonographischen Programme, die nach ihren Anweisungen von den Künstlern ausgeführt wurden.

In seinem zweiten, 1908 erschienenen Buch, *L'art religieux de la fin du moyen âge en France*, legte Mâle die Fortsetzung seiner Forschungen für die folgenden Epochen der französischen Kunst des späteren Mittelalters und der Renaissance vor.

Im Zentrum von Mâles Forschungen lag der Versuch, die Bildprogramme der mittelalterlichen Kathedralen zu verstehen. Sein Interesse richtete sich nicht auf die architektonische Entwicklung oder die künstlerischen Formen. Seine wegweisenden Analysen hatten letztlich zum Ziel, in den Bildprogrammen die dargestellten Glaubensinhalte herauszuarbeiten. Er wurde zu dieser Frage von archäologischen Vorgängern inspiriert, von denen er sich durch seine streng philologische Methode absetzte. Entscheidend haben ihn sicherlich auch seine eigene Herkunft und sein persönliches Bekenntnis zu einem französischen, gallikanischen Katholizismus geprägt. Der Wissenschaftler machte deutlich, dass die mittelalterlichen Bauwerke nur als Ergebnis eines Zusammenwirkens von religiöser Lenkung und staatlicher Ordnung geschaffen werden konnten. In einer Epoche, in der über die Trennung von Staat und Kirche in der politischen Arena gestritten wurde, konnte Mâles Buch als eines der bedeutendsten wissenschaftlichen Werke des *Renouveau catholique* gelten.

Das neue Verständnis, das Mâles Forschungen ermöglichte, führte keineswegs zu einem Produkt trockenen Gelehrtentums. Das Buch, in glänzender Prosa verfasst, kann vielmehr als ein Manifest gegen die Profanierung der gotischen Kathedralen als soziale Gemeinschaftswerke gelesen werden. Dieses, mit aller Vorsicht gesagt, persönliche und bekenntnishafte Element der *L'art religieux du XIIIe siècle en France* bewirkte sicherlich auch die Popularität des Buches. Die gotischen Kathedralen erschienen nicht mehr nur als historische Denkmäler. Sie repräsentierten eine Identität, die sich durch einen Glaubensinhalt, den des Katholizismus gallikanischer Form, definierte.

Michela Passini hat in ihrer wichtigen Arbeit über die Kunstgeschichtsschreibung in Frankreich und Deutschland zwischen 1870 und 1933 Mâles Gotikinterpretation mit guten Gründen als eine nationalistische Deutung analysiert: «Das Werk von Mâle kennzeichnet das Ende eines Prozesses der Nationalisierung der Gotik, dessen Ursprünge sich im 19. Jahrhundert finden».[36] Diese Deutung ist in Mâles bedeutender Erstlingsschrift noch nicht so deutlich, wie sie in seinen späteren Schriften, insbesondere der scharf polemischen und propagandistischen Abhandlung *L'Art allemand et l'art français du Moyen Âge* zutage tritt.[37] Mâle verfasste das Werk, welches 1917 erscheinen sollte, unmittelbar nach der Beschießung der Kathedrale von Reims, und es muss in diesen historischen Zusammenhang eingeordnet werden. Den Inhalt hat Mâle in wenigen Sätzen, die er seinem Buch selbst vorangestellt hat, zusammengefasst: «Die folgenden Seiten werden zeigen, dass Deutschland nicht das geringste Recht hat, in der Gemeinschaft der großen schöpferischen Nationen aufzutreten, und dass nicht Deutschland, sondern Frankreich das Recht zukommt, als Schöpfer der Kathedrale zu gelten. Unsere Feinde wissen das besser als wir, deswegen stürzen sie sich mit einem solchen Hass auf das Wunder von Reims und das Meisterwerk von Soissons. Deutschland hat in der Vergangenheit nachgeahmt, es hat nichts selbst geschaffen. Man kann voraussagen, dass Deutschland auch in der Zukunft nichts mehr erfinden wird. Das Volk, das das Recht missachtet, kann keine Schönheit entstehen lassen».[38]

Der Autor beginnt sein Vorwort mit dem Hinweis auf ein Mosaik im Louvre, das ca. 1896 vollendet worden sei und in welchem neben den Personifikationen von Flandern, Italien und Frankreich auch Deutschland dargestellt worden sei.[39] Letztere hält eine Kathedrale in der Hand, ein Umstand, den Mâle als völligen Irrtum betrachtet, da seiner Auffassung nach dieses Attribut der Personifikation von Frankreich gebühre. Vor der Jahrhundertwende war, trotz angespannter politischer Beziehungen der

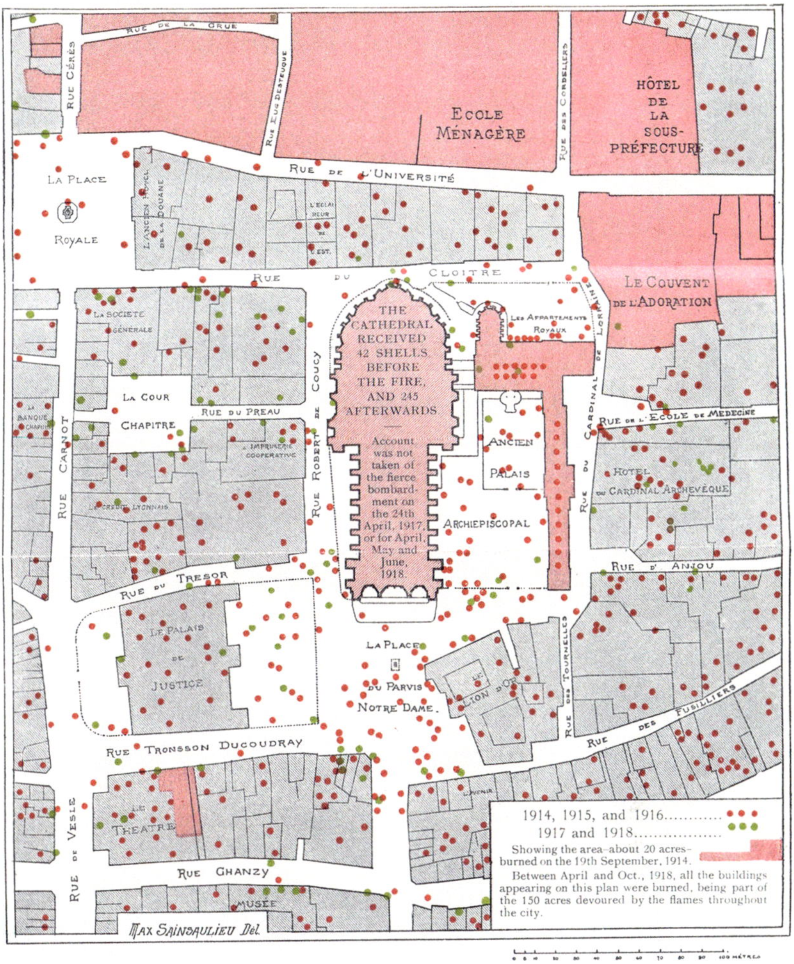

Farbtafel 16. Max Sainsaulieu, Karte der Bombeneinschläge in Reims 1914–1918, aus: Maurice Landrieux, *La cathédrale de Reims: Un crime allemand,* Paris 1919.

Farbtafel 21. *Jeanne d'Arc à Guillaume devant Reims*, 1914, Postkarte, Privatsammlung.

Farbtafel 24. Job (Jacques Onfroy de Bréville), *Expiation*, 1914–15, Postkarte, aus: François Robichon, *Job ou l'histoire illustrée* (Paris: Herscher, 1994), S. 118.

Farbtafel 26a, b. *Reims cathedral on fire*, 19. September 1914, Fotografie; kolorierte Postkarte 1960er Jahre, Privatsammlung.

Farbtafel 28. *Die Franzosen benutzen die Kathedrale von Reims als Operations-Basis und gefährden damit das herrliche Kunstwerk*, ca. 1914–15, Postkarte.

Farbtafel 34c. Adrien Sénéchal, *Notre-Dame de Reims, 19. September 1914*, 1914, Pastell, aus: Jean-François Boulanger et al. (Hg.): *Reims, 14–18: De la guerre à la paix: Histoire, mémoire, symboles* (Straßburg: La Nuée bleue, 2013), S. 90–103.

Farbtafel 35. *Les Sauvages*, ca. 1914–15, Postkarte, Privatsammlung.

Farbtafel 40. *C'est plus lourd qu'une pendule, mettons-y le feu*, 1914, Privatsammlung.

Farbtafel 41. Maurice Neumont, *1914! Le Bon Apôtre!*, 21. September 1914, Postkarte, Reims, Musée des Beaux-Arts de la Ville de Reims, Fotografie.

Farbtafel 48. Georges Rochegrosse, *Intérieur de cathédrale*, 1915, Öl auf Leinwand, Reims, Musée des Beaux-Arts de la Ville de Reims.

Farbtafel 51a. Emile-Antoine Bourdelle, *Le Martyre de Reims,* ca. 1914–18, Aquarell, Paris, Musée Bourdelle, Collection R. Dufet-Bourdelle.

Farbtafel 55. *Huldigung Friedrich Wilhelms IV. bei der Feier zur Domvollendung am 16. Oktober 1880,* 1880, Lithografie, Köln, Kölnisches Stadtmuseum.

Republik Frankreich mit dem Deutschen Reich, eine solche Darstellung durchaus unumstritten. Auch in Mâles *L'art religieux du XIIIe siècle en France* fand sich der aggressive Ton gegenüber Deutschland in dieser Weise nicht. Er entwickelte sich vielmehr erst unmittelbar vor oder während des Ersten Weltkriegs.

Mâles Kunstgeschichte als national determiniert zu beschreiben, ist sicher berechtigt, obwohl der Begriff «patriotisch» seine Haltung wohl noch besser treffen würde. Manche Kunsthistoriker, wie von Michela Passini überzeugend dargestellt, suchten die mittelalterliche Kunst ihres eigenen Landes von der ihrer Nachbarn abzugrenzen.

Auch Mâle trug zur Nationalisierung des französischen Patrimoine entscheidend bei. Seine Schrift *L'Art allemand et l'art français du Moyen Âge* entstand allerdings erst als eine geradezu wütende Reaktion auf die kriegerischen Kampfhandlungen in Reims. Es wäre klug gewesen, wenn die deutschen Kunsthistoriker diesem polemischen Angriff mit Stillschweigen begegnet wären. Die von Otto Grautoff herausgegebene Übersetzung und die von ihm eingesammelten Antworten deutscher Kunsthistoriker vertieften den Graben zwischen den Gelehrten beider Länder hingegen weiter. Die Antworten auf Mâle bestätigten den Umstand, dass, wie Grautoff meinte, «Krieg und Völkerhaß [...] sogar die Kunstwissenschaft vergifteten».[40]

Allerdings muss ein zweites, für Mâle stets wichtiges Argument im Blick behalten werden. Die vehemente, geradezu zornige und dadurch auch wieder fragwürdige Reaktion auf die Beschießung der Kathedrale von Reims gründete nicht nur auf dem Angriff auf ein nationales Denkmal und ein herausragendes Kunstwerk. Mâle musste diesen Vorgang nicht nur aus patriotischen, sondern auch aus religiösen Gründen als tiefgreifend unmoralisch empfinden. Der Gegner hatte sich in seinen Augen in einer menschlichen Gemeinschaft disqualifiziert.[41]

Mâles Bewunderung, die einer fast inbrünstigen Verehrung der gotischen Kathedralen glich (der sogenannte *Renouveau catholique*), war eng mit der sich zur selben Zeit vollziehenden, gelehrten Bearbeitung dieser Monumente verflochten. Vor allem stimmten sie in der Vorstellung überein, dass die gotische Kathedrale eine zivilisatorische Leistung darstelle, die allein die französische Nation habe erschaffen können. Rodin nannte sie sogar das «symbole de la nation française».[42]

Die Zerstörung bedeutender Kirchenbauten im Zuge des Vormarsches der deutschen Armee in den ersten Monaten des Krieges, vor allem aber die Beschießung der Kathedrale von Reims geschahen zur Zeit eines politischen und gesellschaftlichen Umbruches in Frankreich. In einer Epoche französischer innenpolitischer Konflikte schienen die Deutschen aufgebrochen zu sein, die inneren Auseinandersetzungen des Nachbarn zu nutzen und rücksichtslos die kulturellen Denkmäler zu zerstören. Nicht nur Eroberung, sondern die Unterwerfung und das Aufzwingen einer anderen Kultur schienen das Ziel der Deutschen zu sein. So zumindest stellte sich das Bild der Eindringlinge den Franzosen dar.

Mit den gotischen Kathedralen und in besonderem Maße der Krönungskirche in Reims trafen die deutschen Bomben Bauwerke, die nationale Identität verkörperten. Die Nation war zu diesem Zeitpunkt mit Bestrebungen verbunden, den Katholizismus als das tief in der französischen Geschichte verankerte Glaubensbekenntnis zu erneuern. In der Dritten Republik, in der die Trennung von Staat und Kirche als Gesetz verankert worden war, suchten weite Teile der Bevölkerung die historische Grundlage der nationalen Identität wieder ins Bewusstsein zu bringen. Die Krönungskathedrale in Reims, in der die tiefe Verbundenheit von König, Kirche und Staat über Jahrhunderte sanktioniert worden war, konnte hierfür als die reinste mythische Verkörperung dieses Anspruchs in einem laizistischen Staat gelten.

Die Deutschen waren nicht nach Frankreich einmarschiert, um diesen Kirchenbau zu beschießen oder auch nur irgendwelche Denkmäler dem Boden gleichzumachen. Allerdings geschah dieses Unheil im Laufe des militärischen Vorgehens. Die deutsche Armee löste damit eine tiefe Verunsicherung über ihre Ziele und eine vehemente propagandistische Aktivität nicht nur in Frankreich, sondern weltweit aus. Der Führung des deutschen Heeres ist in der Tat anzulasten, den Schutz der Denkmäler nicht ernst genommen zu haben. Rücksichtslosigkeit und nationalistische Gefühle der Superiorität bestimmten das Denken der deutschen Intellektuellen wie auch das der Heeresleitung bei ihrem Vormarsch.

Marcel Prousts *La Mort des Cathédrales*

An dem Streit über die Trennung von Kirche und Staat, der in der Dritten Republik die Gesellschaft in verschiedene Lager trennte, nahm auch Marcel Proust leidenschaftlich Anteil. Das Thema hatte im Grunde die Politik Frankreichs seit der Französischen Revolution nicht mehr verlassen. Die Kirche vermochte aber immer wieder ihre Position zu halten, trotz der Forderung der liberalen und sozialistischen Parteien, der Staat solle nur die Ausübung der Religionen in Freiheit gewährleisten, die Glaubensrichtungen aber nicht unterstützen. Um die Jahrhundertwende gelangte die Auseinandersetzung zu einem Höhepunkt und beschäftigte die Menschen nicht weniger als die Dreyfus-Affäre. Noch bevor sich die Mehrheit des Parlaments im Dezember 1905 mit der zum Gesetz erhobenen Trennung durchsetzte, verfasste Proust einen Artikel, der mit dem provozierenden Titel *La Mort des Cathédrales* am 16. August 1904 in *Le Figaro* erschien.[43]

Proust behandelte das Thema aus einem ganz bestimmten Blickwinkel. Er prangerte nicht, wie die meisten Kommentatoren, die Konsequenzen für die Schulpolitik an, sondern wies auf die Folgen für die Kathedralen, insbesondere die gotischen hin. Mit wenigen Sätzen erwähnte er auch die Abtei- und Dorfkirchen. Aber sichtlich bewegt zeigte er sich in seinem passionierten Appell über die Gefahren, die den bedeutenden gotischen Kirchenbauten drohten.

Proust breitete vor dem Leser aus, was geschehen würde, wenn die Kirchenbauten keine Unterstützung mehr erhielten. Sie würden nicht nur verfallen, wie die antiken Tempel, sondern auch ihre ursprüngliche Funktion würde in Vergessenheit geraten. Es sei doch wohl kaum vorstellbar, dass Schutz zwar den antiken Stätten geboten würde, aber nicht den gotischen Kathedralen. Gedanken von John Ruskin aufnehmend, führte Proust aus, dass die Kirchen nicht nur bedeutende Kunstwerke seien, sondern auch noch der Aufgabe gerecht werden müssten, für die sie geschaffen wurden.[44] Er schilderte sie daher nicht nur als Gesamtkunstwerke, in denen Gottesdienst und architektonische Form eine Einheit bilden, sondern hob auch ihren Wert als den originalsten Ausdruck des französischen Genies hervor: «Denn», fährt Proust in seinem Artikel fort, «unserer Literatur kann man die anderer Völker vorziehen, unserer Musik deren Musik, unserer Malerei und unserer Skulptur ihre; aber in Frankreich wurden die ersten und vollendeten Meisterwerke der gotischen Architektur geschaffen. In den anderen Ländern wurde unsere Architektur nur nachgeahmt, ohne ihr gleichzukommen.»[45] Die gotische Architektur und insbesondere die Kathedralen sind, so Proust, in ihrer Verbindung von Architektur und religiösem Kult als die Höchstleistung der französischen Zivilisation anzusehen.

Der Schriftsteller hatte die Schriften von John Ruskin, vor allem *The Stones of Venice* (1851–53), und auch Émile Mâles bereits behandeltes Werk *L'art religieux du XIIIe siècle en France* ausführlich studiert. Mâles grundlegende Forschungen über die ikonographische und künstlerische Bedeutung der mittelalterlichen Kunst fanden weite Verbreitung, ja gelangten sogar zu einer gewissen Popularität. Proust ließ sich durch dieses Buch, das er sehr schätzte, zu seiner Beschreibung der gotischen Kathedrale in *A la recherche du temps perdu* (1913–27) anregen.[46] Der Schriftsteller zitierte Mâle, dem er auch persönlich begegnete, in seiner Abhandlung *La Mort des Cathédrales* ungewöhnlich anerkennend: «ein bewundernswertes Buch, ich hoffe die Gelegenheit zu finden, es ausführlich zu würdigen.»[47]

Proust war tief beeindruckt von Mâles Interpretation der gotischen Kathedrale. Er stellte dar, dass nicht nur das bildliche Programm, sondern auch die Ornate und die Gesten der Priester sowie die Kirchenmusik in ihren symbolischen Bedeutungen in das Gesamtbild mit einbezogen werden müssten. Der Schriftsteller erinnerte nicht zufällig an Wagners Opern, die allerdings den Messen in Chartres weit unterlegen seien: «Man kann sagen, dass eine Aufführung von Richard Wagner gegenüber einer großen Messe in der Kathedrale von Chartres ärmlich erscheint.»[48]

Proust warnte vor den Konsequenzen der Trennung von Kirche und Staat. Die bedeutenden Kathedralen wären schutzlos und der Verwahrlosung ausgeliefert. Wenn sie nicht mehr von den Gläubigen benutzt würden, hätten sie ihren Sinn verloren. «Der Bruch der französischen Regierung mit Rom macht die Diskussion und die voraussichtliche Annahme eines Projektes von Herrn Briand wahrscheinlich, wonach die Kirchen in fünf Jahren zweckentfremdet sein werden; die Regierung wird nicht nur die Gottesdienste in den Kirchen nicht mehr unterstützen, sondern kann sie so verändern wie es ihr gefällt: Museum, Konferenzsaal oder Casino.»[49]

Proust suchte keineswegs den Katholizismus zu fördern. Der Schriftsteller war geprägt von seiner profanen, von den Bildern, den Klängen, dem Duft des Weihrauchs und den Lichtern bestimmten Wahrnehmung. Er betrachtete die Kathedralen als Gesamtkunstwerke, in denen die Besucher, ob sie nun gläubig seien oder nicht, sinnliche, ästhetische und auch moralische Erfahrungen machen könnten. Man dürfe den Bauwerken nicht das Leben entziehen und sie auf diese Weise zu «eisigen Museen» verkommen lassen. Die schönsten Werke der Architektur und Skulptur würden sterben, wenn sie nicht in ihrer ursprünglichen Funktion erhalten werden. Der Staat müsse die Kirche unterstützen und von ihr fordern, die Bauten zu unterhalten, um in ihnen den Kultus zu gewährleisten, für den sie geschaffen worden sind.[50] Der Schriftsteller forderte somit das Engagement des Staates für ein nationales Patrimoine, das durch die von den Sozialisten angestrebte Veränderung der Verfassung in höchstem Maße gefährdet sei.

In gewisser Weise suchte Proust in seiner Deutung der gotischen Kathedrale und der Forderung nach ihrem Schutz einen Weg, die gespaltene Gesellschaft der *Troisième République* zwischen Befürwortern der Trennung von Staat und Kirche und denen eines *Renouveau catholique* zu vermitteln. Wagners Opern, die in Frankreich bei vielen Zeitgenossen die größte Begeisterung und ausführliche Pilgerfahrten nach Bayreuth auslösten, standen ihm als eine ästhetische Erfahrung eines Gesamtkunstwerks als Vergleich vor Augen. Die Messen in den gotischen Kathedralen waren seiner Meinung nach die Höhepunkte religiösen Erlebens in Bauwerken, die die französische Nation geschaffen hatte. Sie waren, wie Proust formulierte, «la plus originale expression du génie de la France.»[51]

Charles Morice und Auguste Rodin – die Gegenwart der Gotik

Ein Jahr vor Kriegsende, 1917, erschien im Kurt Wolff Verlag in Leipzig die deutsche Übersetzung von Auguste Rodins Buch *Les Cathédrales de France*.[52] Die erste Auflage dieses Werkes war bereits 1914 in Paris von dem Schriftsteller und Kritiker Charles Morice herausgegeben worden.[53] Rodin starb im November desselben Jahres. Wir wissen nicht, ob er die deutsche Ausgabe seines Buches noch in den Händen halten konnte und ob es überhaupt möglich gewesen war, deutsche Publikationen auf verschlungenen Wegen in Rodins Atelier ins Hotel Biron in Paris zu bringen. Jedenfalls ist es ungewöhnlich oder zumindest bemerkenswert, dass während der Kampfhandlungen und der schrecklichen Grabenkämpfe, die zwischen den beiden Ländern stattfanden, die deutsche Übersetzung des Werkes eines französischen Autors veröffentlicht werden konnte.

Das Buch wurde von einem Schriftsteller in die deutsche Sprache übertragen, der bereits zu dieser Zeit kein Unbekannter war: Max Brod. Es enthält weder eine Einführung noch einen Kommentar über den Bildhauer und sein künstlerisches Werk. Auch über die Umstände und die Entstehungszeit des Textes finden sich keine Angaben. Der lakonische Hinweis auf den Übersetzer ist dem Schmutztitel zu entnehmen. Warum wurde dieses Buch in den dramatischen Kriegsjahren in Deutschland veröffentlicht?

Brod war seit vielen Jahren Autor des Kurt Wolff Verlages, der die Werke von modernen, besonders expressionistischen Schriftstellern herausgab. Er war mit Franz Werfel und Franz Kafka eng befreundet und förderte sie entscheidend über viele Jahre hinweg. Als Schriftsteller, Kritiker und Autor von Bühnenstücken und Libretti, unter anderen für Leoš Janácek, hatte der aus Prag stammende Brod sich vor allem in der Berliner Literatur- und Kunstszene einen Namen gemacht.

Rodin andererseits gehörte zu den wohl in Deutschland anerkanntesten französischen Künstlern überhaupt. Sein Werk war durch Hugo von Tschudi, Henry van de Velde, Harry Graf Kessler und vor allem Rainer Maria Rilke, der eine Zeitlang Rodins Sekretär war, in Deutschland protegiert worden.[54] Verschiedene Ausstellungen vor dem Ersten Weltkrieg in Deutschland hatten eine große Zahl von Besuchern angezogen. Gelegentlich hatte er durch die Ausstellung seiner Zeichnungen Kritik und sogar Empörung erfahren, was ihn nur umso bekannter machte. In Deutschland fanden sich sogar mehr Käufer seiner Skulpturen als in seinem Heimatland.[55] Aufsätze über seine bildhauerischen Arbeiten waren in großer Zahl in verschiedenen Zeitschriften erschienen, und Otto Grautoff, dem wir später noch begegnen werden, hatte sogar eine Monographie in deutscher Sprache veröffentlicht.[56]

Kurt Wolff war als Verleger der Moderne sowohl der Literatur wie der Kunst gegenüber aufgeschlossen und suchte Schriftsteller zu fördern, die neue Wege gingen. Viele der von ihm betreuten Autoren hatten internationale Beziehungen. Wenn in diesem Verlag ein Werk eines französischen Schriftstellers erschien, musste dies an sich nicht ungewöhnlich erscheinen. Ungewöhnlich war nur die Entscheidung, eine solche Schrift auf dem politischen und militärischen Höhepunkt der Auseinandersetzungen mit Frankreich herauszugeben. Man kann nur vermuten, dass gerade diese unsichere Situation der Grund gewesen war, warum in der Publikation jegliches erläuternde Vorwort fehlt.

Rodins Buch ist keine systematisch fortlaufend aufgebaute Schrift. Es entstand aus einzelnen Beobachtungen, die der Bildhauer über viele Jahre auf seinen Reisen zu den romanischen und gotischen Kirchen machte. Bei diesen Besuchen fertigte er auch Zeichnungen an, von denen einige im Anhang des Werkes reproduziert sind. Sie werden, wie auch die Texte, vom Herausgeber als «notes» bezeichnet, geben sie doch keine genaue zeichnerische Abbildung der Kirchen, sondern überliefern spontan hingeworfene Details oder die Struktur eines Bauteils. Charles Morice, der ebenfalls ein Buch über den Bildhauer geschrieben hatte, diente Rodin einige Zeit als Sekretär und scheint ihm die schriftlichen Aufzeichnungen seiner Reisen sortiert und sie zu dem 1914 veröffentlichten Buch zusammengefasst zu haben. Der redaktionelle Prozess war nicht immer harmonisch und führte sogar zu einem Zerwürfnis zwischen Rodin und Morice.[57]

Der Gedanke, Rodins Aufzeichnungen als Buch herauszubringen, stammt jedoch schon aus früheren Jahren. Er wollte es ursprünglich mit seinem Schüler Antoine Bourdelle verfassen. 1907 bat er Aristide Maillol und Harry Graf Kessler, ihm dabei zu helfen. Aus dem Tagebuch von

Kessler geht hervor, dass Rodin sich nicht als ein «homme de lettres» empfand. Kessler habe ihm aber bestätigt, dass ganz im Gegenteil sein schriftstellerischer Ausdruck viel wirkungsvoller sei als der eines professionellen Autors. Diese Diskussion mag Rodin in seiner Absicht unterstützt haben, seine Texte zu veröffentlichen, was allerdings erst mehrere Jahre später mit der Hilfe von Morice geschah.[58]

Morice stellte Rodins *Les Cathédrales de France* eine ausführliche Einleitung über die Geschichte und Bedeutung der Gotik in der Gegenwart Frankreichs voran. Dieser bisher kaum beachtete Text gehört zu den wichtigen Quellen, die in der Epoche um 1900 von der Gotik als einem nationalen Stil Frankreichs Zeugnis ablegen. Morice und Rodin stimmten in der Überzeugung überein, dass die Gotik «die Seele Frankreichs» verkörpere.

Morice widmete seine Einleitung der «histoire de la pensée gothique dans la pensée moderne», womit er zum Ausdruck bringen wollte, dass die lange Vernachlässigung des Mittelalters ihr Ende gefunden habe. Die Gotik spiele in der Gegenwart eine zentrale Rolle der Inspiration, während die Antike, die Renaissance und selbstverständlich das Rokoko überwunden wären. Morice bekannte sich zum Symbolismus und, als Verteidiger der Dichtung von Paul Verlaine und der Schriften von Huysmans, zur Überwindung aller klassischen und klassizistischen Strömungen, zu einer vom Spiritualismus des Mittelalters geprägten Moderne. «Einige der besten unter den zeitgenössischen Köpfen, Dichter, Künstler, Historiker, Archäologen», so Morice, zeigten sich von der Kunst des Mittelalters begeistert, wobei er besonders die Kunst der Gotik meinte.[59] Er behandelte die Gotik unter den Stichworten «Geschichte», «Vaterland» und «Kunst» und betonte ihren Charakter als eine nationale Kunstform. Morice hob Émile Mâles Werk als den Beginn einer in ihrem historischen Verständnis rekonstruierten und somit wiedergewonnenen Gotik hervor. Der Autor betonte jedoch auch, dass die Epoche der Restaurierungen, der wissenschaftlichen Aufarbeitung und der Synthesen vorbei sei. Am Beispiel von Rodin, dessen Studium der antiken Skulptur und der Kunst Michelangelos bekannt sei, könne ermessen werden, wie seine neuerliche Hinwendung zur Gotik die Bedeutung dieser Kunstrichtung für die Gegenwart und damit für die Moderne vergegenwärtige.

Selbstverständlich, führte Morice weiter aus, gehe es nur um die französische Kathedrale: «Von ihrem Ursprung und ihrer Originalität her ist die Kathedrale französisch: ihre ältesten und schönsten Beispiele sind französisch.»[60] Auch er identifizierte die Gotik als eine nationale Kunst. Auf über 100 Seiten erläuterte er nach seiner Einleitung die Geschichte und Wiederentdeckung dieser Epoche.

Charles Morice sollte, wie viele seiner Zeitgenossen, nach der Beschießung der Kathedrale von Reims seine Haltung gegenüber der deutschen Kunst und den Deutschen ganz allgemein ändern. Zeigte er sich vor dem Krieg an den kulturellen Unterschieden der Nationen interessiert, schloss er sich nach diesem Ereignis der allgemeinen nationalistischen Verurteilung der Deutschen als zerstörerischer Barbaren an. In einem Artikel des *Mercure de France* mit dem Titel *L'âme allemande par l'art allemand* im Jahre 1915 verurteilte er die Intellektuellen in Deutschland, die keine Vorstellung von Zivilisation hätten und sich darauf beschränkten, «die Barbarei zu organisieren».[61]

Im Gegensatz zu Morice schrieb Rodin seine Beobachtungen und Aphorismen unmittelbar fasziniert von der mittelalterlichen Architektur der Gotik, sicherlich gelegentlich im Anblick des Bauwerks selbst. Er verfasste sie als Bildhauer vor den Skulpturen wie vor der Architektur, deren Struktur und Raumempfinden er bewunderte. Immer wieder beschrieb er die Harmonie der Proportionen dieser Bauten. Die Ausführungen des Künstlers sind keine kunsthistorischen Darstellungen, mit denen die Bildprogramme und die künstlerischen Formen in der Entstehungszeit des Mittelalters erläutert würden. Es handelt sich bei den Texten, die in ihrer Form sehr unterschiedlicher Art sind, vielmehr um Impressionen und Betrachtungen, die oft mehr über die künstlerischen Wahrnehmungen des Autors aussagen als über die mittelalterliche Kunst selbst. Rodin bemühte sich um möglichst genaue Formulierungen, wie seine handschriftlichen Korrekturen in den Fahnen des Buches belegen.[62]

Im Jahr 1908 fertigte Rodin eine Skulptur aus zwei aufrecht stehenden rechten Händen, bei der sich die Finger, wie die Rippen eines gotischen Gewölbes, zusammenschließen. (Abb. 50) Der Künstler nannte das häufig kopierte und auch in Bronzegüssen verbreitete Werk zunächst *L'Arche d'alliance*, die «Bundeslade».[63] Er taufte es allerdings 1914, bei Erscheinen seines Buches *Les Cathédrales de France*, in *La Cathédrale* um.[64] Hier wird deutlich, wie diese Umbenennung auch eine andere Deutung der Skulptur mit sich brachte. Zunächst als ein Symbol einer innigen, menschlichen Verbindung gedacht, betonte Rodin nun die architektonische Form. Rodin gefiel die Gliederung des gotischen Wandaufrisses, in dem die Dienste nach oben streben und sich im Gewölbe verbinden. Diese Bauweise, von welcher er in seinem Buch als einer harmonischen Architektur sprach, leitete ihn offenbar zu der neuen Benennung seines Werkes – ein Beispiel für die inspirierende Kraft der Gotik für sein künstlerisches Gestalten. Nach der symbolistischen und religiösen Gotik-Interpretation in *La Cathédrale* von Huysmans bedeuteten die gotischen, als französisch und von höchster Eleganz, Harmonie und Humanität empfundenen Formen für den Bildhauer eine entscheidende Anregung zur Schaffung seiner eigenen Skulpturen. Die mittelalterliche Gotik fand somit um 1900 ihre unmittelbare kreative und bekenntnishafte Wirkung in der künstlerischen Gestaltung der Moderne.

Für Rodin waren die Kathedralen ein Teil der französischen Landschaft, der Natur. Er besuchte und bewunderte nicht nur die berühmten Bauwerke, sondern auch die kleinen Dorfkirchen mit ihren aus den Tälern herausragenden Glockentürmen. Die Einheit von Natur und den in ihr geschaffenen, gleichsam wie in ihr gewachsenen Bauwerken empfand der Künstler als Kennzeichen Frankreichs. Rodin nahm auf seinen Reisen diese Harmonie als eine nationale Besonderheit auf. Das Land und seine Kirchen bedeuteten ihm das wahre Frankreich, das nur fern der durch Wissenschaft und Industrie bestimmten Hauptstadt Paris zu finden sei. Das zweite Kapitel seines Buches ist daher auch der Natur in Frankreich gewidmet: «Wir werden also zuerst von der Landschaft sprechen […] Und diese Landschaft werden wir in der Provinz suchen und eher in den kleinen Städten als in den großen, vor allem eher als in Paris. Wissenschaft und Industrie haben Paris ausgehöhlt und zerrissen. Gehen wir aufs Land. Die Provinz hat dem Geschmack und Stil noch eine Zufluchtsstätte bewahrt.»[65] Ein wichtiges Element der Bewunderung der Landschaft mit ihren Kirchen ist somit ihr Gegensatz zu der als Moloch angesehenen Großstadt.

Rodin besuchte auch ausführlich Reims, zeichnete dort Skulpturen und einzelne architektonische Motive.[66] In seinem Buch erinnerte er sich an seine Beobachtungen der bildhauerischen Arbeiten, der Glasfenster und der von ihm als besonders harmonisch wahrgenommenen Proporti-

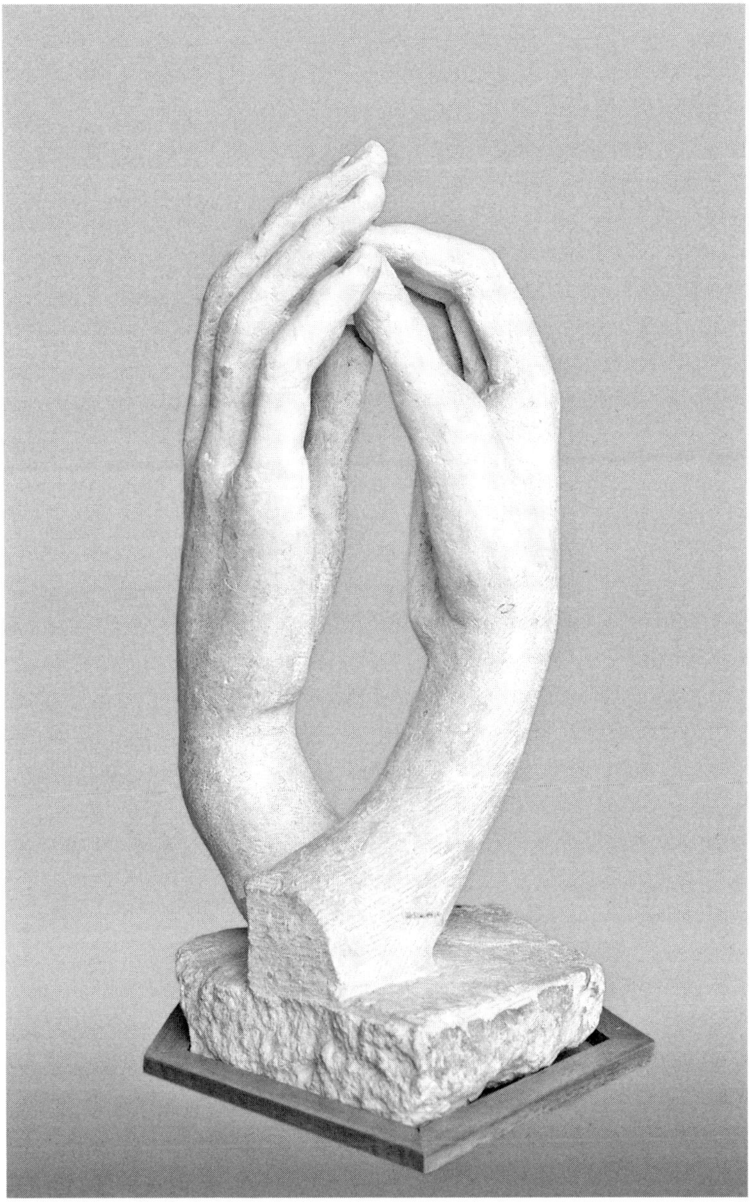

50. Auguste Rodin, *La cathédrale*, 1909, Marmor, Paris, Musée Rodin.

onen der Kathedrale. Wie der Bildhauer auch an anderen Orten feststellte, kritisierte er vor allem die Restaurierungen, die meist im 19. Jahrhundert ausgeführt worden waren: «Ich bin hier vielleicht mehr als anderswo von den Restaurierungen entsetzt. Sie stammen aus dem XIX. Jahrhundert und die fünfzig Jahre ihres Bestehens haben ihnen eine Patina gegeben, aber sie täuscht uns nicht. Diese Stümpereien eines halben Jahrhunderts wollen wohl unter Meisterwerke gezählt werden!

Alle Restaurierungen sind Kopien; schon deswegen sind sie von vornherein zu verdammen. Denn – ich muß es wiederholen – nur die Natur darf man mit leidenschaftlicher Genauigkeit kopieren; Kunstwerke zu kopieren, das geht gegen das Kernprinzip der Kunst.»[67]

Rodin wehrte sich gegen die Restaurierungen oder vielmehr Erneuerungen vor allem der Skulpturen der mittelalterlichen Bauten. Die Kopien seien immer kalt und könnten den ursprünglichen künstlerischen Ausdruck nicht wiedergeben. Man solle sich damit begnügen, das Überkommene zu erhalten, aber nicht zu ersetzen.[68]

Der Bildhauer wandte sich aber nicht nur gegen die Wiederherstellungen, womit vermutlich vor allem die denkmalpflegerischen Aktivitäten der Epoche Viollet-le-Ducs gemeint waren, sondern gegen die Vernachlässigung der Kirchen im Allgemeinen. Er nahm nicht direkt Stellung zu der politischen Diskussion der Trennung von Kirche und Staat, obwohl diese zeitgenössische Auseinandersetzung zweifellos auch von Rodin verfolgt wurde. Seine Argumentation ist eine künstlerische, die das moderne Kopieren und Ersetzen einer mittelalterlichen Skulptur als eine Entstellung des ursprünglichen Ausdrucks der Kunstwerke ablehnt.

Die Beschießung der Kathedrale von Reims erschütterte Rodin tief. Von London aus schrieb er am 25. September 1914 an Romain Rolland und sagte ihm dankend seine Mitwirkung an einer Publikaton von Protestschreiben zu:

«Mein lieber Freund! Ich bin glücklich, mich Ihnen wegen des Protestes, den Sie erheben wollen, anzuschließen. Alles, was geschieht, ist gleichsam ein Strafgericht, das auf die ganze Welt niedergeht, und künftig wird man sagen: ‹Der Fall von Reims›, wie man sagt: ‹Der Fall von Konstantinopel›, und die Geschichte wird von dort ausgehen. Diese Kathedrale, die sich von so vielen Jahrhunderten geachtet gesehen hatte! [...]

Aber der Mut der Guten wird alles überwinden. Das ist die immer gegenwärtige Prophezeiung, und das muß so sein.

Was mich betrifft, lieber Freund, so habe ich es nicht glauben wollen. Wenn man bedenkt, daß ich einer der letzten bin, der diese Zusammenfassung der französischen Geschichte uralter Monarchien gesehen und studiert hat. Wie man auch einschläft und welche Schläge einen auch wecken, die ganze Geschichte bricht zusammen mit Mecheln, Reims.

Ganz der Ihre, lieber Freund, welch ein Schmerz!»[69] Und weiter schrieb er: «Dieser Einbruch ist ein Phänomen, vergleichbar dem von Attila, und ist das, was das Feingefühl der Zivilisationen barbarische Rohheit nennt. Und was selbst erstaunlich ist, wie ein zivilisiertes Volk, wenn es sich erhebt, sich in ein wildes Tier verwandeln kann, diese Krankheit, Meisterwerke anzugreifen».[70]

An anderer Stelle verglich Rodin das «massacre de Reims» mit dem Brand von Rom, dem Fall von Konstantinopel, Parallelen, die auch in den oben besprochenen Karikaturen von Zeichnern illustriert worden waren. Der Text des Bildhauers für die Initiative von Rolland erschien noch in demselben Jahr, 1914, in leicht abgewandelter Form in den *Cahiers Vaudois*.[71] In seinen Ausführungen betonte er wiederum seine Überzeugung, dass auch in diesem Fall ein Wiederaufbau nicht möglich sei: «Überall ist das Unwissen verbreitet, dass geglaubt wird, man könne eine Kathedrale wiederherstellen und wiederaufbauen!»[72]

Rodin teilte seine Gotikbegeisterung mit seinem Schüler Emile Antoine Bourdelle, der noch während des Krieges visionäre Aquarelle der Kathedrale schuf.[73] Der Künstler war von den Ereignissen tief mitgenommen und korrespondierte immer wieder mit Rodin darüber. Er nannte die Serie seiner Zeichnungen *Le Martyre de Reims* (1914–18). (Farbtafel 51a, Abb. 51b) Bourdelles Betroffenheit hatte eine längere Vorgeschichte. Seine Faszination für die mittelalterliche, vor allem gotische Architektur und Skulptur ging Jahre zurück. Er befand sich in Übereinstimmung mit Rodin, dessen Kathedralenbuch ursprünglich gemeinsam mit ihm geschrieben werden sollte. Bourdelle besuchte die nordfranzösischen Kathedralen, auch mit seinen Schülern, und zeichnete in und vor den Kirchengebäuden. Rodin als sein Lehrer stand ihm in gewisser Weise wie ein mittelalterlicher Meister und Leiter einer Bauhütte vor Augen.[74]

Die erheblichen Schäden an der Kathedrale von Reims lösten bei

51b. Emile-Antoine Bourdelle, *Le Martyre de Reims,* ca. 1914–18, Aquarell, Paris, Musée Bourdelle, Collection R. Dufet-Bourdelle.

Bourdelle nicht nur Entsetzen, sondern depressive Zustände aus. Die Zeichnungen, die er während der Kriegsjahre anfertigte, zeigen Engel, die Skulpturen, die herabzufallen drohen, auffangen, als ob durch dieses wundersame Eingreifen himmlischer Mächte der Zerstörung Einhalt geboten werden könne. David Loti hat überzeugend dargestellt, wie Bourdelle in seiner künstlerischen Imagination eine illustrierende Wiedergabe des Geschehens zugunsten einer emotionalen und symbolischen Darstellung der Katastrophe aufgibt.[75]

Rodins 1914 veröffentlichtes Werk *Les Cathédrales de France* verdient in unserem Zusammenhang jedoch auch deswegen besonderes Interesse, weil es nach der Beschießung von Reims von der deutschen Gegenpropaganda genutzt wurde. Nachdem die deutsche Armee und die Deutschen schlechthin nach diesem Ereignis als Barbaren verurteilt wurden, entstand die von Otto Grautoff herausgegebene Schrift *Kunstverwaltung in Frankreich und Deutschland*.[76] Dieses Werk sollte insbesondere durch Zitate aus Schriften von französischen Autoren belegen, in welch desolatem Zustand sich die Kirchen in Frankreich befanden. Es sollte veranschaulicht werden, dass der Vorwurf der Barbarei nicht den Deutschen gelten könne, wenn die Franzosen selbst ihr kulturelles Erbe durch Verwahrlosung zerstörten. Aus den *Cathédrales de France* von Rodin wurden von Grautoff verschiedene, zum Teil aus dem Zusammenhang gerissene Passagen zitiert, die die Selbstkritik eines Franzosen an den Zuständen der Vernachlässigung ihres eigenen Patrimoniums veranschaulichen konnten. Rodins Angriff auf die Praxis der Denkmalpflege in Frankreich wurde somit für die Ziele der deutschen Gegenpropaganda instrumentalisiert.

Rodin konnte in diesem Kontext in Deutschland als Kritiker seines eigenen Landes zitiert werden. Es ist allerdings wenig wahrscheinlich, dass die vollständige Übersetzung seines Buches *Les Cathédrales de France* von Max Brod, die zwei Jahre später bei Kurt Wolff in Deutschland erschien, diesem Zusammenhang ihr Erscheinen verdankt. Der Verlag von Kurt Wolff zeichnete sich nicht durch ein Programm aus, das ein besonderes nationalistisches Bekenntnis zur Kriegspolitik des Kaiserreiches abgegeben hätte. Rodin blieb während der Kriegsjahre ein anerkannter Künstler. Es ist schwer zu sagen, ob die von ihm an seinen Landsleuten geübte Kritik der Denkmalpflege die Übersetzung und Publikation erleichterte. Es scheint vielmehr, als habe wenigstens gelegentlich der Respekt vor einem bedeutenden französischen Künstler über den Hass auf das Nachbarland und seine Kultur gesiegt.

Maurice Barrès und das Denkmalschutzgesetz von 1913

Seit der Profanierung der Kirchen in der Französischen Revolution bis zum Beginn des Ersten Weltkriegs wurde in Frankreich über die Nutzung und Erhaltung des baulichen, religiösen und nationalen Erbes gerungen. Bereits nach den «vandalistischen» Jahren 1793/94 erhoben sich Stimmen, die sakralen Bauten nicht nur als Bestandteil einer zu bewahrenden Geschichte zu betrachten, sondern sie auch mit erneuerten

Glaubensinhalten zu erhalten. Die Bestrebungen der katholischen Kirche und der mit ihr verbundenen politischen Parteien führten zwar im Laufe des 19. Jahrhunderts zu mehr Gemeindeleben. Für die Erhaltung der Kirchenbauten vermochten sie aber nicht zu sorgen, wenn nicht der Staat entscheidend bei diesem Unternehmen mitwirkte. Republikaner und Sozialisten, obwohl im Grunde antikirchlich eingestellt, erkannten die kulturelle und nationale Bedeutung der architektonischen Meisterwerke. Daher unterstützten sie die denkmalpflegerisch notwendigen Arbeiten, allerdings meist nur der architekturgeschichtlich herausragenden Bauwerke.[77]

Durch das gesamte 19. Jahrhundert zog sich in Frankreich die Diskussion, wie mit diesen Bauwerken umzugehen sei. Spätestens seit Charles Forbes René de Montalemberts Artikel *Du Vandalisme en France* und François Guizots Einrichtung der *Commission des monuments historiques* war die Notwendigkeit des Denkmalschutzes als einer staatlichen Einrichtung im Grunde unumstritten. Wie allerdings das Engagement von Victor Hugo und um die Jahrhundertwende von Marcel Proust, Maurice Barrès und vielen anderen zeigte, war diese Aufgabe keineswegs so zufriedenstellend in den staatlichen Budgets verankert, dass es nicht immer wieder öffentlichen Protestes bedurfte, um auf Missstände hinzuweisen.

Die Empörung über die Beschießung der Kathedrale von Reims war umso verständlicher, als in der Dritten Republik bereits seit längerem mit großer Leidenschaft über Probleme der Denkmalpflege diskutiert worden war. Französische Politiker, Journalisten, Kritiker und Schriftsteller beklagten den desolaten Zustand der Kirchengebäude und engagierten sich für eine Änderung der Gesetze. Der Streit war durch die Auseinandersetzungen über die Trennung von Staat und Kirche, durch den Parlamentsbeschluss im Jahre 1905 besiegelt, ausgelöst worden.

Diese Entscheidung bedeutete einen Bruch in der französischen Geschichte und eine tiefgreifende Spaltung der französischen Gesellschaft. Die neue staatliche Ordnung wurde vor allem von den Zeitgenossen verworfen, die sich noch einer patriarchalischen Staatsauffassung verbunden fühlten. Besonders die konservativen Parteien und die Monarchisten, die in der Dritten Republik eine Rückkehr zu einem dem *Ancien Régime* angenäherten Staat anstrebten, standen dieser radikalen Reform des Staatswesens mit vehementer Kritik entgegen. Sie verwiesen auf die weitreichenden Konsequenzen der Trennung von Kirche und Staat, die das ganze Schulsystem in Frage stellte. Fast alle religiösen Schulen mussten geschlossen werden.

Der wohl bedeutendste Führer der Opposition gegen die Trennung von Kirche und Staat war der konservative Schriftsteller und Politiker Maurice Barrès. Trotz weltanschaulicher Unterschiede wurde er in seinem Kampf von der monarchistischen Partei unterstützt, die sich um Charles Maurras und Léon Daudet in der *Action française* sammelte. Diese starke antirepublikanische Partei spielte in der französischen Innenpolitik bei der Aufrechterhaltung einer nationalistischen und antideutschen Stimmung eine große Rolle. Sie war politisch und weltanschaulich den Anti-Dreyfusards eng verbunden. Die Bewegung sah ihre Aufgabe darin, immer wieder auf eine internationale, kosmopolitische, jüdische Verschwörung, die von deutschen Politikern organisiert werde, hinzuweisen. Barrès dagegen war Anti-Dreyfusard, katholisch, konservativ, aber keineswegs antirepublikanisch gesinnt.

Die heftige Debatte über den notwendigen staatlichen Schutz der Kirchen zog sich bis 1914 hin und erreichte im Frühjahr dieses Jahres einen Höhepunkt mit der Publikation von Maurice Barrès' *La grande pitié des églises de France*, einer dramatischen Anklage über den Verfall der Kirchen. Das Buch erlangte eine ungewöhnliche Popularität und erzielte innerhalb von zwei Jahren 38 Auflagen.[78] Die Kirche vermochte für die notwendigen denkmalpflegerischen Maßnahmen an den Bauwerken keine ausreichenden Mittel mehr aufzubringen. An vielen Orten, auch solchen mit kunsthistorisch bedeutenden Denkmälern, ließ sich sehr bald ein bedenklicher Verfall beobachten, der sogar die Sicherheit der Gläubigen bedrohte. Die Kommunen konnten und wollten für die Restaurierungen nicht aufkommen. Barrès beklagte vor allem den desaströsen Zustand der Bauwerke in den kleineren Ortschaften und verwies auf deren Profanierung und den Verkauf ihres Inventars.

Barrès' Buch war weitgehend eine Zusammenfassung früherer Vorträge und Aufsätze im Rahmen seines Kampfes für eine Gesetzgebung zum Schutze der Kirchen, den er insbesondere in den Jahren 1910–14 focht. Er und seine Freunde konnten einen großen Erfolg verbuchen, als im Jahre 1913 das Parlament ein Gesetz verabschiedete, das eine staatliche Verantwortung für die Denkmalpflege der Kirchen festlegte.[79] Das bis heute gültige Gesetz blieb allerdings auf die als historisch und kunsthistorisch besonders bedeutend eingestuften Bauwerke beschränkt. Die Kirche sollte hingegen weiterhin die Kosten für die anderen Bauten tragen.

Politiker und Schriftsteller, wie Victor Hugo, Prosper Mérimée und Charles Forbes René de Montalembert, hatten im 19. Jahrhundert den Gedanken des Denkmalschutzes entwickelt. Aber erst im Zusammenhang mit der Trennung von Staat und Kirche in der Dritten Republik gelang es Autoren wie Proust und Barrès aus gegebenem Anlass, den Kampf zum Schutze der Kirchen in die öffentliche politische Arena zu tragen: «Dank ihrer Hilfe», stellte Patrice Béghain fest, «trat die Diskussion über das kulturelle Erbe aus den Zirkeln der Gelehrten und den Gesellschaften der Archäologen und Antiquare heraus und erreichte seine ganze politische Reichweite.»[80]

Barrès widmete in seinem Buch auch der Kathedrale von Reims ein Kapitel und nannte sie das heiligste Denkmal der französischen Geschichte. Gleichwohl prangerte er den Zustand des konservatorisch vernachlässigten Baus an: «Ich war ganz in meinen Träumereien versunken, als ich plötzlich die so hässlichen Gitter, die weißen Fenster und unzählige ärmliche und neue Teile erkannte. Was war das? Alles was mit Stäben, Hacken und Steinen erreicht werden konnte, war auf die miserabelste Weise zerstört und ersetzt worden. Mein Herz war beklommen, weniger über die Vergangenheit als über die Zukunft vor diesem unvergleichlichen aber bedrohten Bauwerk. Wie kann man diese Kirche, die Kirchen, diese Orte unserer Erziehung, diese wunderbaren Orte, die unsere Seele beruhigen, verteidigen?»[81] Wie ein Menetekel erscheinen diese Sätze. Nur wenige Monate nach Erscheinen des Buches sollte das mit bewegten Worten geschilderte und nach seiner Ansicht vernachlässigte Meisterwerk der Architektur und nationale Heiligtum von Bomben des Feindes getroffen werden.

Wenn Barrès sich an seinen Besuch in Reims erinnerte und anmerkte: «Hier stehe ich in dem schönsten Haus unserer Familie», meinte er, dass sich jeder Franzose mit diesem Bauwerk identifizieren könne.[82] Und an anderer Stelle heißt es in pathetischer Diktion: «Ich habe den Tod in die gefährdetsten Teile des Bauwerks einziehen sehen, aber ich schwöre, seine Seele bleibt bestehen. Dies ist in der Tat der Ort, wo der Mensch empfängt, sich eine Vorstellung seines Seins bildet, die ihn zwingt ihn über sich hinaus zu heben. Hier werden ihnen die Lehren und die Vorbilder einer großen Zivilisation überliefert.»[83] Die Kathedrale von Reims wird mit diesen Sätzen nicht nur als ein kirchliches Bauwerk, sondern – ähnlich wie von Proust – als ein Ort nationaler Identität und als ein zentrales Monument der französischen Zivilisation verstanden.

Barrès bezog seine politischen Vorstellungen aus seinen religiösen Überzeugungen. Katholizismus und nationale Identität waren für ihn aufs engste miteinander verbunden: «Ich schließe mich dem Katholizismus an, weil ich Patriot bin», schrieb er.[84] Barrès' Engagement für die Erhaltung der Kirchen als staatliche Verpflichtung beruhte auf einem gewandelten Verhältnis zum katholischen Glauben. Hatte er sich in früheren Jahren noch als einen «catholique du dehors», als einen nicht praktizierenden Katholiken bezeichnet, fühlte er sich nunmehr, wenn auch eher mit einem emotionalen und ästhetischen Empfinden, der Religionsgemeinschaft auf eine neue Weise zugehörig.

Die Kathedrale von Reims, wie die Kirchenbauten Frankreichs schlechthin, musste nicht nur aus religiösen Überzeugungen verteidigt werden, sondern als Denkmal der «civilisation française». Barrès appellierte an alle Franzosen, unabhängig von ihrer politischen Parteizugehörigkeit, zusammenzustehen, um ihr kulturelles Erbe zu schützen. Er führte keinen Kampf für eine Glaubensgemeinschaft, sondern suchte Verständnis für die Verteidigung des nationalen Kulturgutes zu gewinnen.[85] In seinem Buch *La grande pitié des églises de France* finden sich die entscheidenden Sätze, die er aus seinem Brief an den Premierminister, Aristide Briand, vom 4. Januar 1910 zitierte: «[…] unsere Kirchen stehen an der Spitze der Reichtümer unserer Zivilisation. Wir haben sie von unseren Vorfahren erhalten, wir müssen sie unseren Kindern übergeben […] Alle gebildeten Menschen in Frankreich und im Ausland wehren sich gegen die Vorstellung, dass es eine so barbarische Regierung gibt, die diese Quellen des geistigen Lebens zerstört […] Ich will nicht glauben, dass Sie mit Gleichgültigkeit den Beginn einer Epoche des Vandalismus akzeptieren.»[86] Der Begriff «Vandalismus», der nur wenige Monate später in der antideutschen Propaganda so populär werden sollte, wurde somit vor dem Ersten Weltkrieg in der innenpolitischen Auseinandersetzung noch auf einen Teil der eigenen Bevölkerung angewandt.

Etat du clocher avant sa destruction. Après un troisième coup de mélinite. Etat actuel. (*Phot. M. Dervillé.*)
ÉGLISE DE CINQUEUX (OISE). CLOCHER DU ONZIÈME SIÈCLE

52. Zerstörung des Kirchturms von Saint-Martin in Cinqueux (Oise) im Februar 1910, Fotografie, aus: Maurice Barrès, «Les vieilles églises», in: *Les annales politiques et littéraires,* 29. Januar 1911, S. 112, Paris, Bibliothèque nationale de France.

Mit dieser Überzeugung stand Barrès den bedeutenden Vorkämpfern für die staatliche Protektion der Denkmäler im 19. Jahrhundert nahe, wie Hugo, Mérimée und de Montalembert. Er kannte die Schriften zur Denkmalpflege dieser Autoren der Epoche der Romantik, vor allem Victor Hugos berühmten Appell *Guerre aux démolisseurs!* von 1825 und 1832. Bereits Montalembert hatte gefordert, die Denkmäler und die Kirchen unter Schutz zu stellen, weil sie die Verbindung von christlichem Glauben und Nationalgefühl repräsentierten.[87] In der neuen Gegenwart der Dritten Republik mit ihren laizistischen Bestrebungen wurde dieser Gedanke nun zu einem politischen Programm der konservativen Parteien.

Als ein anschauliches Beispiel für den Vandalismus gegenüber den Kirchenbauten im eigenen Land beschrieb Barrès die Sprengung des Kirchturms von Saint-Martin in Cinqueux (Oise) im Februar 1910. Hierzu bildete er als Illustration in seinem Buch drei Fotografien ab. (Abb. 52) Sie zeigen den Bau unzerstört, im Moment der Explosion, als der Turm von Rauch umgeben zusammenfiel, und schließlich als Ruine.[88] Die Bilder erinnern in ihrer dramatischen Abfolge an die späteren Fotografien der brennenden Kathedrale von Reims.

Im Jahre 1913 wurde das beharrliche Drängen nach langen Debatten und dramatischen Ansprachen von Barrès im Parlament endlich durch das Denkmalschutzgesetz belohnt.[89] Es wurde am 31. Dezember 1913 verabschiedet und am 4. Januar 1914 im *Journal Officiel de la République Française* veröffentlicht.

Die Restaurierungen am Nordturm der Kathedrale von Reims mit Hilfe des Holzgerüstes, das den katastrophalen Brand der Kathedrale im September 1914 herbeiführte, waren vermutlich aufgrund der staatlichen Mittel des neuen Gesetzes begonnen worden. (Abb. 6) Nicht einmal ein Jahr nach der Verabschiedung des Gesetzes wurden die Anstrengungen, den Kirchenbau zu restaurieren, durch die deutsche Armee zunichtegemacht. Das Entsetzen der Franzosen über diesen Vorgang nach dem langen Kampf über die Verabschiedung eines Denkmalpflegegesetzes ist nachvollziehbar. Die offenbar rücksichtslos eindringenden Nachbarn als Barbaren zu bezeichnen, erscheint in diesem historischen Zusammenhang nur zu verständlich.

Es ist daher begreiflich, wenn Barrès im September 1914, kurz nach dem Angriff der deutschen Armee, die Kathedrale von Reims emphatisch als nationale Reliquie beschwor: «Sainte cathédrale de Reims, toute mutilée, tu demeures aux yeux de l'esprit, notre relique nationale».[90] Der Angriff der deutschen Armee im September 1914 auf Reims konnte daher nur als ein militärisches Unternehmen verstanden werden, das die Zerstörung der französischen Zivilisation beabsichtigte. Verständlich wird aus diesen Zusammenhängen, warum sich der Protest gegen die Beschießung in dieser ungewöhnlich scharfen und aggressiven Form entlud. Bereits vor dem Eindringen der Deutschen hatte der Vorwurf des Vandalismus in der innenpolitischen Diskussion Frankreichs eine Rolle gespielt.[91] Nun wurde der Vorwurf auf den außenpolitischen Gegner gelenkt. Frankreich stand vor einer großen Gefahr, die den Zusammenhalt aller Franzosen forderte. Innenpolitische Auseinandersetzungen hatten zurückzustehen, da erneut «Vandalen» drohten, die in Jahrhunderten entwickelte Zivilisation zu zerstören. Kein Wunder, dass diesem Aggressor Hass entgegenschlug, als er wagte, die Krönungskirche der französischen Könige und ein Nationaldenkmal Frankreichs in eine Ruine zu verwandeln.

IV. Gotik als Deutsche Kunst

Die Vollendung des Kölner Doms

Seit Goethe in seiner Schrift *Von deutscher Baukunst* (1772) einen Hymnus auf das Straßburger Münster und seinen Erbauer Erwin von Steinbach angestimmt hatte, galt die Gotik in den deutschen Ländern als deutsche Baukunst.[1] Im Gegensatz zu der auf den Säulenordnungen der Antike beruhenden Architektur der Franzosen habe, so Goethe, erstmals der Genius des Erwin von Steinbach die himmelsstrebende Gotik nach dem Vorbild des Waldes erfunden. Weil unmittelbar der Natur nachempfunden, sei einzig sie eine wahre Kunst! Und nur die Deutschen als die seit der Antike gefürchteten Bewohner der dunklen Wälder, die, so Goethe weiter, «die ganze Welt barbarisch nennt», konnten diese naturwüchsige gotische Architektur des Waldes und der Bäume errichten. Daher könne sie nur mit «Empfindung» richtig wahrgenommen werden und sei letztlich unerklärlich: «Ein ganzer, großer Eindruck füllte meine Seele, den, weil er aus tausend harmonierenden Einzelheiten bestand, ich wohl schmecken und genießen, keineswegs aber erkennen und erklären konnte.»[2]

In seiner enthusiastischen Entdeckerfreude hielt der junge Goethe vor dem Straßburger Münster sein deutlich antifranzösisches Urteil nicht zurück. Es äußerte sich nicht zuletzt in seiner heftigen Kritik an den Thesen des Abbé Marc-Antoine Laugier und dessen 1753 erschienenem *Essai sur l'architecture*. Laugier hatte die Entstehung der Architektur aus der sogenannten cabane rustique (Urhütte) abgeleitet und die konstruktive Rationalität der antiken Säulenordnungen hervorgehoben.[3]

Die deutsche Gotikbegeisterung beruhte vor allem auf zwei Vorstellungen. Zum einen wurde sie von der Überzeugung getragen, dass diese mittelalterliche Kunstform, weil der Natur nachgefühlt, eine deutsche Schöpfung sei. Zum anderen wurde immer wieder darauf verwiesen, dass sie Ausdruck eines inneren Erlebnisses sei, das vor allem, wenn nicht sogar ausschließlich Deutsche wahrnehmen können. Der Schriftsteller, Naturkundler und Weltreisende Georg Forster erfuhr, wie Goethe in Straßburg, bei seinen Besuchen in Köln und der Besichtigung des dortigen Domes den «Schauer des Erhabenen», im Gegensatz zur rationalen «Vollendung», die die griechische Baukunst vermittle.[4] Gotische Architektur sei die reinste Verkörperung tiefen religiösen Empfindens, das den Zusammenhalt der mittelalterlichen Gesellschaft gekennzeichnet habe. Die Rückbesinnung auf diese Werte könne in der Gegenwart endlich zu einem Wiederaufleben einer deutschen Einheit führen.

Nach Goethes und Forsters Begeisterung in der Epoche des Sturm und Drang feierten die deutschen Dichter und Künstler der Romantik in den Jahren der napoleonischen Besetzung die Gotik als einen nationalen Stil. Wilhelm Heinrich Wackenroder, die Brüder August Wilhelm und Friedrich Schlegel, Karl Friedrich Schinkel, Caspar David Friedrich und andere trugen durch ihre Werke zu der wachsenden Wertschätzung der gotischen Architektur und gleichzeitig ihrer Bewertung als einer deutschen Baukunst bei. Gotik bedeutete für die Romantik mehr als nur ein architektonischer Stil. Sie war vielmehr Ausdruck eines Lebensgefühls, eines Empfindens, einer Weltsicht. Gotisch war das Nicht-Klassische, die Verweigerung von Ratio zugunsten des Gefühls.[5]

Darüber hinaus erschien das Mittelalter einer jugendlichen Generation in den Jahren der Befreiungskriege gegen Napoleon als eine Epoche, die als Vorbild für die Gegenwart und die erhoffte zu erringende politische Freiheit dienen konnte. Der Traum von einer Einigung aller deutschen Staaten in einem Nationalstaat fand seinen sinnbildlichen Ausdruck in der gotischen Kathedrale, wie sie der preußische Architekt und Künstler Karl Friedrich Schinkel in einem für Berlin geplanten, allerdings nie realisierten Nationaldom entwarf. Auch in Gemälden vergegenwärtigte Schinkel die Vision eines idealen Domes, erhöht über der Stadt, als Wohnort und Wirkungsstätte freier und frommer Bürger. (Abb. 53) Die gotische Kathedrale wurde zum Symbol einer alle Deutschen vereinigenden Architektur, die in den Himmel strebt und damit zum Ausdruck bringt, in der Vereinigung aller Kräfte auch die politische Freiheit und Einheit zu finden.[6]

In der bekenntnishaften Begeisterung für die gotische Architektur war, wie bereits beim jungen Goethe, ein antifranzösisches Element nicht zu übersehen. In der deutschen Romantik mit ihrer antinapoleonischen Haltung äußerte sich diese nationale Gotikbegeisterung dann in aller Deutlichkeit während des mit großem propagandistischem Aufwand vorbereiteten Unternehmens, den Kölner Dom als ein nationales Symbol zu vollenden. Der katholische Publizist, Naturphilosoph, Journalist und Lehrer Joseph Görres bezeichnete diese Aufgabe als «ein Dankesopfer für die Befreiung von der französischen Knechtschaft» unter der napoleonischen Besetzung. Dieses Unternehmen würde die Deutschen vereinen, aus ihrer Zerrissenheit befreien und den Kirchenbau zu einem «Nationaldenkmal» erhöhen. Görres gab, wie Thomas Nipperdey zum Ausdruck brachte, «dem entstehenden ästhetisch-historischen und denkmalpflegerischen Interesse am Kölner Dom die entschieden nationalpolitische Wendung».[7]

Den seit dem späten Mittelalter Torso gebliebenen Kölner Dom zu vollenden, erschien als ein symbolisches Unternehmen, an dem sich das Land bewähren könne. (Abb. 54) An dieser Aufgabe mitzuwirken bedeutete, sich zu einer seit langem erstrebten politischen Zusammengehörigkeit zu bekennen. Die Hoffnung, der vollendete Dom könne «ein großes Denkmal deutscher Einigkeit werden», lässt sich schon in den Schriften von Joseph Görres, Ernst Moritz Arndt, Friedrich Schlegel und Sulpiz Boisserée, der sein Leben dieser Idee widmete, finden.[8] Boisserées Fund eines mittelalterlichen Bauplans für den Kölner Dom, seine Vermessung und seine genaue Bestandsaufnahme des Bauwerks förderten die Diskussion über einen möglichen Weiterbau.[9] Schlegel begleitete Boisserée mit seinen *Grundzügen der Gotischen Baukunst* (1804–05), indem er den mittelalterlichen Baustil als erster Autor einer dichten, formal-analytischen Betrachtung unterwarf und gleichzeitig seine sinnliche physische Wirkung als die Erfahrung von Unendlichkeit beschrieb.[10] Auch bezeichnete er in diesem Zusammenhang zum ersten Mal die Architektur als «kristallisierte Natur», ein Begriff, der sich ein Jahrhundert später, im Expressionismus, etwa bei Bruno Taut oder am Bauhaus bei Lyonel Feininger wie-

53. Karl Friedrich Schinkel, *Dom über einer Stadt,* 1813, Öl auf Leinwand, Kopie von K. E. Biermann, ca. 1830, München, Neue Pinakothek, Bayerische Staatsgemäldesammlungen.

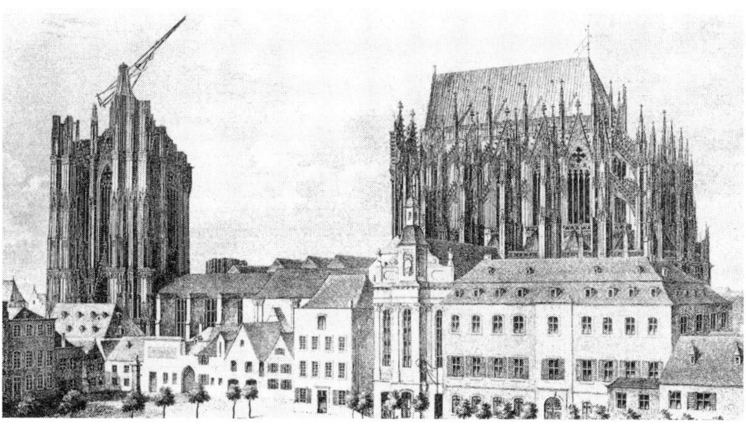

54. *Der Dom zu Köln vor Beginn des Weiterbaus im Jahre 1824,* Lithografie, aus: Max Hasak, *Der Dom des heiligen Petrus zu Köln am Rhein* (Berlin: Hermann Walther, 1919), S. 160.

derfindet. Der Mythos des Irrationalen der gotischen Architektur sollte bis in das frühe 20. Jahrhundert hineinwirken.[11]

Der gotische Dom in Köln stiftete durch die scheinbar übergroße Aufgabe seiner Vollendung ein alle Deutschen verbindendes Gemeinschaftsgefühl. Sich an diesem Werk durch einen finanziellen Beitrag oder im Rahmen der erfolgreichen Lotterien zu beteiligen, einigte alle gesellschaftlichen Stände, alle Berufe und überwand sogar den religiösen Antagonismus zwischen Katholiken und Protestanten. Allerdings war nicht zu übersehen, dass die zunächst alle deutschen Länder einschließende nationale Initiative, nach 1842 von dem preußischen König, Friedrich Wilhelm IV., nachhaltig unterstützt, von den Interessen Preußens bestimmt wurde, um die katholischen Rheinlande endgültig an das protestantische Preußen zu binden.

Für die Grundsteinlegung im Jahre 1842 reiste der preußische König Friedrich Wilhelm IV. persönlich an und bezeichnete den Weiterbau als «das Werk des Brudersinnes aller Deutschen, aller Bekenntnisse». Die Zeiten der Zerwürfnisse sollten ab jetzt überwunden sein, und das «ehrlose Untergraben der Einigkeit deutscher Fürsten und Völker, das Rütteln an dem Frieden der Konfessionen und der Stände müsse ein Ende haben. Nie ziehe jemals wieder der Geist hier ein, der einst den Bau dieses Gotteshauses, ja den Bau des Vaterlandes hemmte!»[12] Die Einheit der Nation zu bewirken, erscheint in diesen Worten wie ein Werk zum Lobe Gottes und ist gleichnishaft mit der Vollendung der Kathedrale verbunden.

Auf dem schwierigen Weg der politischen Einigung der Deutschen, die unter preußischer Führung erst 1871 nach der französischen Niederlage gelang, bedeutete die Anstrengung, die Kölner Kathedrale zu vollenden, einen wichtigen Zwischenschritt. Ein mittelalterliches Bauwerk, ein Torso gebliebenes architektonisches Kunstwerk, wurde zum vaterländischen Symbol, zu dem sich alle Deutschen als zu ihrem nationalen Denkmal bekannten. Die Sehnsucht, diesen Bau zum Abschluss zu bringen, entsprach dem Verlangen, endlich eine Einigung aller deutschen Länder zu einer gemeinsamen Nation zu erreichen. Erst im Jahre 1880 konnte der vollendete Dom in Anwesenheit Kaiser Wilhelms I. feierlich eingeweiht werden. (Farbtafel 55)

Die Vollendung des Kölner Domes war ein Kapitel der deutschen

Kulturgeschichte, eng verbunden mit der politischen Entwicklung zu einem Nationalstaat. In diesem Prozess war stets die Auseinandersetzung mit Frankreich gegenwärtig. Die Vereinigung der deutschen Länder vollzog sich nicht ohne Spannung mit dem Nachbarland. Wenn die Deutschen die Gotik als ihren Stil beanspruchten, musste dies im Nachbarland geradezu als Provokation erscheinen. Spätestens seit der Mitte des 19. Jahrhunderts war längst wissenschaftlich erwiesen, dass die Gotik in der Île-de-France entstanden war. Dieser Umstand wurde gleichwohl über Jahrzehnte von vielen deutschen Autoren mit ungebrochener Überzeugungskraft geleugnet. Aufgrund der langen Geschichte der Gotik als eines deutschen, nationalen Stils fiel es nicht nur der allgemeinen Öffentlichkeit, sondern sogar den Fachleuten schwer, diese Tatsache anzunehmen.

Französische und deutsche Gotik

Die Aneignung des Kölner Domes als eines in seinem Wesen deutschen Bauwerks brachte seit der zweiten Hälfte des 19. Jahrhunderts vor allem die Gelehrten des sich entwickelnden Faches Kunstgeschichte in Schwierigkeiten. Hatten noch Boisserée, Görres und andere das Lob des anonymen genialen deutschen Baumeisters gesungen, betonte bereits Franz Kugler, Professor für Kunstgeschichte an der Kunstakademie in Berlin, dass die Gotik in der Île-de-France entstanden war.[13] Er bezeichnete die Gotik als «germanische Kunst», womit er allerdings diesem Stil keineswegs eine nationale Zuordnung geben wolle.[14]

Die französischen Kathedralen rückten zusehends als verwandte Vorstufen ins Bewusstsein der Gelehrten wie Franz Mertens und August Reichensperger.[15] Köln konnte zwar durchaus besondere Eigenarten innerhalb der architektonischen Entwicklung aufweisen. Es war allerdings nicht mehr zu übersehen, dass der Dom in engstem Zusammenhang mit den französischen Vorbildern, insbesondere der Kathedrale von Amiens betrachtet werden musste. Wie konnte dann aber dieses Bauwerk zum Symbol des deutschen Wesens werden? Wie konnte ferner seine Vollendung den Ausdruck des Willens der Deutschen, eine staatliche Einheit zu werden, repräsentieren? Eine sachliche Beantwortung dieser Fragen lag auf der Hand, wurde aber kaum diskutiert. Die Vereinnahmung eines architektonischen Kunstwerks im Namen politischer nationaler Identifikation war eine romantische Mystifikation, die der historischen Forschung nicht standhielt.

Das Beharren auf den aus der Romantik stammenden Vorstellungen auch bei den Gelehrten des Faches Kunstgeschichte veranschaulicht die ideologische Verknüpfung von Forschung und Nationalgefühl in der Epoche des Deutschen Kaiserreiches. Bereits Franz Kugler, Karl Schnaase und Wilhelm Lübke wussten, dass die Gotik in Frankreich entstanden war. Sie und viele andere vertraten dennoch die Ansicht, sie sei in Deutschland zu ihrem Höhepunkt gelangt. So führte Kugler aus: «Die edelsten Beispiele des Styles [...] gehören Deutschland an; unter ihnen ist kein Gebäude höher zu schätzen als der Dom zu Köln.»[16] Und selbst der bedeutendste Architekturforscher der Epoche um 1900, Georg Dehio, stellte die Frage, ob die Ähnlichkeit der Chöre in Amiens und Köln nicht zu der Vermutung Anlass geben sollte, der Kölner Architekt sei auch der Baumeister von Amiens.[17]

Als Frankreich nach der Niederlage im Krieg von 1870/71 die Gebiete von Elsass und Lothringen an das Deutsche Reich abgeben musste, wurden die eroberten Gebiete einer Politik der «germanisation» unterworfen. Im Rahmen dieser Maßnahmen flossen erhebliche Mittel, die Wilhelm II. persönlich genehmigte, nach Metz zur Restaurierung der Kathedrale. Es handelte sich dabei nicht nur um dringend notwendige Reparaturen, sondern auch um den Rückbau von klassizistischen Anbauten, die aus der Zeit des *Ancien Régime* stammten. Der Kathedrale sollte ihr ursprüngliches gotisches Aussehen zurückgegeben werden. Bei diesem neugotischen Unternehmen orientierte sich der Architekt Paul-Otto-Karl Tornow an französischen Vorbildern sowohl der Champagne wie auch Burgunds, keineswegs an deutschen gotischen Kirchen. Allein die Hinzufügung einer Skulptur des Propheten Daniel an dem historistischen Westportal mit den Gesichtszügen Wilhelms II. war ein fremdartiger Hinweis auf den Patron der Arbeiten an dem neuen Eingang zur Kathedrale, die der Kaiser mehrfach besichtigte. 1903 weihte er das vollendete Portal feierlich ein.

Die französische Reaktion war kritisch und richtete sich vor allem gegen die Politik der «germanisation» und den Abbruch der Bauten des

18. Jahrhunderts. Wenn die Deutschen auch den gotischen Bau restaurierten und im neogotischen, keineswegs aber in spezifisch deutschem Sinne erweiterten, wurden die Arbeiten doch als ein Eingriff in die Kultur des Nachbarlandes empfunden. Der Begriff der «Zerstörung» der Kultur Frankreichs kam in dieser Epoche, im Gegensatz zu den Jahren nach der Bombardierung von Reims, noch nicht auf. Das Deutsche Reich wurde aber bereits als eine Gefahr für eine nicht nur politische, sondern auch kulturelle Aggression betrachtet.[18]

In endlosen Diskussionen, die dem Leser heute als merkwürdig und weitschweifig erscheinen, suchten die Gelehrten die These von der Gotik als deutschem Stil zu retten.

Dass sie in Nordfrankreich entstanden sei, könne damit erklärt werden, dass dieser Landesteil als germanisches, normannisches Gebiet eine enge Verbindung mit den deutschen Ländern aufweise. Damit wurde sogar die Rassentheorie zur Hilfe gerufen, um die Gotik als vom Wesen her deutsch zu deuten. Viele deutsche Bauarbeiter und Architekten hätten in den Bauschulen in Frankreich gearbeitet, weshalb manche deutschen Bauideen in den französischen Kathedralen sichtbar seien.[19] Das Festhalten an einer seit der Romantik entwickelten, vagen Vorstellung von Nation und nationaler Kunst und die Anwendung dieser Begriffe auf die mittelalterliche Kultur führten seit dem 19. Jahrhundert zu verwirrenden Aussagen in der Diskussion der Gelehrten. In Zeiten politischer Animosität zwischen Frankreich und Deutschland um 1900 verschärfte sich dieser Diskurs sogar noch. Vor allem die deutschen Kunsthistoriker beharrten auf ihrer Meinung, obwohl die historischen Fakten längst offensichtlich waren. Émile Mâle triumphierte: «L'Allemagne, on le voit, refusait de se rendre à l'évidence […] quelle souffrance et quelle humiliation!»[20] Es fiel den Deutschen schwer, den Kölner Dom, dessen Architekten wesentliche Elemente der Kathedrale von Amiens verdankten, nicht mehr als Nationaldenkmal zu feiern.

«Daß kluge Männer», führte Heinrich Lützeler aus, «Vertreter der ernsten fachlichen Forschung, diesen intellektuellen Tanz um das Goldene Kalb des Nationalen durchführen, blind gegen die Wunder der französischen Gotik, gegen die künstlerischen Grenzen des Kölner Domes, gegen die übernationalen Kräfte des hohen Mittelalters, beweist die ungeheure faszinierende Wirkung der völkischen Idee im 19. Jahrhundert, der Franzosen wie Deutsche in der Polemik um den Kölner Dom, nur mit umgekehrten Wertsetzungen, verfallen sind. Es gibt wohl kein zweites Beispiel in der Geistesgeschichte des 19. Jahrhunderts, das so mannigfaltig und intensiv wie der Kölner Dom die Zaubermacht der nationalen Idee erhellt, welche in diesem Falle selbst die Wissensreichen vergesslich und die Weisen zu Toren gemacht hat.»[21]

Die französische Antwort auf diese Vereinnahmung der Gotik und ihre Stilisierung zu einer deutschen nationalen Kunst ließ nicht auf sich warten. Mâles oben schon erwähnte, bittere Polemik in seinem Buch *L'art allemand et l'art français du Moyen Âge*, geschrieben unmittelbar nach der Beschießung der Kathedrale von Reims, verfiel ihrerseits in einen chauvinistischen Ton, in dem sie der deutschen Kunst keine Originalität zugestand. Sie war allerdings die, wenn auch zu aggressiv formulierte, Antwort auf ein deutsches nationalistisches Gotikverständnis, das sich in der Romantik entfaltet und bis in die Epoche des Wilhelminismus fortgesetzt hatte.[22] Die Vorstellung des Nationalstaates, wie er sich vor allem im 19. Jahrhundert entwickelt hatte, steckte auch in den Köpfen der Wissenschaftler. Sie hatten Mühe, die erkennbaren Fakten mit der Ideologie nationalistischer Abgrenzung in Übereinstimmung zu bringen.

Gotik und nordische Rasse

Trotz immer differenzierterer Forschungsergebnisse, sowohl von der französischen als auch der deutschen Kunstgeschichte, blieben die Diskussionen über das «Wesen» der Gotik und ihre Entstehung in den Jahrzehnten vor und nach dem Ersten Weltkrieg bestehen. Hierzu trugen nicht zuletzt die etwas verwirrenden Schriften von Wilhelm Worringer bei. Sein grundlegendes Werk mit dem Titel *Abstraktion und Einfühlung*, 1907 erschienen, galt vor allem einer jüngeren Generation expressionistischer und abstrakter Künstler als Schlüsselschrift der Moderne.[23] Dieser essayistische, philosophierende Beitrag verstand sich, wie der Autor es ausdrückte, als ein «Beitrag zur Stilpsychologie». Sich vor allem auf Alois Riegls Vorstellung über das «Kunstwollen» und die Schriften seines Lehrers Heinrich Wölfflin berufend, stellte Worringer das künstlerische Schaffen als Nachahmung in Frage und suchte es durch den Drang nach

Abstraktion zu erklären. Künstlerische Produktivität sei der bildliche Ausdruck von psychischen Erlebnissen und Erfahrungen.[24]

In seinem zweiten Buch, *Formprobleme der Gotik*, 1912 erschienen, ging es ihm um die psychologisch ausgelegten Formen der von ihm besonders betonten Linienführung sowohl in der Architektur wie in der Ornamentik und der Malerei. Worringers oft schwer fassbare, ideengeschichtlichen Gedankengänge, die ihn quer durch die Kunstgeschichte bis zur ägyptischen Kunst und der Geschichte des Ornaments leiteten, wurden weithin rezipiert, vor allem wegen ihrer oft prägnanten Begrifflichkeit, weniger wegen ihrer konkreten Aussagen. Seine rassentheoretischen Interessen und die antirationalistische Argumentation, für die er vermutlich in Frankreich wenig Sympathie fand, konnten allerdings leicht zu Missverständnissen führen oder sogar falsch ausgelegt werden.

Gotik war für Worringer Ausdruck eines irrationalen Formempfindens, das er dem «nordischen Menschen» zuschrieb. Goethes Schrift fand bei ihm noch im frühen 20. Jahrhundert einen Nachklang. Als gotisch analysierte Worringer die nicht rationale Bauweise oder Ornamentform, die zur griechischen Architektur im Gegensatz stehe. Er sprach von der «gotischen Entmaterialisation» und führte aus: «Der griechische Baumeister tritt an sein Material, den Stein, mit einer gewissen Sinnlichkeit heran, er lässt darum die Materie als solche sprechen. Der gotische Baumeister dagegen tritt mit einem rein geistigen Ausdruckswillen an den Stein heran, d.h. mit Konstruktionsabsichten, die künstlerisch unabhängig vom Stein konzipiert werden [...].»[25]

Die wahre Vollendung der Gotik sei, so Worringer, der Sieg des Nordens über den Süden. Er kommt daher zu dem merkwürdigen Schluss, dass Frankreich nicht das Heimatland der Gotik genannt werden könne: «[...] nicht die Gotik entstand in Frankreich, sondern das gotische System.»[26] Frankreich sei ein Land, in dem sich die nordische und die romanische Kultur verbinden, daher könne man wohl sagen, «dass Frankreich die schönsten lebendigsten gotischen Bauten geschaffen hat, aber nicht die reinsten. Das Land der gotischen Reinkultur ist der germanische Norden.»[27]

Worringers Vorstellungen fanden in einem weiteren Buch mit dem bezeichnenden Titel *Die deutsche Sondergotik* (1913) von Kurt Gerstenberg noch eine tiefere Ausdeutung.[28] Diese Interpretationen der Gotik, geprägt von den Rassentheorien der Epoche, erscheinen uns heute als seltsam und überholt. Worringers Analysen haben mit diesen Aussagen die Zeit nicht überlebt. In der Geschichte der Gotikforschung ist sein Buch immerhin noch insofern von historiographischem Interesse, als seine von Wölfflin inspirierte stilpsychologische Interpretation einige charakteristische Elemente der gotischen Architektur anschaulich zu beschreiben vermochte. Sicherlich richtig ist die Darstellung von Michela Passini, dass diese Gotik-Auslegungen jedenfalls eine nationalistische Aneignung der mittelalterlichen Kunstform gefördert haben. Prägnant formuliert fasst Passini die Thesen so zusammen: «[…] junge Kunsthistoriker wie Wilhelm Worringer und Kurt Gerstenberg vollbrachten es, aus der Gotik ein Dauerthema germanischer Einbildung zu machen.»[29]

Ein französischer Leser musste allerdings bei Erscheinen des Buches von Worringer über *Formprobleme der Gotik* irritiert reagieren. Die französischen Kathedralen wurden darin zu vorbereitenden Bauwerken degradiert – die Gotik habe sich erst in den nordischen Ländern, vor allem in Deutschland, zu ihrer eigentlichen Blüte entfaltet. Immerhin führte er Dehio an, für den die Gotik «an keine nationale Bedingtheit unmittelbar gebunden, sondern eine übernationale Zeiterscheinung» gewesen sei. Für das Mittelalter sei charakteristisch, «dass es die nationalen Unterschiede unter der Glut eines die ganze europäische Menschheit erfassenden religiösen und kirchlichen Einheitsbewusstseins zusammengeschmolzen habe».[30]

Man kann aus Worringers Analysen keine antifranzösische Haltung ablesen. Es ist auch auf keinen Fall aus dem Buch abzuleiten, dass die deutsche Wissenschaft vorsätzlich die Zerstörung der französischen Baukunst vorbereitet habe, was absurderweise von der französischen Propaganda nach der Beschießung der Kathedrale von Reims verbreitet wurde. Der analytische Ansatz allerdings bezeugt Überheblichkeit. Die Kultur des Nachbarlandes erscheint als eine Mischform aus südlichen und nördlichen Elementen. Die «reinste» Form der Gotik hat, so Worringer, Frankreich nicht hervorgebracht. Über eine Rezeption seines Buches in Frankreich ist nicht viel bekannt. Sie war vermutlich nicht wesentlich. Aber die Schrift war geeignet, im eigenen Lande Ressentiments zumindest nicht auszuschließen, wenn nicht gar zu fördern. Worringers populäres Buch, es erschien in zwei Auflagen vor dem Krieg, 1911 und 1912, konnte als ein Versuch der Aufwertung der deutschen Gotik zu Lasten der französischen verstanden werden.

Auch einen Satz aus Thomas Manns *Betrachtungen eines Unpolitischen* (1918), in welchem die «wahre» Gotik als deutsch deklariert wird, musste ein französischer Leser befremdet zur Kenntnis nehmen: «Frankreich und Deutschland, sie waren einmal eins im Mutterschoße der Zeiten, bevor ihre Lebenswege sich schieden und tödlicher Haß zwischen sie kam. Ein gemeinsamer künstlerisch-metaphysischer Besitz verbindet sie, der keinem von beiden allein zugesprochen werden kann: Aus deutschem Geist schuf Frankreich die Gotik.»[31]

So mag es auch nicht erstaunen, dass Worringers publizistische Äußerungen nach der Beschießung der Kathedrale von Reims kaum auf die Zerstörungen eingingen, sondern sich ausschließlich gegen den Protest der französischen Seite richteten. 1915 erschien in der Zeitschrift *Kunst und Künstler* einer der polemischsten Artikel gegen die französischen Proteste aus seiner Feder.[32] Es kann keine Frage sein, dass er die Vorgänge beklagte, wenn er von der «grossen Trauer wegen ihrer glücklicherweise nur geringfügigen Beschädigungen» und an anderer Stelle von «dem unvergänglichen formalen Genie der französischen Rasse spricht, wie es uns in seinen geistigen und künstlerischen Produkten so unaufhörlich entgegengetreten ist.» Und selbstverständlich bewunderte auch Worringer die Schönheit der Reimser Kathedrale mit einem geradezu pathetischen Ausruf: «Und so grüssen wir denn auch heute noch, über all die Entsetzlichkeit und Sinnlosigkeit dieses Krieges hinweg, in alter Bewunderung das formale Genie der französischen Rasse, wie es uns so glänzend in eben jener Kathedrale entgegentritt, die nach französischem Ratschluss zum Stein werden sollte, an dem unser moralischer Ruf vor dem Gerichtshof der europäischen und aussereuropäischen Öffentlichkeit zerschellen sollte.»[33]

Allerdings war auch bei Worringer, wie bei so vielen anderen, das Pflichtbewusstsein gegenüber der Regierung stärker als der Drang, auf die fatalen Folgen dieses Krieges und die Zerstörung der Denkmäler hinzuweisen. Aus diesem Umstand kann man keine Geringschätzung der französischen Kultur ableiten, wohl aber ein Bekenntnis zur eigenen Obrigkeit und eine Rechtfertigung ihres militärischen Vorgehens. Die Franzosen hätten die Beschießung geradezu provoziert: «Ja, ich wage es auszusprechen, sie hatten ein Interesse daran, dass die Reimser Kathedrale beschossen würde: sie wollten es.»[34] In solchen Sätzen manifestiert sich die tiefe Verletzung der deutschen Gelehrten, als Hunnen und Barbaren hingestellt zu werden. Sie trieb Worringer sogar zu solchen, geradezu grotesken Unterstellungen.

Doch war Worringer mit dieser Aussage keineswegs allein. Sie beruhte vermutlich auf Presseberichten, denn am 24. September 1914 schrieb in ähnlicher Formulierung Stefan Zweig, dem man diesen Gedanken am wenigsten zugetraut hätte, in sein Tagebuch: «Die Kathedrale von Rheims von den Deutschen beschossen und beschädigt – ich kann mir den Wutschrei denken, mit dem die ganze gebildete Welt das beantwortet – und doch war es eine Falle der Franzosen, die es *wollten*, daß die Deutschen sich moralisch schädigten – denn anders Schaden zuzufügen ist ihnen bisher noch nicht gelungen.»[35]

In Worringers Artikel findet sich auch das Argument, welches in *An die Kulturwelt!* vorgetragen worden war, nämlich dass, trotz größten Bedauerns, ein fremdes oder eigenes Kunstwerk «schmerzerfüllt aber ohne Zögern» geopfert werden müsse, wenn auf diese Weise eine Handvoll deutscher Soldaten gerettet werden könne: «Das mag Barbarentum sein, aber dann ist es ein Stück gesunden Barbarentums, dessen wir uns nimmer schämen wollen.»[36] Wieder treffen wir auf den Gegensatz der Vorstellungen von Kultur und Zivilisation. Dem deutschen Gelehrten ist der Schutz von Menschenleben wichtiger als die Erhaltung eines, sei es auch noch so bedeutenden, Kunstwerks und historischen Denkmals.

Mâles scharfe Attacke gegen die deutsche Kunst wird vor dem Hintergrund von Worringers Buch *Formprobleme der Gotik* verständlich. Natürlich ist seine Grundthese, die deutsche Kunst sei grundsätzlich nur Imitation, absurd, doch lässt sie sich aus einer spontanen, emotionalen Reaktion auf die Beschießung der Kathedrale und auf Publikationen wie jener Worringers erklären. Hatte dieser nicht etwas zu lautstark und bombastisch von der Vollendung und dem Höhepunkt der Gotik in Deutschland gesprochen? Hatte er nicht den nordischen Menschen als denjenigen hingestellt, der zwar manche Anregungen aus Frankreich bezogen, aber doch letztlich erst durch seine Erfindungskraft der Gotik den wahren Glanz verliehen hätte? Solche Äußerungen, deren wissenschaftliche Basis ohnehin höchst fraglich war, mussten die französischen Gelehrten irritieren, wenn nicht sogar verletzen. Einige Jahre vor dem Krieg erschienen, mochte Worringers Publikation durch die französische Kunstgeschichte einfach ignoriert werden. Sie war ja auch eher ein psychologisierendes Traktat als ein fachlicher Beitrag. Aber nach der Bombardierung von Reims, nach der Veröffentlichung von *An die Kulturwelt!* und Worringers aggressivem Beitrag in *Kunst und Künstler* trat Polemik an die Stelle der fachlichen Auseinandersetzung. Mâle konnte nun überhaupt keine Qualität mehr in der deutschen Kunst entdecken. Selbst die Bamberger Plastik sei nur ein ärmlicher Versuch der Nachahmung von Meisterwerken in Reims. Er konstatiert in anklagendem Ton: «Aber es gibt eine Menge Dinge, die die französischen Meister ihren Schülern nicht beibringen konnten: ein Deutscher bleibt ein Deutscher. Diese Statuen in Bamberg könnten gefallen, wenn man die Originale nicht kennte; der Vergleich ist erschütternd [...]. Die Jungfrau der Visitatio in Reims, diese edle Figur, in der noch die Abgeklärtheit der griechischen Kunst atmet, ist in Bamberg eine herkulische Matrone mit Negerlächeln geworden.»[37]

Die Gotik als künstlerischer Ausdruck des nordischen im Gegensatz zum griechischen Menschen und das Durcheilen der abendländischen Kunstgeschichte mit großen Schritten – ja sogar China und Indien wurden gelegentlich miteinbezogen – blieben ein Thema deutscher psychologisierender und kunsttheoretisierender Schriften. Karl Schefflers *Geist der Gotik*, 1919 erschienen und in mehreren Auflagen immer wieder herausgegeben, setzte diese Überlegungen – nicht ohne Worringers Anregungen – weiter fort. Für Scheffler zeichnet den griechischen Stil «die Regel, der Kanon, das Wissen um die Wirkungen» aus, während für die Gotik «die unmittelbare Ausdrucksform» charakteristisch sei.[38]

Aus den vielen Äußerungen zur Gotik als nordischer Kunst oder gar der Behauptung, sie sei erst in den deutschen Ländern zu ihrem architektonischen und bildhauerischen Höhepunkt gelangt, konnte nicht abgeleitet werden, die Deutschen seien in Frankreich eingedrungen, um die dortigen Kunstwerke zu zerstören. Diese durchgängig wiederholte Behauptung der französischen Seite war reine Propaganda. Allerdings spiegelt die Geschichte der Gotik-Rezeption in den beiden Nachbarländern wider, wie dieser mittelalterliche Baustil im 19. und frühen 20. Jahrhundert als Kennzeichen der jeweiligen nationalen Identität angesehen wurde.[39] Die Franzosen konnten, auf historische Evidenz bauend, feststellen, dass sie in Frankreich entstanden war. Die Deutschen traten dem entgegen und behaupteten, die dortige Entwicklung sei nur als Vorstufe eines Stils anzusehen, dessen Höhepunkt sich in den germanischen Ländern entfaltet habe.

Diese Auseinandersetzung geriet in einen wahren Strudel der Missverständnisse und Anfeindungen, als die Truppen der deutschen Armee in ihrem Vormarsch rücksichtslos auch Kirchengebäude beschossen. Die militärischen Aktionen schienen für die Franzosen zu bestätigen, dass ihre Zivilisation von den Deutschen wenig respektiert wurde, wenn sie diese nicht sogar absichtlich zu zerstören suchten. Die scharfe, ja beißende Propaganda, die Frankreich international zu verbreiten vermochte, setzte die deutsche Seite in Zugzwang. Es musste eine Antwort auf den Angriff der Franzosen gefunden werden, die Deutschen seien Barbaren und verwüsteten bewusst die Architektur und Kunst ihrer Nachbarländer.

V. Die Entstehung des Kunstschutzes

Kunstschutz und Propaganda

Den Krieg der Worte und Bilder haben die Deutschen verloren. Den französischen Karikaturen vermochten sie nichts Gleichwertiges entgegenzusetzen. Auch war die deutsche Propaganda unorganisiert und unvorbereitet. Der völlig unerwartet scharfe Angriff der internationalen Presse mag die überraschte und trotzige Antwort der deutschen Intellektuellen erklären. Sie empfanden es als ungeheuerlich, als Barbaren bezeichnet zu werden. Das propagandistische Gewitter wurde immer bedrohlicher und breitete sich auch außerhalb Europas aus. Was konnte getan werden, um dieser Flut von hasserfüllten Schriften und Bildern entgegenzutreten?

Mit der Gründung des *Kunstschutzes* erfanden die Deutschen auf die verletzenden Angriffe eine propagandistische Antwort, die sich in den folgenden Kriegsjahren, und auch im Zweiten Weltkrieg, als segensreich erweisen sollte. Allerdings vermochten auch die Verantwortlichen des *Kunstschutzes* nicht, sich von der politischen Auseinandersetzung zu lösen. Sie appellierten nicht an eine über die Grenzen hinausreichende Gemeinschaft zum Schutz der Denkmäler, sondern reagierten aggressiv auf die Angriffe des politischen Gegners. Diese Haltung ist in gewisser Hinsicht verständlich, denn ihr Einsatz wurde vom Gegner keineswegs gewürdigt.

Lange Zeit galt der *Kunstschutz* im Kriege als ein philanthropisches Unternehmen, unabhängig von allen politischen Implikationen. Er erschien konzeptionell und praktisch mit den Konventionen verbunden, in denen sich die Völkergemeinschaft in langen Diskussionen seit dem Ende des 19. Jahrhunderts zu gewissen Grundsätzen verständigt hatte, die im Jahre 1907 in Den Haag beschlossen wurden. Wegen mangelnder politisch bindender Verpflichtung waren sie reine Appelle und wurden kaum eingehalten.

Der *Kunstschutz* wird auch heute noch oft als eine rein kulturelle Initiative der Deutschen dargestellt. Seine Entstehung, wie Christina Kott überzeugend dargestellt hat, war jedoch ein propagandistisches Gegenmittel der deutschen Politik, um der internationalen und vor allem der französischen Kritik über die angebliche Zerstörungswut der deutschen Armee ein wirksames Argument entgegenzusetzen.[1] Es sollte gezeigt werden, dass die deutsche Armee Fachleute mit sich führte, die sich zum Ziel setzten, den Beschuss von Denkmälern zu verhüten, wie auch etwa getroffene Bauten wenn nicht zu restaurieren, so zumindest zu dokumentieren, inventarisieren und so möglichst zu konservieren. Keine andere Nation konnte im Ersten Weltkrieg eine vergleichbare Einrichtung aufweisen.

Im Oktober 1914, wenige Wochen nach der Beschießung von Reims und als unmittelbare Reaktion auf die internationale Protestwelle, wurde Paul Clemen, Professor für Kunstgeschichte an der Universität Bonn und Landesdenkmalpfleger der Rheinlande, nach Berlin bestellt und durch Kabinettsorder Wilhelms II. vom 1. Januar 1915 mit der Aufgabe betraut, zunächst in Belgien, dann auch in Frankreich und später an der Ostfront als Reichskommissar den *Kunstschutz* aufzubauen. Mit ihm wurde Otto von Falke, der Direktor des Kunstgewerbemuseums in Berlin, ernannt. Während Clemen den architektonischen Teil der Aufgabe übernahm, sollte von Falke das bewegliche Kunstgut betreuen. Die Mitglieder des *Kunstschutzes* wurden nicht als Zivilisten eingestellt, sondern waren Teil der Armee und traten in Uniform auf, wie auf Fotos zu erkennen ist. (Abb. 56)

Für die Wahl von Clemen war vermutlich seine Beziehung zum Kaiserhaus nicht unerheblich. Der Kronprinz hatte bei ihm in Bonn studiert. Clemens herausragende Kenntnis der mittelalterlichen Kunst, die lange Erfahrung in der Inventarisation von Denkmälern und sein hohes Ansehen als Provinzialkonservator der Rheinlande bildeten jedoch die entscheidende Grundlage seiner Wahl.[2] Allerdings gilt es zu betonen, dass

56. *Paul Clemen an der Westfront,* 1915–16, Köln, LVR-Amt für Denkmalpflege im Rheinland.

Clemen selbst die Initiative zur Einrichtung des *Kunstschutzes* ergriffen hatte. Sie ging auf ihn zurück, wie ein Brief vom 7. September 1914 bezeugt, in dem er aus Bonn schrieb: «Nun habe ich mich Herrn von Sandt, dem Civilgouverneur, für Belgien zur Verfügung gestellt. Es schien mir eigentlich, dass, sobald das Strafgericht vorüber, in den grossen Städten die praktischen Denkmalpfleger nachzusehen hätten, was hier noch durch unmittelbares Eingreifen zu retten und zu halten wäre, genau so, wie nach jeder Schlacht sofort die Sanitätskolonnen vor müssen.»[3]

Am 17. Oktober wartete er immer noch auf die Entscheidung aus Berlin. Sie erfolgte kurz darauf, denn noch im selben Monat reiste er nach Belgien. An diesem Tag schrieb er an Friedrich Schmidt-Ott, der im Preußischen Kultusministerium für den Kunstschutz verantwortlich war, und erwähnte dabei: «Mit einigem Bangen denke ich an das Schicksal von Reims».[4] Nach der Rückkehr aus Belgien schrieb er am 11. November 1914 an Schmidt-Ott: «Nach französischen Nachrichten, die ich über der Schweiz erhalte, sieht es doch in Reims bös aus – nicht durch unsere Schuld». Im Dezember reiste Clemen wieder an die Front und war am 6. Dezember vor Reims, wo er, wie er in einem Brief an seine Familie festhielt, die Kathedrale durch ein Scherenfernrohr beobachten konnte.[5]

Es kann als gesichert gelten, dass die Beschießung der Kathedrale von Reims und der internationale Protest die Entscheidung förderten, den *Kunstschutz* einzurichten. Die Zerstörungen in Belgien, vor allem aber der Brand der Bibliothek in Löwen, hatten Militär und Regierung bereits in Bedrängnis gebracht. Die Empörung über die Bombardierung von Reims zwang allerdings nun zu einer gewichtigen Antwort, die international zur Kenntnis genommen werden würde. Neben den öffentlichen Verlautbarungen, die in der Presse verbreitet wurden, entschied man sich zur Schaffung einer Einrichtung, die sichtbar machen sollte, dass der Vorwurf der Barbarei ungerechtfertigt war. Diese Bezeichnung hatte die Deutschen tief getroffen. Die Aufrufe, die ganz unterschiedliche Bevölkerungs- und Bildungskreise vereinten, förderten ein Gefühl der Zusammengehörigkeit. Man schloss sich zusammen, weil man sich ungerrecht behandelt fühlte. Manifeste, wie etwa das *Manifest der 93*, wurden allerdings von der gegnerischen Seite nur mit Hohn beantwortet. Es musste ein Zeichen gesetzt werden, um deutlich zu machen, dass Deutschland die Kunst, auch die der Gegner, zu schützen gewillt war. Mit dem *Kunstschutz* konnte die deutsche Regierung auf eine unmittelbare und praktische Tätigkeit verweisen, die der Erhaltung der Denkmäler, besonders der des politischen Gegners, galt. Clemen führte später aus, dass schon zuvor für die Verwaltung der besetzten Gebiete auf vielen Ebenen Vorbereitungen durch Regierung und Armee getroffen wurden, allerdings «die Frage einer Kunstpflege in den Vorarbeiten für die Mobilmachung außer acht gelassen worden sei».[6]

Bereits unmittelbar nach seiner Ernennung bereiste Clemen zunächst die betroffenen Gebiete in Belgien, anschließend auch in Nordfrankreich. Auf der Grundlage ausführlicher Aufzeichnungen legte er am 19. Dezember 1914 einen ersten Bericht mit dem Titel *Der Zustand der Kunstdenkmä-*

ler im Nördlichen und Östlichen Frankreich vor. Seine Ausführungen erschienen auch im Druck. Dies war sicher von vornherein beabsichtigt, da auf diese Weise auf die fehlerhaften, uninformierten oder polemischen Darstellungen der französischen Seite geantwortet werden sollte.[7]

Bei der Beurteilung dieses Berichts muss man aus heutiger Sicht sicher vorsichtig sein, weil schwer rekonstruierbar ist, inwieweit Form und Sprache in die institutionellen Gegebenheiten eingebunden waren. Dennoch kann wohl gesagt werden, dass Clemens Darstellung beruhigend, wenn nicht sogar verharmlosend wirkt. Von Verlusten bedeutender Denkmäler ist nicht die Rede. Gelegentlich spricht er von «notwendig gewordenen Zerstörungen einzelner Orte», bei denen deutlich verfolgt werden könne, wie «die Heeresleitung überall sorgsam um die Erhaltung der Denkmalbauten bemüht» gewesen sei.[8] Diese Formulierung suchte natürlich der internationalen Kritik, die von dem brutalen und zerstörungswütigen Vorgehen der Armee berichtete, entgegenzutreten.

Über Reims wiederholte er weitgehend die Aussagen des offiziellen Heeresberichts, die Kathedrale habe als Beobachtungspunkt und als Schutz für französische Batterien gedient. Bei seiner Bestandsaufnahme der Kathedrale konnte er sich nur auf Beobachtungen durch ein Fernglas aus 5,5 km Entfernung stützen. Er beschrieb, dass der Bau in seinem gesamten Strebewerk noch stehe, allerdings das Dach fehle. Bei der Darstellung der Beschädigungen des skulpturalen Fassadenschmucks bezog er sich auf Abbildungen aus Zeitschriften.

Nach der Beschreibung seiner Eindrücke in Soissons, Ypern, Noyon und Arras betonte er wiederum, «dass bei allen beklagenswerten Zerstörungen überall eine unbedingte Notwendigkeit vorlag», die Monumente wegen der Nutzung durch Beobachter zu beschießen.[9] Er führte weiterhin aus, dass auch die Franzosen und Engländer sich gezwungen sahen, Bauwerke aus denselben Gründen zu beschießen, und zählte verschiedene Beispiele auf.

Aufschlussreich ist auch seine Erwähnung der beschädigten Grablegung des Ligier Richiers in Lothringen, das damals zum Deutschen Reich gehörte. Clemen äußerte ironisch, dass es nun «Aufgabe der deutschen Barbaren sei, diese Denkmäler gegen die französischen Granaten zu schützen.»[10]

Eine ausführlichere Schilderung präsentierte Paul Clemen in seiner

Rede anlässlich des Tages der Denkmalpflege, der während des Krieges im Sommer 1915 in Brüssel organisiert wurde. Hierbei betonte er, dass die Ereignisse in Löwen und Reims den Ausschlag zur Gründung des *Kunstschutzes* gegeben haben: «Die beiden Namen Löwen und Reims [...] haben uns im Ausland [...] in der Übertreibung, in der die Nachrichten um die Welt liefen, mehr Abbruch getan, als zwei verlorene Schlachten».[11] Er suchte deutlich zu machen, dass Deutschland das «klassische Land der Denkmalpflege» sei. Dabei unterließ er es auch nicht, zu betonen, «daß uns die Gegner die Beschießung von Reims und anderen Städten nebst den darin befindlichen bedeutsamen Baudenkmälern aufgezwungen haben.»[12]

Das Argument entsprach der deutschen Propaganda, mit dem auch der Kriegsbeginn und der Einfall der deutschen Armee in das neutrale Belgien begründet wurden. Man habe den Krieg nicht gewollt, aber sich wegen der nicht annehmbaren Forderungen der Gegner gezwungen gesehen, militärische Mittel zu ergreifen. Mit dieser Aussage ist jedoch keineswegs auch die Zerstörung von Denkmälern logisch verbunden. Erstaunlich deutlich ist jedoch, wie der Denkmalpfleger Clemen politische und militärische Ziele anerkannte. Für den Sieg müssten Opfer gebracht werden. Da der Gegner den Krieg provoziert habe, trüge er die Verantwortung für die notwendigerweise entstehenden Verluste, sowohl an Menschenleben als auch von bedeutenden Denkmälern.

Clemens Rede auf der Kriegstagung für Denkmalpflege war nicht nur ein Bericht über die Zerstörungen und Verluste, sondern vor allem eine Verteidigung gegenüber den scharfen Angriffen auf das militärische Vorgehen der deutschen Armee. Er wolle «noch einmal Protest einlegen gegen die maßlosen und törichten Vorwürfe, die uns, unserer Kultur, unserer Kriegsführung gemacht worden sind.»[13] Immer wieder zitierte er den Vorwurf der Gegner: «Barbaren seid ihr, die ihr keinen Respekt habt vor dem heiligen Erbe alter Kunst, die ihr die kostbaren Palladien eurer Nachbarn freventlich verletzt und zerstört, unersetzlichen Kunstbesitz vernichtet, der der ganzen Welt angehört.» Die französische Regierung habe «unsere notgedrungene Beschießung von Reims in einem wortreichen Erlaß als einen empörenden Akt des Vandalismus, der die Menschheit eines unvergleichlichen Stückes ihres künstlerischen Erbgutes beraube, bezeichnet.»[14]

Der Vorwurf der Barbarei musste Clemen tief verletzen. Nicht nur über die mittelalterliche Architektur und Skulptur Frankreichs, sondern auch über die moderne Kunst hatte er publiziert. Im Jahre 1905 veröffentlichte er einen Aufsatz über Auguste Rodin, der ihm in einem Brief dafür herzlich dankte.[15]

Clemens Empörung war so groß, dass er in den Tonfall polternder nationalistischer Superiorität verfiel: «Und gern möchten wir uns als die Barbaren fühlen, die eine morsche politische Welt in Trümmer schlagen, als die Nation, die in diesem ungeheuren Völkerringen sich als die unverbrauchteste, im Besitz der stärksten inneren Gesundheit erwiesen hat, als das Volk, dem in der mitteleuropäischen Völkerfamilie die größte Jugend zukommt, das damit auch Anrecht auf die sicherste und dauerndste Zukunft hat.»[16] Heftig setzte er sich gegen die Angriffe der französischen Intellektuellen zur Wehr und beklagte die öffentlichen Proteste, die Barrès, Anatole France, Claudel, Monet, Rodin, Saint-Saëns, Debussy und sogar Romain Rolland unterzeichnet hatten. Für den Vorwurf, die deutschen Intellektuellen hätten sich ganz dem Militarismus unterworfen, gab Clemen ein sprechendes Zeugnis, wenn er auf der Tagung aussagte: «Und wenn wir diesen gesegneten und heilsamen militärischen Militarismus (sic!) nicht hätten, diesen Militarismus, den unsere Gegner angeblich ausrotten wollen, und um den sie uns doch am meisten beneiden, den sie uns jetzt nachzumachen suchen [...].»[17]

Diese Äußerungen überraschen umso mehr, als Clemen keineswegs eine grundsätzlich antifranzösische Gesinnung nachgesagt werden kann. Das Studium der Architektur und Kunst dieses Landes hatte er über Jahre betrieben, und er besaß auch eine genaue Kenntnis der literarischen und musikalischen Entwicklung Frankreichs. Im Jahre 1897 verbrachte er einen langen Studienaufenthalt in Paris, um die Geschichte und gegenwärtige Praxis der Denkmalpflege zu studieren. Die ein Jahr später erschienene Arbeit über dieses Thema stellte Frankreich gegenüber allen anderen europäischen Ländern das beste Zeugnis aus.[18]

Clemen griff in seiner Untersuchung von 1898 weit zurück und beschrieb die Anfänge der Denkmalpflege zur Zeit der Französischen Revolution mit der Gründung des *Museé des monuments français* durch Alexandre Lenoir. Er schilderte die bedeutende Rolle, die der Denkmalpflege nach der Julirevolution 1830 zugewiesen wurde, als François Guizot, Unterrichtsminister unter Louis-Philippe, ihr den Status einer staatlichen Institution verlieh. Clemen unterstrich auch die Rolle der romantischen Schriftsteller, die wie Victor Hugos *Notre-Dame de Paris* die mittelalterlichen Kathedralen auf neue Weise in das allgemeine Bewusstsein rückten. Er betonte weiterhin die Rolle von de Montalembert, der, wie Hugo, gegen die Zerstörung von Denkmälern, aber auch gegen ihre Verunstaltung durch unhistorische Rekonstruktionen kämpfte.

Schließlich erläuterte er, wie die Gründung der *Commission des monuments historiques* im Jahre 1837, die für die Aufstellung eines Verzeichnisses der Denkmäler verantwortlich war, schließlich zu dem Denkmalpflegegesetz von 1887 führte, das ein genaues Inventar («classement») als Grundlage für den Schutz eines Monumentes festlegte. Die bedeutende kulturgeschichtliche Tradition der Denkmalpflege in Frankreich war aber durch eine verwirrende Zersplitterung der Kompetenzen in ihrer Wirkung beeinträchtigt. Die *édifices diocésains*, die alle bedeutenden Kathedralen betreuten, sowie die *bâtiments civils*, die Behörde, der die Königsschlösser unterstellt waren, bildeten eigene und unabhängige Verwaltungen. Ihre Zuordnung zu Ministerien wechselte am Ende des 19. Jahrhunderts häufig, was klare Richtlinien der Arbeit erschwerte. Vor allem aber war die Sisyphusaufgabe der Inventarisation, einschließlich allen beweglichen Kunstgutes, kaum zu leisten. Clemen schildert respektvoll die bedeutende Tradition der französischen Denkmalpflege, ohne die großen Herausforderungen finanzieller und verwaltungstechnischer Art der Epoche vor der Jahrhundertwende zu übersehen. Von dieser kollegialen Anerkennung der französischen Denkmalpflege ist allerdings in seinen zu Zeiten des Krieges verfassten Texten nichts mehr zu spüren.

Clemen äußerte sich an einer Stelle seines Buches *Der Zustand der Kunstdenkmäler auf dem westlichen Kriegsschauplatz* (1916) versöhnlich, wenn er zum gemeinsamen Schutz der Denkmäler aufrief: «Mit den ernsten und wirklich besorgten Freunden der Denkmäler auch im Ausland, deren Befürchtungen wir verstehen, deren Unruhe wir teilen, möchten wir uns gern auseinandersetzen. Wir möchten miteinander und mit ihnen nach Mitteln und Wegen suchen, um vielleicht doch noch für die großen Monumente die Gefahr zu beschränken, sie außerhalb der kriegerischen Operationen zu setzen. Wir möchten nach einer Einigung über Formeln und Grundsätze forschen, in denen wir uns begegnen könnten, und nach Schutzmaßregeln wider die Gefahren, die wir selbst nicht zu beschränken vermögen.»[19] In die Hoffnung auf eine solche Einigung vermochte er aber selbst nicht einzustimmen, zumal immer wieder bösartige Unterstellungen veröffentlicht wurden, wie die von Maurice Maeterlinck, der behauptete, die Deutschen hätten den Rathausplatz von Brüssel unterminiert, um ihn zu sprengen.[20]

Ausführlich ging Clemen auf die Haager Konventionen ein, stellte aber fest, dass die Bedingungen weder in Belgien noch in Frankreich eingehalten worden seien. Gerade in Frankreich seien die Städte befestigt worden und hätten dadurch Bombardierungen herausgefordert. In diesem Zusammenhang zitierte er die Aussage des italienischen Kulturkritikers und Historikers Cesare de Lollis, die Beschießung der Kathedrale von Reims hätte vermieden werden können, wäre sie nicht zu militärischen Zwecken benutzt worden.[21] Clemen klagte die Franzosen an, dass sie nicht nur in Reims, aber besonders dort, «aus den herrlichsten Denkmälern, die die französische Gotik der Welt geschenkt, militärische Stützpunkte gemacht» hätten.[22]

In seinen Ausführungen gab Clemen einen mit reichen Illustrationen versehenen Überblick über die Zerstörungen in Belgien und Frankreich. Über mehrere Seiten hinweg, geradezu als Höhepunkt seiner Präsentation, stellte er die Situation in Reims dar. Es ist unwahrscheinlich, dass er sich zu diesem Zeitpunkt ein Bild vor Ort machen konnte, da die Stadt nicht in deutscher Hand war. In Reims konnte der *Kunstschutz* auch in den folgenden Kriegsjahren nicht aktiv werden. Die Stadt lag zwischen den Fronten und war für Deutsche unzugänglich.

Clemen begann seine Ausführungen über Reims mit einer hymnischen Beschreibung der gotischen Architektur und besonders des plastischen Schmucks. Er verwies auf die Tradition der deutschen Kunstgeschichte, diesen Bau zu erforschen, und nannte Georg Dehio, Adolph Goldschmidt, Arthur Weese, Richard Hamann und vor allem Wilhelm Vöge, dessen grundlegende Publikation allgemein erwartet werde. Mit der emphatischen Aussage: «Nein, die Kathedrale war uns ans Herz gewachsen wie den Franzosen» suchte Clemen der allgemeinen Kritik über die «deutschen Barbaren» entgegenzutreten.[23]

Geschickt schloss er an diese Aussage seine Zurückweisung der französischen Regierungserklärung an, die Deutschen hätten die Kathedrale grundlos und einzig aus Zerstörungslust beschossen und die Kathedrale sei «nur mehr ein Trümmerhaufen», eine Aussage, die ja durch eine ergänzende Regierungserklärung der französischen Regierung sehr bald aufgehoben werden musste.

Es ist bezeichnend für das Zerwürfnis und die unüberbrückbare Feindseligkeit der deutschen und französischen Intellektuellen, mit welcher detailversessenen Ernsthaftigkeit jedes Argument der anderen Seite zurückgewiesen wurde. Statt über propagandistische Übertreibungen hinwegzugehen und spontan geschriebene, auf unzureichender Information beruhende Artikel hinzunehmen und eine Grundlage für gemeinsame Anstrengungen zum Schutz der Denkmäler zu suchen, verfingen sich auch die deutschen Autoren in Rechtfertigungen und Anklagen. Clemen machte keine Ausnahme. Er wies alle Vorwürfe zurück und berief sich auf die Mitteilungen der Obersten Heeresleitung. Lange vor dem Krieg sei Reims zu einer Bastion ausgebaut worden, eine strategische Politik, die keine Rücksicht auf die möglichen Konsequenzen im Fall eines Vormarsches feindlicher Truppen genommen hätte. Im Übrigen sei der Beschuss der Kathedrale wegen des Beobachtungspostens auf dem Turm und der um die Kathedrale herum aufgestellten Artillerie erfolgt.

Clemen benutzte für seine Aussagen die offiziellen Verlautbarungen der deutschen Armee, studierte aber auch genau die französische Presse. Die Abbildungen, die er seinem Artikel beifügte, entstammen zum Teil Ausgaben der *L'Illustration*.[24] Sein durchaus um Präzision bemühter Bericht stellte die Vorgänge in Reims dar, um die deutsche Seite gegenüber ungerechtfertigten Angriffen der internationalen Presse zu verteidigen. Die Beschießung der Kathedrale sei zu einem «politischen Agitationsmittel geworden und die allzu laute Fanfare hat den aus dem Herzen kommenden Schmerzensruf der echten Kunstfreunde übertönt».[25]

Clemen behandelte in seinem umfangreichen Beitrag auch die Frage, wie die Skulpturen der Reimser Kathedrale zu restaurieren seien. Er verwies darauf, dass manche der jetzt bedauerlicherweise beschädigten oder gar zerstörten Skulpturen bereits seit dem 19. Jahrhundert durch fragwürdige Restaurierungen nicht mehr dem Zustand ihrer Entstehung entsprochen hätten. Dieses Argument klingt ein wenig so, als ob der

Schaden durch die Bombardierung relativiert werden sollte. Der Denkmalpfleger äußerte sich aber in diesem Punkt, ganz im Sinne von Dehios Vorstellungen von Denkmalpflege, vor allem kritisch gegenüber Rekonstruktionen, die den Geschichtswert eines Monumentes beeinträchtigten.

Versöhnlich zeigte sich Clemen auch gegenüber spontanen Äußerungen von Paul Fort, André Suarès und Romain Rolland, die Deutschland zwar sehr kritisch gegenüberstanden, sich aber nicht ein wirkliches Bild der Vorgänge in Reims bilden konnten. Allerdings kritisierte er die französische Denkmalpflege, die keine ausreichenden Vorkehrungen zum Schutz der Kathedrale getroffen habe. Weder seien die Portale mit Sandsäcken geschützt noch das Holzgerüst abgebaut worden, das natürlich eine Brandgefahr dargestellt habe. Im Übrigen hätten die Franzosen versäumt, sich auf einen Krieg mit modernen Waffen vorzubereiten, die aus großer Entfernung trafen und dabei aber weite Streukegel hervorriefen.

Clemen vertrat seinen Standpunkt als Kommissar des *Kunstschutzes* in einer Reihe von Publikationen, die sich oft in ihrem Inhalt wiederholten. Diese Beiträge sind mit großer Leidenschaft, aber auch mit der Professionalität des langjährigen, erfahrenen Landesdenkmalpflegers der Rheinlande geschrieben. Ihm ging es in seinem Engagement in erster Linie um die Protektion der bedrohten Kunstdenkmäler. Allerdings war in den Schriften ein steter Unterton der Verteidigung gegen die Angriffe der französischen Presse und der Kollegen zu vernehmen. Niemals kam in seinen Darstellungen der Gedanke auf, das Vorgehen der Armee zu hinterfragen. Clemen handelte und schrieb stets als ein Teil des Systems, dem er zu dienen hatte. So sehr er Kunst, und insbesondere die gotischen Kathedralen, als Monumente nicht nur einer Nation, sondern als der ganzen Menschheit zugehörig betrachtete, blieb seine Argumentation doch gebunden an die Politik des Kaisers und die Handlungen des Militärs. Ihre Entscheidungen wurden nicht in Frage gestellt, selbst wenn sie zu Zerstörungen von bedeutenden Monumenten der Weltkultur führten. Seine Schriften lösten sich daher nicht von einer Verteidigungsstrategie und brachten ein ungebrochenes Bekenntnis zur Obrigkeit zum Ausdruck.

Clemens Engagement für den *Kunstschutz* wurde von französischer Seite keineswegs positiv aufgenommen. Im Gegenteil, sogar kollegiale und freundschaftliche Beziehungen brachen auseinander. Der Grund hierfür war, dass er zwar in seinen Publikationen durchaus die Zerstörungen bedauerte, aber sich ohne jegliches Bedenken mit der Regierung und der Armee solidarisch erklärte. Dieses Bekenntnis wurde ihm übelgenommen und feindselig ausgelegt. Nun rächte es sich, dass er, wie viele deutsche Intellektuelle, nicht bereit war, öffentlich gegen den Wahnsinn des Krieges Stellung zu nehmen. Die nationalistische Haltung der meisten deutschen Intellektuellen und die Überzeugung, Deutschland werde siegreich aus diesem Krieg hervorgehen, überwog zu diesem Zeitpunkt noch alle Bedenken. Die Zerstörung bedeutender historischer Monumente rüttelte sie nicht auf.

Entfremdung der Geister

Persönliche Zerwürfnisse konnten daher nicht ausbleiben. Ein Beispiel war der öffentliche Briefwechsel zwischen dem französischen Bildhauer Paul-Albert Bartholomé und Clemen im April 1915, der in dem von Otto Grautoff herausgegebenen Band über die *Kunstverwaltung in Frankreich und Deutschland* publiziert wurde.[26] (Abb. 57) Der Künstler und der Kunsthistoriker kannten sich persönlich und schätzten sich. Bartholomé veröffentlichte seinen Brief an Clemen in der Tageszeitung *Le Temps*. Dort hieß es, er habe mit großer Hoffnung der Presse entnommen, dass Clemen mit dem Aufbau des *Kunstschutzes* beauftragt worden sei, zumal er das *Manifest der 93* nicht unterzeichnet habe. Er sei allerdings von dem Artikel, den Clemen über den Zustand der Kunstdenkmäler in Belgien und Frankreich geschrieben habe, tief enttäuscht. In seinem leidenschaftlichen, noblen, jedoch etwas ungeschickt formulierten Brief kritisierte Bartholomé unter anderem die Äußerung Clemens, Reims hätte zu einer offenen Stadt erklärt werden müssen. Clemen wüsste doch, dass alle französischen Städte reich an Kunstschätzen seien, die dann alle dem Gegner hätten geöffnet werden müssen.

Clemen antwortete, weil er sich trotz der Missverständnisse durch den «würdigen und ruhigen Ton» des Briefes verpflichtet fühlte. «Sie suchen einen Weg, sich die Entfremdung der Geister zu erklären, die sich einst so gut verstanden – und ich fühle und verstehe die Sorgen, die Ihr edles Herz erzittern machen. Brauche ich Ihnen wirklich zu sagen, dass die Kunstfreunde der ganzen Welt trauern, wenn eines der stolzen Palladien einer grossen Vergangenheit zerfällt oder Schaden leidet?» antwortete er und erinnerte an die freundschaftlichen Beziehungen, die zwischen den beiden Ländern bestanden. Er betonte, dass der Brand am Seitenportal von Reims, «eine der grössten Manifestationen des mittelalterlichen Genius», alle mit «weher Trauer» erfüllte. Clemen führte weiter aus, dass die deutschen Gelehrten sich hinter und in der Front «aufopfernd» bemüht und manches verhindert, vieles gerettet, allerdings bei den Franzosen nur «geringes Verständnis» gefunden hätten.[27]

Dann allerdings ließ er seiner politischen Überzeugung freien Lauf. Er wehrte sich gegen die Erwartung, er hätte die Heeresleitung kritisieren sollen. Den Krieg solle Bartholomé anklagen, einen Krieg, der Deutschland aufgezwungen worden sei. 44 Jahre sei er von Frankreich vorbereitet worden und besiegelt durch «das unnatürlichste Bündnis [...] das stolze, freiheitliche Frankreich mit dem despotischen Zarismus», welches Clemen «wie eine Sünde wider den Heiligen Geist erscheint. [...] wundern Sie sich, dass die Welt in Flammen steht?»[28]

Im Übrigen wies er nochmals die Verletzung der Haager Konventionen zurück, verwies auf die Benutzung der Kathedrale für Beobachtungen und kritisierte, die Franzosen hätten keine Vorkehrungen zum Schutz der Skulpturen durch Sandsäcke getroffen. Er habe veranlasst, dass diese Schutzmaßnahmen für die Grablegung von Ligier Richier ausgeführt würden, die von den französischen Truppen beschädigt worden sei.[29] «Aber ich will diese Dinge nicht wiederholen, sie machen Ihnen das Herz schwer und mir auch», schrieb er.

Clemens Brief war persönlich und bewegend. Er erinnerte Bartholomé daran, dass «in Frankreich einmal vor Jahren eine Umfrage gehalten wurde: ‹wenn in einem brennenden Hause ein Gemälde von Raphael oder ein Mensch gefährdet wäre, was würden Sie zuerst hinaustragen?› Ich habe gelesen, dass Albert Bartholomé in seiner milden Menschlichkeit auf diese schwere Frage keine Antwort gefunden hat.»[30] Wieder begegnet uns die Frage, die bereits Romain Rolland aufgeworfen hatte. Galt einem Menschenleben gegenüber einem Kunstwerk nicht die höhere Priorität?

Nachdem er sich gegen Missverständnisse gewehrt hatte, suchte Clemen seine Antwort versöhnlich, aber doch auf seinem Standpunkt

KUNSTVERWALTUNG IN FRANKREICH UND DEUTSCHLAND

IM URTEIL VON

A. BARTHOLOMÉ, MAURICE BARRÊS J. BEAUQUIER, A. BROQUELET, HENRI COCHIN, J. CLAIR-GUYOT, ANDRÉ HALLAYS, AUGUSTE MARGUILLIER A. MONIS, CHARL. MORICE, AUGUSTE RODIN, ANDRÉ TARDIEU, WILHELM VON BODE, PAUL CLEMEN, O. VON FALKE, CURT GLASER, O. GRAUTOFF RICHARD HAMANN, O. LANZ, MAX OSBORN, HERMANN ROSEN, WILHELM WAETZOLDT

SOWIE NACH FRANZÖSISCHEN KAMMER-BERICHTEN UND DEUTSCHEN DOKUMENTEN

HERAUSGEGEBEN VON

Dr. OTTO GRAUTOFF

BERN

AKADEMISCHE BUCHHANDLUNG VON MAX DRECHSEL

1915

57a, b. Otto Grautoff (Hg.), *Kunstverwaltung in Frankreich und Deutschland* (Bern: Max Drechsel, 1915), Umschlag und erste Seite.

INHALTS-VERZEICHNIS.

beharrend, zu enden: «Sollen wir uns wirklich nur Bitterkeiten sagen? Ihr großer Landsmann Romain Rolland, den wir liebten wie einen der unseren, hat [...] die Abwendung vom Hass gepredigt. Aber diese Predigt sollte, scheint mir, zuerst in Paris gehalten werden.»[31]

Clemen identifizierte sich gleichzeitig mit dem «unvergleichlich Heroischen in der Position des Deutschtums», das sich gegen die halbe Welt zu verteidigen habe. Er unterließ es aber nicht, darauf hinzuweisen, dass in der Zukunft Brücken gebaut werden müssen: «Unsere Aufgabe, die Aufgabe der Gelehrten und der Künstler, wird es einst sein, wieder aufzubauen zu suchen, was jetzt der Hass zerstört hat – werden wir uns da bei friedlicher Arbeit wieder begegnen?» Leider beendete er seine Antwort nicht mit diesem Satz, sondern fügte noch hinzu: «Jetzt gilt es für uns, in diesem Ringen oben zu bleiben und für den deutschen Gedanken, den Sie vernichten und ausrotten wollen, seinen Platz in der Welt zu behaupten [...]. Es ist schmerzlich für mich, Albert Bartholomé, Ihre alte Freundschaft zu verlieren, aber ich will gerne alle meine ausländischen Freunde aufgeben (ich zähle deren viele) und leichten Herzens den Hass und die Feindschaft all meiner französischen Kollegen tragen, wenn ich helfen kann, Deutschlands Sache auch nur um eines Haares Breite vorwärts zu führen.»[32]

Der Briefwechsel ist ein bewegendes Dokument, das die völlige Hilflosigkeit beim Versuch, aufeinander zuzugehen, dokumentiert. Es ging nicht nur um die Zerstörung von Kunstwerken, architektonischen Denkmälern und kulturellen Einrichtungen allgemein, sondern vielmehr um die fehlende Bereitschaft zur Verständigung. Die Absurdität, die diesen historischen Moment kennzeichnete, lag darin, dass die Gesprächspartner und früheren Freunde in der Sache prinzipiell übereinstimmten. Unüberbrückbar trennte sie allerdings eine Kluft von ideologischen Vorstellungen und Empfindungen von Stolz, Vaterlandstreue, Pflichterfüllung und Staatsgehorsam. Der Briefwechsel ist ein seltenes Dokument vergeblichen Bemühens von zwei Persönlichkeiten, die aussprachen, was viele in dieser Epoche bewegte.

Propagandistische Schriften

Die umfangreichen publizistischen Aktivitäten, die der *Kunstschutz*, von den Behörden, dem Kultus- und insbesondere dem Außenministerium in Berlin gefördert, in Szene setzte, verfolgten eine offizielle politische Linie. Sie waren gleichzeitig defensiv und polemisch. In diesem Sinne blieb der *Kunstschutz* des Ersten Weltkriegs ein Instrument der deutschen Propaganda. Bei dem Bemühen, ihn in das öffentliche Bewusstsein zu bringen, spielte der Kunsthistoriker Otto Grautoff eine wichtige Rolle. Er war ein intimer Kenner der französischen Kultur und hatte viele Jahre in der französischen Hauptstadt gelebt, die er allerdings bei Kriegsausbruch verlassen musste. Auch in seinem Fall ist schwer zu erklären, wie er sich in die deutsche Propagandamaschinerie, die in erster Linie gegen Frankreich gerichtet war, einspannen lassen konnte. Wir wissen nicht genug über seine politischen Überzeugungen, um zu verstehen, warum er sich nicht von der allgemeinen nationalistischen Euphorie distanzierte, da er sich doch leidenschaftlich zur Literatur und Kunst des Nachbarlandes bekannte.[33] Er hatte Schriften über Auguste Rodin, Albert Besnard und Claude Monet vorgelegt und war mit Romain Rolland befreundet. Mit seiner Frau Erna hatte er Rollands Roman *Jean-Christophe* übersetzt und sogar eine Biographie über den Autor verfasst. Bei Kriegsausbruch erschien seine Monographie über Nicolas Poussin, die nach vielen Aufsätzen über die französische Malerei des 17. und 18. Jahrhunderts die Grundlage für ein neues Verständnis des Malers darstellte.

Grautoff, der aus Lübeck stammte, war ein Freund von Thomas Mann, mit dem er sein Leben lang verbunden blieb. Sicherlich war er mit den politischen Überzeugungen, wie sie Mann in den *Betrachtungen eines Unpolitischen* (1918) zum Ausdruck brachte, vertraut, wenn er sie nicht sogar teilte. Jedenfalls zeigte er sich tief empört über die aggressive Kritik der französischen Autoren gegenüber Deutschland und machte auch Rolland Vorwürfe, diesen Anklagen nicht entgegenzutreten, was der französische Schriftsteller mit dem Abbruch der Beziehungen beantwortete.[34]

Nach seiner Rückkehr aus Frankreich arbeitete Grautoff während des Krieges als Referent für Frankreich im Auswärtigen Amt in Berlin. In dieser Position gab er den bereits mehrfach zitierten Band *Kunstverwal-*

tung in Frankreich und Deutschland heraus, der 1915 in Bern erschien. Das Vorwort dieses Bandes ist nicht mit einem Namen gezeichnet. Es kann aber kaum ein Zweifel bestehen, dass der auf dem Titel angegebene Herausgeber auch der Autor ist.

Schon die ersten Sätze des Vorwortes vergegenwärtigen den propagandistischen Charakter des Buches: «Mass und Würde, die schönsten Tugenden der alten französischen Kultur, haben Frankreich verlassen. Seit dem Ausbruch des Weltkrieges darf kein Franzose mehr ein ruhiges, gerechtes Wort über deutschen Kunstsinn und deutsche Kunstpflege sprechen. Täte es einer, würde er von der Regierung und Presse als fahnenflüchtiger Landesverräter öffentlich gebrandmarkt. Die Franzosen wollen einseitig und ungerecht sein.»[35] Ganz diesem polemischen Urteil folgend sollte der vorgelegte Band beweisen, dass nicht die Deutschen, sondern die «Franzosen mehr als andere Völker die Zerstörung von Kunstwerken betrieben» haben. Diese Umstände wollte Grautoff, auf «Tatsachen, Fakten und Aussprüchen von Franzosen» beruhend, belegen.[36] Ziel der Publikation war also im Grunde, den französischen Anschuldigungen, die Deutschen seien Barbaren und von lustvoller Zerstörungswut getrieben, entgegenzutreten. Grautoff hatte die bereits oben geschilderten Auseinandersetzungen über die Denkmalpflege in der Dritten Republik als Folge der Trennung von Staat und Kirche während seines langjährigen Aufenthaltes in Frankreich mitverfolgt. Den politischen Gegner mit seinen eigenen Argumenten zu treffen, war ein besonders geeignetes Mittel, von der Kritik der Armeeführung in Löwen und Reims abzulenken.

Der erste Teil des Buches enthält daher Auszüge aus Schriften französischer Autoren und prominenter Figuren, wie u.a. von Maurice Barrès, Jean Clair-Guyot, Auguste Marguillier, A. Monis, Charles Morice, Auguste Rodin, André Hallays, André Tardieu und A. Broquelet, in denen die Vernachlässigung der französischen Denkmäler und besonders der Kathedralen angeprangert wurde. Vor allem das bereits oben zitierte Werk von Barrès, *La grande pitié des églises de France*, war natürlich bestens geeignet zu belegen, auf welch schwachen Füßen die französische Denkmalpflege stand.

Der zweite Teil des Buches ist den Aktivitäten des *Kunstschutzes* gewidmet. Autoren wie Wilhelm von Bode, Otto von Falke, Paul Clemen und Richard Hamann sollten bestätigen, mit welchem Verantwortungsbewusstsein und welcher Professionalität die Deutschen den Schutz der Denkmäler im Feindesland wahrnahmen.

Den Abschluss des Buches bildet ein Artikel von Wilhelm Waetzoldt über den Begriff des «Barbarischen».[37] Waetzoldts gelehrte Abhandlung schildert die Geschichte des Begriffs und seine pejorative Anwendung im Laufe der Jahrhunderte, vor allem der romanischen auf die germanischen Völker. Waetzoldt macht einleitend deutlich, dass sein Beitrag als eine Antwort auf die Angriffe gegen die deutsche Kultur zu verstehen ist: «Als der Krieg ausbrach, haben wir es wohl alle mit grenzenlosem Erstaunen erlebt, dass sich plötzlich zwischen den Völkern Abgründe des Nichtverstehens und des Hasses zeigten, die uns durch Handel und Verkehr, durch wissenschaftliche und künstlerische Beziehungen ein für allemal überbrückt zu sein schienen.»[38]

Um die Absurdität des Vorwurfs bloßzulegen, die Deutschen wollten die französische Kultur zerstören, wurde in diesem Band immer wieder hervorgehoben, auf welche intensive Weise sich deutsche Kunsthistoriker mit der französischen Kunst beschäftigt hatten, wodurch die Anklage des Vandalismus als vollkommen abwegig erschien. Den deutschen Gelehrten komme ein erhebliches Verdienst bei der Erforschung sowohl der mittelalterlichen wie auch der neuzeitlichen französischen Kunst zu. Richard Hamann, Ernst Gall, Hans Jantzen, Georg Graf Vitzthum, Wilhelm Pinder und viele andere werden aufgeführt und sollten die rhetorische Frage beantworten: «Trotz solchen Enthusiasmus und solchen Engagements für die Erforschung der französischen Kunst werden wir angeklagt absichtlich zu zerstören, was die Franzosen gebaut haben?»[39]

In diesem Zusammenhang sollte nicht übersehen werden, dass der Band *Kunstverwaltung in Frankreich und Deutschland* in Bern erschien, dem Ort, an dem Grautoff vor dem Krieg mehrere Jahre studiert und als Dozent unterrichtet hatte. Der Herausgeber nutzte offenbar seine dort gewonnenen Kontakte. Das Buch enthält keinen Hinweis auf eine Förderung von offiziellen deutschen Stellen. Durch den Erscheinungsort wird ihm geradezu der Charakter einer sachlichen und neutralen Publikation verliehen. Dieser Eindruck sollte auch durch einen Anhang am Ende des Buches unterstrichen werden. Er enthält Anzeigen von Büchern deutscher Kunstforscher über französische Kunst und sogar solche französischer Autoren in deutscher Übersetzung. Von den Deutschen als Barbaren konnte somit keine Rede sein, da sie sich doch so intensiv und leidenschaftlich mit der Kultur des Nachbarlandes beschäftigten.

Der von Grautoff herausgegebene Band war ganz offensichtlich eine Veröffentlichung, die, als ein propagandistisches Unternehmen vom Deutschen Außenministerium instrumentalisiert, der internationalen Kritik an der deutschen Heeresleitung entgegentreten sollte. In diesem Sinne hat ihn auch Romain Rolland interpretiert. Offenbar bezieht sich Rolland auf die hier besprochene Publikation, wenn er im August 1915 in seinem Tagebuch notierte: «Was meinen Ex-Freund Grautoff angeht, so hat er sich an die Spitze einer kriegswütigen Veröffentlichung gestellt. [...] In dieser Menschheit fühlt man sich ewig auf schwankendem, mit Schlammlöchern übersäten Boden. Und es ist hart, seiner wahren alten Freunde beraubt, seit einem Jahr allein zwischen den Sümpfen umherzuirren.»[40]

Der von Grautoff betreuten Publikation wurde von französischer Seite 1918 eine Publikation entgegengestellt, die die Bemühungen des *Kunstschutzes* als Propaganda darstellte. Das von Arsène Alexandre bearbeitete, ebenfalls reich illustrierte Buch *Les monuments français détruits par l'Allemagne* sollte eine Art Inventar der Zerstörungen durch die deutsche Armee bieten. (Abb. 59)[41] Es entstand im Auftrag des Unterstaatssekretärs im Kultusministerium, Albert Dalimier, und war als eine Art offizieller Bericht über die katastrophalen Zustände vieler französischer Denkmäler am Ende des Krieges gedacht.

Alexandre hielt sich in seiner Einleitung zu dem Buch gegenüber Clemens Artikeln und Bemühungen zurück. Er schien die Anstrengungen des angesehenen deutschen Denkmalpflegers zu respektieren. Gegenüber Grautoff äußerte er sich jedoch kritisch, wenn er schrieb, dass die Herausgabe des Buches von 1915 offenbar zeigen solle, dass die Franzosen die Barbaren seien, während sich die Deutschen vor allem um Denkmalpflege kümmerten.[42] Unversöhnlich behauptete er, die Zerstörungen seien absichtlich und geplant geschehen.[43]

Vor allem Grautoffs auch in späteren Beiträgen immer wieder vorgetragene Darstellung von Kunstraub und Zerstörung französischer Truppen in früheren Jahrhunderten musste als rechthaberisch empfunden werden. Der deutsche Kunsthistoriker seinerseits arbeitete an einer umfassenden Untersuchung über dieses Thema, ein Buch, das Grautoff nicht fertigstellte. Es sollte eine wissenschaftliche Arbeit sein, die aber im Zusammenhang des Ersten Weltkrieges und der feindlichen propagandistischen Auseinandersetzungen begonnen worden war. Nach dem Krieg verlor der Autor mit guten Gründen die Lust, das Werk zu vollenden.[44]

«Deutschland, das klassische Land der Denkmalpflege»

Ein Jahr später, 1916, meldete sich der angesehene Architekturhistoriker und Professor für Kunstgeschichte an der Technischen Universität Dresden, Cornelius Gurlitt, mit einer Broschüre *Der Schutz der Kunstdenkmäler im Kriege* zu Wort.[45] Gurlitt empfand sich eigentlich als Architekt und engagierte sich als Denkmalpfleger in Dresden. Diese Erfahrungen führten ihn dazu, das heißdiskutierte Thema aufzunehmen, um, wie er schrieb, «sich in fachkundigen, vom Parteistandpunkte unabhängigen Erwägungen der Frage anzunehmen, ob der Schutz der Denkmäler im Kriege nicht verbessert werden kann».[46] Hierbei verwies er auf das Abkommen von Den Haag vom 18. Oktober 1907, das im Anhang seiner Schrift abgedruckt ist.

Bevor Gurlitt allerdings zu seinen konkreten Überlegungen kommt, wie die Bedingungen zu verbessern wären, geriet auch seine Schrift zu einer Anklage über die Situation der französischen Denkmalpflege. Diese habe im Fall von Reims völlig versagt und keine präventiven Maßnahmen, wie den Abbau des Gerüstes oder die Verkleidung der Portale mit Sandsäcken, ergriffen. Er berichtete dann über die Zerstörungen von Denkmälern im Laufe der Geschichte in «Friedenszeiten», wobei die der Französischen Revolution besonders betont wurden, in der «mit kaltem Blut, als Ausfluß der kirchenfeindlichen und kunstbarbarischen Gesinnung» bedeutende Monumente abgerissen und die Steine an Bauunternehmer verkauft sowie Skulpturen, auch in Reims, willentlich zerstört wurden. Solchen Handlungen kann, nach Gurlitt, nur durch staatliche Autorität, also ein innenpolitisches Engagement entgegengetreten werden.[47]

Wenn Gurlitt auf die Schäden durch äußere Feinde zu sprechen kam – womit die Feldzüge von 1813/14 und 1870/71 gemeint waren –, werden diese als weitaus geringer angesehen als die katastrophalen Zerstörungen durch innere Kämpfe und Vernachlässigung: «Die Zahl der Beschädigungen steht in keinem Verhältnis zu dem, was die Revolution in blinder Wut und kaltherziger Feindseligkeit gegen Adel und Kirche verwüstete.»[48] Auffällig ist die Wortwahl in seinen Ausführungen: *kaltes Blut, blinde Wut, kaltherzige Feindseligkeit*, Begriffe, die uns aus den französischen Verlautbarungen, der Presse und den Karikaturen bereits bekannt sind. Seine Schrift konnte sich dann auch nicht der Polemik enthalten, wenn sie behauptete, die eigenen Zerstörungen würden in Frankreich eher selten anerkannt. Im Gegensatz hierzu erinnerte sich Gurlitt an seine Mitwirkung am Feldzug von 1870/71: «Es war damals ein ungeschriebenes Gesetz, das uns Deutsche veranlaßte, Kunstbauten, in denen uns kein Widerstand entgegengesetzt wurde, mit heiliger Scheu zu behandeln. Und hierin hat sich im deutschen Heere auch heute nichts geändert.»[49] Nach den Ereignissen vom September 1914 mussten einem französischen Leser diese Zeilen als höchst einseitige Darstellung der Vorgänge erscheinen. Der vom Autor angekündigte «unabhängige Parteistandpunkt» war wohl eher rhetorisch gemeint!

Auch im weiteren Verlauf seiner Ausführungen kritisierte Gurlitt vor allem die französischen Zustände. Die Trennung von Kirche und Staat habe einen Zustand geschaffen, der einen großen, im Grunde den größten Teil der Denkmäler dem Verfall überlassen habe. Eine Organisation, in der sich der Staat nur für ausgewählte Monumente engagiere, vergegenwärtige das mangelnde Interesse an der Geschichte und Kultur eines Landes. Diese Art des *classement* sei in Deutschland vermieden worden, sodass das Land «durch Gesetz und Verwaltungsmaßregeln besser geordnet ist als in Frankreich.» «Heute», betonte er, ist «Deutschland das klassische Land der Denkmalpflege […].»[50]

Gurlitt nutzte in seinen Ausführungen auch die Kritik der französischen Autoren am eigenen Lande, um seine Argumentation zu unterstützen, ein Verfahren, dass wir bereits hinlänglich in dem von Otto Grautoff herausgegebenen Band kennengelernt haben. Letzten Endes wollte er deutlich machen, dass «wie in so vielen Dingen […] die Franzosen auch in der Organisation der Denkmalpflege zurückgeblieben sind.

Das hat sich auch im Kriege gezeigt.» Denn bei genauerem Hinsehen erweise sich, dass es nicht das Vorgehen der Deutschen war, das die Beschädigungen (gemeint sind auch die in Reims) verursachte, sondern die mangelnde Organisation der Denkmalpflege in Frankreich und die sich daraus ergebende Handhabung des Kriegsrechtes, wie es durch die Haager Erklärung von 1907 für alle kriegführenden Mächte aufgestellt wurde.[51]

Weitere Teile der Broschüre widmete Gurlitt Vorschlägen, die internationalen Bestimmungen zu verbessern, etwa durch Kennzeichnung der Monumente, die bei Kriegshandlungen besonders zu schützen sind. Sein Werk hatte aber doch im Ganzen gesehen die Rechtfertigung des militärischen Vorgehens der deutschen Armee in Belgien und Nordfrankreich zum Ziel. Die Beschießung der Kathedrale von Reims hing wie ein Menetekel über allen Schriften der Presse und offiziellen Verlautbarungen. Auch die Fachleute, vor allem die Kunsthistoriker, äußerten sich kaisertreu. Ihnen war die Verletzung durch die scharfen Angriffe der internationalen Presse und der französischen Kollegen anzumerken.

Bei dieser Einschätzung muss man allerdings immer an diejenigen denken, die sich aus guten Gründen nicht öffentlich äußerten. Es besteht zwar keine Gewissheit, dass die Gruppe der Schweigsamen eine andere politische Linie vertrat. In einigen Fällen ist aber sowohl aus ihrer Zurückhaltung wie aus persönlichen, nicht veröffentlichten Aussagen bekannt, dass sie sich nicht den offiziellen Bekundungen anschließen wollten.

Albert Einstein ließ sich, wie schon erwähnt, beispielsweise nicht bewegen, das *Manifest der 93* zu unterzeichnen. Soweit wir wissen, betrachteten Wilhelm Vöge und Adolph Goldschmidt die allgemeine Begeisterung für den Kriegseintritt sehr kritisch. Goldschmidt beklagte den voraussehbaren Verlust einer ganzen jungen Generation und sah die Zerstörung von Denkmälern in Belgien und Frankreich voraus.[52] Und auch von Heinrich Wölfflin lässt sich aus einem Brief vom 13. September 1914 an Fritz Wichert erkennen, dass Wölfflin die allgemeine Kriegseuphorie nicht teilte: «Aber die Zeiten sind doch furchtbar, und ich komme aus der Verwunderung nicht heraus, wie die Allgemeinheit doch diese unermeßlichen Opfer, die gebracht sind und noch zu bringen sein werden, als etwas Selbstverständliches hinnimmt. Hier ist auch alles, was irgendwie mobilisierbar ist, mobil geworden […].»[53]

Von höchster Instanz

Eingegraben lagen die deutschen Truppen unweit vor Reims über Jahre hinweg bis zum Ende des Ersten Weltkrieges. Immer wieder fanden Angriffe von beiden Seiten statt. Da in der Stadt französische Artillerie stationiert und eingesetzt wurde, antworteten die Deutschen mit ihren Kanonen. Die Kathedrale und die anderen Kirchen wurden dabei zunächst noch verschont. Die Stadt und vor allem Saint-Rémi lagen aber am Ende des Krieges fast völlig in Trümmern.

Der Zustand der Kathedrale war beklagenswert und weiterhin gefährdet, nicht nur durch die deutsche Artillerie, sondern auch durch die Witterung und den Umstand, dass in diesen Kriegsjahren nicht einmal vorläufige denkmalpflegerische Maßnahmen zur Sicherung ergriffen wurden. Immerhin waren die Westportale mit Sandsäcken geschützt worden. Nicht nur von deutscher, auch von französischer Seite wurde beklagt, dass dies nicht viel eher, vor dem Einmarsch der deutschen Armee in Nordfrankreich, geschehen sei. (Abb. 14)

Nach den Zerstörungen vom September 1914 wurde in französischen Zeitungen auch immer wieder auf die Notwendigkeit verwiesen, ein vorläufiges Dach zum Schutz der Gewölbe vor dem Eindringen von Wasser und gegen Frost zu errichten. Selbst im Parlament wurde 1916 von einigen Abgeordneten gefordert, das Ministerium solle sich dringend dieser Sache annehmen.[54] Nach Ausführungen des Unterstaatssekretärs, Albert Dalimier, lehnte die französische Heeresleitung diesen Vorschlag allerdings ab. Sie befürchtete, die Arbeiter würden von den Deutschen als Beobachter angesehen und weitere Beschießungen des Bauwerks wären die Folge. Wie Clemen später äußerte, wäre die deutsche Heeresleitung bereits 1914 bereit gewesen, diese Arbeiten zuzulassen, was eine internationale Initiative zwei Jahre später belegt.

Vermutlich auf Bitten des Reimser Bischofs, Kardinal Luçon, wandte sich der Papst, Benedikt XV., in einem Brief vom 16. Oktober 1916 an den Deutschen Kaiser und bat ihn, er möge die Heeresleitung anweisen, die Errichtung eines Notdaches nicht durch militärische Maßnahmen zu verhindern. «In der Tat wird uns von verschiedenen Seiten berichtet», schrieb der Papst, «daß dieses ehrwürdige Denkmal der Religion und der

Kunst durch die Regengüsse stark beschädigt wird; denn die entblößten Gewölbe sind sehr zersetzt und alles Wasser, das fällt, geht mit Naturnotwendigkeit durch sie hindurch und führt schließlich zu ihrer Auflösung […]. Wir wenden uns deshalb an Eure Majestät und Wir bitten sie, sie wolle dem Heiligen Stuhl die Zusicherung geben, daß die Kaiserlich Deutsche Armee während der gedachten Arbeiten keine neue Beschießung der Kathedrale von Reims unternehmen wird.»[55]

Der deutsche Kaiser antwortete freundlich zustimmend: «Eure Heiligkeit bitte Ich, überzeugt zu sein, daß ich das Interesse an der Kathedrale vollkommen teile und daß der angeregte Gedanke bei Mir volle und aufrichtige Würdigung findet. Ich habe stets tief beklagt, daß Mein Bestreben, die ehrwürdigen Stätten der Religion und die Denkmäler der Kunst, die Ich als das Gemeingut der Menschheit betrachte, vor den Schrecknissen des Krieges zu bewahren, nicht immer von Erfolg gekrönt gewesen ist und daß verhängnisvolle Umstände dieses Bestreben nicht haben zur Geltung kommen lassen. Ich habe dies auch vor allem beklagt wegen der Kathedrale von Reims, eines der schönsten Heiligtümer, welche die Christenheit besitzt, die infolge der militärischen Maßnahmen unserer Gegner in Mitleidenschaft gezogen worden ist. Eure Heiligkeit mögen überzeugt sein, daß es Mir große Befriedigung gewähren würde, die edlen und großherzigen Absichten verwirklicht zu sehen, die Eure Heiligkeit dazu geführt haben, den oben genannten Vorschlag zu machen; in diesem Sinne habe Ich die notwendigen Anweisungen ergehen lassen, daß der Vorschlag Eurer Heiligkeit mit dem größtmöglichen Entgegenkommen geprüft würde […].»[56]

Der Antwort Wilhelms II. sind noch einige Bedingungen in einem Anhang angefügt, die sich darauf beziehen, dass die Bauarbeiten nicht zu militärischem Vorteil ausgenutzt werden dürfen. Es kam allerdings nicht zu Gesprächen der feindlichen Heeresleitungen. Bis zum Kriegsende wurde kein Notdach auf der Kathedrale errichtet.

Dieser Vorgang ist charakteristisch für die Feindseligkeit in diesem historischen Moment. Selbst das Engagement von allerhöchster Stelle bewirkte nichts. Die gemeinsame Überzeugung von Papst und Kaiser und die entsprechende Äußerung, Denkmäler gehörten der ganzen Menschheit und seien daher auch in diesem entsetzlichen Krieg zu schützen, blieben ohne Wirkung. Sie scheiterten an der Maschinerie des Krieges, an dem Misstrauen, ja dem Hass, der jegliche rationale Kommunikation der Gegner unmöglich machte. Auf der Ebene der Heeresleitungen war offenbar kein ausreichendes Vertrauen herzustellen, um die notwendigen Arbeiten an der Kathedrale ausführen zu lassen. Immerhin haben die schweren Kämpfe, die am Ende des Krieges im Frühjahr 1918 ausbrachen, zwar die Stadt auf schreckliche Weise in Mitleidenschaft gezogen. Die deutschen Kanonen haben die Kathedrale aber verschont und nur wenige Irrläufer haben weitere Beschädigungen verursacht.

Die diplomatische Korrespondenz zwischen Papst und Kaiser war längst bekannt, als Monseigneur Landrieux, ehemals Curé der Kathedrale von Reims und mittlerweile Bischof von Dijon, die selbst erlebten, gefährlichen Ereignisse in Reims in seinem Buch analysierte. Die Zerstörung der Kathedrale im September 1914 sei vorsätzlich geplant worden: «C'est un peuple qui a fait cela, de sang froid». Hinter dem gotteslästernden Verbrechen könnten Luther und der preußische Protestantismus erkannt werden: «quelque ferment de luthéranisme, cette vieille rancœur de la Réforme contre l'Église et contre la Sainte Vierge».[57] Während Papst und Kaiser im Bezug auf die humanitäre Bedeutung des Monumentes übereinstimmten, wurde der ideologische Streit der Feinde unvermindert fortgeführt.

Vandalistischer Katholizismus

In dem Krieg der Bilder und Texte erhielt die Auseinandersetzung zwischen Protestanten und Katholiken eine immer stärkere Bedeutung.

Auch die deutschen Katholiken gerieten in die Schusslinie der Polemik. Sie organisierten sich ihrerseits zur Gegenpropaganda und suchten Sachverhalte richtigzustellen. In diesem Zusammenhang erschien eine umfangreiche Publikation mit dem Titel *Deutsche Kultur, Katholizismus und Weltkrieg*, in der auch ein Beitrag über den Denkmalschutz enthalten war. Dieser von Joseph Sauer, Professor an der Universität Freiburg im Breisgau, verfasste Artikel erschien 1917 als erweiterter, reich illustrierter Sonderdruck.[58]

Joseph Sauer war ein bedeutender Theologe und Kunsthistoriker, der über die Symbolik des Kirchengebäudes und seiner Ausstattung im Mittelalter in Freiburg promoviert hatte. Seine kunsthistorischen Interessen führten ihn in die Denkmalpflege, für die er als Konservator in Baden zuständig war. Als Professor für Christliche Archäologie an der Universität Freiburg tätig, wurde er zweimal zu deren Rektor ernannt. Sauer schrieb seinen Beitrag über die Zerstörungen an der Westfront als reformorientierter Katholik und antwortete vor allem auf eine provozierende französische Publikation, *La Guerre Allemande et le Catholicisme*, die 1915 erschienen war.[59] Er verfasste den größten Teil seiner Abhandlung unmittelbar nach Erscheinen des französischen Pamphlets in offenbar erregter Stimmung.

Dem französischen Druckwerk setzte Sauer eine umfassende und detaillierte Analyse entgegen, die die Literatur zu dem Thema gründlich verarbeitete. Der Autor wollte sichtlich zu einer sachlichen Darstellung der Vorgänge zurückkehren, konnte sich aber nicht der scharfen Zurückweisung der französischen Schrift enthalten. In der Tat war *La Guerre Allemande et le Catholicisme* ärgerlich. Schon die erste Seite schlug mit der Karikatur des germanischen Gottes Thor, der die Kathedrale von Reims abbricht, und dem berühmten, aus dem Zusammenhang gerissenen Zitat von Heinrich Heine einen aggressiven Ton an.[60] (Abb. 36) Die Broschüre enthält auf den folgenden Seiten nur wenig Text, manipuliert aber mit Fotografien, ohne die Zusammenhänge zu erklären. Zu Recht kritisierte Sauer, dass, etwa im Fall von Löwen, die Fotografien Zerstörungen vorgaben, die es gar nicht gegeben hatte.[61]

Sauers Empörung richtete sich jedoch vor allem gegen die Behauptung des Werkes, die Bombardierungen und Beschädigungen entsprächen der Absicht des preußischen Protestantismus, den französischen Katholizismus zu treffen. Sein Zorn galt nicht nur der polemischen Broschüre selbst, sondern vor allem dem französischen Episkopat, das ein solches Machwerk unterstützte. Kardinal Léon Adolphe Amette schrieb ein Vorwort zu dem Pamphlet, und verschiedene französische Geistliche hatten kurze Beiträge verfasst.[62]

Als gleichfalls völlig unqualifiziert stellte Sauer auch den 1915 publizierten Beitrag *Les Allemands destructeurs de cathédrales et de trésors du passé* heraus.[63] In diesem Werk waren deutschlandfeindliche Texte von Schriftstellern versammelt worden. Sauer fasste die Argumentation der französischen Anwürfe so zusammen: «es wird die Liste der von Deutschen, aber auch nur von Deutschen, zerstörten oder beschädigten kirchlichen oder künstlerischen Bauten aufgestellt; als ragende Zeugen deutscher Barbarei sind Reims, Löwen, Arras und Soissons darin besonders betont. Diese Tatsachen werden auf eine reine Zerstörungswut und Zerstörungslust zurückgeführt, die sich vorsätzlich und wohlüberlegt nicht nur in einzelnen Individuen, sondern im ganzen deutschen Heer und insbesondere bei seinen Führern betätigt haben soll. Einen Anlaß dafür, das ganze Volk für diese Greueltaten verantwortlich zu machen, finden die Ankläger in der Verwahrung der deutschen Gelehrten gegen die Verleumdungen und Vorwürfe, in der Zustimmung und Billigung, welche die deutschen ‹Untaten› bei allen Parteien und Religionsgemeinschaften, selbst bei überzeugten Katholiken erfahren haben und andauernd erfahren, durch Schriften und Zeitungen und selbst von den ‹Kirchenkanzeln› bei manchen Predigern».[64] Sauer verwahrte sich dagegen, dass in den Anklagen allgemein die deutschen Universitäten, die Philosophie, der Antiklerikalismus und das Antichristentum als schuldig erklärt werden, und geißelte den «Tintenkrieg» zwischen den Gegnern, der oft «durch einen Grundton von Unehrlichkeit und pharisäischem Unschuldsgefühl [...] in abstoßender Weise vergiftet» würde. Politisch habe diese Auseinandersetzung ungewöhnlich geschadet.[65]

Sauers Beitrag enthält schärfste Urteile über seine Gegner: «Für die Herren um Baudrillart und Barrès sind die von den Deutschen angeführten Gründe haltlose Lügen. Für sie ist immer nur der ‹barbarische Antiklerikalismus› der Deutschen die Triebfeder aller Attacken auf Kirchen wie Geistliche. Der Krieg soll mit allen Mitteln zu einem Religionskrieg gestempelt werden, von den ‹Intellektuellen›, [...] zu einem Krieg um Kultur. Diese zwei Thesen, daß der Krieg um Kirche und um Heiligtum gehe, und daß so dunkle Charaktere wie Kant und Nietzsche ihn entfacht hätten, werden mit der Hartnäckigkeit und dem Kraftaufgebot von Idioten verfochten.»[66] Mit Alfred Baudrillart, dem höchst angesehenen Historiker, Priester und Rektor des «Institut catholique», ging Sauer scharf ins Gericht, ein weiteres Beispiel für die unversöhnliche intellektuelle Auseinandersetzung zwischen den beiden Ländern.

Dieser entschiedenen Entgegnung an die Adresse von Autoren, die nach seiner Meinung oberflächliche polemische Äußerungen verbreiteten, für die Sauer kein Verständnis hatte, folgten sehr sachliche Rapporte über die Zerstörungen auf den verschiedenen Kriegsschauplätzen. Über die Vorgänge der Beschießung der Kathedrale von Reims fasste er die ihm zur Verfügung stehenden Quellen zusammen, wobei er sich vor allem auf den Bericht des Heeresministeriums, aber auch auf andere deutsche und französische Publikationen bezog. Genüsslich zitierte er einen Satz von A. Demar-Latour als Zeugnis der Absurdität, mit der die angebliche Zerstörungslust der Deutschen angeprangert wurde, als sie sich an die Marne zurückziehen mussten: «Und dann, die von Ehrgeiz getriebenen Wilden, blutgierig, hatte eine ungebändigte Wut ergriffen! Ihre Unfähigkeit ist ihnen zu Kopf gestiegen. Sie brachte sie in Rage. Sie haben sich gerächt, gerächt auf ihre scheusslichste Art, ihre niederträchtigste, ihre ekelhaftigste!»[67]

Dem Angriff mit Worten aus Frankreich folgte die Entgegnung von deutscher Seite. Auch Sauer konnte sich nicht enthalten, zu behaupten, die Franzosen hätten an der Zerstörung ihrer Kathedrale selbst Schuld zu tragen. Man hätte vermeiden müssen, Reims zu einem Fort auszubauen, hätte den Kirchenbau nicht als Beobachtungsposten nutzen dürfen und Vorkehrungen zu ihrem Schutz treffen sollen. Die ganze Schuldfrage nun aber an diesen Fehlern festzumachen und den Angreifer gleichsam als schuldlos darzustellen, erscheint doch als eine starke Einengung der Perspektive. Sauer beklagte das «Revanchegeschrei».[68] Er fragte aber nicht nach den Ursachen der Empörung. Die Zerstörung der Monumente und die Verwüstung des Landes waren wohl kaum selbstverschuldet, sondern eine Folge des völkerrechtswidrigen Einmarschs der deutschen Armee.

Der große Abschlussbericht

Erst nach dem Krieg, im Jahre 1919, erschienen die beiden bereits erwähnten großformatigen und reichbebilderten Bände mit dem Titel *Kunstschutz im Kriege*, die eine Summe der Anstrengungen und Leistungen des *Kunstschutzes* darstellen sollten. (Abb. 58) Als Herausgeber zeichnete nun Paul Clemen, der auch die meisten Artikel verfasste. Der Ton, in dem die Schriften abgefasst sind, hatte sich mittlerweile gewandelt. Deutlich stand die Rechtfertigung der Aktivitäten des *Kunstschutzes*

58. Paul Clemen, *Kunstschutz im Kriege*, 2 Bände (Leipzig: Seemann, 1919), Umschlag.

im Vordergrund. Die Zurückweisung der Kritik von französischer Seite, obwohl im Kapitel über Reims noch durchaus gegenwärtig, wurde nun als situationsbedingte Propaganda gekennzeichnet.

Das zweibändige Werk war als Antwort auf das ein Jahr zuvor erschienene Inventar von Arsène Alexandre gedacht, das ein offizielles, in Auftrag gegebenes Regierungsdokument darstellte. (Abb. 59) Ein Vergleich der Ausstattung der beiden Unternehmen ist aufschlussreich. Der

ARSÈNE ALEXANDRE
INSPECTEUR GÉNÉRAL DES MUSÉES

LES
MONUMENTS FRANÇAIS
DÉTRUITS PAR L'ALLEMAGNE

ENQUÊTE ENTREPRISE PAR ORDRE DE M. ALBERT DALIMIER
SOUS-SECRÉTAIRE D'ÉTAT DES BEAUX-ARTS

AVEC 242 PHOTOGRAPHIES EN 47 PLANCHES HORS TEXTE

BERGER-LEVRAULT, LIBRAIRES-ÉDITEURS
PARIS | NANCY
5-7, RUE DES BEAUX-ARTS | RUE DES GLACIS, 18
1918

59. Arsène Alexandre, *Les monuments français détruits par l'Allemagne: Enquête entreprise par ordre de M. Albert Dalimier* (Paris-Nancy: Librairie Berger-Levrault, 1918), Titelblatt.

französische Band ist auf einfaches, heute vergilbtes Papier mit kleinen und daher sparsamen Schrifttypen gedruckt, nur für die Illustrationen wurde Glanzpapier verwendet. Clemens Prachtbände mit Goldschrift auf dem Deckel sind dagegen aufwändig und durchgehend auf Glanzpapier gedruckt. Schon die Aufmachung dieser kostbaren Bände macht den staatlichen Rückhalt deutlich, der dieser Publikation geboten wurde. Man kann sich des Eindrucks eines Missverhältnisses bei der Betrachtung dieser beiden Publikationen nicht erwehren. Der Sieger des Krieges konnte sich eine so kostbare Publikation, wie sie der Besiegte gestaltete, nicht leisten. So schwer es ist, sich in diese Epoche zurückzuversetzen, die heftige Polemik von französischer Seite wird eher verständlich, wenn auch diese Details betrachtet werden. Der Hass, wie er so oft in den Äußerungen der französischen und belgischen Autoren zum Ausdruck gebracht wurde, beruhte auch auf der Tatsache, dass nur in Frankreich und Belgien sowie in den mittel- und osteuropäischen Ländern die Zerstörungen von Orten, Kirchen und Denkmälern aufgenommen und inventarisiert werden mussten. Die verhältnismäßig wenigen Bomben, die im Ersten Weltkrieg auf Deutschland fielen, hatten keine vergleichbaren Schäden angerichtet.

Die beiden Bände enthalten Berichte von allen Fronten, im Westen, Osten und Süden. Sie wurden von den entsprechenden Verantwortlichen für die Aktivitäten des *Kunstschutzes*, sowohl im Rahmen der architektonischen Denkmalpflege wie der Bewahrung des beweglichen Kunstgutes, abgefasst. Mit der Endredaktion war wiederum Otto Grautoff beauftragt.

Clemen betont im Vorwort, dass die «objektive Wahrheit» vermittelt würde. Man hoffe daher auf «Gerechtigkeit» in der Beurteilung der Leistung. Die Darstellungen hätten gelegentlich einen «apologetischen Charakter», der sich nicht habe verhindern lassen, um die «gute Sache und die Ehre der Armee und ihrer Führer» gegen Angriffe zu verteidigen.[69]

Clemens würdige Einleitung, *Der Krieg und die Kunstdenkmäler*, machte deutlich, dass die Aufgabe nur unter schwersten Bedingungen bewältigt werden konnte. Die Kriegsdenkmalpflege sei eine moralisch deprimierende Tätigkeit, wenn sie die Rolle wahrnehmen muss, für die Monumente «Totengräber zu sein und Sterberegister zu führen.» Sie habe sich aber mit dem größten Nachdruck «um die Freihaltung wenigstens der allerwichtigsten nationalen Monumente von militärischen Zwecken» bemüht. Sie habe vor allem immer wieder auf die ungeheure Bedeutung hingewiesen, die «im Kampf um die Seelen der Völker, um die Sympathien der Welt diesen ehrwürdigen Palladien zukam.»[70]

Dennoch vermochte der Autor nicht zu unterlassen, rückblickend die «übertriebenen Nachrichten und die ins Uferlose gehenden Übertreibungen» zu erwähnen, die nach den drei wichtigsten Ereignissen, Löwen, Reims und dem Versenken des britischen Passagierschiffs *RMS Lusitania* durch die deutsche Marine, das allgemeine Urteil über Deutschland endgültig in Misskredit gebracht und zur Weltvergiftung geführt hätten. 127 Menschen waren bei der Torpedierung des Schiffes umgekommen, viele von ihnen US-amerikanische Passagiere.

Clemen betonte weiter, dass nun nicht mehr der Moment sei, die Widersacher herabzusetzen. Er zitierte die Namen Maurice Maeterlinck, Émile Verhaeren, Anatole France und Henri Bergson und gestand sogar zu, dass auch das Manifest *An die Kulturwelt!* wie die Antwort auf französischer Seite mit der Schrift *Les Allemands destructeurs de cathédrales et de trésors du passé* aus dem Jahre 1915 unglückliche Publikationen gewesen seien. «Wie lange hat es gedauert, bis die eindringliche und tief ernste Predigt der Abwendung vom Haß», schreibt Clemen, «die Romain Rolland in ‹Au dessus de la mêlée› der Welt gehalten hat, zu wirken anfängt. Es ist nicht mehr die Zeit für die leidenschaftlichen Ausbrüche und für sinnlose und unbewiesene Übertreibungen.»[71]

Clemen unterlässt aber nicht, wie in seiner Antwort an den Bildhauer Bartholomé, darauf hinzuweisen, dass nicht ein Land und eine Heeresleitung als verantwortlich für die Zerstörungen betrachtet werden dürften, sondern der Krieg selbst. «Das ist eben der große weltgeschichtliche Irrtum in allen Anklagen: die Kriegführung oder einer der Kriegführenden wird angeklagt und es dürfte doch nur der Krieg selbst angeklagt werden».[72] Diese Sätze stehen sicherlich im Zusammenhang mit der Unterzeichnung des Vertrags von Versailles am 28. Juni 1919, in dem Deutschland und Österreich die Alleinschuld des Krieges zugewiesen wurde. Ohne polemische Auseinandersetzung war auch zu diesem Zeitpunkt keine Darstellung über denkmalpflegerische Fragen möglich. Immer wieder, vor allem in dem Beitrag von Otto Grautoff über *Die Denkmalpflege im Urteil des Auslandes,* wird aufgeführt, dass Frankreich, trotz einer großen Tradition in diesem Bereich, für die Zerstörung im eigenen Land und in von seinen Truppen besetzten Gebieten Verantwortung trage.[73]

In diesem Sinne verwies Clemen auch auf die Erklärung der französischen Regierung vom 5. Oktober 1918, die deutschen Truppen hätten bei ihrem Rückzug nicht nur die Menschen vertrieben, sondern auch systematisch alle Denkmäler dem Erdboden gleichgemacht. Um auf besonders groteske Forderungen von französischen Autoren hinzuweisen, zitierte er Henri Lavedan, der in der Zeitschrift *L'Illustration* vom 12. Oktober 1918 sogar vorschlug, nach dem Prinzip «Auge um Auge, Zahn um Zahn» vorzugehen und in Deutschland einige exemplarische Zerstörungen vorzunehmen. Lavedan wiederholte dabei ein Ansinnen, das der Senator Lucien Cornet bereits am 16. September 1918 im *Le Matin* gestellt hatte: Für Douai sollte Freiburg im Breisgau, für St. Quentin Köln und für Lille Frankfurt am Main zerstört werden. Die feindseligen Auseinandersetzungen zwischen Deutschland und Frankreich sollten noch lange weitergehen.

Ein tragischer Unglücksfall?

In Clemens Beitrag über den *Kunstschutz im Kriege*, der als eine Art abschließender Rechenschaftsbericht wirkt, wurden über mehrere Seiten die Ereignisse von Reims beschrieben. Es handelte sich um eine Zusammenfassung, in der der Autor sich auf frühere Berichte bezog oder Material aus anderen, von ihm verfassten Aufsätzen zitierte. Im Fall von Reims ging es jedoch nicht um Denkmalschutz, denn Reims war, bis auf wenige Tage, nicht in der Hand der deutschen Truppen. Clemen versuchte auch noch zu diesem Zeitpunkt nach dem Krieg den Standpunkt der deutschen Heeresleitung zu rechtfertigen, wie er in der Broschüre des preußischen Kriegsministeriums mit aller Gründlichkeit und unter Mitwirkung von Zeugen des Geschehens im Jahre 1915 vorgelegt worden war.[74]

Für Clemen «darf als einwandfrei festgestellt werden, daß auf dem nordwestlichen Turm der Kathedrale sich Anlagen für einen Beobachtungsposten befunden haben, wie auch, daß in nächster Nähe des Baues französische Truppen und französische Artillerie aufgestellt waren.»[75] Er fühlte sich verpflichtet, nochmals vor dem Leser systematisch alle Quellen und Berichte auszubreiten, um die ein Jahr zuvor veröffentlichte Darstellung von Arsène Alexandre zu widerlegen.[76] Neue Argumente wurden nicht beigebracht, aber noch einmal darauf verwiesen, dass «der Vertreter der deutschen Denkmalpflege», vermutlich Clemen selbst, am 30. März 1915 der Obersten Heeresleitung ein Schreiben übermittelt habe, in dem auf die dramatischen Schäden, insbesondere an den Skulpturen der Portale, hingewiesen wurde. Es sei dringend darum gebeten worden, «bei aller Rücksicht auf militärische Erwägungen» bei weiteren notwendigen Beschießungen von Reims die Kathedrale zu schonen. Es sei damals auch mit Nachdruck konstatiert worden, dass eine Beschädigung des Kirchenbaus «eine schwere Belastung in politischer Beziehung darstellt. Solche Entscheidungen dürften daher nicht nach den ausschließlichen Erwägungen der vor Reims kommandierenden Heerführer entschieden werden.»[77] Man kann daher mit einiger Wahrscheinlichkeit davon ausgehen, auch gerade nach dem Briefwechsel des Papstes mit dem Kaiser, dass der ausdrückliche Befehl gegeben wurde, vom Beschuss der Kathedrale abzusehen. Daraus erklärt sich, dass auch nach den heftigen Bombardements im Frühjahr 1918 die Kathedrale zwar gelegentlich getroffen, ihr aber nur begrenzter weiterer Schaden hinzugefügt wurde, im Gegensatz zu Saint-Rémi. «Wenn trotzdem die beiden Bauten», führte Clemen aus, «getroffen sind, so war dies der wachsenden Streuung der Geschosse bei dem fürchterlichen Artillerieduell zuzuschreiben». Und er hob die besondere Leistung der Kanoniere vor Reims hervor: «Um eine solche Schonung während eines der heftigsten Artillerieduelle der Kriegsgeschichte überhaupt durchzuführen, ist ein ungewöhnliches Maß von Aufmerksamkeit und Fürsorge nötig.»[78]

Clemen beendete seine Beschreibung der Vorgänge in Reims, indem er daran erinnerte, dass die Kathedrale noch «in einsamer Majestät» in der völlig zertrümmerten Stadt aufrecht stehe.[79] (Abb. 15) Und er verwies auf den Hymnus, den Maurice Barrès am 16. Mai 1918 in der Zeitung *L'Écho de Paris* veröffentlicht hatte.[80] Clemen zitierte weiterhin respektvoll Charles Morice, dass die Kathedrale «auf soliden und unerschütterlichen Fundamenten» ruhe und dass sie noch immer das «schöne Maß und die edle Harmonie ihrer Portale und ihrer Türme» offenbare. «Werk der Liebe, des Enthusiasmus und des Glaubens, einst, Ziel des Hasses und der Verachtung, gestern, des Erstaunens und der Bewunderung, heute.»[81] Die Zusammenfassung der Vorgänge aus der Sicht der Deutschen, die Clemen abschließend im Jahre 1919 vorlegte, beharrte darauf, dass seinem Land kein Unrecht vorgeworfen werden könne.

Das respektvolle Zitieren der französischen Autoren am Ende seiner Ausführungen wirkte wie der Versuch eines Brückenschlages und als ein

Ausdruck der Hoffnung, man möge doch einsehen, dass sowohl Deutsche wie Franzosen diese einzigartige Kathedrale als ein Meisterwerk der Kunst und Höhepunkt der europäischen Kulturgeschichte betrachteten. Franzosen, die in den Trümmern von Reims und vor der baufälligen Kathedrale, ihrem nationalen Heiligtum, standen, konnten sich mit einer solchen Rechtfertigung wohl kaum zufriedengeben. Die von Clemen herausgegebenen Bände sind mit ihren Fotografien ein erschreckendes Dokument des Grauens. Was immer der *Kunstschutz* bewirkt haben mag, dieses Inventar veranschaulicht auch noch für den heutigen Betrachter ein Bild entsetzlicher Zerstörung. Wer immer für den Ausbruch des Krieges die Schuld zu tragen hat, die Deutschen hatten dieses Zerstörungswerk zu verantworten.

VI. Die Restaurierung der Kathedrale

Ruinenlandschaft

Frankreich hatte eine derart schwere Beschädigung eines der bedeutendsten Kulturdenkmäler in seiner Geschichte noch nicht erlebt. Während des Einmarsches der deutschen Truppen im Krieg von 1870/71 waren auch Denkmäler in Mitleidenschaft gezogen worden. Einzelne Schlösser und öffentliche Bauten waren zerstört, Kirchen jedoch selten in Mitleidenschaft gezogen worden. Von einer «Ruinenlandschaft» konnte damals keine Rede sein. Die militärische Niederlage Frankreichs wurde als die wahre Katastrophe und als Schmach empfunden. Die Empörung über zerschossene Kirchen und Schlösser hielt sich dagegen in Grenzen.[1] Die Bombardierung von Straßburg, bei der auch die Kathedrale getroffen wurde und die Bibliothek mit wertvollen Beständen ausbrannte, sowie die Zerstörung der Schlösser von Saint-Cloud und Meudon bei Paris wurden weniger kommentiert als der durch die Commune veranlasste Brand der Tuilerien, des Rathauses von Paris und der Abbruch der Colonne Vendôme im Jahre 1871.

1914 hingegen stellte sich die Lage anders dar. Die Zerstörungskraft der militärischen Ausrüstung auf allen Seiten war durch neu entwickelte Technologien entscheidend verstärkt worden. Die Reichweite der Kanonen und die Durchschlagkraft der Geschosse hatten sich erheblich erhöht. Der mechanisierte Krieg forderte nicht nur höhere Zahlen an menschlichen Opfern, sondern hinterließ auch eine bisher unbekannte Verwüstung der Städte und Denkmäler.

Während sich die nordfranzösische Bevölkerung mit verheerenden

Schäden konfrontiert sah, vermochte sich die deutsche Öffentlichkeit durch die zensierte Presse nur ein sehr oberflächliches Bild von den Kriegsfolgen zu machen. André Gide notierte bereits im ersten Kriegsmonat in sein Tagebuch: «Sicherlich sehen die Deutschen den Krieg nicht auf dieselbe Weise wie wir. Wir sehen sein schreckliches Gesicht.»[2]

Am Ende des Krieges bot sich Nordfrankreich als eine weite Ruinenlandschaft dar. Es kann nicht genug betont werden, vor welch katastrophaler Situation das Land stand, das zwar gegen den Feind gesiegt hatte und doch gleichzeitig der große Verlierer des Krieges war. Während das eigene Land zerstört war, war das des feindlichen Nachbarn so gut wie unberührt geblieben.[3] Erst der Friede machte offenbar, dass die Bevölkerung Nordfrankreichs geflohen war und Städte und Dörfer in Schutt und Asche lagen. Viele Kathedralen der Picardie und der Île-de-France waren zum Teil erheblich beschädigt, eine große Anzahl der Dorfkirchen dem Erdboden gleichgemacht worden.[4] Auch die Sprengung des mittelalterlichen Bergfrieds von Coucy im Jahre 1917 durch die deutschen Truppen blieb in Frankreich lange unvergessen und wurde von den Franzosen als ein barbarischer Akt der Auslöschung eines bedeutenden mittelalterlichen Denkmals empfunden.

Die deutsche Gegenpropaganda betonte hingegen immer wieder, dass auch die französische und die britische Armee mit den Denkmälern wenig schonend umgegangen seien, wie etwa mit der Kathedrale von St. Quentin und anderen religiösen und profanen Bauwerken.

Der deutschfreundliche Charlus in Prousts Roman *À la recherche du temps perdu* («Auf der Suche nach der Verlorenen Zeit») (1913–1917) beschreibt, wie die Zerstörungen des Krieges nicht nur die Meisterwerke der Architektur trafen, sondern vielmehr auch die kleinen Orte und Dörfer vernichteten, die das Leben Frankreichs ausmachten: «Was die Denkmäler betrifft, mich erschreckt nicht so sehr das Verschwinden eines einzigartigen und qualitätvollen Meisterwerks wie Reims, als vielmehr die große Anzahl von lebendigen Ensembles zerstört zu sehen, die auch das kleinste Dorf in Frankreich lehrreich und charmant machen.»[5]

Obwohl das scheinbar rücksichtslose Vorgehen der deutschen Armee bereits in Belgien sichtbar geworden war, traf die Franzosen die Heftigkeit der Zerstörungen doch machtlos und unvorbereitet. Wenn in ihrer

Geschichte Denkmäler niedergerissen worden waren, so war dies meist durch den Fanatismus des eigenen Volkes geschehen. Der Begriff des Vandalismus kam in der Französischen Revolution im Zusammenhang mit der Zerstörung der eigenen Denkmäler des *Ancien Régime* auf. Der Abbé Grégoire trat diesem Geschehen im Konvent mutig entgegen und kann als einer der Väter des Gedankens der Denkmalpflege angesehen werden. Als Kirchen und Kirchenschätze profaniert, abgerissen und Kunstwerke verschleudert wurden, forderte er ihren Schutz, da sie einen unersetzlichen pädagogischen Wert und eine politisch-ideologische Aussage darstellten, die den kommenden Generationen erhalten werden müsse.[6]

Im Jahre 1914 waren nun nicht mehr die fanatisch-blinden Revolutionäre des 18. Jahrhunderts die Vandalen, sondern die deutsche Armee, oder vielmehr alle Deutschen, die scheinbar dieselbe Zerstörungswut ergriffen hatte wie die Vandalen in der Epoche der Völkerwanderung. Die Anwendung dieses Begriffes auf die Nachbarn enthielt die Aussage, dass es ihnen nicht allein darum ging, Frankreich zu erobern. Das wahre Ziel der Deutschen – so wurde es von den meisten Kommentatoren dargestellt – war vorgeblich, die Denkmäler, ja die Kultur Frankreichs zu zerstören und eine Ruinenlandschaft zu hinterlassen. Unzählige Kommentare und Karikaturen, auch auf Postkarten schnell und weit verbreitet, hatten, wie oben ausgeführt, diese Anklage vorgetragen und über die Landesgrenzen hinaus propagiert. Vandalen, Barbaren oder Hunnen, unabhängig von der historischen Berechtigung dieses Vergleiches, wurden synonym gebraucht und sollten die unmenschliche, kulturlose Handlungsweise der deutschen Eindringlinge bezeichnen. Wie wir gesehen haben, suchte die deutsche Gegenpropaganda diesem Vorwurf entgegenzutreten, indem sie ausführlich auf die Zerstörungen hinwies, die die Franzosen im Laufe der Geschichte in ihrem eigenen Lande angerichtet hatten.[7]

Der Begriff der «vandalistischen Zerstörung» hat sich vor allem durch das im Jahre 1958 erschienene, bis heute grundlegende Werk über die Geschichte der Zerstörung von Kunstwerken von Louis Réau, *Histoire du Vandalisme*, eingeprägt.[8] Das Buch erschien lange nach dem Zweiten Weltkrieg und wurde von einem der bedeutendsten Kunsthistoriker Frankreichs verfasst. Réau konzentrierte sich ausschließlich auf französische Zerstörungen und griff weit in die Geschichte zurück. Vandalismus wurde nun nicht mehr nur als Folge eines kriegerischen Angriffes von außen definiert, sondern als ein Unverständnis gegenüber der historischen Bedeutung von Kunstwerken und Denkmälern allgemein.

Als vandalistisch bezeichnete Réau auch Aktivitäten der Restaurierung und des Wiederaufbaus. Im Falle der Brände von Paris im Jahre 1870 wurde beschlossen, das Rathaus wiederaufzubauen, die Tuilerien jedoch endgültig dem Erdboden gleichzumachen. Bis heute wird der Abriss der Mauern des ehemaligen Königsschlosses in Frankreich von vielen bedauert. Die Entscheidung, das Rathaus von Paris als eine notwendige Institution wieder zu errichten, die Tuilerien dagegen aufzugeben, erfolgte in der Dritten Republik selbstverständlich aus politischen Gesichtspunkten.

Réau diskutierte ganz allgemein die Frage, ob Denkmäler überhaupt wieder aufgebaut werden sollten. Im «Vandalisme restaurateur» sah er die Gefahr einer möglichen Entstellung der Monumente: «Die an das Krankenlager der Kathedralen gerufenen Ärzte und Chirurgen haben so oft, selbst mit besten Absichten, den Kranken entstellt oder zu Tode gebracht».[9] Zu dem Zeitpunkt, als Réau diese Zeilen verfasste, waren nach dem Ersten und Zweiten Weltkrieg mittlerweile viele profane und kirchliche Bauwerke restauriert worden, oft, wenn nicht meist, von sehr kontroversen Diskussionen der Fachleute begleitet. Die Kathedrale von Reims war einer von vielen heftig umstrittenen Fällen. Sollte die Kathedrale von Reims überhaupt wieder aufgebaut werden oder sollte sie als Ruine stehen bleiben?

Pierre Antony-Thourets Fotografien des zerstörten Reims

Neun Jahre nach dem Ende des Ersten Weltkriegs veröffentlichte der Architekt und Fotograf Pierre Antony-Thouret einen großformatigen Band mit dem Titel: *Reims au lendemain de la guerre*.[10] Er enthält 127 Aufnahmen der zerstörten Stadt, die meisten, wenn auch nicht alle, vom Autor selbst aufgenommen. Sie sind in bräunlicher Farbe als Heliogravüren gedruckt. Neben den unzähligen Postkarten, Gemälden und Graphiken, die die brennende Kathedrale oder von Bomben getroffene Gebäude der Stadt Reims festhalten, kann Antony-Thourets Sammlung als ein Meisterwerk in der Geschichte der Fotografie des Krieges gelten. Der Reimser Fotograf arbeitete über viele Jahre an diesem Werk, das er bereits während des Krieges begann.[11] (Abb. 60, 61)

Über Antony-Thouret, der meist in Paris lebte, ist relativ wenig bekannt. Er veröffentlichte bereits 1915 eine Broschüre mit Aufnahmen des sogenannten *Ange au Sourire*, und zwar im Vergleich vor und nach der Zerstörung.[12] Der berühmten Skulptur des Engels neben dem Heiligen Nicasius, der übrigens als Märtyrer von den in das Land eindringenden Vandalen, vermutlich im 5. Jahrhundert, durch einen Schwertstreich sein Leben verlor, wurde durch einen von dem brennenden Gerüst herabfallenden Balken der Kopf abgeschlagen. (Abb. 62) Er galt lange als völlig zerstört und verloren, bis in New York auf dem Kunstmarkt ein Kopf auftauchte, der zunächst als der originale galt. Eine allgemeine Aufregung über den Diebstahl beschäftigte die Presse, bis der, allerdings schwer beschädigte, richtige Kopf gefunden wurde. (Abb. 63) Er war von einem Priester der Kathedrale mit anderen Skulpturen in einem Depot geborgen worden.

Der Engel eignete sich vorzüglich zu propagandistischen Verlautbarungen, da sein weitgehend zerstörtes Gesicht eine stark emotionale Wirkung auszulösen vermochte.[13] Die Bezeichnung *Sourire de Reims* geht vermutlich auf Émile Mâles empörten and anklagenden Text «La cathédrale de Reims» zurück, obwohl er das «Sourire» noch nicht direkt nur auf den Engel, sondern auf den Charakter der Skulpturen von Reims allgemein bezogen hatte.[14] Sehr bald gelangte der Engel jedoch zu allgemeiner Popularität als das *Sourire de Reims*. Antony-Thouret nahm den Kopf sowohl in seiner früheren Gestalt, dann in seiner beschädigten und auch der restaurierten Form in sein Fotobuch auf.[15] Mittlerweile war der Engel zu einem der beliebtesten Motive geworden, um die Beschießung der Kathedrale durch die Deutschen anzuprangern. Auf zwei Fotografien gab Antony-Thouret den Kopf des rekonstruierten, den Betrachter anstrahlenden Engels wieder, gleichsam als ein symbolischer Hinweis auf Frankreichs Willen und Fähigkeit, die Kriegswunden heilen zu können. (Abb. 64)

Die Fotografien in *Reims au lendemain de la guerre* sind zunächst eine

60. *Zerborstene Fenster der Kathedrale,* 1914, Fotografie Abbé Thinot, aus: Pierre Antony-Thouret, *Reims au lendemain de la guerre* (Paris: Budry, 1927), pl. 32.

61. *Inneres der zerstörten Kathedrale,* 1914, Fotografie Pierre Antony-Thouret, aus: Pierre Antony-Thouret, *Reims au lendemain de la guerre* (Paris: Budry, 1927), pl. 31.

62. *Der beschädigte Ange au Sourire*, Postkarte, Privatsammlung.

63. *Der beschädigte und restaurierte Ange au Sourire* (ca. 1914–27), Fotografie Pierre Antony-Thouret, aus: Pierre Antony-Thouret, *Reims au lendemain de la guerre* (Paris: Budry, 1927), pl. 52.

64. *Aufnahmen des wiederhergestellten Ange au Sourire* (ca. 1914–27), Fotografie Pierre Antony-Thouret, aus: Pierre Antony-Thouret, *Reims au lendemain de la guerre* (Paris: Budry, 1927), pl. 53.

Dokumentation der Zerstörung. Die meisten Aufnahmen zeigen nur Bauwerke. Die Bilder sind von Menschen entleert. Selbst vereinzelte Bäume sind entlaubt. Festgehalten sind apokalyptische Ruinenlandschaften, in denen menschliches Leben nicht oder nicht mehr möglich erscheint. Der fahle, fast unwirkliche Eindruck wird durch die künstlerische Bearbeitung der Bilder verstärkt. Antony-Thouret hat weitgehend die Schatten der Gebäude unterdrückt. Nur selten finden sich Wolken am Himmel, der in den meisten Bildern einen einheitlich hellen, monochromen Hintergrund abgibt, wodurch sich die Konturen der Ruinen besonders abheben. Einige Fotografien sind abends oder in der Nacht aufgenommen. Die Gebäude heben sich auf diesen Aufnahmen wie Schattenrisse vor hellem Himmel ab. (Abb. 65)

Auf zwei Fotografien sind allerdings der Erzbischof von Reims Kardinal Luçon und sein Koadjutor Ernest Neveu inmitten der Trümmer festgehalten. In ihren dunklen Gewändern wirken sie völlig verloren in dieser toten Umgebung aus Geröll und Schutt, der von der Decke der Kathedrale auf den Boden gestürzt ist. Sie stehen dort fast unwirklich und scheinen die «Kirche» zu repräsentieren, die fortlebt, auch wenn ihre Wirkungsstätte hinter ihnen zusammengebrochen ist. (Abb. 66)

Ein weiteres Bild zeigt den von seinem Körper entfernten Kopf der Statue des Königs Lothar aus Saint-Rémi.[16] Der Kopf ist auf dem Fragment eines zerborstenen Rundbogens aufgebaut. Davor liegt ein Stein mit der Inschrift eines Datums: Le 21 janvier 1793, der Tag, an dem Ludwig XVI. unter der Guillotine starb. (Abb. 67) Das Bild ist keine Fotomontage, sondern die Fotografie einer Objektcollage, in welcher «Objets trouvés» zu einem Sinnbild zusammengestellt wurden. Der Verweis auf den Tod des Königs und mit ihm das Ende des *Ancien Régime* symbolisiert in diesem Bild auch den Untergang der Krönungskirche, in der sie zu ihrer Stellung und zu ihrer Macht erhoben wurden.

Antony-Thourets Band von Fotografien ist das eindrucksvollste künstlerische Dokument der Folgen des Beschusses nicht nur der Kathedrale, sondern der gesamten Krönungsstadt Reims. Der heutige Besucher kann sich in der wiederaufgebauten Stadt das Ausmaß der Folgen der Bombardements der Kriegsjahre 1914–1918 kaum noch vorstellen. Die Erinnerung an diese Bilder blieb jedoch auf lange Zeit, ja bleibt bis heute im Gedächtnis der Franzosen lebendig.

65. *Nachtaufnahme der Ruinen von Reims,* 1919, Fotografie Pierre Antony-Thouret, aus: Pierre Antony-Thouret, *Reims au lendemain de la guerre* (Paris: Budry, 1927), pl. 85.

66. *Kardinal Luçon und sein Koadjutor Neveu inmitten der Trümmer,* 1917, Fotografie Pierre Antony-Thouret, aus: Pierre Antony-Thouret, *Reims au lendemain de la guerre* (Paris: Budry, 1927), pl. 38.

67. *Kopf der Königsstatue Lothars aus Saint-Rémi,* 1919, Fotografie Pierre Antony-Thouret, aus: Pierre Antony-Thouret, *Reims au lendemain de la guerre* (Paris: Budry, 1927), pl. 115.

Die Betrachtung der Fotografien lässt aber auch nachvollziehen, warum eine heftige Diskussion über die Möglichkeiten des Wiederaufbaus und die Einrichtung der Ruine als ein dauerhaftes Mahnmal entbrannte.

Die Kathedrale als Denkmal der Gefallenen

Der Wiederaufbau der Stadt Reims und die Rückkehr der geflohenen Bewohner beschäftigten Frankreich nach dem Ende des Ersten Weltkrieges als ein nationales Drama über mehrere Jahrzehnte. Eine lebendige Stadt, die zudem einen zentralen *lieu de mémoire* der französischen Geschichte verkörperte, war beinahe ausgelöscht. Von 113000 Einwohnern blieben nur wenige, nach dem Krieg kehrten 40000 Bewohner zurück. Im Zentrum der Stadt waren von ca. 14000 Gebäuden 8600 völlig zerstört, nur 950 nicht von Bomben getroffen worden.[17]

Vor dem Hintergrund der Zerstörungen und menschlichen Verluste erschien der Wiederaufbau der Kathedrale nicht als die erste Sorge, doch stellte er die Zeitgenossen vor grundsätzliche Probleme, die nur in Jahrzehnten bewältigt werden konnten. Dazu kam die Ansicht vieler Zeitgenossen, dass die ehemalige Krönungskathedrale gar nicht wieder aufgebaut werden, sondern als Ruine bestehen bleiben solle. Für diese oft geäußerte Ansicht spielte sicher eine Rolle, dass zumindest während des Krieges der genaue Zustand der Kathedrale nur oberflächlich bekannt war. Trotz der weit verbreiteten Postkarten mit Fotografien konnte niemand so recht abschätzen, ob die Kathedrale überhaupt restaurierbar war.

Schon Ende September 1914, also unmittelbar nachdem die Kathedrale von Reims schwer getroffen worden war, wurden die Präfekten der Departements an der Nordfront aufgefordert, Untersuchungen über die kriegsbedingten Schäden an den Bauwerken in die Wege zu leiten.[18] Ziel war, zu klären, ob Schutzmaßnahmen getroffen werden könnten. Nun wurden endlich Sandsäcke an der Fassade der Kirche aufgetürmt, um die Skulpturen vor weiteren Angriffen zu schützen. In zahlreichen Beiträgen, wie dem von André Michel in der angesehenen *Gazette des Beaux-Arts*, wurden erste Listen und Beschreibungen der «monuments martyrisés» veröffentlicht.[19]

Fotos vor und nach der Zerstörung vermochten eindrucksvoll die «barbarie teutonne» zu belegen.[20] (Abb. 68) Man kann sich gut vorstellen, dass das Entsetzen und die Wut dieser ersten Konfrontation den Impuls auslösten, diese Spuren der Verwüstung zu erhalten, um den Gegner für immer zu stigmatisieren. Ironisch heißt es bei Michel, dass die Deutschen «mit den sehr überlegenen Mitteln ihrer Kultur» das Werk der Hunnen und Vandalen fortsetzten: «Die Deutschen [«les Boches»] setzen auf würdige Weise das Werk der Hunnen, Vandalen und Dämonen fort; sie sind grausam mit noch größerer Verlogenheit, Brandstifter und Zerstörer mit weit größerer Kenntnis […].»[21] Bereits 1914 wies Michel auch auf die Frage des späteren Umgangs mit den zerstörten Denkmälern hin.

Er war nicht der Einzige. Über den Wiederaufbau entstand eine lebhafte und kontroverse Diskussion, wobei die überwiegende Mehrheit der Autoren, Schriftsteller, Journalisten, Politiker und auch Denkmalpfleger die Meinung vertrat, die Ruinen müssten als Beleg für die barbarische Aggression der Deutschen bestehen bleiben. Bereits in einem Artikel in *Le Matin* vom 2. Oktober 1914 mit dem Titel *Qu'on respecte les ruines de Reims* wurde gefordert, die Kathedrale dürfe nicht wieder aufgebaut werden. Ihre Ruine repräsentiere jetzt und für immer die Vereinigung aller Religionen des Landes: «[…] die Religion Frankreichs. Sie hat ihr Gotteshaus gefunden: die Ruinen der Kathedrale von Reims […]. Kann man sich ein bewundernswerteres Symbol des nationalen Opfers vorstellen?»[22] Nicht nur die Zerstörung eines Kirchenbaus wird angeprangert, sondern die eines Nationaldenkmals, das die *union sacrée* aller Franzosen repräsentiere.

Als Ruine, so der emphatische Apell des ungenannten Autors, bringe das Monument den Charakter der Verbundenheit aller Franzosen noch stärker zum Ausdruck. Daher sollte sie auf ewig erhalten bleiben: «Ach! Dem Vaterland fehlt es nicht an Märtyrern. In Reims sollten die zukünftigen Generationen ihr Gedenken feiern. Sie werden diese großartigen Trümmer der Kathedrale sehen, so etwas wie einen idealen und gemeinsamen Grabhügel für diejenigen, die für diese heilige Aufgabe der französischen Zivilisation gefallen sind. Die Schüler und die Soldaten werden an ihm vorbeiziehen. Es wird ein nationaler Wallfahrtsort werden. Und die ganze Welt wird ihn aufsuchen, pietätvoll.»[23] Der Artikel be-

68. *Vorher-Nachher-Aufnahmen der Fassade und Dokumentation der Zerstörung nach dem 19. September 1914*, Fotografie Leon Doucet, aus: André Michel, «Ce qu' ‹ils› ont détruit», in: *Gazette des beaux-arts*, Juli 1914, S. 192–193.

klagt weiter den Angriff nicht nur auf Frankreich, sondern auf die Idee der Zivilisation schlechthin. Die Ruine der Kathedrale könne diesen barbarischen Akt am besten bezeugen und müsse daher erhalten werden: «Und vor allem, rühren wir nicht mehr an ihm. Fügen wir dem Verbrechen der Vandalen nicht noch das Verbrechen der Architekten hinzu.»[24]

Auch der Journalist und Schriftsteller Henri Lavedan setzte sich 1915 in *L'Illustration* dafür ein, die Kathedrale als Ruine zu erhalten: «Man soll sie in dem schrecklichen und großartigen Zustand belassen, in den sie die mutwilligen Schläge der Barbaren versetzt haben, damit sie als Beleg und lebendiger Zeuge in den zukünfigen Jahrhunderten die deutsche Schande, wie eine katastrophale Stunde, die immer wieder ins Gedächtnis gerufen werden kann, eine lebendige Anklage, die immer wieder erhoben werden kann, ein Arm aus Stein, der immer wieder ausgestreckt werden kann, repräsentiert.»[25] Andere hingegen vertraten die Ansicht, die Wiederherstellung würde zeigen, dass man dem Gegner zu trotzen wisse. Die Ruinen dürften nicht zu Denkmälern des politischen Gegners werden, der es doch gerade auf die Zerstörung der französischen Kultur abgesehen habe. Die propagandistischen Übertreibungen der Schäden trugen ebenfalls zu der Vorstellung bei, die Kathedralen Nordfrankreichs, besonders die von Reims, müssten wohl für immer Ruinen bleiben.

In der sogenannten *Mission artistique* wurden französische Künstler von der Armee eingezogen, um in Gemälden und Illustrationen Ruinen und Ruinenlandschaften zu dokumentieren.[26] Im November 1916 fand im Musée du Luxembourg in Paris eine Ausstellung statt, in der eine Reihe dieser Werke ausgestellt wurde.[27] Ruinen sind ein anschauliches Zeugnis der Vergänglichkeit, aber können auch ein wirkungsvolles Mahnmal von gewaltsamer Zerstörung darstellen. Die nordfranzösische Ruinenlandschaft, wie sie von Malern und Fotografen festgehalten wurde, diente als eindringliches Bild der Anklage. Die in Jahrhunderten entstandene Zivilisation war schwer getroffen, ja die Landschaft selbst verwundet. (Abb. 69) Die Ruinenlandschaften der Maler und Zeichner der *Mission artistique* geben zerstörte Bauwerke wieder, Städte ohne Menschen, unbewohnte, ja unbewohnbare Orte und Landschaften, die bis heute die Krater der Bombeneinschläge zeigen.

Immer wieder fanden in Paris Ausstellungen mit Ansichten der Ruinen und von den Bombardierungen getroffene Statuen statt, wie im Pa-

69. Félix Vallotton, *Die Kirche von Souin als Silhouette*, 1917, Öl auf Leinwand, Washington, D.C., National Gallery of Art.

villon Marsan des Louvre im Jahre 1915. In der Presse wurde die Ruinenlandschaft ausführlich diskutiert und über Jahre hinweg die Frage gestellt, ob die Ruinen bewahrt oder die Denkmäler wieder aufgebaut werden sollen.[28] Von General Gabriel Malleterre wird die Aussage überliefert, dass die Ruinen den Sieg an der Marne in unvergleichbar anschaulicherer Form darstellen, als es Historiker könnten; man könne nur Gott bitten, dass diese Zeugen erhalten blieben.[29] Die Ansicht beruhte natürlich auf dem Gedanken, den barbarischen Eroberern auf ewig ein Denkmal der Anklage zu setzen.

Nicht nur Journalisten, sondern auch Schriftsteller und Künstler pilgerten noch während des Krieges nach Reims. Ein nicht ganz ungefährlicher Kriegstourismus entstand, dem auch Gabriele d'Annunzio folgte. Er äußerte sich begeistert über die Ruine der Kathedrale, die niemals so schön gewesen sei. Sie verwirkliche sich erst jetzt in den Flammen. Man wolle vor diesem Wunder auf die Knie fallen. Vor allem äußerte auch er, man solle alles so lassen und auf keinen Fall den Kirchenbau wieder aufbauen.[30]

In diesem Sinne, wenn auch in dichterischer Form, hoffte auch Edmond Rostand, die Ruine von Reims würde erhalten bleiben. In seinem Gedicht *La Cathédrale* heißt es in den letzten Zeilen: «Geben wir den Schützen mit ihren blöden Kanonen die Ehre, / denn aus ihrer deutschen Adresse / ergibt sich eine Schande, für uns ein Parthenon!»[31] Dies war auch die Reaktion des Romanciers Roger Martin du Gard. Er wünschte, dass die Ruine wie Pompeji als emotionale Erfahrung des deutschen Verbrechens den zukünftigen Generationen erhalten bliebe.[32]

D'Annunzio, Martin du Gard, Rostand und viele andere drückten ihre Empfindungen auf emphatische, romantische und poetische Weise aus. Sehr viel nüchterner, aber ähnlich entschieden setzten sich Journalisten, Politiker und auch Kunsthistoriker dafür ein, die zerbombte Kathedrale als Ruine stehen zu lassen. Sie sollte befestigt werden, um als Denkmal auf ewig die vandalistische Zerstörung durch die Deutschen im Jahre 1914 zu bezeugen. Hätte sich diese Umwidmung der Kathedrale durchgesetzt, wäre sie zu einem profanen, politischen Memorialbau geworden.

Der Wunsch, die Ruine der Kathedrale als Mahnmal zu belassen, wurde von vielen prominenten Zeitgenossen vertreten, wie etwa Auguste Rodin oder dem Kunsthistoriker, Kritiker und Politiker Armand Dayot, der als *Inspecteur général des monuments historiques* eine gewichtige Stimme bei der Frage nach der zukünftigen Bestimmung der Denkmäler besaß. Auch er vertrat in einer Reims gewidmeten, viel gelesenen Ausgabe der Revue *L'Art et les Artistes* die Ansicht, die Kathedrale solle als Mahnmal für die ewige Botschaft von Hass und Rache an Deutschland dienen.[33] Es war wohl Dayot, der als erster Autor das Projekt, die Kathedrale zusätzlich in ein Mahnmal und eine Gedenkstätte für die Gefallenen umzuwidmen, mit Nachdruck verfolgte. Bereits in einem Brief an den Bürgermeister von Reims aus dem Jahre 1915 brachte er zum Ausdruck, die Kathedrale solle ein Memorialbau der «barbarie teutone» werden. Er beschrieb auch schon genau, wie das Monument gestaltet werden könne. Gefallene sollten dort beerdigt werden, umgeben von erbeuteten deutschen Kanonen, und am Jahrestag der Friedensunterzeichnung und der «Vernichtung Deutschlands» solle Frankreich vor den gefallenen Helden niederknien.[34] Dieser Auffassung schloss sich auch der

Vorsitzende der *Société nationale des artistes français*, der Maler Alfred Roll, an.[35]

Das französische Militär sprach sich ebenfalls dafür aus, die Kathedrale von Reims als Begräbnisplatz und Gedenkstätte für die anonymen gefallenen Soldaten herzurichten, allerdings nicht nur für französische, sondern auch die Gefallenen der Alliierten. Auf der Ruine sollten die Fahnen aller beteiligten siegreichen Länder wehen. Von diesem konkreten Projekt berichtete die *New York Times* bereits in einer kurzen Mitteilung am 18. Juni 1917, etwa ein Jahr vor Kriegsende.[36] Die Zeitung teilte mit, die französische Regierung hätte den Entschluss gefasst, die Kathedrale zu einem Pantheon des Gedenkens aller Armeen, die in Frankreich für Demokratie gekämpft hatten, zu weihen.

Der amerikanische Architekt der Grand Central Station in New York, Whitney Warren, der 1928 die im August 1914 durch Feuer zerstörte Bibliothek von Löwen wiederaufbauen sollte, hatte Reims unmittelbar nach der Beschießung im September besucht und in Artikeln und Vorträgen über Jahre hinweg darüber berichtet. Seine Beiträge fanden weite Resonanz und bewirkten, dass die amerikanische Bevölkerung große Sympathie für Frankreich und seinen Verteidigungskampf entwickelte. Diese und viele weitere Reportagen der Berichterstatter aus dem Krieg im Norden Frankreichs trugen nicht unerheblich zur Entscheidung der USA, in den Krieg einzutreten, bei. Zudem förderte sie die amerikanische Hilfsbereitschaft beim Wiederaufbau des Landes und seiner Monumente nach dem Ende des Krieges.[37]

Reims war nicht der einzige Ort in Frankreich, über dessen Zukunft in diesem Sinne diskutiert wurde. Für kleinere Orte oder Dörfer, die in der *Grande Guerre* praktisch dem Erdboden gleichgemacht wurden, wie Craonne im Département Aisne, nur 30 km von Reims an dem heiß umkämpften *Chemin des Dames* gelegen, wurde beschlossen, die Ruinen bestehen zu lassen und als Mahnmal gegen den Krieg zu erhalten bzw. der Natur zu überlassen.[38] Im Fall von Craonne wurde ein neuer Ort in unmittelbarer Nähe des alten errichtet. Für Reims kam eine solche Lösung nicht in Frage. Und auch die schwer getroffene Kathedrale repräsentierte immer noch ihre Vergangenheit und ihren Mythos als Krönungskirche und Erzbistum.

Ein Wiederaufbau war nur eine Frage der Zeit, in der die logistischen und finanziellen Probleme gelöst werden mussten. Frankreich ohne die Kathedrale von Reims war nicht vorstellbar. Natürlich drängte auch die katholische Kirche auf die Wiederherstellung der Kathedrale des Bischofssitzes. Ein Gemeindeleben ohne diesen Kirchenbau war nicht möglich. Trotz der Baufälligkeit hatten sogar während des Krieges in relativ unversehrten Kapellen Gottesdienste stattgefunden. Dass dieses Monument wieder instand gesetzt werden musste, entsprach sicher dem Wunsch der weitaus größeren Mehrheit der französischen Bevölkerung.

Ruinentourismus

Wie bereits erwähnt, setzte schon während des Krieges ein Ruinentourismus ein. Er war zunächst beruflich bedingt. Reporter und Fotografen suchten sich einen Eindruck der Zerstörungen zu machen, um ihre Erlebnisse an die Zeitungsredaktionen und Illustrierten liefern zu können. Besonders populär wurden die Berichte von Albert Londres, der als Journalist durch seine literarisch anspruchsvollen Reportagen für *Le Matin* zu hohem Ansehen gelangte. Er erlebte die Beschießung im September 1914 aus der Nähe. Leidenschaftlich beschrieb er seine Erlebnisse, berichtete über die ausgebrannte Kathedrale und endete mit den emphatischen Worten: «Die Kathedrale von Reims ist nur noch eine Wunde.»[39]

Die Gegenwart der Ruinen vor allem im Norden und Westen Frankreichs wurde auch ein Thema von Landschaftsmalern.[40] Neben den dramatischen Darstellungen der brennenden Kathedrale Sénéchals (Abb. 34 a, b, Farbtafel 34c), die wir bereits betrachtet haben, entstanden Gemälde, die die ausgebrannte Ruine des Kirchenbaus festhalten.[41] Ob im Tageslicht oder bei Mondschein, die vielen nach dem Krieg entstandenen Gemälde, etwa von Paul-Hubert Lepage, mögen als Beispiel einer Darstellungsweise dienen, in der die Verlassenheit, ja die «Leblosigkeit» dieses Kirchenbaus zum Ausdruck gebracht wurde. (Abb. 70) Die Anthropomorphisierung, die für so viele Beschreibungen der Kirche in dieser Epoche charakteristisch war, findet in diesen malerischen Werken ihre Parallele. Selbst die hellen leuchtenden Farben können nicht über den Eindruck des Melancholischen der Ruine im Hintergrund hinwegtäu-

70. Paul-Hubert Lepage, *Die Kathedrale in Reims von der Rue de Chanzy aus gesehen*, ca. 1920, Öl auf Leinwand, Reims, Musée des Beaux-Arts de la Ville de Reims.

schen. Auch der Vordergrund mit zerstörten Häusern und aus dem Boden herausragenden Kellerräumen bestimmt bereits den Blick auf die Kathedrale. In diesen Ansichten der ausgebrannten Reimser Kathedrale haben Menschen keinen Platz.

Noch während des Krieges, 1917, wurde Claude Monet beauftragt, sich nach Reims zu begeben, um die zerstörte Kathedrale in einer Serie von Gemälden festzuhalten. Monet hatte die Anregung der Minister Étienne Clémentel und Albert Dalimier, die ihn in Giverny besucht hatten, zunächst mit Zustimmung aufgenommen, zumal er sich vermutlich durch diesen Staatsauftrag geehrt fühlte. Man kann annehmen, dass Georges Clemenceau, mit dem Monet befreundet war, diese Anfrage unterstützte.[42] Die Nachricht, der Maler habe diesen Auftrag angenommen, verbreitete sich in Paris. Es ist allerdings kein Beleg vorhanden und erscheint auch eher unwahrscheinlich, dass Monet die höchst gefährliche Reise nach Reims überhaupt auf sich genommen hat. Zwar korrespondierte der Maler immer wieder mit den Auftraggebern in Paris. Zeichnungen zur Kathedrale von Reims und Dokumente, die bestätigen, dass er sie während des Krieges gesehen hat, sind nicht bekannt. Man darf auch vermuten, dass der Maler letztlich erkannte, eine solche Aufgabe könne nicht Ziel seiner Kunst sein. Natürlich bestand von Seiten der Regierung die Hoffnung, den berühmten Maler für propagandistische Ziele gewinnen zu können. Der Maler wird aber gespürt haben, dass eine politisch-propagandistische Instrumentalisierung seiner Werke im Gegensatz zu seinen künstlerischen Vorstellungen stand. Ein überzeugendes Bildsujet kann die von Bomben getroffene Kathedrale von Reims, betrachtet man die Entwicklung seiner Kunst im Ganzen, für ihn nicht gewesen sein.

Aber auch bekannte Schriftsteller wie Conan Doyle und Rudyard Kipling besuchten während des Krieges die Front. Sie berichteten weniger über die strategische militärische Situation als vielmehr über die erbarmungswürdige Lage in den Gräben der Verteidigungslinien, aber auch den heroischen Mut der Soldaten. Diese seien, so etwa Doyle, auch im Angesicht der Zerstörung der Denkmäler immer wieder zu heroischen Einsätzen motiviert worden. Im Angesicht der Kathedrale von Soissons schrieb Doyle: «These savages cannot keep their hands off a beautiful church […]. No wonder the French fight well. Such sights would drive

71. *Rudyard Kipling vor der Statue der Jeanne d'Arc in Reims*, in: *L'illustration*, 28. August 1915, S. 211, aus: Jean-François Boulanger et al. (Hg.), *Reims, 14–18: De la guerre à la paix: Histoire, mémoire, symboles* (Straßburg: La Nuée bleue, 2013), S. 80.

the mildest man to desperation.»[43] Solche Aussagen beförderten gerade in der englischsprachigen Welt die Meinung, die Deutschen hätten es besonders auf die Brandschatzung und Vernichtung der Denkmäler in Frankreich abgesehen.

Kipling, der sich im Auftrag der britischen Regierung als Autor propagandistischer Schriften gegen Deutschland engagierte, nannte den Untertitel des Buches und das erste Kapitel seiner Erfahrungen in Frankreich *On the Frontier of Civilization*, womit er den Streit über Kultur und Zivilisation, der die deutschen und französischen Intellektuellen beschäftigte, aufgriff. Die französische Front wurde in dieser Diktion zu einer Verteidigungslinie der Zivilisation gegen die Barbaren.[44] Kipling besuchte auch Reims und war tief erschüttert von dem Leben der Bewohner unter dauernder Bedrohung durch die Bomben der deutschen Kanonen. Er widmete ein Kapitel der Kathedrale, die er als Ruine beschrieb. Seine Schrift richtete sich insbesondere an seine britischen Landsleute,

72. Abel Faivre, *Edith Wharton besichtigt die Ruinen*, Titelblatt, *Le Rire*, 22. Mai 1915, Paris, Bibliothèque nationale de France.

denen er die Notwendigkeit des Kampfes gegen Deutschland deutlich zu machen suchte: «This is the one vital point which we in England *must* realize. We are dealing with animals who have scientifically and philosophically removed themselves inconceivably outside civilization […]. When you have seen Rheims, you understand a little more.»[45] (Abb. 71)

Auch die amerikanische Schriftstellerin Edith Wharton besuchte mitten im Krieg 1915 Nordfrankreich und hielt ihren Eindruck der Kathedrale von Reims mit bewegten Worten fest. Sie beschrieb ausführlich die Farben der Fassade, als ob sie sich an ein Gemälde der in Rouen entstandenen Werke von Monet erinnerte. Aber dann leitet sie von ihrer als «wonder of impression» bezeichneten Darstellung doch über zu der Wirkung von Vanitas und Tod, den die Ruine des Kirchenbaus auf emphatische Weise vermittelte:

«And the wonder of impression is increased by the sense of its evanescence, the knowledge that this is the beauty of disease and death, that every one of the transfigured statues must crumble under the autumn rains, that every one of the pink or golden stones is already eaten away to the core, that the Cathedral of Rheims is glowing and dying before us like a sunset».[46] Die eher literarische Betrachtung der schrecklichen Kriegsschäden, unter denen die Bevölkerung durch die Zerstörung der Städte und ihrer Monumente litt, mag eine Karikatur der Schriftstellerin, die in *Le Rire* am 22. Mai 1915 erschien, provoziert haben.[47] (Abb. 72)

Nach Beendigung der Friedensverhandlungen von Versailles im Jahre 1919 brachen die Neugierigen in noch größerer Zahl zu den Schlachtfeldern auf. Dieses Interesse, das auch viele Ausländer, besonders Engländer und Amerikaner, zu Reisen nach Frankreich führte, nutzten Reiseunternehmen für einen regelrechten Schlachtfeldtourismus. Reims war eine der attraktivsten Sehenswürdigkeiten. Bereits im Jahre 1920, nur zwei Jahre nach Beendigung des Krieges, brachte Michelin einen Reiseführer, auch in englischer Sprache, heraus, der die Schauplätze für Touristen in allen Details vorstellte. Er war besonders Reims gewidmet, wie der Titel der Publikation zum Ausdruck brachte: *Rheims and the Battles For its Possession*.[48] Der Führer sollte, wie die Widmung auf dem Titelblatt angibt, an die Arbeiter und Angestellten des Unternehmens Michelin erinnern, die ihr Leben ihrem Land geopfert hatten.

Ausführlich ist in dem Band zu Beginn die Geschichte der Stadt dargestellt, bevor dann die Ereignisse während des Ersten Weltkrieges geschildert werden. Mit Fotografien, die oft die Situation vor und nach den Bombardierungen festhalten, anschaulich ergänzt, beschreibt der Reiseführer die Schäden an der Kathedrale und in der Stadt in allen Einzelheiten. Der Führer bietet dann verschiedene Routen an, die einen prägenden Eindruck der weitgehend von den Bombardierungen zugrunde gerichteten Stadt geboten haben müssen. Der Reiseführer von Michelin leitete ferner zum Besuch der umliegenden Stellungen sowohl auf französischer wie auf der ehemaligen deutschen Seite an.

Unter den vielen prominenten Besuchern muss der Besuch von Albert Einstein hervorgehoben werden. Die Reise war auch auf deutscher Seite keineswegs unumstritten. Sie wurde in beiden Ländern in der Presse ausführlich kommentiert. Walther Rathenau, der eine politische Annäherung mit Frankreich anstrebte, setzte sich für das Zustandekommen von Einsteins Reise ein.

Der berühmte Physiker reiste im Frühjahr 1922 auf Einladung von Kollegen nach Paris, wo er verschiedene Institutionen aufsuchte und Vorträge, vor allem über die Relativitätstheorie, hielt. Sein Aufenthalt in der französischen Hauptstadt wurde höflich, respektvoll, aber nicht überall freundlich kommentiert. 30 Mitglieder der Akademie der Wissenschaften hatten sich gegen eine Einladung ausgesprochen.[49]

Im Fall Einsteins hatten sich französische Kollegen aber doch für eine Einladung ausgesprochen, weil er zu den wenigen Wissenschaftlern gehörte, die sich öffentlich vom Krieg distanziert hatten. Einstein protestierte gegen den Militarismus und hatte sich auch geweigert, den Protest der 93 *An die Kulturwelt!* zu unterzeichnen, ein Umstand, der in der Presse hervorgehoben wurde. Schon bei seiner Ankunft in Paris betonte Einstein, dass er nicht nur auf wissenschaftliche Kontakte in der französischen Hauptstadt hoffe, sondern auch die Zerstörungen des Ersten Weltkriegs aufsuchen wolle. Eine Autofahrt, über die einer der drei Begleiter, der Astronom Charles Nordmann, in *L'Illustration* ausführlich berichtete, ermöglichte dem deutschen Physiker, die Ruinenlandschaft in und um Reims zu besichtigen, ein Erlebnis, das ihn stark bewegte.[50] (Abb. 73) Wie Nordmann mitteilt, war Einstein tief erschüttert und bemerkte: «Es ist nötig, alle Studenten aus Deutschland hierherzuholen, alle Studenten der Welt, damit sie sehen, wie grausam der Krieg ist. [...] Bevor wir Reims verlassen, möchte Einstein ausführlich die Kathedrale besichtigen. Vor der abscheulichen Zerstörung von so viel Schönheit schwieg er bestürzt. Wir respektieren die Ruhe seiner Gedanken, wir können sie uns vorstellen und brauchen sie nicht zu hören. Alles ist über diese unglückliche Kathedrale gesagt und geschrieben worden, die als vollständige Ruine, in der Vernichtung der wunderbaren Details der Steine noch aus der Ferne die Schönheit ihrer Formen zeigt, durch die sich das Licht des Himmels bricht.»[51]

Einsteins Besuch in Reims und seine Wahrnehmung des Krieges im Angesicht der Ruinen, besonders der zerstörten Kathedrale, ist im Zusammenhang seiner humanistischen Einstellung zu erklären. Sein innerer Widerstand gegen jegliche kriegerische Auseinandersetzung gewinnt vor den Zerstörungen an Überzeugungskraft. In den Gesprächen mit seinen Begleitern bemerkte er, dass die meisten Menschen vom Krieg nur eine literarische Vorstellung hätten. Die unmittelbare Anschauung der zerbombten Häuser und die Ruine der Kathedrale von Reims vermochten hingegen die wahren Schrecken zu vermitteln. Der Gelehrte äußerte auch, dass die Mehrheit der Deutschen so wie er fühlten und dächten. Nordmann erinnert sich: «Als wir Einstein zu seinen Empfindungen und seinem Humanismus beglückwünschen, antwortet er: ‹Bei weitem die meisten Deutschen denken so.› Wir bemühen uns, das zu verstehen, aber uns fehlen die Beweise.»[52]

Die Annäherung von Frankreich und Deutschland in den 1920er Jahren stand noch ganz in den Anfängen und war sogar höchst umstritten. In Deutschland zögerten viele von Einsteins Zeitgenossen nicht, ihn als einen Defätisten zu beschimpfen.

Bewegend beschrieb auch Harry Graf Kessler am 24. August 1928 seine Reise von Verdun nach Reims. Zehn Jahre nach Beendigung des Krieges waren die Wunden der Landschaft und die Ruinen noch unübersehbar. Der überzeugte Europäer erlebte den Besuch als eine Bestätigung, dass eine friedliche Zusammenarbeit von Deutschland und Frankreich eine europäische Einigung bewirken könne: «Von Verdun bis Rheims auf 100 Kilometer eine wohl seit Jahrhunderten fast menschenleere Einöde, eine Landschaft, die Einem zuerst Entsetzen einflösst u. dann allmählich, wenn man Kilometer um Kilometer durch sie hindurcheilt, an Soldatenkirchhöfen, an noch immer ihre Arme gegen den Himmel streckenden, verkohlten Bäumen, an verbrannten, verfallenen Bauernhöfen vorbei [...]. Entsetzen u. tragische Erschütterung wechseln im Gefühl bei ihrem Anblick. Die dichtgedrängten, kleinen weissen Kreuze in den Soldatenfriedhöfen: Tausende und Abertausende, wirken in der grossen Landschaft winzig u. fast meskin; die Rache schreiende Seele der Toten lebt in dieser Landschaft, nicht in ihnen: Rache an denen, die dieses Verbrechen verschuldet haben, ewige Ermahnung zum Frieden. Und dann als Abschluss plötzlich Rheims, die verwundete, schrecklich misshandelte Kathedrale, vom Feuer wie ausgelaugt, die Steine angefressen, als ob sie Jahrtausende in der Meerestiefe gelegen hätten, unendlich gross, erschütternd, pathetisch furchtbar, und doch noch überirdisch schön in ihrer Verwüstung! Man sollte das ganze tragische Gebiet zwischen Verdun und Rheims zu einem Heiligtum für Europa machen, wo in jedem Jahr Pilgerzüge von allen Enden der Erde zur Verurteilung des Krieges u. zur Heiligung des Friedens zusammenströmen könnten, um endlich ihre Andacht

73. *Albert Einstein (links) vor der Kathedrale in Reims*, April 1922, aus: Charles Nordmann, «Avec Einstein dans les Régions Dévastées», in: *L'illustration*, 15. April 1922, S. 329.

vor der grossen, verwundeten Kathedrale zu verrichten! Jetzt sind es nur Pilgerzüge von Touristen, vor Allem Amerikanern, mit Kodak Apparaten u. einem möglichst vollgepropften Programm von Sight Seeing, die wie ein widerliches Geschmeiss diese Landschaft entweihen. Wir, Goertz u. ich, sind durch sie mit steigendem Entsetzen u. wachsender tragischer Erschütterung mehr geflohen als gefahren. Diese Landschaft, die ‹Katalaunischen Felder› Attilas, die Landschaft von Valmy (durch die wir passierten), schliesslich die Landschaft der Marneschlacht hat ihr Schicksal, das ihr ins Gesicht gegraben ist, erfüllt! Man sollte sie jetzt so besuchen, wie die Griechen ihre furchtbaren mythischen Gestalten in der Tragödie sich vorführen liessen: zur Erschütterung und Reinigung.»[53]

Es ist kein stärkerer Gegensatz zwischen Kesslers dramatischer Beschreibung der Schlachtfelder und der «verwundeten, schrecklich misshandelten» Kathedrale von Reims und den Schriften so vieler deutscher Intellektueller denkbar, die das Vorgehen der deutschen Armee mit fragwürdigen Thesen zu verteidigen suchten. Kessler war auch nicht allein in seinem Appell, diese Stätte als Denkmal zu nutzen, das an die katastrophalen Folgen nationalistischer Auseinandersetzungen erinnern könne.

Der Weltbürger Kessler, Freund und Propagator der französischen modernen Kunst in Deutschland, sah sich, nach anfänglicher Kriegsbegeisterung als Offizier an der belgischen Front und in den Karpaten, ab 1918 in seiner zutiefst pazifistischen Auffassung bestätigt, dass vor allem enge kulturelle Beziehungen zu einem friedlichen Zusammenleben der Völker führen würden. Der «Kulturkrieg», wie er neben den militärischen Schlachten seit längerer Zeit geführt worden war und immer noch fortlebte, stand ganz gegen seine kulturpolitische Überzeugung. Für ein nachbarschaftliches Zusammengehen und ein gegenseitiges Verständnis zwischen Deutschland und Frankreich war es jedoch noch zu früh. Die eindringlichen Mahnungen blieben ungehört.

Die Kathedrale von Reims repräsentierte als Ruine ein herausragendes Symbol der Zerstörung, die Kriege verursachen. Das verwundete Bauwerk wurde als ein Mahnmal vor allem des über Jahrhunderte anhaltenden Zwistes der Nachbarn Frankreich und Deutschland wahrgenommen. Als wiederaufgebaute Kirche verlor die Kathedrale allerdings diese Wirkung und Ausstrahlung. Nur Fachleute können heute noch die Spuren des Wiederaufbaus erkennen.

Der Wiederaufbau der Kathedrale von Reims

Am 17. April 1919 wurde in Frankreich ein Gesetz beschlossen, den Wiederaufbau der zerstörten Denkmäler in Angriff zu nehmen. Damit war die Diskussion über Bedeutung und Wert von Restauration vs. Ruine jedoch keineswegs beendet. Immer wieder wurde betont, dass mit Erhalt der Ruinen eine ewige Anklage, «un acte éternel d'accusation», über das barbarische Werk der Nachbarn festgehalten werden könne.[54] Geradezu inbrünstig appellierte Frédéric Duval: «Die Kathedrale von Reims brennt. Ein Schluchzen presst mir die Kehle zusammen. [...] Unser Hass soll über die Trümmer wachen. Wir benötigen die heiligen Ruinen, um die Barbarei zu bezeugen, um den Sieg zu rechtfertigen, um die Auferstehung entstehen zu lassen.»[55]

Der junge Georges Bataille schrieb 1918 tief bewegt: «Als ich also in die Stadt zurückkehrte, in der ich tatsächlich im Schatten der Kathedrale in das Leben und die Freude, die uns Gott gegeben hat, eingetreten war, traf ich nur noch Anzeichen des Todes und der Verwüstung. Ich hatte gehofft, trotz ihrer Verletzungen, in der Kathedrale noch den Abglanz der Sternstunden und der Freuden zu erkennen. Nun, sie war in ihrem zerrissenen und ausgeglühten Spitzengewebe immer noch so majestätisch, aber da ihre Tore geschlossen, ihre Glocken zerborsten waren, hatte sie aufgegeben, Leben zu geben [...] Und ich dachte, dass selbst Kadaver den Tod nicht so repräsentieren wie eine zerbrochene Kirche, so unendlich leer in ihrer Pracht, wie sich Notre-Dame in Rheims darbot. Es war in Wahrheit das verzerrte Grinsen eines Skelettes, das aus zerstückelten Rissen Grimassen schnitt, auf dem früher wie auf einem menschlichen Gesicht lebendigen Stein.»[56] Batailles Text ist nicht nur eine dramatische, fast surrealistische Beschreibung der Ruine, sondern spiegelt auch die Anthropomorphisierung wider, welche die Kathedrale im Zuge ihrer Beschädigung erfuhr. Die Kathedrale als Märtyrerin, als leidend, als verwundet, waren Ausdrucksweisen, die sich vielfach in Beschreibungen finden. Bei Bataille wird diese Verlebendigung des architektonischen Meisterwerks noch dadurch gesteigert, dass die Ruine den Tod auf eine Weise verkörpert, wie selbst in seiner Vision Tote ihn nicht vergegenwärtigen können.

Auch der berühmte Architekt Auguste Perret vertrat mit Nachdruck die Notwendigkeit, die Kathedrale als Ruine zu erhalten: «Die verstümmelte Kathedrale sollte in dem Zustand belassen werden, in dem wir sie am Ende des Krieges vorgefunden haben [...] Was die Kathedrale von Reims an ihrer Schönheit (im Detail) verloren hat, hat sie in vielfacher Weise in ihrer Ausstrahlung gewonnen. In einem Wort, man darf die Ruinen nicht zerstören, man muss sie pflegen und an der Seite bauen. [...] Man darf die Spuren des Krieges nicht auslöschen, erlischt doch die Erinnerung zu früh.» Perret wollte die Kathedrale von Reims gar mit einem Betondach überwölben: «Ich würde die Spuren des Krieges so wenig wie möglich verändern, ich würde versuchen diesen wunderbaren, pathetischen ‹Zeugen›, der die Kathedrale geworden ist, zu verewigen.»[57] Mit solchen Gedanken wurde einerseits noch der unmittelbare Hass auf den deutschen Aggressor zum Ausdruck gebracht. Andererseits reflektierte die Idee, die Ruine zu erhalten, auch die Emotion und die verzweifelte Stimmung der Zeitgenossen angesichts der verwüsteten Stadt Reims mit ihrer zerschossenen Kathedrale.

Der damals noch junge Le Corbusier, für den Perret eine Art Mentor bedeutete, war von der Beschießung der Kathedrale und der Stadt Reims ebenfalls tief betroffen. Er teilte die allgemeine Begeisterung und wollte sich als Kriegsfreiwilliger melden. Trotz seiner Reisen durch Deutschland, seiner Bewunderung der deutschen modernen Bestrebungen in Architektur und Design folgte er der durch die Presse inszenierten Welle des Hasses gegen Deutschland. Fassungslos nahm er zur Kenntnis, dass der von ihm als so fortschrittlich anerkannte Peter Behrens, in dessen Atelier er mehrere Monate gearbeitet hatte, den Protest *An die Kulturwelt!* unterschrieben hatte. In seiner Korrespondenz der Kriegsjahre finden sich immer wieder heftige Attacken gegen Preußen und Wilhelm II. Auch besuchte er die Ausstellung der «Reliquien» der deutschen Bombardierung der Kathedrale im September 1915 im Pavillon Marsan in Paris und zeichnete die berühmte *Sourire de Reims* genannte Skulptur. Le Corbusier teilte auch Perrets Ansicht, die Kathedrale als Ruine bestehen zu lassen.[58]

Die Kathedrale von Reims dauerhaft als Ruine einzurichten, hätte aber auch bedeutet, ein Denkmal der Niederlage zu schaffen. Es wäre zwar der für die Zerstörung Schuldige auf alle Zeiten erkennbar gewesen. Dennoch, auch für die Schwäche der eigenen Verteidigung hätte sie ein sichtbares Symbol dargestellt. Aber nicht nur dieses Argument sprach gegen die Erhaltung und die Inszenierung der Kathedrale als Ruine. Die Geschichte und Ausstrahlung dieses Denkmals waren zu gewichtig. Die Ruine hätte einen Endpunkt seiner historischen Rolle bedeutet. Der Wiederaufbau hingegen versprach einen Aufbruch in eine neue Epoche, die der Niederlage ein sichtbares Zeichen der Erneuerung entgegensetzte. Die Kathedrale von Reims musste wieder als Kirchenbau ihre ursprüngliche Funktion zurückerhalten. Sie sollte gleichsam aus den

Trümmern «auferstehen» und die Kontinuität ihrer historischen Bedeutung repräsentieren. Die Diskussion über das Schicksal der Kathedrale verlagerte sich in den 1920er Jahren von der Einrichtung als Ruine auf den Wiederaufbau des Gebäudes. Der Kathedrale sollte nach Beendigung des Krieges eine neue symbolische Bedeutung gegeben werden: ein Symbol des Wiederaufbaus Frankreichs als Nation.[59]

Aber auch ganz praktische Gründe konnten von den Befürwortern des Wiederaufbaus gegen den Ruinenkult aufgeführt werden. In dem Klima Nordfrankreichs könnten Ruinen nicht erhalten werden.[60] Sie seien zu schnell dem völligen Verfall preisgegeben, was dafür spräche, die Denkmäler, insbesondere die Kirchen, wiederaufzubauen. In diesem Sinne hatte sich bereits André Michel 1917 in einem ausführlichen Artikel der *Revue des Deux Mondes* ausgesprochen.[61] Der Autor beschrieb die Geschichte der Denkmalpflege in Frankreich seit der Französischen Revolution, betonte die verantwortungsvolle Inventarisation der Denkmäler seit der Mitte des 19. Jahrhunderts und analysierte die Rolle der Architekten, die bei der Wiederherstellung von Bauten ihrer Epoche entsprechende Formen benutzten. Diese Veränderungen der historischen Substanz dürften allerdings nicht dazu führen, Restaurierungen oder Wiederherstellungen ganz in Frage zu stellen. Ein Denkmal beziehe seine Bedeutung durch die politische oder moralische Identifikation der Bevölkerung mit dem Monument. Er widersprach den Puristen, die den Wiederaufbau als eine Entstellung des ursprünglichen Gebäudes in seiner historischen Originalität zu verhindern suchten.

Michel wandte sich gegen Camille Pelletan, der den absurden Vorschlag gemacht hatte, die Kathedrale von Reims als Ruine zu erhalten und neben ihr einen Neubau in der gleichen Form zu errichten.[62] Michel verwarf auch die Vorschläge, die Ruine der Kathedrale zu einem Denkmal der Gefallenen umzugestalten, und mahnte an, den genauen Zustand der Kathedrale zu analysieren. Sollte es möglich sein, den Bau wiederherzustellen, dann müsse man sich verantwortungsvoll dieser Aufgabe widmen.[63] Paul Léon pflichtete ihm mit der Frage bei: «Glaubt man wirklich, die Einwohner der Stadt Reims würden den Anblick der verstümmelten Kathedrale im Herzen ihrer Stadt ertragen?»[64]

Michel betonte weiterhin, dass man die Fehler der Vergangenheit vermeiden solle. Skulpturen, die durch die Bombardierung verloren gegangen seien, sollten nicht durch Kopien ersetzt werden: «Wir lassen die schrecklichen Wunden weit offen klaffen […] und sie werden von der Barbarei der Deutschen Zeugnis abgeben und sicher darunter leiden, in ihren Herzen diesen Hass zu erhalten und zu erneuern, der in der Tat nicht erlöschen darf.» Die wiederaufgebaute Kathedrale wäre somit ein wiedergewonnener Kirchenbau geworden, aber gleichzeitig ein Denkmal, das Zeugnis von den Verbrechen der Deutschen ablegte. Man könne für immer erkennen: «Ici l'Allemand a passé!»[65] Michel betonte, dass er sowohl die tiefen Wunden gesehen wie auch die Schönheit und Würde der Ruinen wahrgenommen habe. Es sei allerdings ein Verbrechen, diese Wunden nicht zu verbinden.

Paul Léon und Henri Deneux

«Es war ein Krieg der totalen Zerstörung», schrieb Paul Léon in seinem Buch, das er *La Renaissance des Ruines: Maisons, monuments* betitelte. Das Werk ist durchdrungen von der tiefempfundenen Feindschaft dem Gegner gegenüber. Schon während des Krieges begonnen, erschien es unmittelbar nach Kriegsende im Jahre 1918. Léon behauptete sogar, die Deutschen hätten besondere Einheiten eingerichtet, die speziell für die Brandschatzung und den Kunstraub verantwortlich gewesen seien. «Die Ruinen der Denkmäler sind die anschaulichsten Zeugen des feindlichen Vandalismus», heißt es.[66] Léons Ziel war es jedoch, den Wiederaufbau zu fördern und die Architekten anzuregen, vor allem zunächst die Dörfer und kleinen Städte mit neuen Bauformen zum Leben zu erwecken. Er war überzeugt, sie könnten und würden wiederauferstehen, da die ländliche Bevölkerung, wenn sie zurückkehrte, wieder die Felder bestellen und den Handel in den Ortschaften aufnehmen würde.

Paul Léon (1874–1962) war eine der herausragenden Persönlichkeiten, von der entscheidende Initiativen zum Wiederaufbau nach dem Ersten Weltkrieg in Frankreich ausgingen. Als Direktor der Abteilung Denkmalpflege im Kulturministerium veranlasste er eine genaue Inventarisierung und fotografische Dokumentation der Zerstörungen, die den Wiederaufbau der Denkmäler fördern sollte. Während in Frankreich eine heftige Diskussion entbrannte, wie die gewaltige Aufgabe, die erhebliche finanzielle Mittel erforderte, zu lösen war, kümmerte er sich bereits um die notwendigen Maßnahmen, die zum Schutze der Bauten dringend erforderlich waren.

Während des Krieges hatte Léon ein Werk mit dem Titel *Les monuments historiques. Conservation, Restauration* (1917) über die Denkmalpflege in Frankreich geschrieben.[67] Wie der Titel bereits andeutet, machte er keinen Hehl aus seiner Überzeugung, dass Konservieren die vordringlichste Aufgabe des Denkmalpflegers, das Restaurieren nur in seltenen Fällen und mit großer Vorsicht zu handhaben sei. Er befand sich damit in Übereinstimmung mit den deutschen Denkmalpflegern. Auch zitierte er in seinem historischen Überblick das Buch, das Clemen der Geschichte der französischen Denkmalpflege gewidmet hatte.[68] Wenn der Historiker, Archäologe und Autor Prosper Mérimée im 19. Jahrhundert unter Restaurierung verstand, das Erhaltene zu bewahren und das Verlorene durch eine Reproduktion zu ersetzen, wandte sich Léon gegen diese Auffassung. Für ihn musste das Konservieren, aber nicht das Ersetzen der Maßstab sein.[69]

Léon vertrat die Ansicht, dass sich Architektur, vor allem aber Skulpturen und Gemälde, die durch äußere Einwirkung gelitten hatten, nicht wiederherstellen ließen. Alle Rekonstruktionsversuche seien zum Scheitern verurteilt und würden nur entstellende Abbilder der ursprünglichen Formen produzieren. Diese Ansicht wurde in der Fachwelt schon seit vielen Jahren vertreten, sowohl in Frankreich wie in Deutschland. Auf deutscher Seite war Georg Dehio der prominenteste Vertreter. Nur Konservieren, nicht Restaurieren lautete seine Forderung, über die bis heute die Fachleute der Denkmalpflege streiten.

Gegen diese Vorstellungen wandten sich allerdings die meisten Stimmen. Michel formulierte in der für die Epoche so charakteristischen Anthropomorphisierung des Kirchenbaus den Wunsch, die «Wunden müssten verbunden» werden.[70] Diese Absicht setzte sich durch, allerdings blieben viele Fragen offen: Wie sollte vorgegangen werden? Wo anfangen? Mit welchen Mitteln? Es sollte Jahrzehnte benötigen, die Kathedrale wiederherzustellen.

Léon schwächte seine strenge Haltung allmählich ab. Eine eigentliche Wiederherstellung der meisten Monumente kam nach Sichtung der Schäden für ihn nicht in Frage. In einem 1922 anlässlich der jährlichen

Sitzung der fünf Akademien des *Institut* gehaltenen und 1925 als Teil seines Buches *Art et artistes d'aujourd'hui* publizierten Vortrag *La restauration des monuments après la guerre* legte er sein denkmalpflegerisches Prinzip dar: «Man kann ein Denkmal restaurieren, aber nicht ersetzen».[71] Aber er warnt vor «un autre vandalisme», der sich einstellen würde, wenn falsche oder zu fantasievolle Ergänzungen die mehr als 700 Denkmäler verunstalteten.

Eindrucksvoll beschrieb er zunächst das Sammeln und Sortieren einzelner Fragmente aus dem Schutt, den die Bombardierungen an den betroffenen Orten hinterlassen hatten. Von 756 Monumenten wurden 12 völlig dem Erdboden gleichgemacht, bei 52 stellte sich die Frage, ob ein Wiederaufbau möglich und sinnvoll sei oder ob sie als Ruinen erhalten werden sollten. Eine Kommission wurde eingerichtet, in die auch Persönlichkeiten von «höchster intellektueller und moralischer Autorität» berufen wurden.[72]

Die meisten Monumente, vor allem die Kirchen, erwiesen sich als restaurierbar. Sie sollten den Einwohnern nach ihrer Rückkehr zurückgegeben werden.[73] Nach der, selbst notdürftigen, Wiederherstellung des Chores oder eines Seitenschiffes konnte in vielen Fällen der Gottesdienst wieder aufgenommen werden.

Der Wiederaufbau der Kathedrale von Reims war selbstverständlich auch der dringlichste Wunsch der katholischen Kirche, die, wenn auch nur in provisorischen Schritten möglich, das Gebäude wieder für den Gottesdienst nutzen wollte. Die Förderung des Unternehmens gelang aber auch durch die allgemeine Identifikation mit der Kathedrale im Sinne der *union sacrée* aller Franzosen und den gemeinsamen Wunsch, diesen christlichen, historisch und kulturell so bedeutsamen Ort zurückzugewinnen und damit ein Zeichen eines nationalen Neuanfangs zu setzen.

Allerdings war die Frage der Kosten nach dem Krieg nur schwer zu lösen. Im Friedensvertrag von Versailles ist Reims nicht erwähnt. Es war in die allgemeinen Kosten der Reparationen eingeschlossen, aber erhielt keinen eigenen Passus über seine Zukunft. Der Korrespondent der *New York Times* empfahl 1919 in einem Artikel, Deutschland müsse für den Wiederaufbau sorgen. Man solle das Land nur in den Völkerbund aufnehmen, wenn es die Stadt und die Kathedrale wieder zum Leben erweckt habe: «Why not keep the eyes of the world on the restoration of Rheims as evidence of Germany's good faith?»[74]

Schon während des Krieges hatte die Kathedrale im Mittelpunkt von Solidaritätsveranstaltungen, Ausstellungen und Aufrufen zu Spenden gestanden. (Abb. 74, 75) Plakate mit der brennenden Kathedrale wurden weit verbreitet und bewirkten, dass sich dieses ikonische, immer wieder das Ereignis dramatisierend abwandelnde Bild tief in das allgemeine Gedächtnis einprägte. Wenn die Plakate auch noch dazu aufriefen, das Verbrechen der deutschen Nachbarn niemals zu vergessen, was eine Vereinigung mit dem Namen *Souvenez-vous* zum Ziel hatte und über viele Jahre hinweg propagierte, konnte mit einer allgemeinen Solidarität gerechnet werden. (Abb. 76, 77) Eine Finanzierung des Wiederaufbaus war damit aber keineswegs gesichert, zumal die Wiederherstellung des Wohnraums der Bevölkerung von Reims zunächst im Vordergrund allen Bemühens stehen musste, um der Stadt ihre Lebensgrundlage zurückzugeben.

Für die umfangreichen Arbeiten waren erhebliche Mittel notwendig, die lange Zeit nicht zur Verfügung standen. Ein Freundeskreis, der sich für die Wiedererrichtung einsetzte, konnte die notwendigen Gelder allein nicht aufbringen. Er war bereits 1917 gegründet worden, aber mit der Finanzierung der Wiederherstellung völlig überfordert.[75] Die zerstörte Stadt und die Kathedrale als Ruine standen nach Kriegsende im Zentrum einer Medienkampagne.

Das Thema beschäftigte nicht nur die Franzosen, sondern es wurde auch in der ausländischen Presse, insbesondere in den USA, ausführlich diskutiert. Schon unmittelbar nach der Beschießung der Kathedrale wurden in der *New York Times* über 25 Artikel veröffentlicht. Andere Magazine folgten mit ausführlicher und illustrierter Berichterstattung. Frankreich erfuhr eine Welle der Sympathie und der Solidarität.[76] Am 11. Juni 1919 erschien in der *New York Times* ein Artikel mit dem Titel «Rheims awaits her restoration».[77] Mit bewegten Worten beschrieb der Autor die Ruinenlandschaft der Stadt: «The wreck of the martyred city lies as the war left it. The stark skeleton of its noble cathedral raises its tortured towers in eloquent agony […]. They tell me, there are fourteen houses out of 14,000 in the city which are not hit […].» Der Autor empfahl, die Delegierten der Friedensverhandlungen hätten nicht in Versailles, son-

74. Adrien Sénéchal, *Le crime de Reims,* 1916, Ausstellungsplakat, Washington, D.C., Library of Congress, Prints and Photographs Division.

75. *Grande manifestation nationale*, 1919, Plakat, Washington, D.C., Library of Congress, Prints and Photographs Division.

76. E. Lemielle, *Souvenez-vous! Rien d'allemand!!! Rien des allemands,* 1919, Plakat, Washington, D.C., Library of Congress, Prints and Photographs Division.

77. Fernand-Louis Gottlob, *Souvenez-vous!*, 1919, Plakat, Washington, D.C., Library of Congress, Prints and Photographs Division, LC-USZC2-3991.

dern in der verwüsteten Stadt Reims, die einem Friedhof gleiche, beraten sollen, «for Rheims means sadness. Rheims shows best, it seems to me what the Germans did to France. There is always something that touches the heartstrings about such a scene.»

Insbesondere der Besuch ausländischer Persönlichkeiten, wie der des britischen Außenministers Lloyd George und vor allem des amerikanischen Präsidenten Woodrow Wilson, der sich am 26. Januar 1919 kurz in Reims aufhielt, eigneten sich zu ausführlichen Berichterstattungen, wobei auf die Notwendigkeit der Wiederherstellung von Stadt und Kathedrale hingewiesen werden konnte. Aber erst zu Beginn der 1920er Jahre begannen langsam Spenden aus ganz Europa und vor allem den USA zu fließen, die die Bauarbeiten ermöglichen sollten.[78] Entscheidend und grundlegend waren die Spenden von John D. Rockefeller Jr. in den Jahren 1924 und 1927.[79] Die Berichterstattung in den USA hatte zu einer bedeutenden amerikanischen Anteilnahme und der so wichtigen mäzenatischen Hilfe beim Wiederaufbau der Stadt geführt.[80]

Um diese Arbeit zu bewerkstelligen, musste allerdings erst eine grundlegende Inventarisation des Zustands erfolgen, für die zunächst der Reimser Architekt Max Sainsaulieu verantwortlich war.[81] Die Arbeiten selbst führte Henri Deneux, Architecte en chef des Monuments Historiques, aus. Er wurde nachdrücklich von Paul Léon, Directeur général des Beaux-Arts im Kulturministerium, unterstützt. Viel Zeit verging, ohne dass Fortschritte wirklich sichtbar wurden, galt es doch zunächst die notwendigen Sicherungen an den Pfeilern und vorläufige Dächer zum Schutz vor Regen zu errichten. Diese Notmaßnahmen an der Kathedrale von Reims dauerten bereits über zwei Jahre.[82]

Unter der Leitung von Deneux wurde seit 1919 mit Aufräumarbeiten begonnen und ein provisorisches Dach errichtet. Die Baustelle ermöglichte es, im Laufe der nächsten Jahre Ausgrabungen unter und neben der Kirche auszuführen. Sie führten zu wichtigen neuen Einsichten über die Baugeschichte der Kirche.[83] Im Dezember 1919 konnte Kardinal Luçon bereits die Messe im nördlichen Querschiff lesen.

In den folgenden Jahren ging es vor allem darum, die Türme, Wände, Gewölbe und Strebepfeiler zu befestigen. Die vorläufige Bedachung wurde durch eine endgültige, nun aus armiertem Beton, ersetzt.[84] Dieses aufwändige Unternehmen konnte durch die Rockefeller-Spende mit größerer Intensität weitergeführt werden.[85] Um Haupt- und Seitenschiffe möglichst bald für Messen zugänglich zu machen, wurden auch die ersten Glasfenster wieder eingesetzt. Durch Spenden aus den skandinavischen Ländern konnten seit 1925 die inneren Wölbungen fertiggestellt sowie die Skulpturenprogramme an den Fassaden konsolidiert werden. Im Jahre 1927 folgten Arbeiten am Hauptschiff der Kirche, das im Wesentlichen fertiggestellt wurde. Durch eine zweite Spende von Rockefeller und mit staatlichen Mitteln gelang dann die Befestigung und Restaurierung des Chores. In den folgenden Jahren entstand das neue Dach, und die Gerüste konnten teilweise entfernt werden. An wesentlichen weiteren Restaurierungen an den Fassaden, dem Strebewerk und den Fenstern wurde bis zur feierlichen Eröffnung des Kirchenbaus am 10. Juli 1938 mit Nachdruck gearbeitet.

Die ungewöhnlich komplizierten Planungs- und Wiederherstellungsarbeiten unter dem Architekten Henri Deneux verliefen nicht ohne Auseinandersetzungen. Umstritten blieb vor allem die Entscheidung des Architekten, den Dachstuhl nicht in der ursprünglichen Konstruktion aus Holz zu bauen, sondern aus technischen Gründen und aufgrund des Feuerschutzes aus armiertem Beton zu errichten.[86] Bei der feierlichen Eröffnung der restaurierten Kathedrale im Jahre 1938 traten diese Auseinandersetzungen allerdings in den Hintergrund. Die Kathedrale war wiedergewonnen und damit die Kontinuität der Geschichte dieses mythischen Ortes wiederhergestellt. Niemand konnte sich zu diesem Zeitpunkt vorstellen, dass ein neuerlicher Angriff Deutschlands auf Frankreich unmittelbar bevorstand.

Die feierliche Einweihung im Juli 1938

Die feierliche Einweihung der Kathedrale nach der Wiederherstellung am 10. Juli 1938 wurde in Frankreich als ein nationales Fest gefeiert. Der Papst hatte als seinen persönlichen Stellvertreter Kardinal Emmanuel Suhard, den Erzbischof von Reims und Nachfolger des durch sein Engagement während der Kriegs- und Nachkriegszeit populär gewordenen Bischofs Luçon, bestimmt. Auch der Präsident der Republik, Albert Lebrun, nahm an den Feierlichkeiten neben vielen Ehrengästen teil. Dies war bereits seine zweite Reise nach Reims, für die er einige Kritik entgegennehmen musste, fürchteten doch manche eine zu enge Verbindung von Kirche und Staat. Angereist waren auch Mitglieder von Parlamenten und Regierungen aus den alliierten Ländern, die im Ersten Weltkrieg gegen Deutschland und Österreich gekämpft hatten. Ihre Anwesenheit wurde in allen Berichten besonders hervorgehoben und damit die enge Verbundenheit Frankreichs mit vielen Nationen zum Ausdruck gebracht. Die bereits seit Jahren anhaltenden Spannungen zum Dritten Reich machten eine Einladung von Deutschen unmöglich.

Das Ereignis, das 10000 Besucher anzog, dauerte zwei Tage. Am Samstag, dem 9. Juli, wurde Kardinal Suhard in der Kirche Saint-Rémi als päpstlicher Legat feierlich eingeführt. Er thronte unter einem Leuchter mit 96 Kerzen, die die Lebensjahre des Heiligen Remigius symbolisierten. Anschließend weihte er die neue Orgel in der Kathedrale ein. Ein Konzert berühmter Organisten folgte. Kardinal Suhard, der sich in den vergangenen Jahren intensiv für den Wiederaufbau der Kirche eingesetzt hatte, wurde während der Feierlichkeiten mit der Ernennung zum Ritter der Ehrenlegion ausgezeichnet, ein Zeichen der persönlichen Anerkennung, aber auch eine demonstrative Geste der Verbundenheit von Kirche und Staat. (Abb. 78)

Am Sonntag um 10 Uhr wurde eine Pontifikalmesse gefeiert, an der neben dem Staatspräsidenten sieben Kardinäle, 47 Erzbischöfe und Bischöfe, Mitglieder des Malteserordens, der Prinz von Monaco, Jean Zay, Ministre de l'Éducation nationale et des Beaux-Arts, Marschall Pétain sowie General Gouraud, der die Verteidigung von Reims 1918 kommandiert hatte, und viele weitere Ehrengäste teilnahmen. In seiner Ansprache führte Kardinal Suhard aus, dass alle Franzosen bei der Bombardierung der Kathedrale ins Herz getroffen worden seien: «dans la cathédrale de Reims, le cœur de la France avait été atteint […].»[87] Der kirchliche Teil wurde durch eine feierliche Prozession von fünfzig Reliquien französischer Heiliger am Nachmittag abgeschlossen.

Die Veranstaltung vermittelte in ihrer Inszenierung sowohl eine kirchliche wie eine nationale Botschaft. In diesem Sinne wurde die geschichtliche Rolle der Kathedrale vor allem in drei Kapiteln beschworen. In der feierlichen Präsentation einer historischen Revue, die der französische Schriftsteller Henri Ghéon verfasst hatte, wurde die Bedeutung von

78. *Einführung des Kardinals Suhard als päpstlicher Legat anlässlich der Einweihung der Kathedrale am 9. Juli 1938*, Fotografie, Reims, Bibliothèque municipale de Reims.

Reims und der Kathedrale neu dargestellt und an die Gegenwart herangeführt. Ghéon, Mitbegründer der wichtigsten französischen Literaturzeitschrift, *Nouvelle Revue Française*, bekehrte sich während des Ersten Weltkriegs zum Katholizismus und verfasste religiöse Theaterstücke, Mysterienspiele und Biographien von Heiligen. Die Aufführungen anlässlich der Wiedereröffnung fanden an den Abenden statt, wobei eine dramatische Beleuchtung die Illusion der brennenden Kathedrale evozierte. Wie der Berichterstatter von *Le Matin* überlieferte, lösten diese Momente tiefe Emotionen aus: «Die Beschwörung [des Ereignisses] war ergreifend, von einer Grausamkeit, dass einem die Tränen in Erinnerung an diese Höllenvision kamen. Die damals Geflohenen, die, nachdem sie die Restaurierung ihrer Stadt erlebt hatten, gekommen waren, um an diesem Fest die Wiederauferstehung mitzuerleben, weinten.»[88]

Die mythische Bekehrung des ersten fränkischen Königs Chlodwig zum Christentum bildete den ersten Abschnitt der Erzählung von Ghéon. Ihr folgten die heroische Verteidigung des Königtums durch Jeanne d'Arc und die Krönung von Karl VII. in Reims. Der Berichterstatter von *Le Petit Journal* war ganz mitgerissen, als sich hinter den Schauspielern, die Jeanne d'Arc und Karl VII. darstellten, die Türen von Notre-Dame de Reims öffneten: «Es ist in solchen Momenten, dass man völlig ergriffen den Eindruck hat, die Kathedrale sei eine lebende Person».[89]

Das dritte Kapitel war dem Ersten Weltkrieg und der Epoche bis zur «résurrection de la cathédrale de Reims» gewidmet. Die Beschießung von Reims und ihrer Kathedrale durch die deutsche Armee wurde als eine historische Tragödie dargestellt, ihre Wiederauferstehung als ein nationales Gemeinschaftswerk in eine mythische Dimension gehoben. Der erfolgreiche Widerstand gegen den deutschen Aggressor und der militärische Sieg erschienen als das Resultat der Vereinigung aller Franzosen in der *union sacrée*, für die die Kathedrale von Reims zum sichtbaren Symbol geworden war.

Wie der Korrespondent in *Le Petit Journal* berichtete: «Heute, in dieser von einem gemeinsamen Gefühl belebten Stadt, bestätigt sich mit einer Kraft, einer tiefen Intensität die Vereinigung aller, zu welcher Partei, Glauben oder Konfession sie sich auch bekennen [...]. Diese Union wird durch die Wunden, die die Barbarei seinerzeit der Kathedrale von Frankreich zugefügt hat, und durch den empörten Schmerz, der bei diesem Fest sowohl in Erinnerung gerufen wird wie auch gleichzeitig Trost bringt, gefestigt.»[90] Der Artikel erwähnt weiter eine Ausstellung des Architekten Henri Deneux im Museum von Reims, welche einzelne Fragmente des Kirchenbaus enthielt, die nicht wiederverwendet werden konnten. Eine, wie er berichtete, bewegende Ausstellung, gleichsam der neuen Reliquien der angegriffenen und tief verletzten Kathedrale.

Nur selten wurde in den schriftlichen Äußerungen von der restaurierten Kathedrale gesprochen; wie im Leitartikel des *Journal des débats* war meist von der «cathédrale ressuscitée» die Rede.[91] Der Autor, der Historiker und Journalist Armand Albert-Petit, zitierte aus der Ansprache von Bischof Suhard, in der dieser auf das biblische Zitat «die Steine reden» hingewiesen hatte. Die Steine der Kathedrale von Reims strahlen, so Suhard, Vertrauen aus, «das Vertrauen und den Instinkt seiner Bestimmung, das unser Land in diesen höchsten Stunden zurückgewinnt.»[92]

Als Krönungskirche symbolisierte sie über Jahrhunderte hinweg die enge Verbundenheit von Monarchie und Kirche. In der *Troisième République* war diese Verbindung unterbrochen worden. Der Weltkrieg und vor allem die Identifizierung aller Franzosen mit dem Schicksal der Kathedrale hatten sie aber wieder in Erinnerung gebracht, ja ins Bewusstsein gerückt. Die Kathedrale sollte in einer Epoche, in der die Trennung von Kirche und Staat nicht erneut in der Diskussion stand, zumindest symbolisch in ihrem Sonderstatus gegenwärtig bleiben. Die Feierlichkeiten der Einweihung priesen die Wiederherstellung des Kirchengebäudes. Sie betonten aber auch die einzigartige Geschichte dieses Bauwerks und seine immer noch lebendige Rolle, das christliche Frankreich und gleichzeitig die Nation zu verkörpern.

Albert-Petit nahm in Reims wahr, wie sich die Teilnehmer des Festakts in einem nationalen Gemeinschaftsgefühl, das einen religiösen Charakter annahm, verbunden fühlten: «Der gestrige Tag in Reims, von einem Geist durchweht, unsichtbar im kleinlichen Alltag, aber immer präsent bei entscheidenden Umwälzungen, erhebt die Seele der Nation. […] Und dann, es handelte sich nicht einmal um nur ein Gemeinschaftsgefühl, sondern um eine wahre Kommunion unserer heiligsten Empfindungen.»[93] Der Kirchenbau repräsentierte in der Vorstellung dieses Kommentators nicht nur das christliche, katholische Frankreich und die Verteidigung des Christentums und der Monarchie, wie sie durch Jeanne d'Arc verkörpert ist. Ihm wurde vielmehr eine neue Aufgabe, die einer nationalen Friedenskirche Frankreichs, zugewiesen: «die Wiederauferstehung, die die Erinnerung an den Krieg hervorrief, um den Ruhm und die Wohltat des Friedens zu beschwören.»[94]

Alle französischen Zeitungen, welcher politischen Richtung sie auch zuneigten, bedienten sich der religiös-christlichen Metapher: «la cathédrale de Reims est réssuscitée». Die Wiederauferstehung, die *Résurrection*, wurde aber mit dem Hinweis auf die Nation und die Trikolore verbunden. «Eine Fahne. In der Tat, das war es, was Reims für uns bedeutete», betonte Maurice Morin in seinem Artikel in *Le Journal* vom 10. Juli 1938.[95] Dieser Concordia entsprach auch, dass der päpstliche Legat und der Bürgermeister von Reims gemeinsam in die restaurierte Kirche einzogen. Vor ihrem Eintritt hielten beide inne, um den Klängen der *Hymne pontifical* und der *Marseillaise* zu folgen, «das Symbol der heiligen Union, das der Beifall der Menge bestätigen wird […].»[96]

Es ist auffallend, dass in den vielen Zeitungsberichten über die feierliche Einweihung der Kathedrale in Reims von Deutschland nicht die Rede ist. Natürlich brauchte man den Schuldigen der Bombardierung des Kirchenbaus nicht zu erwähnen. Jeder kannte ihn. Aber auch bei der neuerlichen Aufzählung der Bombeneinschläge, der wiederholten Beschreibung der Vorgänge, die oft genug geschildert worden waren, wird nicht *einmal* die deutsche Armee erwähnt. Die Berichte und auch die offiziellen Verlautbarungen vermieden vorsichtig jeglichen aggressiven Ton, um sich nicht auf eine neuerliche internationale Auseinandersetzung einzulassen, die an den propagandistischen Kampf der Bilder und Worte der Kriegs- und unmittelbaren Nachkriegsjahre erinnern könnte. Im *Figaro* wurde auf diese sicherlich geplante Sprachregelung angespielt: «Alles war perfekt, kein falscher Ton, keine Übertreibung. Vor allem, man kann die Feinsinnigkeit, den Takt in den Symbolen und die Anspielungen hinsichtlich der Brandstiftung 1914–1918 nur loben.»[97]

Die Zeitungslektüre dieses Jahres vermittelt aber dennoch die bestehende, wenn auch nicht unmittelbar angesprochene, bedrohliche politische Lage. In eben diesen Tagen im Juli 1938 erwähnten die Zeitungen auf denselben Seiten Hitlers Rede zur Eröffnung der Großen Deutschen Kunstausstellung im *Haus der deutschen Kunst* in München. Über die aggressiven Ausführungen zur sogenannten «entarteten Kunst» wurde in den französischen Zeitungen zwar berichtet, jedoch verblieben sie erstaunlicherweise unkommentiert. Allerdings wurde im *Figaro* erwähnt, dass sich Hitler gegen den alten Vorwurf, die Deutschen seien «Barbaren», gewehrt habe. Der Begriff ist in dieser Epoche während der Erinnerung an die Beschießung der Kathedrale von Reims gelegentlich wieder aufgekommen.[98]

In *Le Matin* war unweit des Berichts über die Feierlichkeiten in Reims in einem kurzen, neutral gehaltenen Artikel über neue Maßnahmen zu lesen, welche Juden zwangen, die deutschen Ferienorte zu verlassen. Der Zugang zu Erholungsgebieten in den Bergen und am Meer wurde Juden in Deutschland im Juli 1938 unter Androhung von Verfolgung und Strafen untersagt.[99]

Über den früheren Feind und nach wie vor gefährlichen Nachbar war in den Zeitungen nur wenig und nur zwischen den Zeilen zu lesen. Umso mehr wurde die französisch-amerikanische Freundschaft in Reims in Gegenwart des amerikanischen Botschafters gefeiert. In Reden und Toasts wusste Frankreich den Amerikanern den Dank für die großzügige Unterstützung bei der Bewältigung der Kriegsschäden auszusprechen. Betont und gewürdigt wurde vor allem, dass ohne die Hilfe Rockefellers die Restaurierung der Kathedrale nicht hätte bewältigt werden können. Das Zusammentreffen auch mit den anderen Alliierten in Reims hat Frankreich zweifellos das Gefühl von Sicherheit in einer internationalen Gemeinschaft vermittelt.

Die Einweihung der Kathedrale sollte ein Ereignis sein, welches eine Botschaft des Friedens artikulierte. Die Kathedrale war restauriert, unheilbare Wunden waren aber deutlich sichtbar, vor allem an den Gewändeportalen der Fassade. Eine Reihe von Skulpturen war schwer verstümmelt, einige für immer verloren, worauf auch in Kommentaren verwiesen wurde. Zu ihnen gehörte auch der berühmte Engel, der im Volksmund *le Sourire de Reims* genannt wird.[100]

Auf der ersten Seite von *Le Journal* vom 11. Juli 1938 konnte der Leser neben dem Bericht über die Feierlichkeiten in Reims den Artikel des in seiner Zeit umjubelten Sängers Ferdinand Frantz lesen, der sich nach erfolgreicher Karriere von der Oper in Paris verabschiedete. Am Abend des 12. Juli hatte er in der Rolle des Sigmund in Wagners *Walküre* seinen letzten Auftritt. Frantz beschreibt in seinem Artikel *Adieux au Public* die Emotionen, die Wagners Opern auszulösen vermögen. Der Sänger könne seinem Publikum «les zones les plus nobles, les plus éthérées de l'émotion» übermitteln. Die Bewunderung der Musik Wagners hat in Frankreich eine lange Tradition. Sie repräsentierte ein altes Stereotyp von den Deutschen. Die emotionale Dimension der Wagner'schen Musik wurde bewundert, ja tief verehrt und als Gegensatz zu den als kühl empfundenen französischen akademischen Regeln angesehen. Der Ausbruch des Ersten Weltkrieges hatte diese Verehrung zugunsten der propagandistischen Herabwürdigung des Deutschen Reiches und seiner Kultur freilich stark gemindert. Es lassen sich zahllose Aussagen und insbesondere Beispiele der Bildpropaganda finden, aus welchen sich eine neu entstehende Ablehnung Wagners aufgrund seiner Bearbeitung nordischer und germanischer Mythen als «zu deutsch» ausmachen lässt. Das Deckblatt von Paul Iribes *Le Mot* vom 7. Dezember 1914 beispielsweise enthält eine satirische Anspielung auf den misslungenen Marsch der

79. Paul Iribe, *La marche sur Paris*, in: *Le mot*, 7. Dezember 1914, Titelblatt, Los Angeles, The Getty Research Institute.

Deutschen auf Paris, welche sich aus der Ikonographie von Wagners Lohengrin speist. Wo Lohengrin jedoch auf einem eleganten Schwan reitet, sitzt der Kaiser in der Darstellung von *Le Mot* auf einem Flusskrebs, welcher sich zum Teil rückwärts fortbewegt und Paris demnach nie erreichen wird. (Abb. 79)

In dem Artikel von Frantz ist ein Foto des Sängers in seinem Kostüm als Parsifal reproduziert. Man kann nicht umhin, an die Darstellung der Barbaren zu denken, wie sie in den französischen Karikaturen des Ersten Weltkriegs die Kathedrale von Reims anzünden. Das Bild der Deutschen als Barbaren und als Schöpfer tiefer menschlicher Emotionen ist nach französischer Wahrnehmung kein Gegensatz. Distanz und Bewunderung verbanden sich in der Beurteilung des Nachbarn.

Niemand konnte sich allerdings vorstellen, dass ein Jahr nach den Feierlichkeiten im Juli 1938 die Kathedrale wieder in Gefahr durch deutsche Truppen geraten sollte. Das Entsetzen der Bevölkerung von Reims ist kaum vorstellbar, als sie von dem neuerlichen Angriff auf Belgien und Holland im Mai 1940 durch Nazideutschland hörte. Auch Nordfrankreich erreichten die Verbände der Wehrmacht nach nur wenigen Wochen. Anfang Juni standen deutsche Soldaten in der Nähe von Reims. Bereits am 14. Juni erreichten sie Paris. Am 22. Juni 1940 war der Feldzug beendet und der Waffenstillstand in Compiègne unterschrieben, der am 25. in Kraft trat.

Reims, das zur «offenen Stadt» erklärt worden war, sollte vier Jahre von den deutschen Truppen besetzt bleiben. Allerdings kam es zu keinen weiteren Schäden, und insbesondere die Kathedrale blieb unversehrt. Beide Seiten suchten militärische Auseinandersetzungen in dieser Stadt zu vermeiden. Den Deutschen war an einer Wiederholung eines französischen Propagandafeldzugs gegen die eindringenden Barbaren nicht gelegen. Die Entscheidung, das Oberkommando der deutschen Wehrmacht am 7. Mai 1945 zur Unterzeichnung der bedingungslosen Kapitulation in Reims zu zwingen, hatte jedoch erneut einen symbolischen Charakter. Frankreich und seine alliierten Partner hatten den Angriff auf die Krönungskirche und das Nationalmonument im Ersten Weltkrieg nicht vergessen.

VII. Erinnerungsort der deutsch-französischen Freundschaft

Die deutsch-französische Versöhnung: Charles de Gaulle und Konrad Adenauer in Reims

Am 8. Juli 1962 nahmen der französische Staatspräsident Charles de Gaulle und der deutsche Bundeskanzler Konrad Adenauer gemeinsam an einem Hochamt in der Kathedrale von Reims teil. Dieses Ereignis war der Höhepunkt eines über Jahre vorbereiteten, schwierigen diplomatischen Prozesses. Die beiden Staatsmänner erkannten die historische Aufgabe, dass eine Aussöhnung zwischen den beiden Ländern die einzige Möglichkeit war, um einen dauerhaften Frieden in Europa herzustellen. Die Erfahrung zweier Weltkriege hatte sie in ihren politischen Überzeugungen geleitet, eine Aussöhnung zwischen Deutschland und Frankreich zu erreichen.[1]

Die Leistung dieser beiden Staatsmänner ist längst in die Geschichtsbücher eingegangen. Ihr mutiger Schritt war allerdings nur wenige Jahre nach dem Zweiten Weltkrieg heftig umstritten. Die Verbrechen des Nationalsozialismus standen jedermann lebhaft vor Augen. Viele Akteure der Gewalt und des Holocaust waren noch nicht gefasst. Misstrauen gegen das Volk, das sich kaum gegen Unterdrückung und Unmenschlichkeit der politischen Führung gewehrt hatte, bestimmte die Beziehungen aller Länder zu Deutschland.

Da sie keineswegs in ihren Ländern einhellige Zustimmung erhielten, waren die Verhandlungen, die de Gaulle und Adenauer eingingen, umso mutiger. In Frankreich setzten die Sozialisten und Kommunisten der Deutschlandpolitik de Gaulles heftigen Widerstand entgegen. Aber auch einige bürgerliche Parteien verfolgten kritisch de Gaulles Vision eines Abendlands der Vaterländer. Sie zogen ein konsequenter vereinigtes Europa, wie es Robert Schumann anstrebte, vor. De Gaulle setzte jedoch seine Vision, in der die Nationen verbunden, aber doch weitgehend ihre traditionelle Identität und Unabhängigkeit behielten, durch. Mit Adenauer hatte er einen idealen Partner, da beide trotz sehr unterschiedlicher individueller Lebensläufe eine gemeinsame christliche Überzeugung verband.

Die Begegnung in Reims stellte nicht den formalen staatspolitischen Akt der Vereinbarung zwischen den beiden Ländern dar. Das von den Regierungen ausgehandelte Abkommen ist als der sogenannte Élysée-Vertrag in die Geschichte eingegangen. Er wurde erst ein halbes Jahr später, am 22. Januar 1963, von den beiden Staatsmännern im Regierungssitz des französischen Staatspräsidenten in Paris unterzeichnet. Damit wurde beschlossen, dass sich die beiden Regierungen zu steten Konsultationen in Fragen der Außen- und Sicherheitspolitik abstimmen sollten. Ferner wurde eine gemeinsame Jugend- und Kulturpolitik vereinbart. Nach Verabschiedung durch die jeweiligen Parlamente trat der Vertrag am 2. Juli 1963 in Kraft. Nur drei Tage später wurde das *Deutsch-Französische Jugendwerk* begründet, das das Kennenlernen der jüngeren Generation beider Länder und das Erlernen der gegenseitigen Sprache fördern sollte.

Die Begegnung der beiden Staatsmänner in Reims war der offiziellen, amtlichen Unterzeichnung des Vertrages also vorausgegangen. Im Gegensatz zu der Amtshandlung in Paris hatte sie keinen offiziellen Charakter, sondern war vielmehr symbolischer Natur. Beide Politiker haben eine Gelegenheit gesucht, die Wirkung eines gemeinsamen öffentlichen Auftritts zu erproben. Reims für diesen Probegang auszuwählen, war geradezu ein genialer politischer Schachzug. Unvergessen waren die katastrophale Zerstörung der Kathedrale und der Stadt durch die deutsche Armee im Ersten Weltkrieg und die feierliche Wiedereinweihung der Kirche im Jahre 1938.

Der Begegnung in Reims war eine längere Reise Adenauers durch Frankreich vorausgegangen. De Gaulle, der «Meisterregisseur des deutsch-französischen Schauspiels», wie ihn Josef Müller-Marein in der *Zeit* nannte, fuhr mit Adenauer durch Paris und arrangierte Besuche in Rouen und Bordeaux, bevor sie sich in Reims wieder begegneten.[2] Eine Versöhnung zwischen den beiden Ländern konnte nicht nur von oben entschieden werden. Sie musste in der Bevölkerung Rückhalt finden. De Gaulle sah sehr deutlich, dass er den ausgearbeiteten Vertrag, der eine kontroverse internationale Diskussion zur Folge haben sollte, als eine entscheidende Leitlinie zukünftiger Politik nicht nur bekannt zu machen hatte, sondern vielmehr als einen Erfolg feiern und vom französischen Volk anerkennen lassen musste. De Gaulle hatte mit Ressentiments zu rechnen, denen er mit symbolischen Gesten der neu gewonnenen Partnerschaft entgegenzutreten wusste.

Aus einem persönlichen Schreiben an Adenauer vom 26. April 1962 geht sehr deutlich hervor, dass der französische Staatspräsident die Reise seines deutschen Gastes höchstpersönlich vorbereitete. Ihm war daran gelegen, dem deutschen Bundeskanzler nicht nur einen freundlichen Empfang zu bereiten, sondern vor allem die Franzosen zu bewegen, den Repräsentanten Deutschlands als Partner anzunehmen: «In Paris angekommen, könnten Sie dort zwei oder drei Tage verbringen, was uns die Gelegenheit zu nützlichen Gesprächen bieten würde, und es würde Ihnen auch erlauben, einige französische Persönlichkeiten zu sehen oder wiederzusehen sowie mit der Öffentlichkeit Kontakt aufzunehmen. Anschließend könnten Sie in einige unserer Provinzstädte reisen, um dort direkt einen Eindruck von unseren nationalen Aktivitäten zu gewinnen.»[3] Frankreich sollte den deutschen Bundeskanzler als politischen Partner annehmen und als Gast freundlich empfangen. Die Aufnahme Adenauers war freundlich, wenn auch die wärmeren Willkommensrufe de Gaulle galten. Nur vereinzelt waren protestierende Stimmen von ehemaligen Gefangenen der deutschen Konzentrationslager zu hören.

Vor allem die Kommunistische Partei Frankreichs richtete sich lautstark gegen die Politik von de Gaulle. Aber auch ihre Opposition vermochte nicht die wachsende Sympathie für die Vision der deutsch-französischen Freundschaft in Frage zu stellen. Das Kalkül des französischen Staatspräsidenten war aufgegangen. Bereits de Gaulle und Adenauer erkannten, dass die deutsch-französische Freundschaft nicht nur durch die Unterzeichnung eines Vertrages erreicht werden konnte. Adenauer sprach nach seiner Rückkehr davon, die Versöhnung zwischen beiden Völkern sei nun besiegelt. Aber er erkannte auch, dass die Verständigung «täglich neu errungen werden» müsse, da nicht alle Franzosen die Politik de Gaulles teilten.[4] Sie konnte nur durch nicht nachlassende gesellschaftliche und kulturelle Aktivitäten lebendig werden, ein Umstand, der bis heute gültig bleibt.[5]

Die Staatsmänner verbanden mit Reims zwei wesentliche Elemente, die als die moralischen und politischen Leitlinien dieses Treffens bezeichnet werden könnten. Einerseits konnte die Stadt der symbolische Ort der Versöhnung werden, wenn das historische Geschehen nicht mehr als Menetekel beschworen, sondern als gemeinsame Erinnerung und Aufforderung zu nachbarschaftlicher Zusammenarbeit wahrgenommen wurde. Andererseits vermochten de Gaulle und Adenauer zu nutzen, dass ihre christliche Weltanschauung sie verband. Eine gemeinsame Messe an diesem herausragenden historischen Ort der französischen Geschichte, der im 20. Jahrhundert schwer unter der deutschen Aggression und der Besetzung im Zweiten Weltkrieg gelitten hatte, bedeutete auch, die gemeinsamen christlichen Grundlagen der Versöhnung der beiden Länder zu vergegenwärtigen.

Der Ablauf des Treffens stand ganz im Zeichen dieser Botschaften. Es begann am frühen Morgen des 8. Juli, einem Sonntag, mit einem Defilee von deutschen und französischen Truppen im Militärlager von Mourmelon, womit die zukünftige gemeinsame Sicherheits- und Außenpolitik veranschaulicht werden konnte.[6] De Gaulle trat bei diesem Zeremoniell in Uniform auf, während Adenauer, der weder einen militärischen Rang innehatte noch sonst ein besonderes Verhältnis zum Militär besaß, in Zivil erschien. (Abb. 80)

Gemeinsam fuhren die Staatsmänner dann in die Sous-Préfecture der Stadt. De Gaulle legte seine Uniform ab und traf Adenauer um 11 Uhr zur gemeinsamen Fahrt in einem offenen Wagen durch Reims zur Kathedrale. Dort wurden sie von Erzbischof François Marty empfangen, der sie in die Kathedrale zu ihren Plätzen im Chor geleitete. (Abb. 81) Das Innere der Kirche war aus diesem Anlass besonders geschmückt worden. Die berühmten Gobelins, die den dekorativen und symbolischen Rahmen der Königskrönungen bildeten, waren an den Hochschiffwänden aufgehängt worden.[7] Durch diese Inszenierung erhielt das

Ereignis gleichsam den Rang der bedeutendsten Zeremonie der französischen Geschichte.

Der Erzbischof wandte sich zu Beginn der Messe an die Gäste mit den Worten: «Die Kathedrale von Reims begrüßt Sie mit dem Lächeln des Engels, der, durch das Wirken der Vorsehung, den Zerstörungen widerstanden hat.»[8] Dieser freundliche Satz war ein warmes Willkommen. Die Aussage war allerdings nicht ganz korrekt. Der Engel mit dem berühmten «sourire» war bei dem Brand des Gerüstes am 19. September 1914 schwer beschädigt, allerdings nach einer Gipskopie nachmodelliert worden.[9] (Abb. 62–64)

In seiner Predigt wies der Erzbischof darauf hin, dass die Champagne über Jahrhunderte ein Land des Konfliktes zwischen den Nachbarn gewesen ist. Warum sollten sie sich nicht in der Zukunft «kennenlernen, respektieren, schätzen, lieben und sich helfen»? Und er wandte sich direkt an die beiden Staatsmänner mit den Worten: «Unser Gebet an diesem Morgen, Herr Präsident und Herr Bundeskanzler, möchte Ihnen die Sicherheit für Ihre gemeinsame Friedensarbeit bringen.»[10]

Der Erzbischof machte mit diesen Worten sehr deutlich, dass der Vertrag noch nicht unterschrieben worden war. Die beiden Politiker suchten aber in einer populären Inszenierung, die von den Medien weit verbreitet wurde, in der Kathedrale von Reims der Aussöhnung zwischen den Ländern eine religiöse Weihe zu verleihen. Diese gleichsam «politische» Messe wurde getragen von einem tiefen emotionalen Bedürfnis, das den religiösen Überzeugungen der beiden Staatsmänner entsprach, aber gleichzeitig breite Kreise der Bevölkerung überzeugen sollte. Die Kathedrale selbst wurde durch diesen feierlichen Akt im Grunde in ihrer historischen Rolle auf eine neue Weise bestätigt. Waren in früheren Jahrhunderten dort die Könige gekrönt worden, wurde sie nun Schauplatz von herausragenden politischen Entscheidungen. Das Schicksal des Kirchenbaus, barbarische Zerstörungen durchlitten zu haben, hatte seiner Aura als historisches und christliches Monument nicht schaden können. Im Gegenteil: Erst durch die erlittenen Zerstörungen durch den Feind konnte er in Überwindung des Geschehenen – bei gleichzeitiger Erinnerung daran – zu dem Ort der Versöhnung werden. Die Kathedrale erhielt somit eine andere Aufgabe zugewiesen. Sie sollte nicht mehr nur ein Denkmal der französischen Geschichte, sondern der

80. *Charles de Gaulle und Konrad Adenauer in Mourmelon*, 8. Juli 1962.

französisch-deutschen Versöhnung und damit der europäischen Geschichte werden.

Ein nicht unwesentliches Detail veranschaulicht, wie religiöse und säkulare Elemente in der Zeremonie eng miteinander verbunden waren. Die Krönungskirche von Reims unterschied sich in ihrer Geschichte von anderen Kathedralen dadurch, dass private und öffentliche, religiöse und staatspolitische Vorgänge in diesem Kirchengebäude gemeinsam gefeiert werden konnten. Adenauer nahm in der Messe an der Kommunion teil, de Gaulle nicht. Adenauer war der Vorsitzende der CDU Deutschlands, einer politischen Partei, die das christliche Bekenntnis in ihrem Namen führte. Er konnte sich an der Kommunion der Messe aufgrund seines Glaubens als katholischer Christ und als Mitglied einer christlichen Partei beteiligen.

De Gaulle hingegen hätte als katholischer Gläubiger genauso handeln können, wenn er sich nicht in dieser besonderen Situation als Repräsentant des Staates, ja als ihr höchster Vertreter zeigen wollte. Die von der *Troisième République* zum Gesetz erhobene Trennung von Kirche

81. *Charles de Gaulle und Konrad Adenauer während der Messe in der Kathedrale von Reims, 8. Juli 1962*, Fotografie Egon Steiner, Berlin.

und Staat blieb sowohl in der *Quatrième* wie auch in der *Cinquième République* erhalten, die von de Gaulle durchgesetzt wurde und deren Präsident mit erweiterten Vollmachten er war. In der Kathedrale von Reims, in der de Gaulle bewusst die Begegnung mit Adenauer als ein diesem Gebäude entsprechendes, staatspolitisches Ereignis zu inszenieren suchte, musste er für die Öffentlichkeit die Rolle des Präsidenten wahrnehmen und die des Gläubigen zurückstellen. Adenauer fühlte sich, als Vertreter einer christlichen Partei, hingegen nicht an diese staatspolitische Verpflichtung gebunden.[11]

Es ist aufschlussreich, wie etwa in Karikaturen dieses historische Ereignis interpretiert wurde. Eine Zeichnung von Fritz Behrendt zeigt Friedrich den Großen, Napoleon und Bismarck, wie sie sich aus den Wolken nach unten beugen, um das ihnen unvorstellbare Ereignis zu betrachten, wie sich die beiden Staatsmänner die Hände zur Versöhnung reichen. (Abb. 82) Die Szene spielt vor der Kathedrale, die symbolisch diese Vereinigung gleichsam sanktioniert.

In einer Karikatur von Paul Flora erscheinen die beiden Persönlichkeiten schemenhaft als Türme ganz in die Kathedrale integriert und reichen sich die Hand. Im Vordergrund marschieren Soldaten beider Länder an dem Kirchenbau vorbei. Die Aussöhnung der beiden Länder wird in dieser Karikatur überspitzt als ein Werk der Kirche interpretiert. (Abb. 83)

Dieser Deutung des Geschehens entspricht auch eine Zeichnung von Roland Moisan, die im *Canard Enchaîné* erschien. Der Autor schildert eine Hochzeitsszene, in der die beiden Staatsmänner als ein königliches Paar vor dem Bischof auf den Knien die Ehe schließen. Die Unterschrift: «La Sainte-Europe franco-germanique, apostolique et romaine vaut bien une messe!» spielt auf die Entscheidung des französischen Königs Henri IV an, der, um die Hauptstadt Paris für sich zu gewinnen, zum Katholizismus konvertierte. Allerdings wurde er als einziger König nicht in Reims, sondern 1594 in Chartres gesalbt und gekrönt. (Abb. 84) Die Karikaturen antworten auf sehr unterschiedliche Weise auf das historische Ereignis. Sie stimmen aber darin überein, der Kathedrale die mythische Rolle zuzuweisen, die dem historischen Vorgang die kirchliche Weihe verleiht. Nur die Kathedrale von Reims konnte als ein *lieu de mémoire* hierfür dienen.

Nach der Messe bestiegen de Gaulle und Adenauer wieder den offenen Wagen und fuhren in das Rathaus der Stadt. (Abb. 85) Verschiedenen Zeitungsberichten zufolge war die Akklamation der Bevölkerung freundlich, aber durchaus zurückhaltend, jedenfalls keineswegs enthusiastisch. Es gab sogar einige Protestrufe und eine, allerdings nicht sehr nachdrückliche, Manifestation, die von der kommunistischen Partei initiiert wurde. Nach der Eintragung in das Goldene Buch der Stadt fand ein Bankett mit geladenen Gästen statt.

Alain Peyrefitte, Minister und vertrauter Mitarbeiter des Präsidenten, hat in seiner Biographie über de Gaulle diesen geschichtlichen Moment in der Kathedrale treffend charakterisiert. De Gaulle habe das gemeinsame Gebet dazu nutzen wollen, den Sinneswandel in den gegenseitigen Beziehungen durch den kirchlichen Segen zu dokumentieren. De Gaulle selbst hat diesen öffentlichen Auftritt in der Kathedrale bei dem Essen im Rathaus als eine politisch entscheidende Geste beschrieben: «Um diese große europäische und weltweite Aufgabe zu beleben, die die Germa-

Von höherer Warte betrachtet... Zeichnung: F. Behrendt

82. Fritz Behrendt, *Von höherer Warte betrachtet*, in: *Süddeutsche Zeitung*, Nr. 163, 9. Juli 1962, S. 18.

83. Paul Flora, *Reims*, in: *Die Zeit*, 6. Juli 1962, aus: Helena Pereña und Wolfgang Meighörner (Hg.), *Paul Flora: Karikaturen*, Austellungskatalog (Innsbruck: Haymon, 2016), S. 83.

84. Roland Moisan, *La Cour,* in: *Le canard enchaîné,* Nr. 2176, 4. Juli 1962, S. 3.

nen und die Gallier zu vollenden haben, war es wesentlich, dass die Volksseele auf dieser Rheinseite ihre Zustimmung manifestiert.» Und zu Adenauer gewandt: «Damit Ihre Rolle in den neuen Beziehungen beider Länder so anerkannt und gefeiert wird, so anerkannt wird, wie sie es verdient. Es ist wichtig, dass bei uns die öffentliche Meinung Ihnen den höchsten Respekt entgegenbringt. Dies ist nun auf eindrucksvolle Weise geschehen.»[12] In einem Gespräch mit Peyrefitte antwortete de Gaulle auf die Frage, welches der herausragende Moment des Besuchs von Adenauer sein würde: «Das wird in Reims sein, natürlich am letzten Tag. Reims, die Märtyrerstadt des Ersten Weltkrieges, die am Ende des Zweiten Weltkrieges die Kapitulation der deutschen Armee erlebt hat […].»[13]

Der gemeinsame Auftritt von de Gaulle und Adenauer am 8. Juli in der Kathedrale von Reims ist als Symbol der Versöhnung der beiden Länder in die Geschichte eingegangen. Die nachfolgenden Generationen von Politikern haben die Zusammenarbeit der beiden Länder normalisiert und vertieft. Die Erinnerung an die Weltkriege blieb jedoch ein Thema, dem regelmäßig öffentliche Demonstrationen der nun endlich erreichten nachbarschaftlichen Partnerschaft gewidmet wurden. Adenauer und nach ihm auch Ludwig Erhard hatten bereits einen gemeinsamen Besuch in Verdun vorgeschlagen. Angesichts der allerdings noch zu lebendigen Erinnerungen an die Schlacht und der anhaltenden Trauer über den Verlust so vieler Menschenleben erschien de Gaulle dieser öf-

85. *Charles de Gaulle und Konrad Adenauer vor der Kathedrale von Reims*, 8. Juli 1962, Fotografie, Brooklyn, Granger Historical Picture Archive.

fentliche Auftritt als verfrüht.[14] Die bewegende Geste, als François Mitterrand vor einem mit den deutschen und französischen Fahnen bedeckten Sarg in Fort Douaumont bei Verdun am 22. September 1984 Helmut Kohl die Hand reichte, erneuerte auf eindrückliche Weise die Partnerschaft der beiden Staatsmänner de Gaulle und Adenauer in der Kathedrale von Reims.

Alle französischen Präsidenten und deutschen Bundeskanzler haben die Zusammenarbeit und Konsultation mit dem Nachbarland als eine Grundlage ihrer Politik angesehen und gefördert. Reims war nicht immer der Schauplatz der gemeinsamen Deklarationen und Auftritte. Allerdings haben sich jüngst Angela Merkel und François Hollande 2012 in Reims getroffen, in Erinnerung an de Gaulle und Adenauer wiederum am 8. Juli. Sie wollten öffentlich an die 50 Jahre zurückliegende Begegnung erinnern, die in der Kathedrale mit der symbolischen Geste der gemeinsamen Teilnahme an der Messe stattgefunden hatte.

Die beiden Politiker nahmen nicht an einer Messe teil, besichtigten aber gemeinsam die Kirche, nachdem sie vor dem Portal in Ansprachen die deutsch-französische Freundschaft als eine unverbrüchliche Leitlinie der Politik beider Länder bestätigt hatten. (Abb. 86) Gemeinsam weihten sie eine Inschrifttafel ein, die an das Ereignis von 1962 erinnerte. Für die protestantische Bundeskanzlerin und den sozialistischen Präsidenten wurde in der Kathedrale ein Chor- und Orgelkonzert mit Auszügen aus der Johannespassion von Johann Sebastian Bach gegeben.

Am Tage vor dieser Begegnung in Reims wurde bekannt, dass deutsche Soldatengräber auf einem Soldatenfriedhof in den Ardennen geschändet worden waren. François Hollande nutzte die Gelegenheit seiner Begegnung mit der deutschen Bundeskanzlerin, um zum Ausdruck zu bringen, dass «keine dunkle Kraft und noch weniger Dummheit [...] die tiefe Bewegung der deutsch-französischen Freundschaft in Frage stellen könne.»[15] In einer Tageszeitung wurde das Treffen Merkels und Hollandes auf der ersten Seite betitelt: *L'Union, Reims capitale franco-allemande*. Damit erhielt die Krönungsstadt eine neue Bezeichnung oder gar einen neuen, wenn auch nicht offiziellen, historischen Ehrentitel, den der deutsch-französischen Hauptstadt.[16] (Abb. 87)

Im Mai 2015 wurde in Erinnerung an den Ersten Weltkrieg die Kathedrale nochmals Schauplatz eines feierlichen Ereignisses. Der französi-

86. *Angela Merkel und François Hollande in Reims*, 8. Juli 2012, Fotografie Steffen Kugler.

20 pages loisirs-culture
Notre supplément offert

Mag
Le collège des jésuites voit grand

Orange
Un jour gratuit pour les abonnés

Dimanche
l'union
MARNE

Merkel et Hollande en visite aujourd'hui
Reims capitale franco-allemande

Reims
Des parents violents condamnés

Vitry-le-François
Bac : le carton de François-Ier

Aÿ
Des fêtes et un record du monde

LE TEMPS

Un cimetière allemand profané dans les Ardennes

GERRA
LE CAPITOLE

Frite glissante à Reims
Déboutée, elle porte plainte en Belgique

87. «Reims capitale franco-allemande», in: *L'union*, 8. Juli 2012, S. 1. Reims, Bibliothèque municipale de Reims.

sche und der deutsche Außenminister, Laurent Fabius und Frank-Walter Steinmeier, weihten die von dem deutschen Künstler Imi Knoebel fertiggestellten Glasfenster in der Jeanne d'Arc-Kapelle der Kathedrale ein.[17] Nachdem er bereits 2011, anlässlich des 800-jährigen Bestehens der Kathedrale, sechs Fenster für Reims geschaffen hatte, hatte Knoebel selber vorgeschlagen, die Neugestaltung der letzten drei, seit der Bombardierung im September 1914 noch notverglasten Fenster der französischen Republik 2014 zum Geschenk zu machen. Für dieses Projekt verzichtete Knoebel auf ein Honorar, und das Auswärtige Amt sowie die Kunststiftung Nordrhein-Westfalen übernahmen die Kosten. (Abb. 88)

Die Entscheidung, einen deutschen Künstler mit der Gestaltung der neuen Fenster in Reims zu beauftragen, setzte ein deutliches Zeichen in den deutsch-französischen Beziehungen.[18] In den Pressemeldungen zur Einweihung der Fenster, sowohl auf deutscher als auch französischer Seite, wird die starke Symbolik dieser Entscheidung als Zeichen der Freundschaft beider Länder hervorgehoben.[19] Auch in der Rede Steinmeiers, auf französisch gehalten, spielte sie die vordringliche Rolle. Er rühmte Reims als «französisches Heiligtum, dem Deutsche dereinst tiefe Wunden zugefügt haben», und drückte seine Freude darüber aus, dass mit den Fenstern Knoebels «heute ein weiteres Stück der deutsch-französischen Freundschaft in diese Kathedrale hineingewachsen ist [...].»[20]

Knoebels Gestaltung für die Fenster in Reims knüpft an die Geschichte der Kathedrale, insbesondere ihr Schicksal während des Krieges und das Zerwürfnis zwischen den beiden Ländern an. Der Künstler entwickelte seine kraftvolle, kaleidoskopische Komposition aus hunderten von Papierschnitten, einer Technik, die in der Kunstgeschichte untrennbar mit Henri Matisse verbunden ist. In einer der wenigen Aussagen, die Knoebel zu seinen Werken gegeben hat, verweist er zudem auf seine eigenen Erinnerungen an den Beschuss Dresdens mit Brandbomben im Zweiten Weltkrieg, den er 1945, als Fünfjähriger, miterlebte und der sich ihm nachdrücklich ins Gedächtnis eingebrannt hat.[21]

Mit ihren starken, bunten Farben erinnern die drei Lanzettfenster von 2015 einerseits an die bunte Leuchtkraft der ursprünglichen Glasfenster. Zugleich steht die abstrakte Gestaltung jedoch im klaren Kontrast zu den anderen Fenstern in der Kathedrale, welche meist biblische Szenen darstellen. Auch Marc Chagalls Fenster, welche 1974 in Reims installiert wurden, folgen den Geschichten aus dem Alten und dem Neuen Testament. Knoebels zersplitterte Kompositionen hingegen, dominiert von den Primärfarben Rot, Blau und Gelb, lassen sich als Verweis auf die tragischen Ereignisse des Ersten Weltkrieges verstehen. In den grellen Fragmenten der Glasfenster spiegeln sich die Bombenexplosionen des Krieges ebenso wider wie die disruptiven Folgen für die kulturellen und intellektuellen Beziehungen zwischen Frankreich und Deutschland. Damit repräsentieren die Fenster nun auf Dauer in der Kathedrale von Reims ein tragisches Kapitel der deutsch-französischen Beziehungen, aber auch den Willen, aus dieser Vergangenheit zu lernen und in aller Zukunft partnerschaftlich zusammenzuarbeiten. Nachdem die Kathedrale durch die Ereignisse im Ersten Weltkrieg zu einem Symbol der Gegnerschaft zwischen Deutschland und Frankreich geworden war, ist sie nun in ein Zeichen der neu gewonnenen Freundschaft umgedeutet worden.

In diesem Sinne war es ein herausragendes Symbol, als der deutsche Kunsthistoriker Willibald Sauerländer, als eine Art Doyen der Kunstgeschichte in Deutschland und in Frankreich gleichermaßen verehrt, am 20. Oktober 2011 den Festvortrag zur 800-Jahr-Feier in der Kathedrale von Reims hielt. Er wurde als einer der besten Kenner der mittelalterlichen Kunst und besonders der Gotik eingeladen. In seinem Vortrag *Reims, Die Königin der Kathedralen, Himmelsstadt und Erinnerungsort* vergegenwärtigte er das tief im europäischen Bewusstsein verankerte Gotteshaus in seiner religiösen, kunsthistorischen und politischen Ausstrahlung.[22] Aber er erinnerte auch an den September 1914 und den Triumph über Empörung und Hass, den die von ihren Wunden geheilte Kathedrale heute verkörpert.

88. Imi Knoebel, *Fenster in der Chorkapelle der Kathedrale von Reims*, 2015, Fotografie Ian Dagnall.

Dank

Der Autor dieses Buches kann nicht verleugnen, dass ihn das Ereignis in Reims seit langem beschäftigt hat. Es dauerte geraume Zeit, bis er sich entschloss, die historischen Vorgänge und den kulturellen Konflikt auf der Grundlage des umfangreichen gesammelten Materials in eine Darstellung zu bringen. In den Jahrzehnten nach dem Zweiten Weltkrieg, der von Deutschland ausgelöst wurde und bis dahin undenkbare Verbrechen eines kriminellen Regimes und eines gehorchenden Volkes zutage brachte, ist er in einer Ära der offenen Grenzen aufgewachsen. Die Faszination für die französische Kunst und Kunstgeschichte wurde dieser Generation sogar ohne die Belastung jeglicher Vorbehalte oder Ressentiments geschenkt. Diese Erfahrung mag die Darstellung prägen, sie hat aber hoffentlich die sachliche Schilderung und historische Deutung der Ereignisse nicht entstellt.

Beim Verfassen des Buches stellten zwei Dinge eine große Herausforderung dar. Zum einen die geradezu unendliche Fülle an Material. Die Reaktion auf das geschilderte Ereignis hat sichtlich Generationen bewegt und zu Kommentaren, schriftlich und bildlich, veranlasst. Die immer neuen Funde von Äußerungen, so sprechend sie auch waren, durften aber nicht verhindern, der Schilderung und Analyse der Vorgänge im Verlauf des Buches den Vortritt zu lassen.

Die andere Herausforderung bestand in der nicht nachlassenden Befragung der eigenen Darstellung, ob der Ton einer neutralen, oder doch wenigstens fairen Wiedergabe der historischen Umstände gewährleistet wurde. 100 Jahre nach den Vorgängen ging es weniger darum, der einen oder anderen Seite Recht zu geben, als vielmehr die Umstände des dramatischen Konflikts zu erforschen und zu begreifen.

Der Autor kann sich geradezu beglückt und dankbar daran erinnern, wie er über Jahre Ermutigung und Anregung erfuhr. Barbara Gaehtgens, ein wenig erstaunt über die scheinbar plötzliche Leidenschaft ihres Mannes für das Thema, nahm an dem Prozess der Entstehung des Buches den intensivsten Anteil. Ihr gilt als stets erster Leserin der größte Dank.

Viele Kollegen und Freunde haben sich die Zeit genommen, das Manuskript gründlich zu studieren und durch ihre wichtigen Kommentare entscheidend zur Erweiterung der Fragestellungen und zu Verbesserungen beizutragen, eine ganz ungewöhnlich großherzige Geste, für die ich ihnen sehr verbunden bin. Mein Dank gilt ganz besonders Petra ten-Doesschate Chu, Jean-Louis Cohen, Danièle Cohn, Jim Cuno, Gail Feigenbaum, Étienne François, Françoise Forster-Hahn, Ulrich Keller, Christina Kott, Gerd Krumeich, Bernd Nicolai, Krzysztof Pomian, Pierre Rosenberg, Willibald Sauerländer, Peter-Klaus Schuster, Werner Spies, Felix Thürlemann, Pierre Vaisse und Hendrik Ziegler.

Anne-Lise Demas, Antoinette Lenormant-Romain, Mario Kramp und Bénédicte Savoy verdanke ich wichtige Hinweise. Catherine Delot, Directeur du Musée des Beaux-Arts de Reims, Marie-Hélène Montout-Richard, Conservateur du Patrimoine, Musée des Beaux-Arts de Reims, und vor allem Yann Harlaut, dem besten Kenner des behandelten Ereignisses, bin ich für anregende Gespräche über das Thema und entscheidende Hilfe bei der Beschaffung der Illustrationen sehr verpflichtet. Ebenso geht mein herzlicher Dank an Lauren Edson, Senior Publications Editor am Getty Research Institute. Den Verlegern Wolfgang und Jonathan Beck verdanke ich die deutsche Ausgabe, die von Alexandra Schumacher im Lektorat betreut und von Jörg Alt ansprechend gestaltet wurde.

Das Buch hätte nicht geschrieben werden können ohne die Mitwirkung von Anja Foerschner, Thisbe Gensler und Martha Alfaro, meinen Mitarbeiterinnen am Getty Research Institute, Los Angeles. Sie wirkten unermüdlich bei den Recherchen und Korrespondenzen mit, ermöglichten aber vor allem, dass dem Autor neben der Leitung dieses Instituts gelegentlich ein kurzer Freiraum geboten wurde, der das Schreiben des Manuskripts erlaubte.

Mein besonderer Dank gilt Thomas Demand. Sein Umschlag ist ein anschauliches Beispiel seiner Kunst, die an herausragende geschichtliche Ereignisse erinnert und gleichzeitig auf so eindringliche Weise die zeitliche Distanz wahrt.

Los Angeles, Sommer 2017

Anhang

Bibliographie

Adam, Paul: *Reims dévastée*, Paris 1916.

Adorno, Theodor W: *Nachgelassene Schriften*, Bd. 3, Ästhetik (1958/59), hg.v. Eberhard Ortland, Frankfurt 2009.

Alexandre, Arsène: *Les monuments français détruits par l'Allemagne: Enquête entreprise par ordre de M. Albert Dalimier*, Paris 1918.

Les Allemands, destructeurs de cathédrales et de trésors du passé: Mémoire relatif aux bombardements de Reims—Arras—Senlis—Louvain—Soissons, etc., Paris 1915.

Amalvi, Christian: *Le goût du moyen âge*, Paris 1996.

Annales archéologiques 4, Paris 1846.

Antony-Thouret, Pierre: *L'ange brisé, l'oiseau noir*, Paris 1915.

Antony-Thouret, Pierre: *Reims au lendemain de la guerre: La cathédrale mutilée, la ville dévastée*, Paris 1927.

Atterbury, Paul (Hg.): *A. W. N. Pugin: Master of the Gothic Revival*, Ausst.Kat. New Haven 1995.

Audoin-Rouzeau, Stéphane und Annette Becker: *14–18: Retrouver la guerre*, Paris 2000.

Auduc, Arlette: *Quand les monuments construisaient la nation: Le service des monuments historiques de 1830 à 1940*, Paris 2008.

Babelon, Jean-Pierre und André Chastel: *La notion de patrimoine*, Paris 2008.

Bady, Jean-Pierre: *Les monuments historiques en France*, Paris 1985.

Baker, Simon: «‹Ruins: The Ruin of Ruins› – Photography in the ‹Red Zone› and the Aftermath of the Great War», in: *Fighting Words and Images: Representing War across the Disciplines*, hg.v. Elena V. Baraban, Stephan Jaeger und Adam Muller, Toronto 2012, S. 286–312.

Baker, Simon und Shoair Mavlian: *Conflict, Time, Photography*, Ausst.Kat. London 2014.

Bainville, Jacques: *La guerre démocratique: Journal 1914–1915*, Paris 2013.

Bales, Richard: «Proust et Émile Mâle», in: *Bulletin de la Société des amis de Marcel Proust et des amis de Combray*, 24 (1974), S. 1926–36.

Bales, Richard: *Proust and the Middle Ages,* Genf 1975.

Balsamo, Isabelle (Hg.): *Rebâtir Reims: La collection photographique Henri Deneux, 1870–1938,* Châlons-sur-Marne 1988.

Baraban, Elena V., Stephan Jaeger und Adam Muller (Hg.): *Fighting Words and Images: Representing War across the Disciplines,* Toronto 2012.

Barrès, Maurice: *La grande pitié des églises de France,* Paris 1914.

Barrès, Maurice: *La grande pitié des églises de France,* Einleitungen von Michel Leymarie und Michela Passini, Villeneuve d'Ascq 2012.

Bartmann, Dominik (Hg.): *Anton von Werner: Geschichte in Bildern,* Ausst.Kat. München 1993.

Basquin, Claire: «Défendre l'art, un message pacifiste? Romain Rolland et la destruction du patrimoine artistique en 1914», in: *Guerre et patrimoine artistique à l'époque contemporaine*, hg. v. Philippe Nivet, Amiens 2013.

Bataille, Georges: «Notre-Dame de Rheims», in: *La prise de la concorde: Essais sur Georges Bataille,* hg. v. Denis Hollier, Paris 1974, S. 35–43.

Bätschmann, Oskar: «Worringer über zeitgenössische Kunst und Künstler», in: *Hundert Jahre «Abstraktion und Einfühlung»: Konstellationen um Wilhelm Worringer,* hg. von Norberto Gramaccini und Johannes Rössler, Paderborn 2012, S. 125–127.

Baudrillart, Alfred: *L'âme de la France à Reims: Discours prononcé en la basilique de Sainte-Clotilde le 30 septembre 1914,* Paris 1914.

Baudrillart, Alfred: *L'Allemagne et les alliés devant la conscience chrétienne,* Paris 1915.

Baudrillart, Alfred (Hg.): *La guerre allemande et le catholicisme,* Paris 1915.

Beaupré, Nicolas: *Écrire en guerre, écrire la guerre: France–Allemagne, 1914–1920*, Paris 2006.

Beaupré, Nicolas: *Le traumatisme de la Grande Guerre, 1918–1933,* Villeneuve d'Ascq 2012.

Beaupré, Nicolas, Gerd Krumeich, Nicolas Patin und Arndt Weinrich (Hg.): *La Grande Guerre vue d'en face, 1914–1918, Nachbarn im Krieg,* Paris 2016.

Beausire, Alain und Hélène Pinet (Hg.): *Correspondance de Rodin,* Bd. 2, *1900–1907,* Paris 1986.

Beausire, Alain und Hélène Pinet (Hg.): *Correspondance de Rodin,* Bd. 4, *1913–1917,* Paris 1992.

Becker, Annette: *La guerre et la foi: De la mort à la mémoire,* Paris 1994.

Becker, Annette: *Voir la Grande Guerre: Un autre récit, 1914–2014,* Paris 2014.

Becker, Jean Jacques: *Guerre et cultures: 1914–1918,* Paris 1994.

Becker, Jean Jacques: *L'Europe dans la Grande Guerre,* Paris 1996.

Becker, Jean-Jacques und Gerd Krumeich: *Der Große Krieg: Deutschland und Frankreich, 1914–1918,* Essen 2010.

Béghain, Patrice: *Guerre aux démolisseurs! Hugo, Proust, Barrès: Un combat pour le patrimoine,* Vénissieux 1997.

Bénédite, Léonce: Introduction to Auguste Rodin, *Les cathédrales de France* [1921], Paris 1921.

Berchet, Jean-Claude: «Chateaubriand, Séroux d'Agincourt et les arts du moyen âge», in: *Chateaubriand et les arts,* hg. v. Marc Fumaroli, Paris 1999, S. 57–81.

Bergdoll, Barry: «The Ideal of the Gothic Cathedral in 1852», in: *A. W. N. Pugin: Master of the Gothic Revival,* hg.v. Paul Atterbury, New Haven 1995, S. 103–135.

Bergson, Henri: *Mélanges: L'idée de lieu chez Aristote, Durée et simultanéité, correspondance, pièces diverses, document,* hg. v. André Robinet, Paris 1972.

Berlepsch-Valendas, Hans Karl Eduard von: *Abwehr: Offener Brief eines in Deutschland lebenden Schweizers an Herrn Dr. Ferdinand Hodler und Herrn Jacques Dalcroze in Genf,* 2. Aufl., München 1914.

Bernanos, Georges: «Le cortège traditionnel de Jeanne d'Arc», in: *L'avant-garde de Normandie,* 30. Mai 1914, S. 1.

Beßlich, Barbara: *Wege in den «Kulturkrieg»: Zivilisationskritik in Deutschland, 1890–1914,* Darmstadt 2000.

Beurier, Joëlle: *Images et violence: 1914–1918: Quand «Le Miroir» racontait la Grande Guerre,* Paris 2007.

Bevan, Robert: *The Destruction of Memory: Architecture at War,* London 2006.

Bienvenue, Pierre: *Le martyre de Reims: L'occupation allemande, le bombardement: Notes personnelles et vécues de deux Rémois avec documents officiels*, Paris 1914.

Binding, Rudolf Georg: *Wir fordern Reims zur Übergabe auf: Anekdote aus dem grossen Krieg*, Frankfurt 1934.

Blau, Albrecht: *Propaganda als Waffe,* Berlin 1935.

Blom, Philipp: *Der taumelnde Kontinent: Europa 1900–1914*, München 2009.

Blom, Philipp: *Die zerrissenen Jahre: 1918–1938*, München 2014.

Böhme, Klaus (Hg.): *Aufrufe und Reden deutscher Professoren im Ersten Weltkrieg*, Stuttgart 2014.

Böhringer, Hannes und Beate Söntgen (Hg.): *Wilhelm Worringers Kunstgeschichte,* München 2002.

Boiret, Yves: «Restauration et conservation de la cathédrale de Reims», in: «Reims, ville du sacre» Sonderheft, *Les dossiers d'archéologie,* Nr. 186 (1993), S. 28–39.

Boisserée, Sulpiz: *Ansichten, Risse und einzelne Theile des Doms von Köln*, Stuttgart 1821–31.

Boisserée, Sulpiz: *Geschichte und Beschreibung des Doms zu Köln,* München 1842.

Borchmeyer, Dieter: *Was ist deutsch? Die Suche einer Nation, nach sich selbst,* Berlin 2017.

De Bouhelier, Saint-Georges: *Les legendes de la guerre de France: Poèmes*, Paris 1917.

Boulanger, Jean-François: «De la capitulation à la reconciliation: La rencontre de Gaulle-Adenauer à Reims en 1962». Communication presenée au colloque international de Reims, *Reims 1945–1962 et le rapprochement franco-allemand,* 6. Mai 2005.

Boulanger, Jean-Francois et al. (Hg.): *Reims 14–18: De la guerre à la paix; Histoire, mémoire, symboles*, Straßburg 2013.

Bourdelle, Antoine: *La sculpture et Rodin*, Paris 1978.

Boussinesq, Georges und Gustave Laurent: *Histoire de Reims depuis les origines jusqu'à nos jours*, Reims 1933.

Bouxin, Marc und Sylvie Balcon (Hg.): *Mythes et réalités de la cathédrale de Reims: De 1825 à 1975*, Ausst.Kat. Paris 2001.

Boylesve, René: «Essai sur la Mentalité Allemande», in: *The Book of France: In Aid of the French Parliamentary Committee's Fund for the Relief of the Invaded Departments*, hg. v. Winifred Stephens London 1915, S. 17–34.

Braive, M: «La restauration de la cathédrale de Reims», in: *Travaux*, Nr. 70 (Oktober 1938), S. 425–436.

Bredekamp, Horst: «Deutsches Reich, Reichskriegsministerium: Die Beschießung der Kathedrale von Reims», in: *Kunstgeschichten 1915: 100 Jahre Heinrich Wölfflin; Kunstgeschichtliche Grundbegriffe*, hg. v. Matteo Burioni, Burcu Dogramaci und Ulrich Pfisterer, Passau 2015, S. 57–61.

Bréhier, Louis: *La cathédrale de Reims: Une œuvre française*, Paris 1916.

Bresc-Bautier, Geneviève et al.: *Un musée révolutionnaire: Le musée des monuments français d'Alexandre Lenoir*, Paris 2016.

«Briefwechsel Bartholomé-Clemen», in: *Kunstverwaltung in Frankreich und Deutschland*, hg. v. Otto Grautoff, S. 108–116, Bern 1915.

Brocke, Bernhard vom: «‹Wissenschaft und Militarismus›: Der Aufruf der 93 ‹An die Kulturwelt!› und der Zusammenbruch der internationalen Gelehrtenrepublik im Ersten Weltkrieg», in: *Wilamowitz nach 50 Jahren*, hg. v. William M. Calder, Hellmut Flashar und Theodor Lindken, S. 649–719, Darmstadt 1985.

Brooks, Chris: *The Gothic Revival*, London 1999.

Brown, Frederick: *For the Soul of France: Culture Wars in the Age of Dreyfus*, New York 2010.

Brown, Frederick: *The Embrace of Unreason: France, 1914–1940*, New York 2014.

Bruendel, Steffen: *Volksgemeinschaft oder Volksstaat: Die «Ideen von 1914» und die Neuordnung Deutschlands im Ersten Weltkrieg*, Berlin 2003.

Bruendel, Steffen: «Zwei Strategien intellektueller Einmischung: Heinrich und Thomas Mann im Ersten Weltkrieg», in: *Zwischen den Fronten: Positionskämpfe europäischer Intellektueller im 20. Jahrhundert*, hg. v. Ingrid Gilcher-Holtey, Berlin 2006, S. 87–116.

Bruendel, Steffen: *Zeitenwende 1914: Künstler, Dichter, und Denker im Ersten Weltkrieg*, München 2014.

Brush, Kathryn: *The Shaping of Art History: Wilhelm Vöge, Adolph Goldschmidt, and the Study of Medieval Art*, Cambridge 1996.

Bülow, Karl von: *Mein Bericht zur Marneschlacht*, Berlin 1919.

Bullock, Nicholas und Luc Verpoest (Hg.): *Living with History, 1914–1964: Rebuilding Europe after the First and Second World Wars and the Role of Heritage Preservation = La reconstruction en Europe après la Première et la Seconde Guerre Mondiale et le rôle de la conservation des monuments historiques*, Löwen 2011.

Burg, Hermann: *Kunstschutz an der Westfront: Kritische Betrachtungen und Erinnerungen*, Charlottenburg 1920.

Burioni, Matteo: «Henri Bergson: La signification de la guerre», in: *Kunstgeschichten 1915: 100 Jahre Heinrich Wölfflin; Kunstgeschichtliche Grundbegriffe*, hg. v. Matteo Burioni, Burcu Dogramaci und Ulrich Pfisterer, Passau 2015, S. 62–64.

Burollet, Thérèse und Nicolas Gourand: *Albert Bartholomé, 1848–1928*, Paris 2017.

Bushart, Magdalena: *Der Geist der Gotik und die expressionistische Kunst: Kunstgeschichte und Kunsttheorie, 1911–1925*, München 1990.

Bushart, Magdalena: «Die formbildenden Kategorien der Seele: Wilhelm Worringer und die Kunstgeschichte der Jahrhundertwende», in: *Hundert Jahre «Abstraktion und Einfühlung»: Konstellationen um Wilhelm Worringer*, hg. v. Norberto Gramaccini und Johannes Rössler, München 2012, S. 233–235.

Butler, Frank Hedges: «Report», in: *Wine and Spirit Trade Record* 43, Nr. 487 (1914), S. 974.

Cambon, Victor: *L'Allemagne au travail*, Paris 1909.

Cambon, Victor: *Les derniers progrès de l'Allemagne*, 2. Aufl. Paris 1914.

Canfora, Luciano: *1914*, Paris 2014.

Carle, Abbé et al.: *L'église du Sacré-Coeur à Montmartre: Sera-t-elle de notre style national ou sera-t-elle d'un style étranger?: Par un comité d'archéologues, S.* 26–73, Paris 1875.

Chabaud, Hervé: «Les grandes heures du XXe siècle: De Gaulle, Adenauer, et la reconciliation franco-allemande», in: *Reims: La grâce d'une cathédrale*, hg. v. Thierry Jordan, S. 488–490, Straßburg 2010.

Chapoutot, Johann: «La trahison d'un clerc? Bergson, la Grande Guerre, et la France», in: *Francia* 35 (2008), S. 295–316.

Chatelle, Albert: *Reims, ville des sacres: Notes diplomatiques secrètes et récits inédits (1914–1918)*, Paris 1951.

Cheval, René: *Romain Rolland: L'Allemagne et la guerre*, Paris 1963.

«Chronik», in: *Kunst und Künstler: Illustrierte Monatsschrift für bildende Kunst und Kunstgewerbe* 13 (1915), S. 92–93.

Clark, Christopher M.: *The Sleepwalkers: How Europe Went to War in 1914*, New York 2013.

Claudel, Paul: *La nuit de Noël de 1914*, Paris 1916.

Clemen, Paul: «Die Denkmalpflege in Frankreich», in: *Zeitschrift für Bauwesen*, Nr. 48 (1898), S. 489–538, 593–630.

Clemen, Paul: *Die Denkmalpflege in Frankreich*, Berlin 1898.

Clemen, Paul: «Unser Schutz der Kunstdenkmäler im Kriege», in: *Internationale Monatsschrift für Wissenschaft, Kunst und Technik*, 1. Dezember 1914, S. 303–316.

Clemen, Paul: «Der Zustand der Kunstdenkmäler auf dem westlichen Kriegsschauplatz», in: *Kriegstagung für Denkmalpflege: Stenographischer Bericht, Brüssel, 28. und 29. August 1915*, Berlin 1915, S. 11–41.

Clemen, Paul: «Der Schutz der Kunstdenkmäler im Kriege», in: *Kunstverwaltung in Frankreich und Deutschland*, hg.v. Otto Grautoff, Bern 1915, S. 85–95.

Clemen, Paul: «Der Zustand der Kunstdenkmäler im nördlichen und östlichen Frankreich», in: *Kunstverwaltung in Frankreich und Deutschland,* hg. v. Otto Grautoff, Bern 1915, S. 102–108.

Clemen, Paul: *Der Zustand der Kunstdenkmäler auf dem westlichen Kriegsschauplatz,* Leipzig 1916.

Clemen, Paul (Hg.): *Kunstschutz im Kriege: Berichte über den Zustand der Kunstdenkmäler auf den verschiedenen Kriegsschauplätzen und über die deutschen und österreichischen Massnahmen zu ihrer Erhaltung, Rettung, Erforschung,* 2 Bde., Leipzig 1919.

Clemen, Paul: «Der Krieg und die Kunstdenkmäler», in: *Kunstschutz im Kriege: Berichte über den Zustand der Kunstdenkmäler auf den verschiedenen Kriegsschauplätzen und über die deutschen und österreichischen Massnahmen zu ihrer Erhaltung, Rettung, Erforschung,* hg. v. Paul Clemen, Bd. 1, Leipzig 1919, S. 1–10.

Clemen, Paul: «Die Baudenkmäler auf dem französischen Kriegsschauplatz», in: *Kunstschutz im Kriege: Berichte über den Zustand der Kunstdenkmäler auf den verschiedenen Kriegsschauplätzen und über die deutschen und österreichischen Massnahmen zu ihrer Erhaltung, Rettung, Erforschung,* hg. v. Paul Clemen, Bd. 1, Leipzig 1919, S. 36–74.

Clemen, Paul: «Aufgaben und Arbeiten des Kunstschutzes im Weltkriege», in: *Der Weltkampf um Ehre und Recht: Die Erforschung des Krieges in seiner wahren Begebenheit auf amtlichen Urkunden und Akten beruhend,* hg. v. Max Schwarte, Bd. 8, *Der deutsche Landkrieg,* Leipzig 1923, S. 389–421.

Clemen, Paul: «Die Denkmalpflege in Frankreich», in: *Gesammelte Aufsätze,* Düsseldorf 1948, S. 143–159.

Clout, Hugh: *After the Ruins: Restoring the Countryside of Northern France after the Great War,* Exeter 1996.

Cochet, François: «Rémois en guerre (1914–1918): Paroles de témoins et sources écrites», Diss., Paris 1983.

Cochet, François: *Rémois en guerre, 1914–1918: L'héroïsation au quotidian,* Nancy 1993.

Cochet, François: «L'incendie d'une cathédrale au coeur de la Grande Guerre», in: *Jours de guerre et de paix: Regard franco-allemand sur l'art de 1910 à 1930,* hg. v. Gerhard Finckh und David Liot, Ausst. Kat. Paris 2014, S. 85–93.

Cochet, François, Marie-Claude Genet-Delacroix und Hélène Trocmé (Hg.): *Les Américains et la France, 1917–1947: Engagements et representations,* Paris 1999.

Cohen, Jean-Louis: *Frankreich oder Deutschland? Ein ungeschriebenes Buch von Le Corbusier*, übersetzt von Barbara Heber-Schärer, München 2011.

Cohen, Jean-Louis, Joseph Abram und Guy Lambert (Hg.): *Encyclopédie Perret,* Paris 2002.

Cohen, Jean-Louis und Hartmut Franck: *Interférences/Interferenzen: Architecture, Allemagne-France, 1800–2000,* Ausst.Kat. Straßburg 2013.

Conan Doyle, Arthur: *A Visit to Three Fronts: Glimpses of the British, Italian, and French Lines*, New York 1916.

Cork, Richard: *A Bitter Truth: Avant-Garde Art and the Great War,* New Haven, CT 1994.

Cortjaens, Wolfgang: «‹The German Way of Making Better Cities›: German Reconstruction Plans for Belgium during the First World War», in: *Living with History, 1914–1964: Rebuilding Europe after the First and Second World Wars and the Role of Heritage Preservation = La reconstruction en Europe après la Première et la Seconde Guerre Mondiale et le rôle de la conservation des monuments historiques,* hg. v. Nicholas Bullock und Luc Verpoest, Löwen 2011, S. 44–59.

Cram, Ralph Adams: *Heart of Europe,* New York 1915.

Curtius, Ernst Robert: *Maurice Barrès und die geistigen Grundlagen des französischen Nationalismus,* Bonn 1921.

Dagen, Philippe: *Le silence des peintres: Les artistes face à la Grande Guerre,* Paris 1996.

Dakyns, Janine: *The Middle Ages in French Literature, 1851–1900,* London 1973.

Danchin, Emmanuelle: «Destruction du patrimoine et figure du soldat allemand dans les cartes postales de la Grande Guerre», in: *Amnis: Revue de civilisation contemporaine Europes/Amériques,* Nr. 10 (2011). https://amnis.revues.org/1371?lang=fr/.

Danchin, Emmanuelle: «Les ruines de guerre et la nation française (1914–1921)», Diss., Université Paris Nanterre, 2012.

Danchin, Emmanuelle: «De la protection à la valorisation du patrimoine dévasté: Penser la valorisation des ruines pendant la guerre», in: «Le patrimoine dans la Grande Guerre», Sonderausgabe, *In situ: Revue des patrimoines,* Nr. 23 (2014). https://insitu.revues.org/10920.

Danchin, Emmanuelle: *Le temps des ruines (1914–1921),* Rennes 2015.

Dassonville, Joseph: *Pour relever les ruines: Maisons et mobilier, villes et villages, églises et mobilier sacré, le monument aux morts, la cathédrale,* Paris 1919.

Dayot, Armand et al.: «La cathédrale de Reims, 1211–1914», Sonderausgabe, *L'art et les artistes* (1915).

Dayot, Armand: *Les vandals en France: Senlis, Soissons, Arras: Eglises et villages de la Marne, de l'Aisne et des départements du Nord,* Paris 1915.

Decrock, Bruno und Patrick Demouy: *Nouveaux regards sur la cathédrale de Reims,* Langres 2008.

Defrance, Corine und Ulrich Pfeil: «Der Élysée-Vertrag und die deutsch-französischen Beziehungen: Eine Einleitung», in: *Der Élysée-Vertrag und die deutsch-französischen Beziehungen, 1945–1963–2003,* hg. v. Corine Defrance und Ulrich Pfeil, München 2005, S. 9–46.

Dehio, Georg und Gustav von Bezold: *Die kirchliche Baukunst des Abendlandes,* Bd. 2, Stuttgart 1901.

Deicher, Susanne: «Produktionsanalyse und Stilkritik: Versuch einer Neubewertung der kunsthistorischen Methode Wilhelm Vöges», in: *Kritische Berichte* 19, Nr. 1 (1991), S. 65–82.

Deloignon, Olivier: *Le poudre, l'encre et le plomb: Illustrations et contre-illustrations durant le premier conflit mondial,* Ausst.Kat. Straßburg 2014.

Delorme, Jean-Claude, Marie-Claude Genet-Delacroix und Jean-Michel Leniaud (Hg.): *Historicisme et modernité du patrimoine européen: Reconstruction, restauration, mise en valeur aux XIXe et XXe siècles,* Paris 2007.

Delsemme, Paul: *Une theoricien du symbolisme: Charles Morice,* Paris 1958.

Demar-Latour, A.: *Ce qu'ils ont détruit: La cathédrale de Reims bombardée et incendiée par les Allemands en septembre 1914,* Paris 1915.

Deutsches Kriegsministerium: *Die Beschießung der Kathedrale von Reims,* Berlin 1915.

Dictionnaire critique des historiens de l'art actifs en France de la Révolution à la Première Guerre mondiale, Paris. https://inha.revues.org/2902.

Didron, Adolphe: «Armoire de Noyon», in: *Annales archéologiques* 4 (1846), S. 369–375.

Didron, Adolphe: «L'autel chrétien», in: *Annales archéologiques* 5 (1846), S. 238–259.

Didron, Adolphe. «Mélanges et nouvelles», in: *Annales archéologiques* 5 (1846), S. 180–188.

Digeon, Claude: *La crise allemande de la pensée française, 1870–1914,* Paris 1959.

Dilly, Heinrich: *Deutsche Kunsthistoriker, 1933–1945,* München 1988.

Dilly, Heinrich: «Émile Mâle», in: *Altmeister moderner Kunstgeschichte,* hg. v. Heinrich Dilly, Berlin 1990, S. 133–148.

Dilly, Heinrich: «Septembre 1914», in: *Revue germanique internationale* 13 (2000), S. 223–237.

Dimier, Louis: *L'appel des intellectuels allemands: Textes officiels et traduction avec préface et commentaire*, Paris 1914.

Dimier, Louis: «La protection allemande des monuments de l'art pendant la guerre», in: *La correspondance historique et archéologique* 22 (Dezember/Januar 1915), S. 243–265.

Döblin, Alfred: *Schriften zur Politik und Gesellschaft,* Olten 1972.

Dolff-Bonekämper, Gabi: «Lieux de mémoire et lieux de discorde: La valeur conflictuelle des monuments», in: *Victor Hugo et le débat patrimonial,* hg. v. Roland Recht und Gennaro Toscano mit Fabien Jamois, Paris 2003, S. 121–122.

Dolff-Bonekämper, Gabi: «‹Denkmalpflege› et ‹patrimoine›», in: *Interférences/Interferenzen: Architecture Allemagne-France, 1800–2000,* hg. v. Jean-Louis Cohen und Hartmut Frank, Ausst.Kat. Straßburg 2013, S. 120–130.

Dorgerloh, Annette, Michael Niedermeier und Horst Bredekamp (Hg.): *Klassizismus-Gotik: Karl Friedrich Schinkel und die patriotische Baukunst,* München 2007.

Dreyfus, François-Georges: «L'esprit des relations franco-allemandes, 1840–1940», in: *Au jardin des malentendus: Le commerce franco-allemand des idées,* hg.v. Jacques Leenhardt und Robert Picht, Arles 1997, S. 100–107.

Drost, Julia und Alexandre Kostka (Hg.): *Harry Graf Kessler: Porträt eines europäischen Kulturvermittlers,* Berlin 2015.

Druart, René: *La passion de Reims*, illustriert von Adrien Sénéchal, Reims 1920.

Durkheim, Émile: *«Deutschland über alles»: Die deutsche Gesinnung und der Krieg (1914–1918),* übersetzt von Klaus H. Fischer, Schutterwald 2003. Erstmals erschienen als *«L'Allemagne au-dessus de tout»: La mentalité allemande et la guerre,* Paris 1915.

Dussaule, Pierre: *La loi et le service des monuments historiques français,* Paris 1974.

Ehlert, Hans, Michael Epkenhans und Gerhard P. Groß (Hg.): *Der Schlieffenplan: Analysen und Dokumente*, Paderborn 2006.

Einem, Herbert von: «Georg Graf Vitzthum zum Gedächtnis», in: *Die Sammlung* 1 (1945/46), S. 265–269.

Elias, Norbert: *Studien über die Deutschen: Machtkämpfe und Habitusentwicklung im 19. und 20. Jahrhundert*, hg. v. Michael Schröter, Frankfurt am Main 1989.

Elzer, Herbert: *Die Bundesrepublik Deutschland und Frankreich: Dokumente 1949–1963,* Bd. 3, *Parteien, Öffentlichkeit, Kultur,* München 1997.

Emery, Elizabeth: *Romancing the Cathedral: Gothic Architecture in Fin-de-Siècle French Culture,* Albany 2001.

Emery, Elizabeth: «The Martyred Cathedral: American Attitudes toward Notre-Dame de Reims during the First World War», in: *Medieval Art and Architecture after the Middle Ages,* hg. v. Janet T. Marquardt und Alyce A. Jordan, Newcastle upon Tyne 2009, S. 312–339.

Erbar, Ralph: «Kein Pardon! Die ‹Hunnenrede› Wilhelms II. und ihre Geschichte», in: *Politische Reden: Deutschland im 20. Jahrhundert,* Sonderausgabe, *Praxis Geschichte* 20, Nr. 6 (2007), S. 14–17.

Ernest-Charles, J: «Les écrivains et la guerre», in: *La grande revue,* Januar 1915, S. 473.

Eucken, Rudolf: *Lebenserinnerungen*, Leipzig 1921.

Ferree, Barr: *The Bombardment of Reims,* New York 1917.

Ferree, Barr: *The Cathedral Churches of France in the War of 1914–1918: Summary of the War Collection of Barr Ferree*, New York 1922.

Finckh, Gerhard und David Liot (Hg.): *Jours de guerre et de paix: Regard franco-allemand sur l'art de 1910 à 1930*, Ausst.Kat. Paris 2014.

Flasch, Kurt: *Die geistige Mobilmachung: Die deutschen Intellektuellen und der Erste Weltkrieg*, Berlin 2000.

Fonsegrive, George-Lespinasse: *«Kultur» et civilisation,* Paris 1916.

Forster, Georg: *Ansichten vom Niederrhein, von Brabant, Flandern, Holland, England und Frankreich, im April, Mai und Junius 1790*, hg. v. Robert Geerds, Leipzig 1871–1914.

Fort, Paul: *Poèmes de France: Bulletin lyrique de la guerre, 1914–1915*, Lausanne 1916.

Francastel, Pierre: *Histoire de l'art – Instrument de propagande germanique,* Paris 1945.

France, Anatole: *Sur la voie glorieuse,* Paris 1915.

Frankl, Paul: *The Gothic: Literary Sources and Interpretations through Eight Centuries,* Princeton, NJ 1960.

Freud, Sigmund: «Zeitgemäßes über Krieg und Tod», in: *Imago: Zeitschrift für Anwendung der Psychoanalyse auf die Geisteswissenschaften* 4, Nr. 1 (1915), S. 1–21.

Freud, Sigmund: *Totem und Tabu,* Leipzig 1924.

Fries, Helmut: *Die große Katharsis: Der Erste Weltkrieg in der Sicht deutscher Dichter und*

Gelehrter. Bd. 2, *Euphorie – Entsetzen – Widerspruch: Die Schriftsteller 1914–1918*, Konstanz 1995.

Gaehtgens, Thomas W.: *Versailles als Nationaldenkmal: Die Galerie des batailles im Musée historique von Louis-Philippe,* Antwerpen 1984.

Gaehtgens, Thomas W.: *Anton von Werner: Die Proklamierung des Deutschen Kaiserreiches, Ein Historienbild im Wandel preußischer Politik*, Frankfurt am Main 1990.

Gaehtgens, Thomas W.: *L'art sans frontiers: Les relations artistiques entre Paris et Berlin,* Paris 1999.

Gaehtgens, Thomas W.: «Ferdinand Hodlers *Auszug der deutschen Studenten in den Freiheitskrieg von 1813* und seine ‹Deutschheit›», in: *Ferdinand Hodler: Maler der frühen Moderne,* hg. v. Monika Brunner, Bielefeld 2017, S. 79–88.

Gaehtgens, Thomas W., Mathilde Arnoux und Friederike Kitschen (Hg.): *Perspectives croisées: La critique d'art franco-allemande, 1870–1945*, Paris 2009.

Gajewski, Alexandra: «Emile Mâle's ‹L'art religieux du XIIIe siècle en France: Etude sur l'iconographie du moyen-âge et sur ses sources d'inspiration› 1898», in: *The Burlington Magazine* 151, Nr. 1275 (2009), S. 396–399.

Gamboni, Dario: *The Destruction of Art: Iconoclasm and Vandalism since the French Revolution,* London 1997.

Games, Stephen: *Pevsner, The Early Life: Germany and Art,* London 2010.

Germann, Georg: *Gothic Revival in Europe and Britain: Sources, Influences, and Ideas,* London 1972.

Gerstenberg, Kurt: *Deutsche Sondergotik: Eine Untersuchung über das Wesen der deutschen Baukunst im späten Mittelalter,* München 1913.

Gervais-Courtellemont, Jules: *Les champs de bataille de la Marne*, Paris 1915.

Ghéon, Henry: *Le jeu des grandes heures de Reims*, Reims 1938.

Gide, André: *Journal, 1889–1939,* Paris 1955.

Gilcher-Holtey, Ingrid (Hg.): *Zwischen den Fronten: Positionskämpfe europäischer Intellektueller im 20. Jahrhundert,* Berlin 2006.

Goege, Thomas: «Kunstschutz und Propaganda im Ersten Weltkrieg. Paul Clemen als Kunstschutzbeauftragter an der Westfront», in: *Paul Clemen, Zur 125. Wiederkehr seines Geburtstages,* hg. v. Udo Mainzer, Köln 1991, S. 149–168.

Goenner, Hubert: *Einstein in Berlin, 1914–1933,* München 2005.

Goethe, Johann Wolfgang von: «Von deutscher Baukunst» (1772), in: *Goethes Werke,* hg. v. Erich Trunz, Bd. 12, Hamburg 1960, S. 7–15.

Goethe-Institut: «Imi Knoebel's Stained Glass Images: Fragile Memories», letzter Zugriff 29. November 2016. https://www.goethe.de/en/kul/ges/20463725.html.

Golan, Romy: *Modernity and Nostalgia: Art and Politics in France between the Wars,* New Haven, CT 1995.

Goldschmidt, Adolph: *Adolph Goldschmidt, 1863–1944: Lebenserinnerungen*, hg. v. Marie Roosen-Runge mit Beiträgen von Kai Robert Möller, Berlin 1989.

Gombrich, Ernst H.: *Aby Warburg: Eine intellektuelle Biographie,* Hamburg 2012.

Goyau, Georges: *L'église de France durant la guerre (août 1914–décembre 1916),* Paris 1917.

La Grande Guerre: Recueil des communiqués officiels des gouvernements et états-majors de tous les belligérants, ser. 4, 20. September–11. Oktober 1914, Paris 1915.

Grautoff, Otto: *Auguste Rodin*, Bielefeld 1908.

Grautoff, Otto (Hg.): *Kunstverwaltung in Frankreich und Deutschland*, Bern 1915.

Grautoff, Otto: «Vorbemerkung des Übersetzers», in: *Monatshefte für Kunstwissenschaft* 9, Nr. 11 (1916), S. 387.

Grautoff, Otto: *Emile Mâle, Studien über die Deutsche Kunst,* Leipzig 1917.

Grautoff, Otto: «Die Denkmalpflege im Urteil des Auslandes», in: Paul Clemen (Hg.): *Kunstschutz im Kriege: Berichte über den Zustand der Kunstdenkmäler auf den verschiedenen Kriegsschauplätzen und über die deutschen und österreichischen Massnahmen zu ihrer Erhaltung, Rettung, Erforschung,* Bd. 1, Leipzig 1919, S. 111–140.

Grebing, Helga: *Die Worringers: Bildungsbürgerlichkeit als Lebenssinn – Wilhelm und Marta Worringer (1881–1965)*, Berlin 2004.

Grosser, Alfred: «Kathedralen», in: *Die Kathedrale: Romantik, Impressionismus, Moderne,* hg. v. Dagmar Kronenberger-Hüffer und Götz Czymmek, Ausst.Kat. Köln 2014, S. 22–25.

Großheim, Michael: «‹Schöpferische Zerstörung›: Über ein Philosophem deutscher Intellektueller im Kulturkrieg», in: *Zeitschrift für Kulturphilosophie,* Nrn. 1–2 (2015), S. 57–77.

Grundmann, Siegfried: *Einsteins Akte: Wissenschaft und Politik – Einsteins Berliner Zeit,* Berlin 2004.

Gurlitt, Cornelius: *Der Schutz der Kunstdenkmäler im Kriege,* Berlin 1916.

Hädler, Emil: «Kriegsdenkmalpflege 1914–1918, Paul Léon versus Paul Clemen – Zwei Denkmalpfleger in feindlichen Lagern», in: *Die Denkmalpflege* 72, Nr. 1 (2014), S. 5–13.

Hamann, Richard: «Das Land der Kathedralen», in: *Kunstverwaltung in Frankreich und Deutschland,* hg. v. Otto Grautoff, Bern 1915, S. 116–119.

Hamann, Richard: «Wilhelm Worringer, ‹Formprobleme der Gotik›», in: *Zeitschrift für Ästhetik und allgemeine Kunstwissenschaft* 10 (1915), S. 357–361.

Hanna, Martha: «Iconology and Ideology: Images of Joan of Arc in the Idiom of the Action Française, 1908–1931», in: *French Historical Studies* 14, Nr. 2 (1985), S. 215–239.

Hanna, Martha: *The Mobilization of Intellect: French Scholars and Writers during the Great War,* Cambridge, MA 1996.

Hardering, Klaus: «Der Dom zu Köln, ‹kein Gebäude … wie alle andern auf der Welt›», in: *Die Kathedrale: Romantik, Impressionismus, Moderne,* hg. v. Dagmar Kronenberger-Hüffer und Götz Czymmek, Ausst.Kat. Köln 2014, S. 121–125.

Harlaut, Yann: «L'incendie de la cathédrale de Reims, 19 septembre 1914. Fait imaginé … Fait imagine», in: *Mythes et réalités de la cathédrale de Reims: De 1825 á 1975,* hg. v. Marc Bouxin und Sylvie Balcon, Ausst.Kat. Paris 2001, S. 70–79.

Harlaut, Yann: «La cathédrale de Reims du 4 Septembre 1914 au 10 juillet 1938: Idéologies, controverses et pragmatisme», Diss., University of Reims Champagne-Ardenne, 2006.

Harlaut, Yann: «Réparations des monuments culturels dans l'entre-deux-guerres: Le cas de la cathédrale de Reims (1914–1938)», in: Jean-Claude Delorme, Jean Michel Leniaud und Marie-Claude Genet-Delacroix (Hg.): *Historicisme et modernité du patrimoine européen*, Paris 2007, S. 61–72.

Harlaut, Yann: *L'ange au sourire de Reims: Naissance d'un mythe,* Langres 2008.

Harlaut, Yann: «La ‹cathédrale aux outrages,› 1914–1918», in: *Reims: La grâce d'une cathédrale,* hg. v. Thierry Jordan, Patrick Demouy, Hervé Chabaud, und Jean Marie-Guerlin, Straßburg 2010, S. 97–109.

Harlaut, Yann: «Préserver, conserver et restaurer: La cathédrale de Reims: Une épreuve franco-allemande surmontée», in: *Jours de guerre et de paix: Regard franco-allemand sur l'art de 1910 à 1930,* hg. v. Gerhard Finckh und David Liot, Ausst.Kat. Paris 2014, S. 95–105.

Harris, Neil und Teri J. Edelstein: *En Guerre: French Illustrators and World War I*, Chicago 2014.

Haslinger, Karin: *Der Briefwechsel von Else Lasker-Schüler und Franz Marc: Ein poetischer Dialog*, Würzburg 2008.

Hausen, Max: *Des Generalobersten Frhrn. von Hausen Erinnerungen an den Marnefeldzug 1914*, hg. v. Friedrich Kircheisen, Leipzig 1920.

Hautecoeur, Louis: «L'offensive des gothiques contre le classicisme», in: idem: *Histoire de l'architecture classique en France,* 2 Bde., Paris 1943–57, Bd. 1, S. 279–341.

Heine, Heinrich: *Der Salon,* Bd. 2, *Zur Geschichte der Religion und Philosophie in Deutschland,* Hamburg 1834.

Hermand, Jost: *Der Kunsthistoriker Richard Hamann: Eine politische Biographie (1879–1961),* Köln 2009.

Herrmann, Wolfgang: *Laugier and Eighteenth Century French Theory,* London 1962.

Herwig, Holger H.: *The Marne, 1914: The Opening of World War I and the Battle That Changed the World,* New York 2009.

Hess, Paul: *La vie à Reims pendant la guerre de 1914–1918: Notes et impressions d'un bombardé*, Paris 1998.

Hettling, Manfred: «Der ‹Fall Hodler› 1914», in: *Ferdinand Hodler,* hg. v. Rudolf Koella, München 1999, S. 205–211.

Hiral, Ange-Marie: *La cathédrale martyre: Reims,* Quebec 1918.

Hirschfeld, Gerhard und Gerd Krumeich: *Deutschland im Ersten Weltkrieg,* Frankfurt am Main 2013.

Hofman, Jean-Marc (Hg.): *1914–1918, Le patrimoine s'en va-t-en guerre,* Ausst.Kat. Paris 2016.

Hoizey, Dominique: *Reims entre les lignes,* Paris 1995.

Holler, Wolfgang, Gudrun Püschel und Gerda Wendermann (Hg.): *Krieg der Geister: Weimar als Symbolort deutscher Kultur vor und nach 1914,* Ausst.Kat. Dresden 2014.

Hoog, Michel: «La cathédrale de Reims de Claude Monet, ou le tableau impossible», in: *La revue du Louvre* 1 (1981), S. 22–24.

Horne, John: «Corps, lieux, et nation, la France et l'invasion», in: *Annales: Histoire, Sciences Sociales* 55, Nr. 1 (2000), S. 73–109.

Horne, John und Alan Kramer: *German Atrocities, 1914: A History of Denial,* New Haven, CT 2001.

Hughes, Gordon und Philipp Blom (Hg.): *Nothing but the Clouds Unchanged: Artists in World War I,* Los Angeles 2014.

Hugo, Victor: *Notre-Dame de Paris* [1831], Paris 1832. E-book, http://www.gutenberg.org/ebooks/19657.

Hugo, Victor und Charles Nodier: *Guerre aux démolisseurs!,* Montpellier 2002.

Huret, Jules: *L'Allemagne moderne,* 2 Bde., Paris 1913.

Huysmans, Joris-Karl: *La cathédrale,* Paris 1898.

Illies, Florian: *1913: Der Sommer des Jahrhunderts,* Frankfurt am Main 2012.

«Imi Knoebels Glasfenster in Reims. Zeichen der Versöhnung», in: *Tagesspiegel,* 9. Mai 2015.

Jadart, Henri: «Reims, journal d'un Rémois, du 3 Septembre au 6 Octobre 1914», in: Henri Jadart et al., *Les champs de bataille 1914–1915,* hg. v. Octave Beauchamp, Paris 1915.

Jantzen, Hans: *Die Gotik des Abendlandes: Idee und Wandel,* Köln 1962.

Jaumain, Serge et al (Hg.): *Une guerre totale? La Belgique dans la Premiere Guerre mondiale, nouvelles tendances de la recherche historique,* Brüssel 2005.

Jeismann, Michael: *Das Vaterland der Feinde: Studien zum nationalen Feindbegriff und Selbstverständnis in Deutschland und Frankreich, 1792–1918,* Stuttgart 1992.

Jonas, Raymond A.: «Monument as Ex-Voto, Monument and Historiography: The Basilica of Sacré-Coeur», in: *French Historical Studies* 18, Nr. 2 (1993), S. 482–502.

Jonas, Raymond A.: *France and the Cult of the Sacred Heart: An Epic Tale for Modern Times,* Berkeley 2000.

Judrin, Claudie: «Rodin et les dessins de la cathédrale de Reims», in: *Mythes et réalités de la cathédrale de Reims: De 1825 à 1975,* hg. v. Marc Bouxin und Sylvie Balcon, Ausst.Kat. Paris 2001, S. 97–103.

Julien, Élise: *Der Erste Weltkrieg,* Darmstadt 2014.

Kantorowicz, Ernst H.: *The King's Two Bodies: A Study in Mediaeval Political Theology,* Princeton, NJ 1957.

Kauffmann, Hans: «Geleitwort», in: *Gedenkschrift Ernst Gall,* hg.v. Margarete Kühn und Louis Grodecki, München 1965, S. 7–10.

Kaulbach, Hans-Martin: «Krieg und Kriegsvorbereitung in der Kunst», in: *Jahresbibliographie. Bibliothek Für Zeitgeschichte (WBK)* 63 (1991), S. 655–676.

Keisch, Claude: «Rodins Blicke nach Deutschland», in: *Vor 100 Jahren: Rodin in Deutschland,* hg. v. Michael Kuhlemann und Hélène Pinet, Ausst.Kat. München 2006, S. 56–65.

Keller, Ulrich: «Der Weltkrieg der Bilder, Organisation, Zensur und Ästhetik der Bildreportage 1914–1918», in: *Fotogeschichte Marburg* 33, Nr. 130 (2013), S. 5–50.

Keller, Ulrich: *Schuldfragen: Der getarnte Krieg zwischen der belgischen Zivilbevölkerung und den deutschen Invasionstruppen im August 1914*, Paderborn 2017.

Kellermann, Hermann: *Der Krieg der Geister: Eine Auslese deutscher und ausländischer Stimmen zum Weltkrieg 1914*, Dresden 1915.

Kempf, Marcelle: *Romain Rolland et l'Allemagne*, Neuauflage, Paris 1962.

Kessler, Harry: *Das Tagebuch 1880–1937*, Bd. 9, hg. v. Roland S. Kamzelak und Ulrich Ott, Stuttgart 2010.

Kiefer, Klaus H.: *«Das Deutsche ist ein Abgrund»: Deutscher Krieg und deutsche Kultur in Thomas Manns «Betrachtungen Eines Unpolitischen»*, Osaka 1992.

Kiefer, Klaus H.: «Die Beschießung der Kathedrale von Reims: Bilddokumentation und Legendenbildung – Eine Semiotik der Zerstörung», in: *Kriegserlebnis und Legendenbildung: Das Bild des «modernen» Krieges in Literatur, Theater, Photographie und Film*, hg. v. Thomas F. Schneider, Bd. 1, Osnabrück 1999, S. 115–152.

King, Ross: *Mad Enchantment: Claude Monet and the Painting of the Water Lilies*, New York 2016.

Kipling, Rudyard: *France at War: On the Frontier of Civilization*, New York 1915.

Kitschen, Friederike und Julia Drost (Hg.): *Deutsche Kunst – Französische Perspektiven: Quellen und Kommentare zur Kunstkritik, 1870–1945*, Berlin 2007.

Klepsch, Michael: *Romain Rolland im Ersten Weltkrieg: Ein Intellektueller auf verlorenem Posten*, Stuttgart 2000.

Kluck, Alexander von: *Der Marsch auf Paris und die Marneschlacht 1914*, Berlin 1920.

Kluck, Alexander von: *Wanderjahre – Kriege – Gestalten*, Berlin 1929.

Knopp, Gisbert: *Paul Clemen, 1866–1947: Erster Provinzialkonservator der Rheinprovinz*, Ausst.Kat. Köln 1991.

Koella, Rudolf (Hg.): *Ferdinand Hodler*, Ausst.Kat. München 1999.

Koerner, Peter (Hg.): *Der Erste Weltkrieg 1914–1918*, Bd. 1, *Vormarsch und Stellungskrieg*, München 1968.

Koshar, Rudy: *From Monuments to Traces: Artifacts of German Memory, 1870–1990*, Berkeley 2000.

Kott, Christina: «Die deutsche Kunst- und Museumspolitik im besetzen Nordfrankreich im Ersten Weltkrieg: Zwischen Kunstraub, Kunstschutz, Propaganda und Wissenschaft», in: *Kritische Berichte*, Nr. 2 (1997), S. 5–24.

Kott, Christina: «Histoire de l'art et propagande pendant la Premiere Guerre mondiale: L'exemple des historiens d'art allemands en France et en Belgique», in: «Écrire l'histoire de l'art», Sonderausgabe, *Revue germanique internationale* 13 (2000), S. 201–222.

Kott, Christina: *Préserver l'art de l'ennemi? Le patrimoine artistique en Belgique et en France occupées, 1914–1918*, Brüssel 2006.

Kott, Christina: «Der deutsche ‹Kunstschutz› und die Museen im besetzten Belgien und Frankreich», in: *Zum Kriegsdienst einberufen: Die Königlichen Museen zu Berlin und der Erste Weltkrieg,* hg. v. Petra Winter und Jörg Grabowski, Köln 2014, S. 51–72.

Kramer, Alan: *Dynamic of Destruction: Culture and Mass Killing in the First World War,* Oxford 2007.

Kramp, Mario: «Zwischen Paris und Köln, Franz Christian Gau», in: *Gothic Revival: Religion, Architecture and Style in Western Europe 1815–1914,* hg. v. Jan De Maeyer und Luc Verpoest, Löwen 2000, S. 193–200.

Kramp, Mario: *Heinrich Heines Kölner Dom: Die «armen Schelme vom Domverein» im Pariser Exil, 1842–1848,* München 2002.

Kramp, Mario: «Deutsche Dome – Französische Kathedralen», in: *Die Kathedrale: Romantik, Impressionismus, Moderne,* hg. v. Dagmar Kronenberger-Hüffer und Götz Czymmek, Ausst.Kat. Köln 2014, S. 31–39.

Kriegstagung für Denkmalpflege: Stenographischer Bericht, Brüssel 28. und 29. August 1915, Berlin 1915.

Kronenberger-Hüffer, Dagmar und Götz Czymmek (Hg.): *Die Kathedrale: Romantik, Impressionismus, Moderne,* Ausst.Kat. Köln 2014.

Krumeich, Gerd: *Jeanne d'Arc in der Geschichte: Historiographie – Kultur – Politik,* Sigmaringen 1989.

Krumeich, Gerd: «Die Resonanz der Dreyfus-Affäre im Deutschen Kaiserreich», in: *Intellektuelle im Deutschen Kaiserreich,* hg. v. Gangolf Hübinger und Wolfgang J. Mommsen, Frankfurt am Main 1993.

Krumeich, Gerd: «Ernest Lavisse und die Kritik an der deutschen ‹Kultur›, 1914–1919», in: *Kultur und Krieg: Die Rolle der Intellektuellen, Künstler und Schriftsteller im Ersten Weltkrieg,* hg. v. Wolfgang J. Mommsen, München 1996, S. 143–154.

Krumeich, Gerd: «Les Guerres Mondiales», in: *Au jardin des malentendus: Le commerce franco-allemand des idées,* hg. v. Jacques Leenhardt und Robert Picht, Arles 1997, S. 140–148.

Krumeich, Gerd: *Jeanne d'Arc: Die Geschichte der Jungfrau von Orléans,* München 2006.

Krumeich, Gerd, Susanne Brandt, Thomas Gehrhardts und Uta Hinz (Hg.): *Deutschland, Frankreich und der Krieg: Historische Studien zu Politik, Militär und Kultur,* Essen 2015.

Krumeich, Gerd und Antoine Prost: *Verdun 1916: Die Schlacht und ihr Mythos aus deutsch-französischer Sicht,* Essen 2016.

Kugler, Franz: *Handbuch für Kunstgeschichte,* Stuttgart 1842.

Kugler, Franz: *Kleine Schriften und Studien zur Kunstgeschichte,* 3 Bde., Stuttgart 1853–54.

Kuhlemann, Michael und Hélène Pinet (Hg.): *Vor 100 Jahren: Rodin in Deutschland,* Ausst.Kat. München 2006.

Kühn, Margarete und Louis Grodecki (Hg.): *Gedenkschrift Ernst Gall,* Berlin 1965.

Kunath, Robert Charles: «War and Art: Nationalist Ideology, Academic Artists, and the Interpretation of the Visual Arts in Imperial Germany, 1914–1918», Diss., Stanford University, 1993.

Kunst, Hans-Joachim und Wolfgang Schenkluhn: *Die Kathedrale in Reims: Architektur als Schauplatz politischer Bedeutungen,* Frankfurt am Main 1988.

Kurmann, Peter: «Die Gotik – ein europäischer Stil?», in: *Die kulturelle Eigenart Europas,* hg. v. Günter Buchstab, Freiburg 2010, S. 89–111.

Kurmann, Peter: «Viollet-le-Duc und die Vorstellung einer idealen Kirche», in: *Eugène Viollet-le-Duc: Internationales Kolloquium, Stiftung Bibliothek Werner Oechslin, Einsiedeln,* hg. v. Zoe Arnold, Berlin 2010, S. 34–35.

Lackner, Stephan: *Ich erinnere mich gut an Max Beckmann,* Mainz 1967.

Lambourne, Nicola: «Production versus Destruction: Art, World War I and Art History», in: *Art History* 22, Nr. 3 (September 1999), S. 347–363.

Landrieux, Maurice: *La cathédrale de Reims: Un crime allemand*, Paris 1919.

Landrieux, Maurice: *The Cathedral of Reims: The Story of a German Crime*, übersetzt von Ernest E. Williams, London 1920.

Lappenküper, Ulrich: *Die deutsch-französischen Beziehungen 1949–1963: Von der «Erbfeindschaft» zur «Entente élémentaire»*, 2 Bde, München 2001.

Laugier, Marc-Antoine: *Essai sur l'architecture,* Paris 1753.

Lavedan, Henri: *Les grandes heures: Première série (août 1914–janvier 1915),* Paris 1916.

Lavignac, Albert: *Le voyage artistique à Bayreuth*, Paris 1897.

Lebon, Élisabeth: «Le monument équestre de *Jeanne d'Arc* ou les étranges rapports entre Pierre Bingen et Edmond Gruet», in: *Le fondeur et le sculpteur*, Paris 2012. https://inha.revues.org/3675?lang=fr.

Lee, Hermione: *Edith Wharton*, New York 2007.

Leenhardt, Jacques und Robert Picht (Hg.): *Au jardin des malentendus: Le commerce franco-allemand des idées*, Arles 1997.

Lefebvre, Louis: *Une grande figure du symbolisme: Charles Morice, le poète et l'homme d'après des documents et des manuscrits inédits,* Paris 1926.

Le Goff, Jacques: «Reims, ‹City of Coronation›», in: *Realms of Memory: The Construction of the French Past,* hg. v. Pierre Nora und Lawrence D. Kritzman, Bd. 3, *Symbols,* New York 1998, S. 193–252.

Legoll, Paul: *Charles de Gaulle et Konrad Adenauer: La cordiale entente*, Paris 2004.

Le Men, Ségolène: *La cathédrale illustrée de Hugo à Monet: Regard romantique et modernité,* Paris 1998.

Lemoine, Serge und Jonathan Truillet: *Imi Knoebel à Reims,* Paris 2012.

Lemonnier, Henry: «Review of Paul Léon's *Les monuments historiques*», in: *Journal des savants* (August 1917), S. 337–350.

Le Naour, Jean-Yves: *1914: La grande illusion*, Paris 2012.

Le Normand-Romain, Antoinette: *Rodin et le Bronze: Catalogue des œuvres conservées au Musée Rodin,* Bd. 1, Paris 2007.

Le Normand-Romain, Antoinette: «Rodin dans l'Oise: Le carnet 42», in: *Bulletin de la Société de l'histoire de l'art français* (2008), S. 355–371.

Le Normand-Romain, Antoinette: «Rodin: La voix des basiliques», in: *Cathédrales, 1789–1914: Un mythe moderne,* hg. v. Sylvain Amic und Ségolène Le Men, Ausst. Kat. Paris 2014, S. 302–313.

Leniaud, Jean-Michel: *Jean-Baptiste Lassus, 1807–1857; ou, Le temps retrouvé des cathedrales*, Genf 1980.

Leniaud, Jean-Michel: *Les cathédrales au XIXe siècle: Étude du service des édifices diocésains*, Paris 1993.

Leniaud, Jean-Michel: «Variations françaises sur le néo-gotique», in: *Gothic Revival: Religion, Architecture and Style in Western Europe, 1815–1914*, hg. v. Jan de Maeyer und Luc Verpoest, Löwen 2000, S. 49–58.

Léon, Paul: *Les monuments historiques: Conservation, restauration,* Paris 1917.

Léon, Paul: *La renaissance des ruines: Maisons, monuments,* Paris 1918.

Léon, Paul: «La restauration des monuments après la guerre», in: idem: *Art et artistes d'aujourd'hui,* Paris 1925, S. 9–30.

Léon, Paul: *Du Palais-Royal au Palais-Bourbon: Souvenirs,* Paris 1947.

Léon, Paul: *La vie des monuments français: Destruction, restauration,* Paris 1951.

Leonhard, Jörn: *Die Büchse der Pandora: Geschichte des Ersten Weltkriegs,* München 2014.

Lepenies, Wolf: *Kultur und Politik: Deutsche Geschichten,* München 2006.

Le Ray-Burmi, Sylvie: «Le front des ruines: De la dénonciation à l'instrumantalisation», in: *1914–1918, Le patrimoine s'en va-t-en guerre,* hg. v. Jean-Marc Hofman, Ausst.Kat. Paris 2016, S. 66–81.

Levy, Evonne: «The German Art Historians of World War I: Grautoff, Wichert, Weisbach, and Brinckmann, and the Activities of the Zentralstelle für Auslandsdienst», in: *Zeitschrift für Kunstgeschichte* 74, Nr. 3 (2011), S. 373–400.

Liot, David: «Rodin, Bourdelle et la cathédrale de Reims: De la réalité au mythe», in: *Mythes et réalités de la cathédrale de Reims: De 1825 à 1975,* hg. v. Marc Bouxin und Sylvie Balcon, Ausst.Kat. Paris 2001, S. 87–95.

Liot, David: «La beauté tragique des ruines, Un patrimoine, ‹Mort pour la France›», in: *Jours de guerre et de paix: Regard franco-allemand sur l'art de 1910 à 1930,* hg. v. Gerhard Finckh und David Liot, Ausst.Kat. Paris 2014, S. 107–119.

Londres, Albert: *La Grande Guerre,* Paris 2010.

Loti, Pierre: «La Basilique-Fantome», in: *The Book of France: In Aid of the French Parliamentary Committee's Fund for the Relief of the Invaded Departments,* hg. v. Winifred Stephens, London 1915, S. 63–71.

Louvain ... Reims ..., Bd. 1, Lausanne 1914.

Luçon, Louis Henri Joseph: *Journal de la guerre, 1914–1918,* Reims 1998.

Lützeler, Heinrich: «Der Kölner Dom in der deutschen Geistesgeschichte», in: idem: *Der Kölner Dom: Festschrift zur Siebenhundertjahrfeier, 1248–1948*, Köln 1948, S. 195–250.

Lyautey, Pierre: *Le cardinal Luçon, archevêque de Reims (1842–1930),* Paris 1934.

M. J.: «Revue: René Cheval, *Romain Rolland, l'Allemagne et la Guerre», in: Bulletin de l'Association Guillaume Budé,* Nr. 3 (Oktober 1964), S. 413–414.

Macmillan, Margaret: *Paris 1919: Six Months That Changed the World*, New York 2001.

Maeyer, Jan de und Luc Verpoest (Hg.): *Gothic Revival: Religion, Architecture and Style in Western Europe 1815–1914*, Leuven 2000.

Magne, Lucien: *La guerre et les monuments: Cathédrale de Reims, Ypres, Louvain, Arras*, Paris 1915.

Maingon, Claire: *Le musée invisible: Le Louvre et la Grande Guerre (1914–1921)*, Paris 2016.

Mainzer, Udo (Hg.): *Paul Clemen, Zur 125. Wiederkehr seines Geburtstages*, Köln 1991.

Makarius, Michel: *Ruines: Représentations dans l'art de la Renaissance à nos jours*, Paris 2004.

Mâle, Émile: *L'art religieux du XIIIe siècle en France: Étude sur l'iconographie du moyen âge et sur ses sources d'inspiration*, Paris 1898.

Mâle, Émile: «La cathédrale de Reims», in: *La revue de Paris* 21, 15. Dezember 1914, S. 294–311.

Mâle, Emile: *La cathédrale de Reims*, Paris 1915.

Mâle, Émile: «Studien über die deutsche Kunst I», in: *Monatshefte für Kunstwissenschaft* 9, Nr. 11 (1916), S. 387–403.

Mâle, Émile: *L'art allemand et l'art français du moyen âge*, Paris 1917.

Mallion, Jean: *Victor Hugo et l'art architectural*, Paris 1962.

Mancini, J. M und Keith Bresnahan (Hg.): *Architecture and Armed Conflict: The Politics of Destruction*, London 2014.

Mann, Thomas: *Friedrich und die große Koalition*, Berlin 1914.

Mann, Thomas: «An die Armeezeitung A.O.K.», in: *Thomas Mann Essays*, Bd. 1, Frankfurt am Main 1994, S. 287–288.

Mann, Thomas: «Gedanken Im Kriege», in: *Thomas Mann Essays*, Bd. 1, Frankfurt am Main 1994, S. 382–400.

Mann, Thomas: «Gedanken Zum Kriege», in: *Thomas Mann Essays*, Bd. 1, Frankfurt am Main 1994, S. 278–282.

Mann, Thomas: *Betrachtungen eines Unpolitischen* [1918], Frankfurt am Main 2009.

Marcilloux, Patrice: «‹Reims, tu n'es plus seule: Arras est un décombre …,› contribution au martyrologe des cités meurtries», in: *Vues sur la ville: La cité à travers le patrimoine écrit*, in: Grenoble 2000, S. 71–92.

Marguillier, Auguste: «Un nouveau plaidoyer du Professeur Clemen», in: *Mercure de France*, 1. Juli 1915, S. 563–568.

Marquardt, Janet T. und Alyce A. Jordan (Hg.): *Medieval Art and Architecture after the Middle Ages*, Newcastle upon Tyne 2009.

Martin, Alice: *Sous les obus et dans les caves: Notes d'une bombardée de Reims*, Paris 1914.

Meier-Graefe, Julius: *Tagebuch 1903–1917 und weitere Dokumente*, hg. v. Catherine Krahmer, Göttingen 2009.

Merki, Charles: «Le guerre en Flandre», in: *Mercure de France*, 1. September 1915, S. 143–148.

Merki, Charles: «Ouvrages sur la Guerre Actuelle», in: *Mercure de France,* 1. Juli 1915, S. 547–550.

Mertens, Franz: «Die Schule von Franzien als Schöpferin des gothischen Bausystems», in: *Allgemeine Bauzeitung* 8 (1848), S. 159–169, 253–263.

Michaud, Éric: *Les invasions barbares: Une généalogie de l'histoire de l'art,* Paris 2015.

Michel, André: «Ce qu' ‹ils› ont détruit», in: *Gazette des beaux-arts,* ser. 4, Bd. 12, 56e année (1914), S. 177–212.

Michel, André: *Les villes martyres: Reims, Soissons, Senlis, Arras*, Paris 1915.

Michel, André: «Dans les ruines de nos monuments historiques. Conservation ou restauration?», in: *Revue des deux mondes,* 15. November 1917, S. 42, 397–417.

Michel, Edmond: *Les dommages de guerre de la France et leur réparation,* Paris 1932.

Michelet, Jules: *Histoire de France,* Bd. 5, *Depuis la mort de Louvois jusqu'aux états généraux de 1789*, Paris 1893.

Middleton, Robin: «Viollet-Le-Duc and the Rational Gothic Tradition», Diss., Cambridge University, 1958.

Middleton, Robin (Hg.): *The Beaux-Arts and Nineteenth-Century French Architecture,* Cambridge, MA 1982.

Miquel, Pierre: *La bataille de la Marne*, Paris 2003.

Miriot, Jérémy: «Reims, une ville détruite et reconstruite sous le regard des artistes: vers un adieu aux ruines (1918–1938), Masterarbeit, University of Reims Champagne-Ardenne, o. J.

Mommsen, Wolfgang: «Die deutschen kulturellen Eliten und der Erste Weltkrieg», in: *Kultur und Krieg: Die Rolle der Intellektuellen, Künstler und Schriftsteller im Ersten Weltkrieg,* hg. v. Wolfgang J. Mommsen, München 1996, S. 1–17.

Mommsen, Wolfgang J.: *Bürgerliche Kultur und politische Ordnung: Künstler, Schriftsteller und Intellektuelle in der deutschen Geschichte 1830–1933*, Frankfurt am Main 2000.

Montalembert, Charles Forbes René: «Vandalisme en France, lettre à M. Victor Hugo», in: *Revue des deux mondes,* 1. März 1833, S. 431.

Morice, Charles: *Rodin*, Paris 1900.

Morice, Charles: «Introduction», in: Auguste Rodin, *Les cathédrales de France,* S. i–cix, Paris 1921.

Moser, Hugo und Wolfgang Schmidt-Hidding: *Europäische Schlüsselwörter: Wortvergleichende und wortgeschichtliche Studien,* Bd. 3, *Kultur und Zivilisation*, München 1967.

Mosier, John: *The Myth of the Great War: A New Military History of World War I,* New York 2001.

Mott, Thomas Bentley: *Myron T. Herrick, Friend of France: An Autobiographical Biography,* Garden City, NY 1929.

Müller-Luckner, Elisabeth und Stephen A. Schuker (Hg.): *Deutschland und Frankreich: Vom Konflikt zur Aussöhnung: Die Gestaltung der westeuropäischen Sicherheit, 1914–1963,* München 2000.

Münkler, Herfried: *Der Große Krieg: Die Welt 1914 bis 1918,* 3. Aufl. Berlin 2013.

Münkler, Herfried: «Die Antike im Krieg», in: *Zeitschrift für Ideengeschichte* 8, Nr. 2 (Sommer 2014), S. 62.

Nicolai, Georg Friedrich: *Die Biologie des Krieges: Betrachtungen eines deutschen Naturforschers*, Zürich 1917.

Nicolai, Georg Friedrich: *Romain Rollands Manifest und die deutschen Anworten: Mit einem Anhang über den Fall Nicolai*, Charlottenburg 1919.

Nicolai, Bernd: «Arthur Kingsley Porter (1883–1933)», in: *Altmeister moderner Kunstgeschichte*, hg. v. Heinrich Dilly, 2. Aufl. Berlin 1999, S. 220–232.

Nipperdey, Thomas: «Kirchen als Nationaldenkmal: Die Pläne von 1915», in: *Festschrift Otto von Simson zum 65. Geburtstag*, hg. v. Lucius Grisebach und Konrad Renger, Frankfurt am Main 1977, S. 412–431.

Nipperdey, Thomas: «Der Kölner Dom als Nationaldenkmal», in: *Historische Zeitschrift* 233, Nr. 3 (Dezember 1981), S. 595–613.

Nipperdey, Thomas: *Deutsche Geschichte 1800–1866: Bürgerwelt und starker Staat*, 4. Aufl. München 1987.

Nipperdey, Thomas: «Nationalidee und Nationaldenkmal in Deutschland im 19. Jahrhundert», in: idem: *Kann Geschichte objektiv sein? Historische Essays*, hg. v. Paul Nolte, München 2013, S. 105–160.

Noell, Matthias: «Ernst Gall in der Normandie: Forschungsreisen, Fotografie und der ‹landschaftliche Dehio›», in: *Zeitschrift für Kunstgeschichte* 67, Nr. 1 (2004), S. 1–14.

Nora, Pierre: *Les lieux de mémoire*, 3 Bde., Paris 1984.

Nora, Pierre und Lawrence D. Kritzman: *Realms of Memory: Rethinking the French Past*, übersetzt von Arthur Goldhammer, 3 Bde., New York 1996–97.

Nordmann, Charles: «Einstein expose et discute sa theorie», in: *Revue des deux mondes*, 1. Mai 1922, S. 129–166.

Ollivier, Jean-Paul (Hg.): *Imi Knoebel: Stained-Glass Windows in Reims Cathedral*, Bielefeld 2011.

Panofsky, Erwin (Hg.): *Bildhauer des Mittelalters: Gesammelte Studien von Wilhelm Vöge*, Berlin 1958.

Pariset, Ernest: *Les monuments historiques*, Paris 1891.

Paris sous les gothas et les berthas: Pastels par Adrien Sénéchal, Paris 1919.

Passini, Michela: *La fabrique de l'art national: Le nationalisme et les origines de l'histoire de l'art en France et en Allemagne, 1870–1933*, Paris 2012.

Passini, Michela: «Die Kathedrale – eine französische Schöpfung. Die gotische Kunst und Konstruktion einer nationalästhetischen Identität, 1870–1918», in: *Die Kathedrale: Romantik, Impressionismus, Moderne*, hg. v. Dagmar Kronenberger-Hüffer und Götz Czymmek, Ausst.Kat. München 2014, S. 40–44.

Passini, Michela: «Mémoire et historiographie de la catastrophe. Le bombardement de la cathédrale de Reims en septembre 1914», in: *Villes en ruine: Images, mémoires, metamorphoses*, hg. v. Monica Preti und Salvatore Settis, Paris 2015, S. 76–89.

Pastor, Annie, Katherine Quenot und Régis Duval: *Images de propagande 1914–1918; ou, L'art de vendre la guerre*, Paris 2013.

Paul, Hervé: *Le Docteur Jean-Baptiste Langlet (1841–1927): Héroïque maire de Reims à l'épreuve de la Première guerre mondiale*, 2. Aufl. Reims 2016.

Pellus, Daniel: *Reims: Un siècle d'événements: 1900–2000*, Reims 2001.

Petit, René: *En 1914 j'avais 16 ans ...* . Witry-lès-Reims 2015.

Peyrefitte, Alain: *C'était de Gaulle*, Bd. 1, *La France redevient la France*, Paris 1994.

Pfeilschifter, Georg (Hg.): *Deutsche Kultur, Katholizismus und Weltkrieg: Eine Abwehr des Buches «La guerre allemande et le catholicisme»*, Freiburg im Breisgau 1916.

Pijaudier, Joëlle (Hg.): *L'autre guerre: Satire et propagande dans l'illustration allemande (1914–1918)*, Ausst.Kat. Straßburg 2016.

Pilleboue, Frédérique (Hg.): *Reconstructions en Picardie après 1918*, Ausst.Kat. Paris 2000.

Pinder, Wilhelm: *Deutsche Dome des Mittelalters*, Königstein im Taunus 1916.

Pinder, Wilhelm: *Festschrift Wilhelm Pinder zum sechzigsten Geburtstage überreicht von Freunden und Schülern*, Leipzig 1938.

Piper, Ernst: *Nacht über Europa: Kulturgeschichte des Ersten Weltkriegs*, Berlin 2013.

Pividori, Philippe (Hg.): *Dans les pas du Président Wilson = In Wilson's Footsteps*, Reims 2015.

Poirier, Jules: *Reims (1er Août–31 Décembre 1914) ...*, Paris 1917.

Pommier, Édouard: *L'art de la liberté: Doctrines et débats de la Révolution française*, Paris 1991.

Porter, Arthur Kingsley: «The Devastated Art of France», in: *Scribner's Magazine* 66 (Juli 1919), S. 125–128 und (August 1919), S. 253–256.

Porter, Arthur Kingsley: «What the Huns Have Done for French Art», in: *Architecture* 40 (Dezember 1919), S. 323–326 und 41 (Januar 1920), S. 13–16.

Preti, Monica und Salvatore Settis (Hg.): *Villes en ruine: Images, mémoires, métamorphoses*, Paris 2015.

Prochasson, Christoph und Anne Rasmussen: *Au nom de la patrie: Les intellectuels et la Première Guerre Mondiale (1910–1919)*, Paris 1996.

Proust, Marcel: «La mort des cathédrales», in: idem: *Pastiches et mélanges*, Paris 1919, S. 198–211.

Proust, Marcel: *À la recherche du temps perdu*, Bd. 3, *La prisonnière. La fugitive. Le temps retrouvé*, Paris 1954.

Proust, Marcel: *Briefe, 1914–1922*, hg. v. Jürgen Ritte, 2 Bde., Berlin 2016.

Prungnaud, Joëlle: *Figures littéraires de la cathédrale, 1880–1918*, Villeneuve d'Ascq 2008.

Raoul-Rochette siehe Rochette, Désiré-Raoul.

Rochette, Désiré-Raoul: «Considérations sur la question de savoir s'il est convenable, au XIXe siècle, de bâtir des églises en style gothique», in: *Annales archéologiques* 4 (1846), S. 326–333.

Rapport de M. Whitney Warren 1914. État de la cathédrale de Reims après le bombardement par les Allemands, rapport de M. Whitney Warren, ... lu dans la séance du 3 octobre 1914, Paris 1914.

Rapport de M. Whitney Warren 1917. *L'agonie de Reims: Rapport de M. Whitney Warren, membre de l'Institut lu dans la séance du 6 janvier 1917,* Paris 1917.

Réau, Louis: *Histoire du vandalisme: Les monuments détruits de l'art français* [1958], Paris 1994.

Recht, Roland: «Émile Mâle, Henri Focillon et l'histoire de l'art du moyen âge», in: *Comptes rendus des séances de l'Académie des inscriptions et des belles-lettres* 148, Nr. 4 (2004), S. 1651–1665.

Recht, Roland: «Goethes Moment der Erkenntnis – eine veränderte Sichtweise», in: Dagmar Kronenberger-Hüffner und Götz Czymmek (Hg.): *Die Kathedrale: Romantik, Impressionismus, Moderne,* Ausst.Kat. Köln 2014, S. 26–30.

Recht, Roland: *Revoir le moyen âge: La pensée gothique et son héritage,* Paris 2016.

Reinhardt, Hans: «Die Wiederherstellung der Kathedrale von Reims (zum 10. Juli 1938)», in: *Das Werk* 25, Nr. 8 (August 1938), S. 233–235.

Rheims and the Battles for Its Possession, Clermont-Ferrand 1920.

Riezler, Kurt: *Aus dem grossen Hauptquartier: Kurt Riezlers Briefe an Kathe Liebermann 1914–1915,* hg. v. Guenther Roth und John C. G. Röhl, Wiesbaden 2016.

Rigaud, Olivier: *Reims,* Prahecq 2011.

Rigaud, Olivier und Marc Bédarida: *Reims reconstruction, 1920–1930,* Reims 1988.

Rilke, Rainer Maria: *Auguste Rodin,* hg. v. Richard Muther, Berlin 1903.

Ritte, Jürgen: «‹Je crois qu'on généralise trop les crimes allemands.› Prousts Deutschlandbild während der Kriegsjahre», in: *Marcel Proust und der Erste Weltkrieg,* hg. v. Wolfram Nitsch und Jürgen Ritte, Berlin 2017, S. 201–223.

Ritter, Gerhard: *Der Schlieffenplan: Kritik eines Mythos,* München 1956.

Robichon, François: *Job ou l'histoire illustrée,* Paris 1984.

Robson-Scott, W. D.: «Georg Forster and the Gothic Revival», in: *Modern Language Review* 51, Nr. 1 (1956), S. 42–48.

Rodin, Auguste: *Les cathédrales de France,* Einleitung von Charles Morice, Paris 1914.

Rodin, Auguste: *Die Kathedralen Frankreichs,* übersetzt von Max Brod, Leipzig 1917.

Rolland, Romain: *Journal des années de guerre, 1914–1919: Notes et documents pour servir á l'histoire morale de l'Europe de ce temps,* hg. v. Marie Romain Rolland, Paris 1952.

Rolland, Romain: *Romain Rolland schreibt zweimal nach Deutschland, 1914–1933,* hg. v. Hans-Albert Walter, Berlin 1967.

Rolland, Romain: *Das Gewissen Europas: Tagebuch der Kriegsjahre 1914–1919,* 2. Aufl., 3 Bde., Berlin 1983.

Rolland, Romain: *Au-dessus de la mêlée* [1915], hg. v. Christophe Prochasson und Bernard Duchatelet, Paris 2013.

Roolf, Christoph: «German Scientists in Belgium at the First World War: Between Occupation Policy and Planning of Plundering Cultural Assets, the Case Example of Palaeontology», in: *Une guerre totale? La Belgique dans la Premiere Guerre mondiale: Nouvelle tendances de la recherche historique,* hg. v. Serge Jaumain, Brüssel 2005, S. 271–282.

Roolf, Christoph: «Die Forschungen des Kunsthistorikers Ernst Steinmann zum

Napoleonischen Kunstraub zwischen Kulturgeschichtsschreibung, Auslandspropaganda und Kulturgutraub im Ersten Weltkrieg», in: Ernst Steinmann, *Der Kunstraub Napoleons*, hg. v. Yvonne zu Dohna, Rom 2007, S. 433–477. http://edoc.biblhertz.it/editionen/steinmann/kunstraub/.

Rosen, Hermann: «Das Grabmal von St. Mihiel», in: *Kunstverwaltung in Frankreich und Deutschland*, hg. v. Otto Grautoff, Bern 1915, S. 47–49.

Rosenberg, A. J.: *Der deutsche Krieg und der Katholizismus: Deutsche Abwehr französischer Angriffe*, Berlin 1915.

Rössler, Johannes und Norberto Gramaccini (Hg.): *Hundert Jahre «Abstraktion und Einfühlung»: Konstellationen um Wilhelm Worringer*, Paderborn 2012.

Roth, Guenther und John C. G. Röhl (Hg.): *Aus dem Großen Hauptquartier, Kurt Riezlers Briefe an Käthe Liebermann*, Wiesbaden 2016.

Rumold, Rainer und O. K. Werckmeister (Hg.): *The Ideological Crisis of Expressionism: The Literary and Artistic German War Colony in Belgium 1914–1918*, Columbia, SC 1990.

Russo, Daniel: «Émile Mâle (1862–1954): L'invention de l'iconographie historique», in: *Comptes rendus des séances de l'Académie des inscriptions et des belles-lettres* 148, Nr. 4 (2004), S. 1641–1650.

Rykwert, Joseph: «The Ecole des Beaux-Arts and the Classical Tradition», in: *The Beaux-Arts and Nineteenth-Century French Architecture*, hg. v. Robin Middleton, Cambridge, MA 1982, S. 8–17.

Sainsaulieu, Max: «Reims, sa région, ses matériaux», in: *Bulletin de l'Association provinciale des architectes*, Juni 1924, S. 193–196.

Sainsaulieu, Marie-Caroline: «Auguste Rodin, La Cathédrale», in: *Art Impressioniste & Moderne* 1, 3. Juni 2013, S. 12–13.

Sapiro, Gisèle: «Vom Schriftsteller zum Intellektuellen: Die Konstruktion eines kritischen Habitus unter der Restauration», in: *Zwischen den Fronten: Positionskämpfe europäischer Intellektueller im 20. Jahrhundert*, hg. v. Ingrid Gilcher-Holtey, Berlin 2006, S. 25–62.

Sauer, Joseph: *Die Zerstörung von Kirchen und Kunstdenkmälern an der Westfront*, Freiburg im Breisgau 1917.

Sauerländer, Willibald: *Gotische Skulptur in Frankreich: 1140–1270*, München 1970.

Sauerländer, Willibald: «Émile Mâle», in: *Dictionnaire critique des historiens de l'art actifs en France de la Révolution à la Première Guerre mondiale*, hg. v. Philippe Sénéchal und Claire Barbillon. http://www.inha.fr/fr/ressources/publications/publications-numeriques/dictionnaire-critique-des-historiens-de-l-art/male-emile.html?search-keywords=Male.

Sauerländer, Willibald: *Reims: Die Königin der Kathedralen, Himmelsstadt und Erinnerungsort*, Berlin 2013.

Savoy, Bénédicte: *Kunstraub, Napoleons Konfiszierungen in Deutschland und die europäischen Folgen*, Köln 2011.

Scheffler, Karl: *Geist der Gotik*, 2. Aufl. Leipzig 1919.

Scheler, Max: *Politisch-Pädagogische Schriften*, hg. v. Manfred S. Frings, Bd. 4 der *Gesammelten Werke*, Bern 1982.

Schieder, Martin: «Comment on Charles Morice, ‹L'âme allemande par l'art allemand›», in: *Perspectives croisées: La critique d'art franco-allemande, 1870–1945*, hg. v. Thomas W. Gaehtgens, Mathilde Arnoux und Friederike Kitschen, Paris 2009, S. 381–389.

Schivelbusch, Wolfgang: *Die Bibliothek von Löwen: Eine Episode aus der Zeit der Weltkriege*, München 1988.

Schlegel, Friedrich: «Grundzüge der gotischen Baukunst (1804–1805)», in: idem: *Vom romantischen Geist: Ausgewählte Aufsätze*, hg. v. Renate Riemeck, Wedel 1946, S. 214–267.

Schlink, Wilhelm (Hg.): *Wilhelm Vöge und Frankreich*, Freiburg im Breisgau 2004.

Schneede, Uwe (Hg.): *1914: Die Avantgarden im Kampf*, Ausst.Kat. Köln 2014.

Schneider, Thomas F.: *Kriegserlebnis und Legendenbildung*, Bd. 1, *Das Bild des «modernen» Krieges in Literatur, Theater, Photographie und Film*, 3 Bde., Osnabrück 1999.

Scholl, Christian: «Schinkels Denkmalsdom: Auftrag und Architektentraum», in: *Forschung 107: Kunstwissenschaftliche Studien*, Bd. 2, hg. v. Barbara Stempel und Susanne H. Kolter, München 2004, S. 65–74.

Schöller, Peter: *Der Fall Löwen und das Weißbuch: Eine kritische Untersuchung der deutschen Dokumentation über die Vorgänge in Löwen vom 25. bis 28. August 1914*, Köln 1958.

Schuster, Peter-Klaus: «Kultur und Zivilisation: Eine deutsch-französische Debatte im Zeichen von Thomas Mann», in: *Impressionismus Expressionismus: Kunstwende*, hg. v. Angelika Wesenberg, Ausst.Kat. München 2015, S. 27–34.

Schwarte, Max: *Der Weltkampf um Ehre und Recht: Die Erforschung des Krieges in seiner wahren Begenbenheit, auf amtlichen Urkunden und Akten beruhend*, 10 Bde., Leipzig 1921–33.

Sedlmayr, Hans: *Die Entstehung der Kathedrale*, Freiburg 1993.

See, Klaus von: *Barbar, Germane, Arier: Die Suche nach der Identität der Deutschen*, Heidelberg 1994.

Segesser, Daniel Marc: *Der Erste Weltkrieg in globaler Perspektive*, 3. Aufl. Wiesbaden 2013.

Seillière, Ernest: *Le mal romantique: Essai sur l'impérialisme irrational*, Paris 1908.

Serry, Hervé: «Die Regeln des Glaubens: Formen und Logiken des Engagements katholischer Intellektueller in Frankreich (1880–1935)», in: *Zwischen den Fronten: Positionskämpfe europäischer Intellektueller im 20. Jahrhundert*, hg. v. Ingrid Gilcher-Holtey, Berlin 2006, S. 63–86.

Silver, Kenneth E: *Esprit de Corps: The Art of the Parisian Avant-Garde and the First World War, 1914–1925*, Princeton, NJ 1989.

Simson, Otto Georg von: *Die gotische Kathedrale: Beiträge zur ihrer Entstehung und Bedeutung*, Darmstadt 1968.

Sirguey, Laurence: *Le Docteur Langlet Maire de Reims 1914–1918: Rôle civique, role médiatique*, Masterarbeit, University of Reims, 1987.

Sniter, Christel: «La guerre des statues: La statuaire publique, un enjeu de violence symbolique: L'exemple des statues de Jeanne d'Arc à Paris entre 1870 et 1914», in: *Sociétés & Représentations* 1, Nr. 11 (2001), S. 263–286.

Sommerard, Edmond du: *Les monuments historiques de France à l'Exposition universelle de Vienne*, Paris 1876.

Sösemann, Bernd: «Die sog. Hunnenrede Wilhelms II. Textkritische und interpretatorische Bemerkungen zur Ansprache des Kaisers vom 27. Juli 1900 in Bremerhaven», in: *Historische Zeitschrift* 222, Nr. 2 (1976), S. 342–358.

Soulez, Philippe und Étienne Balibar: *Les philosophes et la guerre de 14*, Saint-Denis 1988.

Soutou, Georges-Henri: «L'émergence du couple franco-allemand: Un mariage de raison», in: *Politique étrangère* 4 (Winter 2012), S. 727–738.

Speitkamp, Winfried: *Die Verwaltung der Geschichte: Denkmalpflege und Staat in Deutschland, 1871–1933*, Göttingen 1996.

Spengler, Oswald: *Der Untergang des Abendlandes: Umrisse einer Morphologie der Weltgeschichte*, Bd. 1, *Gestalt und Wirklichkeit*, Wien 1918; Bd. 2, *Welthistorische Perspektiven*, München 1922.

Spies, Werner: «Die Kathedrale von Reims. Splitter im Auge der anderen», in: *Frankfurter Allgemeine Zeitung*, 14. Juli 2011.

Steiger, Günter: *«Fall Hodler»; Jena 1914–1919; Der Kampf um ein Gemälde*, Jena 1970.

Steinmeier, Frank-Walter: «Ansprache von Außenminister Frank-Walter Steinmeier anlässlich der Einweihung der Glasfenster des Künstlers Imi Knoebel in der Kathedrale von Reims», Auswärtiges Amt, 11. Mai 2015. http://www.auswaertiges-amt.de/sid_4133D7F07502305D133F60AE0A614FC4/DE/Infoservice/Presse/Reden/2015/150511-BM_Reims.html?nn=356768.

Straehle, Gerhard: *Der Naumburger Meister in der deutschen Kunstgeschichte: Einhundert Jahre deutsche Kunstgeschichtsschreibung, 1886–1989*, Diss., LMU München 2009.

Strauß, David Friedrich: *Krieg und Friede: Zwei Briefe an Ernst Renan, nebst dessen Antwort auf den ersten*, Leipzig 1870.

André Suarès: «La plainte de Reims», in: *Louvain ... Reims ...*, Bd. 1, Lausanne 1914, S. 7–12.

Susini, Jean-Luc: «Reims, lieu de mémoire», in: *Allemagne-France: Lieux et mémoire d'une histoire commune*, hg. v. Jacques Morizet und Horst Möller, Paris 1995, S. 175–185.

Terhünte, Hermann Josef: *Die Katholiken Frankreichs und der Weltkrieg: Ergänzungen und Berichtigungen zu dem Buche «La guerre allemande et le catholicisme»*, Hamm 1915.

Thimme, Hans: *Weltkrieg ohne Waffen: Die Propaganda der Westmächte gegen Deutschland, ihre Wirkung und ihre Abwehr*, Stuttgart 1932.

Troeltsch, Ernst: *Der Kulturkrieg: Rede am 1. Juli 1915*, Berlin 1915.

Troeltsch, Ernst: *Deutsche Zukunft*, Berlin 1916.

Ungern-Sternberg, Jürgen von: «Wie gibt man dem Sinnlosen einen Sinn? Zum Gebrauch der Begriffe ‹deutsche Kultur› und ‹Militarismus› im Herbst 1914», in: *Kultur und Krieg: Die Rolle der Intellektuellen, Künstler und Schriftsteller im Ersten Weltkrieg,* hg. v. Wolfgang J. Mommsen in Kollaboration mit Elisabeth Müller-Luckner, München 1996, S. 77–96.

Ungern-Sternberg, Jürgen von und Wolfgang von Ungern-Sternberg: *Der Aufruf «An die Kulturwelt!» Das Manifest der 93 und die Anfänge der Kriegspropaganda im Ersten Weltkrieg,* Bd. 1, Stuttgart 1996; *Les villes martyres de France et de Belgique: Statistique des villes et villages détruits par les Allemands dans les deux pays, avec 41 vues de villes et de monuments historiques avant et après leur incendie,* Bd. 2, Paris 1915.

Vachon, Marius: *La guerre artistique avec l'Allemagne: L'organisation de la victoire*, Paris 1916.

Vaïsse, Maurice: «La réconciliation franco-allemande: Le dialogue de Gaulle-Adenauer», in: *Politique étrangère* 58, Nr. 4 (1993), S. 963–972.

Vatin, Philippe: *Voir et montrer la guerre: Images et discours d'artistes en France, 1914–1918,* Dijon 2013.

Vauchez, André et al.: *Émile Mâle (1862–1954): La construction de l'œuvre, Rome et l'Italie*, Rom 2005.

Verdier, Paul: «Le service des monuments historiques», in: *Centenaire du service des monuments historiques et de la Société française d'Archéologie: Congrès archéologique de France, XCVIIe session tenue à Paris en 1934,* Bd. 1, Paris 1936, S. 53–246.

Verspohl, Franz-Joachim: «‹Gebannt, fast erschrocken bleiben wir vor dem Hodlerbild stehen.› Ferdinand Hodlers ‹Der Auszug der deutschen Studenten in den Freiheitskrieg von 1813›», in: *Philosophische Fakultät: Antrittsvorlesungen,* hg. v. Klaus Manger, Bd. 1, *11. November 1993 bis 11. April 1994*, Jena 1997, S. 225–261.

Vetter, Ferdinand: *Friede dem Kunstwerk! Zwischenstaatliche Sicherung der Kunstdenkmäler im Kriege als Weg zum künftigen dauerhaften Frieden,* Olten 1917.

Vindex [Pseud.]: *La basilique dévastée: Destruction de la cathédrale de Reims, faits et documents,* Paris 1915.

Viollet-le-Duc, Eugène: «Du style gothique au XIXe siècle», in: *Annales archéologiques* 4 (1846), S. 325–353.

Vitzthum von Eckstädt, Georg und Wolfgang F. Volbach-Berlin: *Die Malerei und Plastik des Mittelalters in Italien,* Wildpark-Potsdam 1914.

Vollmer, Michael: *Die Macht der Bilder: Thomas Mann und der Erste Weltkrieg,* Berlin 2014.

Vondung, Klaus: *Die Apokalypse in Deutschland,* München 1988.

Waetzoldt, Wilhelm: «Der Begriff des Barbarischen», in: *Kunstverwaltung in Frankreich und Deutschland,* hg. v. Otto Grautoff, Bern 1915, S. 120–128.

Weinstein, Joan: «Wilhelm Hausenstein, the Leftist Promotion of Expressionism, and the First World War», in: *The Ideological Crisis of Expressionism: The Literary*

and Artistic German War Colony in Belgium 1914–1918, hg. v. Rainer Rumold und O. K. Werckmeister, Columbia, SC 1990, S. 193–217.
Weisbach, Werner: *Geist und Gewalt*, Wien 1956.
«Welles Bosworth», in: *Bulletin de l'Académie des Beaux-Arts*, Nr. 6 (Juli–Dezember 1927), S. 147–149.
Wescher, Paul: *Kunstraub unter Napoleon*, Berlin 1976.
Wharton, Edith: «In Alsace», in: *Saturday Evening Post*, 20. November 1915, S. 9–10, 32–33.
Wharton, Edith: *Fighting France, from Dunkerque to Belfort*, New York 1915.
Wieland, Lothar: *Belgien 1914: Die Frage des belgischen «Franktireurkrieges» und die deutsche öffentliche Meinung von 1914 bis 1936*, Frankfurt am Main 1984.
Wilcken, Niels: *Architektur im Grenzraum: Das öffentliche Bauwesen in Elsaß-Lothringen, 1871–1918*, Saarbrücken 2000.
Wilhelm, Carl: *Illustrierte Kriegs-Chronik, 1914/15*, Bd. 2, Leipzig 1915.
Winock, Michel: «Jeanne d'Arc», in: *Lieux de mémoire*, hg. v. Pierre Nora, Bd. 3, Tl. 3, Paris 1984, S. 672–733.
Winock, Michel: *Le siècle des intellectuels*, Paris 1997.
Wolff, Kurt: *Autoren, Bücher, Abenteuer: Betrachtungen und Erinnerungen eines Verlegers*, Berlin 1965.
Wolff, Theodor: *Tagebücher 1914–1919: Der Erste Weltkrieg und die Entstehung der Weimarer Republik in Tagebüchern, Leitartikeln und Briefen des Chefredakteurs am «Berliner Tageblatt» und Mitbegründers der «Deutschen Demokratischen Partei»*, hg. v. Bernd Sösemann, 2 Bde., Boppard am Rhein 1984.
Wölfflin, Heinrich: *Heinrich Wölfflin, 1864–1945: Autobiographie, Tagebücher und Briefe*, hg. v. Joseph Gantner, 2. Aufl. Basel 1984.
Worringer, Wilhelm: *Abstraktion und Einfühlung: Ein Beitrag zur Stilpsychologie*, München 1908.
Worringer, Wilhelm: *Formprobleme der Gotik*, München 1912.
Worringer, Wilhelm: «Die Kathedrale in Reims», in: *Kunst und Künstler* 13 (1915), S. 85–90.
Zanfi, Caterina: *Bergson et la philosophie allemande: 1907–1932*, Paris 2014.
Ziegler, Hendrik: «Bouc émissaire? L'empereur Guillaume II dans les caricatures de guerre en France et en Allemagne», in: *Jours de guerre et de paix: Regard franco-allemand sur l'art de 1910 à 1930*, hg. v. Gerhard Finckh und David Liot, Ausst.Kat. Paris 2014, S. 69–81.
Zweig, Stefan: *Tagebücher*, Frankfurt am Main 1984.

Bildnachweis

Abbildungen der Objekte aus dem Besitz der Research Library mit freundlicher Genehmigung des Getty Research Instituts (GRI). Die folgenden Institutionen haben zusätzlich die Erlaubnis gewährt, die aufgeführten Illustrationen im vorliegenden Buch abzudrucken:

Frontispiz: https://en.wikipedia.org/wiki/Reims_Cathedral.
Abb. 1: The Print Collector / Alamy Stock Photo.
Abb. 3, 4, 6, 7, 10, 11, 12, 13, 14, 23: Image courtesy of Fonds Yann Harlaut and Fonds Christine Abelé.
Abb. 5, 18, 19, 36, 52, 72: Image © Bibliothèque nationale de France.
Abb. 9: Courtesy Thomas W. Gaehtgens.
Abb. 21, 22, 35, 39, 40, 42: © Coll. et Cliché Caricadoc.
Abb. 26a, 26b, 32, 45, 62: Image courtesy of Fonds Yann Harlaut.
Abb. 29, 31: Heidelberg University Library.
Abb. 33: Library of Congress, Prints and Photographs Division, Washington, D.C.
Abb. 37: The Louis and Jodi Atkin Family Collection, Department of Special Collections, Washington University Libraries.
Abb. 41: Musée des Beaux-Arts de la Ville de Reims. © Foto: MH. Montout-Richard.
Abb. 47, 48, 70: Musée des Beaux-Arts de la Ville de Reims. © Foto: C. Devleeschauwer.
Abb. 49: Courtesy Archives de Strasbourg, 502 Fi 265.
Abb. 50: © Vanni Archive / Art Resource, NY.
Abb. 51a: Musée Bourdelle, Collection R. Dufet-Bourdelle, Inv. MBD2589. © Musée Bourdelle / Roger-Viollet.
Fig. 51b: Musée Bourdelle, Collection R. Dufet-Bourdelle, Inv. MBD2591. © Musée Bourdelle / Roger-Viollet.
Abb. 53: Neue Pinakothek, Bayerische Staatsgemäldesammlungen, Inv. 13422. bpk

Bildagentur / Neue Pinakothek, Bayerische Staatsgemäldesammlungen / Art Resource, NY.

Abb. 55: © Dombauhütte Köln / Foto: Matz und Schenk. Foto © Rheinisches Bildarchiv Köln.

Abb. 56: LVR-Amt für Denkmalpflege im Rheinland, Nachlass Paul Clemen, Inv. Nr. 328.

Abb. 69: ART Collections / Alamy Stock Photo.

Abb. 74: Library of Congress, Prints and Photographs Division, LC-USZC2-4081.

Abb. 75: Library of Congress, Prints and Photographs Division, LC-USZC2-4003.

Abb. 76: Library of Congress, Prints and Photographs Division, LC-USZC2-3993.

Abb. 77: Library of Congress, Prints and Photographs Division, LC-USZC2-3991.

Abb. 78, 87: Bibliothèque municipale de Reims.

Abb. 80: AP Photo.

Abb. 81: © Bundesarchiv Koblenz.

Abb. 82: Karikatur von Fritz Behrendt, *Süddeutsche Zeitung*, 9. Juli 1962.

Abb. 83: Art © Nachlassvertretung Paul Flora – www.paulflora-rechte.com.

Abb. 84: © Moisan / ADAGP Paris / Canard Enchaîné.

Abb. 85: ullstein bild – Schirner / Granger.

Anmerkungen

Einleitung

1 Ein anschauliches Beispiel sind die beiden reich illustrierten Bände des Journalisten Jules Huret, *L'Allemagne Moderne*, 1913. Sie bieten eine ausführliche Beschreibung der Geschichte, der staatlichen Ordnung, der Kultur, der Wirtschaft, der Schulen und Universitäten und nicht zuletzt der neuesten technologischen Entdeckungen in den deutschen Ländern. Weit verbreitet waren auch die Bücher von Victor Cambon, *L'Allemagne au travail*, 1909, das während des Krieges, 1917, in der 13. Auflage erschien. Auch sein Werk *Les derniers progrès de l'Allemagne*, 1914, wurde mehrfach neu aufgelegt, in 9. Auflage 1916. Blom, 2009, S. 26–29.

2 Kitschen, Drost, 2007; Gaehtgens, Arnoux, Kitschen, 2009.

3 Strauß, 1870, S. 16–17, zuerst veröffentlicht im *Journal des débats*, 16. September 1870, S. 3.

4 Strauß, 1870, S. 21–22.

5 Zu dem Thema grundlegend: Silver, 1989; und jüngst der Katalog der Ausstellung *1914, Die Avantgarden im Kampf*, hrsg. von Uwe Schneede, 2014.

6 Becker, Krumeich, 2010, S. 306.

7 Vgl. Bevan, 2006; Mancini, Bresnahan, Schwenkel, 2014.

8 Vgl. Dreyfus, 1997, S. 104: «La Grande Guerre va aviver ce sentiment des deux côtés, d'autant qu'en France comme dans le *Reich* les intelligentsias, si on peut dire, se sont surpassées dans leurs nationalismes respectifs.»

9 Rolland, 2013 (1915), S. 53. Soweit nicht anders angegeben, stammen alle Übersetzungen vom Autor.

10 Eucken, 1921, S. 99.

11 Ungern-Sternberg und Ungern-Sternberg, 1996.

12 Wolff, Bd. 1, 1984, S. 109.

13 Cochet, 1983; Cochet, 1993; Kiefer, 1999; Harlaut, 2005–6; Emery, 2009; Cochet, 2014, S. 85–93.

14 Kott, 2006. Hierzu auch Hädler, 2014, S. 5–13.

15 Lambourne, 1999; Klepsch, 2000; Levy, 2011; Passini, 2012; Passini, 2014.

16 Der Autor, Albert Lavignac, war Professor für Harmonie am Conservatoire in Paris. «On va à Bayreuth comme on veut, à pied, à cheval, en voiture, à bicyclette, en chemin de fer, et le vrai pèlerin devrait y aller à genoux [...]», Lavignac, 1897, S. 1. Siehe auch Straehle, 2009, S. 254.

17 Bartmann, 1993, S. 310–313; Gaehtgens, 1999, S. 102–103; Schuster, 2015, S. 28–30.

18 Amalvi, 1996, S. 239.

I. Die Beschießung von Reims

1 Von den dramatischen Ereignissen, die sich in seiner Diözese in den nächsten Wochen abspielen sollten, erfuhr der Kardinal zunächst nur in der Ferne. Sie sollten ihn aber veranlassen, unmittelbar nach der Papstwahl, die am 3. September stattfand, schnellstens zurückzukehren. Er erreichte Reims allerdings erst am 22. September. Der Kardinal berichtete am 8. November 1914 über die Zerstörungen und die Ereignisse an den Papst. Er spielte während und nach dem Krieg eine herausragende Rolle als ein furchtloser und engagierter Leiter seines Bistums. Vgl. Luçon, 1998, S. 9; Lyautey, 1934, S. 78; vor allem Harlaut, 2005–6, S. 116–124 mit weiteren Quellenangaben.

2 Landrieux, 1919, S. 7.

3 Zu den militärischen Vorgängen der Marneschlacht vgl. Herwig, 2009, S. 230–255; Münkler, 2013, S. 158–176.

4 Über die Besetzung von Reims durch die deutschen Truppen siehe vor allem Chatelle, 1951, S. 53–81. Zu den Vorgängen gibt es eine umfängliche, in den Angaben nicht immer übereinstimmende zeitgenössische Berichterstattung in Presseverlautbarungen; eine Übersicht der Ereignisse tagebuchartig zusammengefasst bei Poirier, 1917; Cochet, 1993, S. 27–30; eine wichtige Quelle ist das Tagebuch von Paul Hess (Hess, 1998), der seine persönlichen Erlebnisse in Reims vom Anfang des Krieges bis zum Ende festhielt; grundlegend in der Erfassung des umfangreichen Materials und der Darstellung der französischen Presse und Propaganda, aber auch die deutschen Quellen berücksichtigend, ist die Arbeit von Harlaut, 2005–6, zu den Vorgängen am 4. September siehe S. 33–35. Vgl. auch Wilhelm, 1915, S. 397.

5 Landrieux, 1919, S. 11.

6 Generalfeldmarschall von Bülow bestätigt in seinen im Dezember 1914 geschriebenen Erinnerungen, dass am 4. September die Festung beschossen wurde, da die Parlamentäre nicht zurückgekommen seien: Bülow, 1919, S. 51.

7 Als Spione angesehen, wurden sie zunächst zum Tode verurteilt, unter abenteuerlichen Umständen begnadigt, als Kriegsgefangene nach Orléans geschickt und endlich nach Deutschland zurückgebracht. Es handelte sich um

die Offiziere Achim von Arnim, Rittmeister von Kummer sowie den Unteroffizier und Kammersänger Carl Clewing; siehe den ausführlichen Bericht von Rudolf Georg Binding, 1934, S. 101. Landrieux, 1919, S. 12. Vgl. auch Hausen, 1920, S. 176–182.

8 Landrieux, 1919, S. 13. Über die Anzahl der Opfer gibt es unterschiedliche Angaben. Vermutlich waren ca. 48 Tote zu beklagen. Eine wichtige Quelle von französischer Seite stellt der Bericht des englischen Journalisten Ellis Ashmead-Bartlett dar: «Un de plus grands crimes de l'histoire», in: *L'illustration,* 26. September 1914. Vgl. auch die wichtige analytische Darstellung mit umfänglichen Literaturangaben von Kiefer, 1999; Cochet, 1993, S. 51–70; Harlaut, 2001; Kott, 2006, S. 43–45; Harlaut, 2010; die offizielle Erklärung des Deutschen Kriegsministeriums: *Die Beschießung der Kathedrale von Reims*, 1915. Vgl. auch die Zusammenfassung aus deutscher Perspektive bei Clemen, 1916, vor allem S. 23–34; Clemen, 1919c, S. 46–62.

9 Poirier, 1917, S. 78–79; Landrieux, 1919, S. 18.

10 Landrieux, 1919, S. 19: «Si, le 4 septembre, ils avaient l'intention de la ménager, ils ont, avant la fin du mois, changé d'avis.»

11 Von Bülow berichtete, dass am 2. September befohlen wurde «Reims zur Übergabe aufzufordern, nötigenfalls durch Beschießung der Festung, die Übergabe zu erzwingen. Die Kathedrale sollte hierbei geschont werden», Bülow, 1919, S. 48; Sirguey, 1987, S. 16–17; Harlaut, 2005–6, S. 34–35.

12 Landrieux, 1919, S. 20: «Et cela nous faisait mal de voir Jeanne d'Arc esseulée, perdue au milieu de ce bivouac allemand, entourée de Prussiens, comme si elle était leur prisonnière.»

13 Poirier, 1917, S. 113–114.

14 Als kunsthistorischer Führer in der Kathedrale wäre auch Ernst Gall, einer der besten Kenner der französischen romanischen und gotischen Architektur, in Frage gekommen. Vgl. hierzu auch das Geleitwort von Hans Kauffmann in der *Gedenkschrift Ernst Gall*, 1965, S. 7: «Jetzt kam er [Gall, Anm. d. Autors] von der Champagnefront, Beobachter von einem Fesselballon aus. Gegenüber lag Reims, und nun entzündete sich das Gespräch an der verheerenden Katastrophe, die im September 1914 der Königskathedrale nicht zu heilende Wunden geschlagen hatte.» Zu Gall siehe: Noell, 2004, S. 2. Siehe auch Roth, Röhl, 2016, S. 157, Anm. 75. Für die Behauptung, der Beschuss der Kathedrale sei von Ernst Gall geleitet worden, gibt es allerdings keinen Beleg. Bekannt ist nur, dass Gall, der unmittelbar vor dem Krieg bei Adolph Goldschmidt promoviert hatte, als Beobachter in einem Fesselballon eingesetzt war.

15 Leon, 1951, S. 487 nennt hingegen Paul Clemen als den Vortragenden in der Kathedrale. So auch Harlaut, 2005–6, S. 35. Clemen befand sich allerdings Anfang September noch in Bonn, wie aus Briefen in seinem Nachlass, Archiv des Landschaftsverbandes Rheinland, Kulturzentrum Abtei Brauweiler hervorgeht. Jedoch wird Vitzthum als der Führer in der Kathedrale in einem Beitrag identifiziert, den Cornelius Gurlitt nur einige Wochen nach der Beschießung

im Berliner Tageblatt veröffentlichte, vgl. Cornelius Gurlitt, «Die Kathedrale von Reims. Wie die Franzosen für ihre Erhaltung sorgten …», in: *Berliner Tageblatt*, Nr. 607, 29. November 1914, S. 2. Siehe auch Auduc, 2008, S. 401.

16 Vitzthum von Eckstädt und Volbach-Berlin 1914, S. 1–28.

17 Vitzthum von Eckstädt und Volbach-Berlin 1914, S. 16–17.

18 Vitzthum von Eckstädt und Volbach-Berlin 1914, S. 15.

19 Vitzthum von Eckstädt und Volbach-Berlin 1914, S. 22.

20 Vitzthum von Eckstädt und Volbach-Berlin 1914, S. 22.

21 Vitzthum von Eckstädt und Volbach-Berlin 1914, S. 24. Diese uns heute eher fern liegenden gedanklichen Konstruktionen waren in den Jahrzehnten vor dem Ersten Weltkrieg sehr verbreitet. Julius Langbehns 1891 erschienener Bestseller *Rembrandt als Erzieher* hatte solche Anschauungen populär gemacht, wenn sich Vitzthum auch sicher nicht mit den pan-germanischen politischen Vorstellungen Langbehns identifizierte. Auch Wilhelm Worringers einflussreiche Schrift *Abstraktion und Einfühlung* (1907 als Dissertation verfasst, erstmals 1908 im Piper Verlag München herausgegeben) prägte Vitzthums Deutung mittelalterlicher Formensprache.

22 Einem, 1945/46, S. 266. Nach dem Krieg, aus dem er von den Erfahrungen schwer geschädigt mit einem Nervenleiden zurückkehrte, nahm Vitzthum seine Studien vor allem zur französischen Kunst der Gotik, besonders der Buchmalerei, deren bester Kenner er war, wieder auf.

23 Games, 2010, S. 143. Die Angaben in dem Buch von Games scheinen auf mündlichen Aussagen zu beruhen und geben keine genaueren Details der Umstände. Auch Hans Jantzen, Verfasser mehrerer wichtiger Publikationen vor allem über den gotischen Innenraum, später Professor für Kunstgeschichte in München und Freiburg i. Brsg., befand sich an der Westfront.

24 Poirier, 1917, S. 110–111. Poirier zitiert in diesem Zusammenhang einen Artikel aus der *Gazette de Francfort* vom 8. September, in der zu lesen war : «Respectons les cathédrales françaises, celle de Reims notamment qui est une des plus belles basiliques du monde. Depuis le moyen âge, elle est particulièrement chère aux Allemands puisque le maître de Bamberg s'inspire des statues de ses portiques pour dessiner plusieurs de ses figures»; Chatelle, 1951, S. 74; Harlaut, 2005–6, S. 35; Paul, 2016, S.148.

25 Landrieux, 1919, S. 205; Chatelle, 1951, S. 77–81.

26 Mott, 1929, S. 120, 158–160; Le Naour, 2012, S. 287–288.

27 Mott, 1929, S. 160.

28 Vgl. die ausführliche Schilderung der Schlacht bei Miquel, 2003; Koerner, 1968, S. 43–44; Mosier, 2001, S. 83–100; Herwig, 2009, S. 230–234, zu dem Transport durch Taxis S. 262; Becker, Krumeich, 2010, S. 209–210; Leonhard, 2014, S. 175–180.

29 Vgl. hierzu Ehlert, Epkenhans, Groß, 2006.

30 Münkler, 2013, S. 158–176; Münkler, 2014, S. 62. Siehe auch Ritter, 1956; Ehlert, Epkenhans, Groß, 2006; Bredekamp, 2015.

31 Kluck, 1929, S. 184–185. Siehe auch Kluck, 1920.

32 Becker, 1994, S. 69; Le Naour, 2012, S. 306; Paul Claudel veröffentlichte 1916 *La nuit de Noël de 1914*, ein Theaterstück, das in der Nähe von Reims mit der zerstörten Kathedrale im Hintergrund spielt.

33 Maurice Barrès, «La fête nationale de Jeanne d'Arc», in: *L'Écho de Paris*, 22. Dezember 1914, S. 1; Le Naour, 2012, S. 306.

34 Kluck, 1929, S. 182.

35 *London Times*, 22. September 1914, S. 9. Vgl. auch den offiziellen Bericht des Kriegsministeriums, *Die Beschießung der Kathedrale von Reims*, 1915, S. 6.

36 Immer wieder wurden während des Ersten Weltkriegs die Kirchtürme zur Beobachtung der feindlichen Bewegungen genutzt. Reims war kein Einzelfall. Vgl. Le Naour, 2012, S. 304.

37 In der *Frankfurter Zeitung*, Nr. 265, vom 24. September 1914, Erstes Morgenblatt, zitiert Richard Hamann in seinem Beitrag: «Wir Barbaren und die Kathedrale von Reims» einen Brief, den ein General mit «lebhaftem kunsthistorischem Interesse» an ihn richtete. Er mache sich Sorge um die Kathedrale von Reims, da von ihr aus militärische Beobachtungen gemacht würden. Bisher ist es nicht gelungen, den General namentlich zu benennen. Hamanns Artikel wurde nochmals unter dem Titel: «Das Land der Kathedralen», in: Grautoff, 1915, S. 116–119 veröffentlicht. Siehe auch Sauer, 1917, S. 66.

38 Deutsches Kriegsministerium, 1915, S. 5–6. Siehe auch den Bericht *Kriegstagung für Denkmalpflege,* 1915.

39 Vgl. die ausführliche Darstellung von Ellis Ashmead-Bartlett, der nur kurze Zeit nach der Bombardierung die Stadt besuchte: Ashmead-Bartlett, «Un de plus grands crimes de l'histoire», in: *L'Illustration*, 26. September 1914, S. 231: «Le 12 Septembre, durant la nuit, les troupes françaises reprirent possession de la ville. Le lendemain, elles installèrent un projecteur sur la basilique, mais l'enlevèrent presque aussitôt, après que les deux états-majors eurent convenu qu'elle ne servirait d'aucune façon aux opérations militaires.» Der Abbé Thinot bestätigt, dass sich der Scheinwerfer nur eine Nacht auf dem Nordturm befand, «Le crime de Reims», in: *L'Illustration,* 10. Oktober 1914, S. 270.

40 Marcel Proust spielt auf diese Zusammenhänge in dem letzten Band seines Romans *À la recherche du temps perdu* an, wenn er Charlus über die Zerstörung der Kirche von Combray aussagen lässt: «Nous y avions notre chapelle, nos tombeaux. Cette église a été détruite par les Français et par les Anglais parce qu'elle servait d'observatoire aux Allemands […] Eh bien entendu je n'ai pas le ridicule de comparer, pour des raisons de famille, la destruction de l'église de Combray à celle de la cathédrale de Reims, qui était comme le miracle d'une cathédrale gothique retrouvant naturellement la pureté de la statuaire antique, ou celle d'Amiens.» Proust, 1954, S. 795.

41 Vgl. hierzu Cochet, 1983 und ausführlich Harlaut, 2005–6, S. 64–69.

42 Hess, 1998, S. 95–99; «Le 17, les batteries allemandes placées près de Nogent-l'abbesse commencerent à bombarder Reims, et, les obus tombant dans les

quartiers voisins de la cathédrale, on se prit à penser que leurs pointeurs l'avaient prise pour cible», in: *L'Illustration,* 26. September 1914, S. 231. Für die Ausführung des Schusses von der deutschen Seite war, wie bezeugt ist, der Unteroffizier von Ranke zuständig, der auf Geheiß seines Generals den sich auf dem Turm befindlichen Beobachter vertreiben sollte. Siehe Graves, 1957, S. 69. Freundlicher Hinweis von Josip Belamaric. Über die Bombardierung in den folgenden Tagen zusammenfassend Harlaut, 2005–6, S. 36–38. Vgl. auch die lebendige Darstellung von Albert Londres, der sich während der Bombardierung vor und in Reims aufhielt, um für *Le Matin* zu berichten: Londres, 2010, S. 25–34.

43 *L'Illustration,* 26. September 1914, S. 231: «Pour en assurer la protection, on transporta à l'intérieur 63 blessés allemands, qui furent installés sur des couches de paille dans la nef [...].»

44 Bülow, 1919, S. 78.

45 Lyautey, 1934, S. 63–65; Harlaut, 2005–6, S. 38–47.

46 Kronenberger-Hüffer und Czymmek, 2014, S. 158–159, Nr. 63.

47 Diese Vorgänge ausführlich bei Harlaut, 2005–6, S. 46–47.

48 Cochet, 1993; Hess, 1998. Siehe auch Petit, 2015.

49 Antony-Thouret, 1927.

50 *Rapport de M. Whitney Warren,* 1917.

51 Harlaut, 2005–6, S. 61–63. Vgl. auch die Berichte von Arthur Kingsley Porter, «The Devastated Art of France», in: *Scribner's Magazine*, vol. 66, Juli 1919, S. 125–128 und August 1919, S. 253–256, und Porter 1919b. Siehe auch Nicolai, 1999.

52 Deutsches Kriegsministerium, 1915, S. 5–31. Vgl. auch Bredekamp, 2015. Dieser Text enthält die Angabe, Paul Clemen hätte das *Manifest der 93* unterschrieben, was nicht der Fall war.

53 Deutsches Kriegsministerium, 1915, S. 5.

54 Ashmead-Bartlett, «Un de plus grands crimes de l'histoire», in: *L'Illustration*, 13. September 1914, S. 232 und 10. Oktober 1914, S. 270. Siehe Deutsches Kriegsministerium, 1915, S. 5.

55 Frank Hedges Butler war Weinhändler und auf einer seiner Reisen durch Reims gekommen. Sein Bericht erschien demnach in der englischen Fachzeitschrift *Wine and Spirit Trade Record*; siehe Butler, 1914.

56 *London Times*, 22. September 1914, S. 9.

57 Deutsches Kriegsministerium, 1915, S. 10.

58 Deutsches Kriegsministerium, 1915, S. 8.

59 Deutsches Kriegsministerium, 1915, S. 10.

60 Deutsches Kriegsministerium, 1915, S. 13.

61 Deutsches Kriegsministerium, 1915, S. 26.

62 Theodor Wolff berichtet von einem Gespräch mit Karl Max Fürst von Lichnowsky, der von der Westfront kommend von entsetzlichen Verwüstungen in Belgien berichtete. Die Kolonnen hätten wild «gehaust», in: Wolff, Bd. 1, 1984, S. 109.

63 Wolff, Bd. 1, 1984, S. 108.
64 Wolff, Bd. 1, 1984, S. 108.

II. Die Kathedrale im Medienkrieg

1 Hierzu vor allem Kiefer, 1999.
2 Aby Warburg zitiert nach Gombrich, 2012, S. 399.
3 Schöller, 1958; Wieland, 1984; Schivelbusch, 1988; Horne, Kramer, 2001; Kott, 2006, S. 42–42. Interessant zur Geschichte Belgiens während des Krieges ist der Sammelband von Jaumain et al. 2005; Kramer 2007, S. 6–14.
4 Zur neuerlichen *franc-tireurs*-Diskussion siehe Keller, 2017.
5 Zur Zwei-Körper-Theorie des französischen Königtums vgl. Kantorowicz, 1957. Siehe auch Le Goff, 1998.
6 Le Goff, 1984; Sauerländer 2013, S. 25–26.
7 Zu den Denkmälern der Jeanne d'Arc und der Frage der Zuschreibung der Reimser Statue siehe Hanna, 1985 sowie Lebon, 2012. Zur Ideologie der Jeanne d'Arc im Ersten Weltkrieg siehe auch Bernanos, 1914; Winock, 1984; Krumeich, 1989; Krumeich, 2006.
8 Michelet 1893, S. 38. Siehe auch Gaehtgens 1984, S. 162–169, 369–370; Amalvi 1996, S. 96–114.
9 Sniter, 2001.
10 Robichon, 1984, S. 118, 121.
11 *La Grande Guerre, Recueil des Communiqués Officiels des Gouvernements et États-Majors de tous les Belligérants*, 1915, S. 7.
12 Théophile Delcassé, zitiert nach *Les Allemands destructeurs de cathédrales et de trésors du passé*, 1915, S. 18; vgl. auch Harlaut, 2005–6, S. 47.
13 Vgl. auch die Darstellung von Harlaut, 2005–6, S. 51–55, der andere Pressestimmen auswählte.
14 «La cathédrale de Reims est détruite», in: *Le Figaro*, 21. September 1914, S. 1.
15 *London Times*, 22. September 1914, S. 9–10.
16 *London Times*, 22. September 1914, S. 9.
17 Henry James, «Après le Bombardement de Reims», in: *Journal des débats*, 10. Oktober 1914, S. 2. Auch der amerikanische Architekt Whitney Warren besuchte die Kathedrale und berichtete von dem Ausmaß ihrer Zerstörung, siehe «Rheims Damage Permanent: Whitney Warren Says the Cathedral's Beauty Cannot Be Restored», in: *New York Times*, 20. September 1914; «L'exclusion des Allemands: Le crime de Reims», in: *Le Figaro*, 17. Oktober, 1914, S. 2; «État de la cathédrale de Reims après le passage des Allemands», *Rapport de M. Whitney Warren*, 1917.
18 Ferree, 1922. Ferrees umfangreicher Nachlass befindet sich in der Bibliothek der Princeton University.

19 «Sus aux barbares», in: *Le Figaro*, 20. September 1914, S. 1: «ils détruisent systématiquement les édifices que l'admiration universelle avait faits trésors du monde entier; anéantir les musées, les bibliothèques, les hôtels de ville moyenâgeux, les églises admirables de joies, des douleurs et des espérances de l'humanité, c'est leur bravoure et leur vengeance.»

20 *Le Figaro*, 22. September 1914, S. 1; vgl auch *Le Petit Journal*, 22. September 1914.

21 Wilhelm Ostwald war Chemiker und Mitglied des Deutschen Monistenbundes, der internationalistisch und pazifistisch gesinnt war. Nach Kriegsbeginn bekannten sich allerdings einige, unter anderen Ostwald, zu der Überzeugung der Superiorität der deutschen Kultur gegenüber der französischen. Georg Lasson war ein protestantischer Theologe und Philosoph und beschäftigte sich insbesondere mit dem deutschen Idealismus um Georg Wilhelm Friedrich Hegel.

22 André Beaunier, «Nos ‹Intellectuels› et les leurs», in: *Le Figaro*, 14. Dezember 1914, S. 1: «depuis son empereur jusqu'au dernier de ces négociants.»

23 Beaunier, «Nos ‹Intellectuels› et les leurs», S. 1.

24 Beaunier, «Nos ‹Intellectuels› et les leurs», S. 1: «la complicité des boches et des sous-boches.»

25 Lavedan, 1916, S. 94: «[…] ces mots qui font mal à dire, qui ne sortent que comme un cri: ‹La cathédrale de Reims n'est plus!›»

26 «Au nom du ciel, qu'ils se taisent ; les malheureux la désignent ainsi tous les jours à la rage des Allemands ! Ils leur crient qu'elle sera l'éternel témoin de leur crapulerie, alors ils pensent à nous en faire un simple tas de cendres, et ils repointent leurs canons ! […] Pour l'instant et pour elle, nous devons crier aux nôtres : Silence ! Et lorsque les salauds de Boches seront trop loin pour l'achever, alors nous gueulerons nos douleurs retenues ! Hélas, des représailles pour la ruine de Reims, il n'y en a pas ! C'est impossible ! C'est la couronne de la pauvre race humaine toute entière que l'Allemagne casse de toutes parts !» Brief von Emile-Antoine Bourdelle an Antonin Perbosc, vom 17. Oktober 1914, Emile-Antoine Bourdelle letters, Getty Research Institute, Los Angeles, 87-A136.

27 *Le Temps*, 21. September 1914, S. 1. In seinem Buch veröffentlichte Landrieux Auszüge aus Tageszeitungen und Zeitschriften, welche die feindseligen und großenteils obskuren Aussagen widerspiegeln. Siehe Landrieux, 1919, S. 208–229. Weitere Hinweise auf Publikationen französischer Intellektueller vor allem bei Harlaut, 2005–6, S. 82–87.

28 *Le Capital*, Lissabon, in: Landrieux, 1919, S. 209.

29 *Le Gaulois*, 21. September 1914, in: Landrieux, 1919, S. 209.

30 *Le Petit Parisien*, 22. September 1914, in: Landrieux, 1919, S. 209.

31 *The World*, 1914, in: Landrieux, 1919, S. 210.

32 *Le Temps*, 1914, in: Landrieux, 1919, S. 210.

33 *Les Débats*, 22. September 1914, in: Landrieux, 1919, S. 208.

34 Zum Beispiel in: *Les Allemands destructeurs de cathédrales et de trésors du passé*, 1915, S. 5.

35 Suarès, 1914, S. 12.

36 *Reichspost*, 23. September 1914.

37 «Der Brand der Kathedrale von Reims», in: *Bonner Zeitung*, 24. September 1914, Nr. 268, S. 1–2. Ähnlich «Der Kampf um Reims», in: *Berliner Tageblatt*, 21. September 1914, S. 1.

38 Richard Hamann, «Wir Barbaren und die Kathedrale von Reims», in: *Frankfurter Zeitung* (Morgenausgabe), Nr. 265, vom 24. September 1914, S. 1. Siehe auch Hermand, 2009, S. 58, 60.

39 *Berliner Tageblatt*, 23. September 1914, S. 1.

40 *Berliner Tageblatt*, 23. September 1914, S. 1.

41 Bergson zitiert in Rolland, Bd. 1, 1983, S. 43–44, Original in Bergson, 1972, 1102: « […] la lutte engagée contre l'Allemagne est la lutte même de la civilisation contre la barbarie.» Zu Bergson siehe Piper, 2013, S. 242.

42 Der symbolistische Dichter Paul Fort, der aus Reims stammt, war einer der Ersten, der sich auf literarische Weise zum Beschuss der Kathedrale äußerte. Zwei Tage nach dem Ereignis schrieb er ein Gedicht mit dem Titel «La Cathédrale de Reims». Er widmete seine Verse einem gewissen Baron von Plattenberg, eine Verwechslung mit Karl Freiherr von Plettenberg, einem befehlshabenden Offizier in der 2. Deutschen Armee während des Frankreichfeldzuges, dessen Ausruf «le Barbare exécré!» Fort in seinem Gedicht heranzog: Paul Fort, *Poèmes de France. Bulletin Lyrique de la Guerre, 1914–1915* (Lausanne: Librairie Payot et Cie., 1916), S. 15–23. Dieses Gedicht inspirierte vermutlich Gino Severini, Paul Forts Schwiegersohn, zu einer kubistischen Kohlezeichnung mit dem Titel «Flying Over Rheims» (1915), Metropolitan Museum, Alfred Stieglitz Collection.

43 Am 13. März 1915 schrieb er in sein Tagebuch: «Je sens la haine qui monte en France contre moi. Pourtant, je n'ai rien fait que dire des paroles humaines et persister sans bruit dans une attitude modérée et sans haine», in: Rolland, 1952, S. 271; vgl. auch Rolland, 2013, S. 271. Zu Rollands Pazifismus, seiner Reaktion auf die Beschießung von Reims und die Auseinandersetzung mit Gerhart Hauptmann vgl. Claire Basquin, 2013, S. 127–147.

44 Rolland, 1952, S. 38–40 [22. August 1914].

45 Rolland schickte das Telegramm an Hauptmann nach Berlin. Es erschien in der *Gazette de Lausanne* am 29. August 1914. Sein Brief und Hauptmanns Antwort in *Vossische Zeitung* (Morgenausgabe), Nr. 460, 10. September 1914. Siehe Rolland, 2013, S. 47; Kempf, 1962, S. 109–110; Cheval, 1963, S. 262; Klepsch, 2000, S. 53–56.

46 Rolland, 2013, S. 49; vgl. auch Klepsch, 2000, S. 62.

47 Vgl. zu Hauptmanns Einstellung zum Krieg die Bemerkungen von Theodor Wolff, der ihn als einen «Welteroberer» bezeichnet: Wolff, Bd. 2, 1984, S. 104.

48 Rolland, 2013, S. 52.

49 Rolland, 2013, S. 53. Vgl. in diesem Zusammenhang die Aussage von Charlus in Prousts *Le Temps retrouvé*, wobei er sich auf Barrès bezog : «[…] et M. Barrès […] a été touchant et gracieux quand il a écrit que la cathédrale de Reims elle-

même nous était moins chère que la vie de nos fantassins. Assertion qui rend assez ridicule la colère de nos journaux contre le général allemand qui commandait là-bas et qui disait que la cathédrale de Reims lui était moins précieuse que celle d'un soldat allemand. C'est du reste ce qui est exaspérant et navrant, c'est que chaque pays dit la même chose.» in: Proust, 1954, S. 795–796.

50 Adorno, 2009, S. 60–61. Freundlicher Hinweis von Peter-Klaus Schuster, Berlin.

51 Proust, Bd. 2, 2016, S. 867. Zu der abgewogenen und sich von den chauvinistischen Stimmen der Kriegsjahre distanzierenden Haltung Prousts vgl. auch Ritte, 2017, S. 201–223.

52 Clemen, 1915b, S. 90–91; Kott, 2006, S. 49.

53 In diesem Sinne Kott, 2006, S. 50: «Des concepts apparement antagonistes s'opposent: la revendication du sacrifice de vies humaines pour la préservation du patrimoine artistique national, et du côté allemand, la revendication de sacrifier les oeuvres d'art pour épargner des vies humaines, en l'occurrence des soldats allemands.»

54 Brocke, 1985. Siehe vor allem Ungern-Sternberg und Ungern-Sternberg, 1996, S. 144, Abb. 3 und 4 sowie Ungern-Sternberg, 1996, S. 77–96; Bruendel, 2003; Bruendel, 2014.

Dem Manifest *An die Kulturwelt* folgte nur zwei Wochen später der Protest von 4000 Professoren der deutschen Universitäten. Auch in England wurden ähnliche Protestschreiben verbreitet, die sich gegen die Deutschen richteten. Kott, 2006, S. 47–48; Piper, 2013, S. 215–225.

55 Siehe den Bericht des Deutschen Kriegsministeriums.

56 Meier-Graefe, 2009, S. 260. Zur Zensur insbesondere der Literatur vgl. auch Beaupré, 2006, S. 73–95.

57 Ungern-Sternberg und Ungern-Sternberg, 1996, S. 144.

58 Andere prominente Unterzeichner waren Justus Brinckmann, Friedrich-Wilhelm Dörpfeld, Fritz Haber, Ernst Haeckel, Ludwig Hoffmann, Engelbert Humperdinck, Leopold Graf von Kalckreuth, Karl Lamprecht, Eduard Meyer, Bruno Paul, Wilhelm Trübner, Adolf von Harnack, Friedrich August von Kaulbach, Karl Vossler, Siegfried Wagner und Ulrich Wilamowitz-Moellendorff.

59 Weisbach, 1956, S. 127.

60 Nicolai verfasste einen eigenen Aufruf, der allerdings wenig Erfolg hatte. Sein weiteres Engagement gegen die Kriegsführung und sein in Zürich veröffentlichtes Buch *Die Biologie des Krieges*, 1917, lösten heftige Kritik bei den nach wie vor nationalistisch eingestellten Studenten und Professoren der Berliner Universität aus. Ihm wurde sogar die Venia legendi entzogen. Nach Kriegsende traf er sich mit Romain Rolland und verbreitete dessen Aufruf: *Déclaration d'indépendance de l'esprit*. Vgl. Nicolai, 1919. Auch mit diesem Appell fand er nur relativ wenig Sympathie. 1922 wanderte er nach Argentinien aus, vgl. Piper, 2013, S. 226. Zu Einstein siehe Goenner, 2005, S. 117.

Auch Hermann Hesse gehörte zu den Kritikern des Aufrufs, wie er in einem

Beitrag in der *Neuen Zürcher Zeitung* vom 3. November 1914 mit dem Titel: *O Freunde, nicht diese Töne!* schrieb. Vgl. Borchmeyer, 2017, S. 855.

61 Wolff, Bd. 1, 1984, S. 106–107.

62 Wolff, Bd. 2, 1984, S. 760.

63 Ferdinand Holder, «Protestation contre le bombardement de Reims», in: *Tribune de Genève*, 27./28. September 1914. Siehe hierzu Steiger, 1970; Verspohl, 1997; Hettling, 1999.

64 Flasch, 2000, S. 18; Beßlich, 2000, S. 95–99.

65 Ein übles Pamphlet und ein gutes Beispiel für die aggressive Reaktion auf Hodlers Unterschrift ist Hans Karl Eduard von Berlepsch-Valendas, *Abwehr. Offener Brief eines in Deutschland lebenden Schweizers an Herrn Dr. Ferdinand Hodler und Herrn Jacques Dalcroze in Genf*, 1914. Siehe auch: «Chronik», in: *Kunst und Künstler, Illustrierte Monatsschrift für bildende Kunst und Kunstgewerbe*, 13 (1915), S. 92–93.

66 Von einem Gelehrten, einem der sensibelsten Kunsthistoriker der Epoche, ist jedoch überliefert, dass er geradezu physisch und psychisch litt, als er die Nachrichten von den Zerstörungen an der Westfront hörte, folgt man der Darstellung seines Schülers Erwin Panofsky: Panofsky, 1958, S. xi. Siehe jedoch auch Dilly, 2000, S. 236–237 und Deicher, 1992, S. 75–76; Passini, 2012, S. 165.

67 Mommsen, 1996, S. 1–17; Dilly, 2000.

68 Weisbach, 1956, S. 126.

69 Cornelius Gurlitt, «Die Kathedrale von Reims. Wie die Franzosen für ihre Erhaltung sorgten …», in: *Berliner Tageblatt*, Nr. 607, 29. November 1914. In derselben Ausgabe des *Berliner Tageblattes* findet sich übrigens ein ausführlicher Artikel über das Scherenfernrohr. Es mag dies ein Zufall sein. Man kann aber vielleicht vermuten, dass die Darstellung dieses Gerätes zu diesem Zeitpunkt nicht ohne Absicht geschah. Das Scherenfernrohr wird nämlich in den Berichten über die Beschießung der Kathedrale immer wieder erwähnt. Seine Benutzung sei ein Beleg für die Genauigkeit, mit der die vor Reims lagernden Batterien die Vorgänge auf und um die Kathedrale beobachten konnten.

70 «Un manifeste des universités françaises», in: *Journal des débats*, Nr. 21, 13. November 1914, S. 623–624; Dimier, 1914; Ernest-Charles, 1915, S. 473; vor allem Hanna, 1996, besonders S. 78–105.

71 *Les Allemands destructeurs de cathédrales et de trésors du passé*, 1915. Vgl. auch Vindex, 1915.

72 *Les Allemands destructeurs de cathédrales et de trésors du passé*, S. 7.

73 *Les Allemands destructeurs de cathédrales et de trésors du passé*, S. 9.

74 Lackner, 1967, S. 11.

75 Vgl. in diesem Sinne auch Münkler, 2013, S. 254.

76 Zu den propagandistischen Postkarten siehe Danchin, 2011.

77 Siehe auch Baker, 2012, S. 298.

78 Zu Bourdelle vgl. Liot, 2001; Liot, 2014, S. 114, 116; Kronenberger-Hüffer und Czymmek, 2014, S. 160–161.

79 «Wilson is Stirred by the Ruined Rheims», in: *New York Times*, 28. Januar 1919; Pividori, 2015.

80 Der Katalog ist verzeichnet als *Paris sous les gothas et les berthas*, Aux Galeries Georges Petit, Paris 1919. Es besteht allerdings Zweifel, ob die Pastelle von Reims 1919 wirklich in der Galerie Petit ausgestellt waren, da sie im Katalog nicht aufgeführt sind. Boulanger et al., 2013, S. 89–103 und S. 90 Anm. 48.

81 Vorwort zu *Paris sous les gothas et les berthas,* 1919. Vgl. auch Harlaut, 2005–6, S. 41–44.

82 Druart, 2014, S. 37; Finckh und Liot, 2014, S. 37.

83 *Imagerie d'Épinal*, Nr. 87. Als Zeichner ist F. Clasquin angegeben. Zur visuellen Propaganda siehe auch den Ausstellungskatalog *Krieg der Geister, Weimar als Symbolort deutscher Kultur vor und nach 1914*, hg. v. Holler, Püschel und Wendermann, 2014.

84 «Car ce ne peut être que CELUI-LÀ que le KAISER ne cesse d'invoquer, si l'on en juge par les actes de pire vandalisme dont la Belgique et la France envahies portent le flétrissant témoignage [...] HENRI HEINE, le poète allemand qui passa la dernière moitié de sa vie en France, avait, dès 1834, prévu, comme on voit, ce retour à la sauvagerie ancestrale [...]. En 1914–15 le Kaiser commande et l'Allemagne applaudit!»

85 Heine, 1834, S. 216.

86 Sösemann, 1976, S. 350; Erbar, 2007.

87 Es kann kein Zweifel bestehen, dass das Plakat von Harry R. Hopps den späteren Film *King Kong* von Merian C. Cooper und Ernest B. Schoedsack aus dem Jahre 1933 inspiriert hat. Vgl. auch Becker, 2014, S. 81–82, 229.

88 See, 1994, S. 43. Zu dem Begriff «Barbar» in der Rassendiskussion vgl. die wichtige Untersuchung von Michaud, 2015.

89 Pommier, 1991, S. 225, 233; Béghain, 1997. Siehe hierzu auch Réau, 1994.

90 Savoy, 2011, S. 289–302; Roolf, 2007.

91 Kott, 1997, S. 16–19.

92 Zu den französischen und deutschen Karikaturen Wilhelms II. siehe: Ziegler, 2014.

93 Liot, 2001, S. 87. Zu dem Theaterstück von Morand vgl. auch Prungnaud, 2008, S. 236–238.

94 Zweig, 1984, S. 107.

95 Elias, Bd. 11, 1989, S. 199.

96 Blom, 2014, 160. Siehe Spengler, 1918 und 1922; zu den Begriffen «Kultur» und «Zivilisation» siehe Moser und Schmidt-Hidding, Bd. 3, 1967, vor allem S. 327–338; zu Oswald Spengler S. 338–371.

97 Prochasson, 1996; Chapoutot, 2008; Zanfi, 2014, S. 223–251; Burioni, 2015.

98 Bainville, 2013, S. 102. Zu dem Ereignis in Versailles: Gaehtgens, 1990.

99 Über die Tradition der kritischen Beurteilung Deutschlands durch die Intellektuellen Frankreichs vgl. Digeon, 1959; zum frühen 20. Jahrhundert siehe vor allem Hanna, 1996, S. 116; ferner Winock, 1997.

100 Hanna, 1996, S. 118–119.

101 Durkheim, 2003, S. 9–10.

102 Bresc-Bautier et al., 2016.

103 Pierre Lasserre zitiert bei von See, 1994, S. 69.

104 Jeismann, 1992, S. 327. Ursprünglich erschienen in: *Das Volk in Eisen: Kriegsgedichte der Täglichen Rundschau* (Berlin: Verlag der Täglichen Rundschau, 1914), 107, Nr. 50.

105 Troeltsch, 1915, S. 4, 6, 7–8. Vgl. auch Troeltsch, 1916.

106 Scheler, 1982, S. 107, 108.

107 Vondung, 1988, S. 197.

108 Der Artikel «Zeitgemäßes über Krieg und Tod» erschien zunächst in der Zeitschrift *«Imago»: Zeitschrift für die Anwendung der Psychoanalyse auf die Geisteswissenschaften*, 4, Nr. 1 (1915); siehe Freud, 1924, S. 329.

109 Siehe die Zusammenstellung von Texten aus dem Jahre 1914, die bereits 1915 erschien, in Kellermann, 1915. Vgl. auch Beßlich, 2000. Zur Antithese von deutscher Kultur und französischer Zivilisation bei Thomas Mann vgl. auch Lepenies, 2006, S. 71–131. Hierzu jüngst mit ausführlichen Hinweisen aus der umfangreichen Literatur zu diesem Thema Vollmer, 2014, S. 38.

110 Mann 1994b, S. 188–205 und Mann, 2009.

111 Mann, 1914, S. 25; Großheim, 2015, S. 65. Fries, 1995, S. 83–91.

112 Vgl. den Überblick über die Geschichte der Stereotypen bei Vollmer, 2014, S. 40–48.

113 Döblin, 1972, S. 17.

114 Döblin, 1972, S. 17.

115 Ungern-Sternberg und Ungern-Sternberg, 1996, S. 144, Abb. 3.

116 Worringer, 1912, S. 69. Siehe auch Worringer, S. 10–12, 32–38, 50–53, 71–77. Zur Diskussion über die unterschiedlichen Rassen des Südens und des Nordens, der Romanen und der Germanen, die sich auch in der Kunstgeschichte, besonders deutlich bei Alois Riegl, findet, aber auch in die Beurteilung der zeitgenössischen Kunst Eingang fand, etwa bei Ludwig Uhde, siehe vor allem Michaud, 2015, S. 183–194.

117 Hamann, 1915b, S. 358. Hermand, 2009, S. 60.

118 Scheffler, 1919, S. 52.

119 Grebing 2004, S. 39. Nach der allgemeinen Empörung kann auch die Produktion eines Propaganda-Stummfilms mit dem Titel «Wir Barbaren» im Jahre 1915 als Zeichen der in Deutschland wachsenden Gelassenheit gegenüber den Vorwürfen angesehen werden. Der humoristische Film wurde von der National-Film GmbH produziert. Die Hauptrolle spielte Paul Heidemann.

III. Der Mythos der Gotik in Frankreich

1 Vgl. hierzu auch Kronenberger-Hüffer und Czymmek, 2014.

2 Diese Zusammenhänge wurden vorzüglich analysiert von Emery, 2001 und Prungnaud, 2008.

3 Berchet, 1999.

4 Mallion, 1962; Emery, 2001, S. 16–19.

5 «[…] les plus grands produits de l'architecture sont moins des œuvres individuelles que des œuvres sociales; plutôt l'enfantement des peuples en travail que le jet des hommes de génie; le dépôt que laisse une nation […].» Und weiter: «Le temps est l'architecte, le peuple est le maçon.» Hugo, 1832, S. 148–149.

6 Die Lehre an der École des Beaux-Arts war hingegen streng auf das Studium der Architektur der Antike und der Renaissance hin orientiert. Der Archäologe, Professor und Politiker Charles Ernest Beulé trat der Gotikverehrung entgegen und stellte fest, dass die gotischen Kathedralen nichts mit französischem Geist zu tun hätten. Auch Jules Michelet, in seinen späteren Schriften, Edgar Quinet und Ernest Renan betrachteten die Gotik nicht als eine herausragende Kulturepoche. Siehe Dakyns, 1973; Bergdoll, 1995, besonders S. 114; Emery, 2001, S. 20–22, 24–25. Siehe ebenfalls Middleton, 1982, insbesondere den Beitrag von Rykwert, 1982.

7 Vgl. hierzu grundlegend vor allem Leniaud, 1993.

8 Germann, 1972, S. 135–136.

9 Mertens, 1848; Kurmann, 2010a, hier besonders S. 94.

10 Zu Lassus siehe Leniaud, 1980.

11 Viollet-le-Duc, 1846, S. 347: «Le gothique étant perverti, la Renaissance s'est servie de l'antique. Aujourd'hui la Renaissance est usée à son tour; eh bien nous voulons nous servir du gothique.» Germann, 1972, S. 138–139.

12 Leniaud, 1993, S. 52–53.

13 Leniaud, 2000.

14 Viollet-le-Duc, 1846, S. 336: «Ce que nous demandons à tous, messieurs, c'est le retour à un art né dans notre pays». Germann, 1972, S. 138.

15 Viollet-le-Duc, 1846, S. 352. Germann, 1972, S. 139.

16 Didron, 1846b, 259.

17 Didron, 1846c, S. 187–188. Chris Brooks bezeichnete den Bau nicht zu Unrecht als in seiner Struktur dem Klassizismus verbunden: «Its symmetry, lucidity and even finish are all virtues belonging more obviously to the logic of classicism […].», in: Brooks, 1999, S. 271. Siehe auch Kramp, 2000.

18 Rochette, 1846.

19 Zur Geschichte der Entstehung und den historischen, theologischen und ideologischen Hintergründen vgl. Jonas, 1993 und Jonas, 2000.

20 Hierzu Kurmann, 2010b.

21 Carle, 1875.

22 Emery, 2001, S. 27–29.

23 Emery, 2001, S. 29.
24 Zur Deutung des Romans und der Rolle der Kathedrale von Chartres ausführlich Emery, 2001, S. 89–128.
25 «De son origine asiatique, le Roman a gardé quelque chose d'antérieur à la Nativité du Christ», heißt es in Huysmans' *La Cathédrale*, 1898, S. 66.
26 Huysmans, 1898, S. 84: «La clef, c'est la connaissance des symboles».
27 Huysmans, 1898, S. 84.
28 Huysmans, 1898, S. 88.
29 Huysmans, 1898, S. 361–362.
30 Huysmans, 1898, S. 262.
31 Huysmans, 1898, S. 262.
32 Emery, 2001, S. 34.
33 Vgl. hierzu ausführlich Emery, 2001, S. 45–88.
34 Mâle, 1898. Siehe auch Gajewski, 2009. Zu Mâle ferner: Russo, 2004; Recht, 2004; Vauchez, 2005; Sauerländer, 2009.
35 Huysmans las Mâles Buch mit Begeisterung, wie «Bouquins», seine Besprechung des Werks in *L'Écho de Paris*, 26. April 1899, S. 1 belegt; vgl. hierzu Passini, 2012, S. 155–156; siehe auch Passini, 2014, S. 40–44.
36 Passini, 2012, S. 204.
37 Das Buch erschien in mehreren Auflagen, zunächst in Paris bei Librairie Armand Colin, 1917 (im Weiteren zitiert), wobei das erste Kapitel bereits 1914 in Paris geschrieben worden war. Vgl. hierzu ausführlich Levy, 2011, S. 381–386.
38 Mâle, 1917, S. 1–2.
39 Mâle, 1917, S. 1. Zu Mâle vgl. insbesondere Dilly, 1990 und Dilly, 2000. Das *Monatsheft für Kunstwissenschaft*, 1916, veröffentlichte Mâles «Studien über die deutsche Kunst I» (Heft 11, S. 387–403) und «Studien über die deutsche Kunst II» (Heft 12, S. 429–447). Diese Beiträge wurden auch von Otto Grautoff als eine eigene Publikation herausgegeben: Grautoff, 1917. Siehe auch Straehle, 2009.
40 Grautoff in seiner Vorbemerkung zu Grautoff, 1916.
41 Sauerländer, 2009: «Il [Mâle, Anm. d. Autors] était certes un grand savant, mais toutes ses études étaient une profession de foi chrétienne et patriotique.»
42 Emery, 2001, S. 11.
43 Marcel Proust, «La mort des Cathédrales», in: *Le Figaro,* 16. August 1904. Der Artikel war dann auch Bestandteil von Prousts Werk *Pastiches et mélanges*, 1919 herausgegeben von der Nouvelle Revue Française, Paris. Siehe auch Béghain, 1997, S. 116–137.
44 Béghain, 1997, S. 32–33.
45 Béghain, 1997, S. 116–117.
46 Vgl. hierzu Emery, 2001, S. 129–160.
47 Proust, zitiert nach Béghain, 1997, S. 121, 124–125. Bales, 1974, S. 1926–1936 und Bales, 1975.
48 Béghain, 1997, S. 125.

49 Béghain, 1997, S. 119–120. Aristide Briand formulierte mit anderen die Gesetzesvorlage zur Trennung von Kirche und Staat.

50 Béghain, 1997, S. 133.

51 Emery, 2001, S. 130–131.

52 Rodin, 1917.

53 Rodin, 1914; Emery, 2001, S. 164–168. Zu Charles Morice siehe Lefebvre, 1926 und Delsemme, 1958.

54 Rilke, 1903.

55 Beausire und Pinet, Bd. 2, 1986, S. 41; Kuhlemann und Pinet, 2006, S. 57.

56 Grautoff, 1908.

57 Morice, 1900. Vgl. auch die Einleitung von Léonce Bénédite in der Neuauflage von Rodins *Cathédrales de France*, 1921, S. viii. Zu Rodins und Morices gemeinsamer Arbeit an dem Buch vor allem: Le Normand-Romain, 2010; Le Normand-Romain, 2014.

58 Harry Graf Kessler, Tagebuch, 14. August 1907 in Kessler, 2010, S. 323–326. Le Normand-Romain, 2014, S. 305.

59 Morice, 1921, S. ii.

60 Morice, 1921, S. vii. Vgl. auch Prungnaud, 2008, S. 22.

61 Charles Morice, zitiert in Schieder, 2009, S. 385.

62 Beausire und Pinet, 1992, S. 137–139. Vgl. auch die Besprechung von Rodins Buch von Émile Mâle, der betonte : «N'y cherchez ni l'histoire des cathédrales, ni les lois de leur équilibre, ni l'explication de leur encyclopédie de pierre. […] Il suffit qu'il admire […]. Quand un homme qui a fait des chefs-d'œuvre nous dit que les cathédrales sont sublimes, qu'il faut les contempler avec des larmes de joie, on peut bien le croire sur parole.», in: Mâle, «Rodin interprète des cathédrales de France», in: *Gazette des Beaux-Arts*, Mai 1914, S. 327, 373.

63 Le Normand-Romain, 2007, S. 252; Sainsaulieu, 2013; Kronenberger-Hüffer and Czymmek, 2014, S. 207, Nr. 96.

64 Le Normand-Romain, 2007, S. 252.

65 Rodin, 1917, S. 17 (französische Ausgabe: Rodin, 1914, S. 13).

66 Judrin, 2001.

67 Rodin, 1917, S. 123 (französische Ausgabe: S. 90).

68 Vgl. Harlaut, 2005–6, S. 274–275.

69 Brief von Auguste Rodin an Romain Rolland, 25. September 1914, zitiert in Rolland, Bd. 1, 1983, S. 74. Das Original dieses Briefes befindet sich in den Archives Nationales, Fonds Romain Rolland. Vgl. Beausire und Pinet, 1992, S. 98; siehe auch Keisch, 2006, S. 62–63.

70 Beausire und Pinet, 1992, S. 97.

71 *Louvain*, 1914, S. 61–62.

72 *Louvain*, 1914, S. 61; Beausire und Pinet, 1992, S. 98.

73 Liot, 2001; Liot, 2014, S. 114, 116; Kronenberger-Hüffer und Czymmek, 2014, S. 160–161.

74 «Je retrouve en vous, un grand maître-ouvrier du Moyen-Âge; un ancient tailleur de pierres vives, demeuré, on ne sait comment, parmi nous, depuis les temps anciens», in: Bourdelle, 1978, S. 195. Liot, 2001, S. 89.

75 Liot, 2001, S. 91.

76 Grautoff, 1915, S. 20–23.

77 Jean-Michel Leniaud hat diese Umstände prägnant zusammengefasst: «Dès lors, la cathédrale en laquelle les historiens libéraux de la monarchie de juillet avaient vu le symbole de la cité, de la bourgeoisie montante et de la raison, devient le symbole de la nation, de la nation triomphante – la cathédrale gothique est d'origine française, non d'origine germanique –, de la nation souffrante, telles les cathédrales captives et martyres des guerres de 1870 et 1914–15», Leniaud, 1993, S. 19. Grundlegend zur Geschichte der Denkmalpflege in Frankreich: Auduc, 2008, S. 275–383.

78 Barrès, 1914; Vgl. auch die neue Ausgabe mit Einleitungen von Michel Leymarie und Michela Passini in Barrès, 2012 (ab hier zitiert) sowie Béghain, 1997, S. 35–36. Auduc, 2008, S. 308–312.

79 Dussaule, 1974 ; Auduc, 2008, S. 345–367.

80 Béghain, 1997, S. 38.

81 Barrès, 2012, S. 313–314.

82 Barrès, 1914, S. 312.

83 Barrès, 1914, S. 318.

84 Zu Barrès' Anschauungen vgl. immer noch grundlegend: Curtius, 1921; Barrès, 2012, S. 15.

85 Barrès, 2012, S. 15–16, 20–21.

86 Barrès, 1914, S. 19–20; Béghain, 1997, S. 29.

87 Mallion, 1962; Béghain, 1997, S. 18–26 und S. 45–69.

88 Barrès, 2012, S. 53. Die Fotografien erschienen in *Les Annales politiques et littéraires*, 29. Januar 1911.

89 Béghain, 1997, S. 35.

90 Landrieux, 1919, S. 225.

91 Der Vorwurf des Vandalismus wurde selbst in Parlamentsdebatten, etwa am 13. März 1913, von den Befürwortern des Denkmalschutzes erhoben. Vgl. Barrès, 2012, S. 172.

IV. Gotik als Deutsche Kunst

1 Goethe, 1960.

2 Goethe, 1960, S. 10. Vgl. hierzu jüngst Roland Recht, der die Besonderheit des Empfindens als eine neue Fähigkeit beschreibt, die er als «Poetik des Erlebens» beschreibt: Recht, 2014, S. 26; Recht, 2016, S. 288–289.

3 Laugier, 1753. Vgl. auch Herrmann, 1962.

4 Forster, 1871–1914, S. 48; vgl. hierzu vor allem Lützeler, 1948, S. 197; Robson-Scott, 1956.

5 Vgl. die Kritik der deutschen Romantik durch den französischen Philosophen Seillière als weltanschaulichen Gegensatz zwischen den beiden Nationen: «Le romantisme […] est dans son essence une insurrection du sentiment ou plutôt de l'instinct contre la raison»; Seillière, 1908, S.iii, zitiert nach Frankl, 1960, S. 447. Siehe auch Nipperdey, 1987; Nipperdey, 2013.

6 Schinkel platzierte seine Version der gotischen Kathedrale allerdings in einer eindeutig italienischen Küstenlandschaft, was als eine Referenz zu Novalis' romantischer, europäischer Utopia verstanden kann. In dieser idealen Zukunftsvision sollte Europa wieder – wie bereits im Mittelalter – unter einer allgemeinen Rückbekehrung zum Christentum, wie sie durch die gotische Kathedrale im Licht der aufgehenden Sonne symbolisiert wird, vereint sein. Nipperdey, 1977; Scholl, 2004; Dorgerloh, Niedermeier und Bredekamp, 2007.

7 Nipperdey, 1981, S. 596.

8 Lützeler, 1948, S. 204–205.

9 Boisserée, 1821; Boisserée, 1842.

10 Schlegel, 1946.

11 Schlegel, 1946, S. 240; Lützeler, 1948, S. 199.

12 Friedrich Wilhelm IV., zitiert nach Lützeler, 1948, S. 212–213.

13 Kugler, 1842, S. 530.

14 Kugler, 1842, S. 515.

15 Kramp, 2014, S. 35. Vgl. auch Hardering, 2014.

16 Vgl. Lützeler, 1948, S. 233; Kugler, Bd. 2, 1853–54, S. 128–129 und Bd. 3, S. 394.

17 Lützeler, 1948, S. 232; Dehio und Bezold, Bd. 2, 1901, S. 261, 276. Allerdings findet sich bei Dehio und Bezold auch die Bemerkung: «Das Nationalbesondere hat sich (im Kölner Dom) bis auf einen geringen Rest verflüchtigt», Dehio und Bezold, Bd. 2, 1901, S. 274; Lützeler, 1948, S. 234. Vgl. hierzu auch Mâle, 1917, S. 144–145 und Dilly, 1990, S. 142–143.

18 Siehe vor allem Wilcken, 2000, besonders S. 304–324.

19 Mâle, 1917, S. 131–132.

20 Mâle, 1917, S. 113.

21 Lützeler, 1948, S. 233.

22 Passini, 2012, S. 188–189. Vgl. in diesem Zusammenhang auch Prungnaud, 2008, S. 226–231.

23 Rössler und Gramaccini, 2012, besonders S. 10.

24 Siehe vor allem Bushart, 1990; ferner Magdalena Busharts vorzügliche Analyse von Worringers Schrift als nicht empirische, sondern mit gesetzten Kategorien arbeitende Methode: *Die formbildenden Kategorien der Seele. Wilhelm Worringer und die Kunstgeschichte der Jahrhundertwende*, 2012. Lützeler, 1948, S. 233–235.

25 Worringer, 1912, S. 69. Siehe die ausführliche Darstellung von Worringers Thesen als einer nationalistischen Gotikinterpretation bei Passini, 2012, S. 181–186.

26 Worringer, 1912, S. 96.
27 Worringer, 1912, S. 97.
28 Kurt Gerstenbergs Buch über die *Deutsche Sondergotik, Eine Untersuchung über das Wesen der deutschen Baukunst des Mittelalters*, München 1913, nahm Gedanken von Worringer und anderen auf. Die Gotik sei zwar in Frankreich entstanden, in der deutschen Spätgotik habe sich jedoch eine ganz eigenständige Form dieses Stils der «nordischen Rasse» entwickelt; siehe auch Passini, 2012, S. 186–190.
29 Passini, 2012, S. 180.
30 Worringer, 1912, S. 97. Hierzu Dilly, 1990, S. 143 und Levy, 2011, S. 388.
31 Mann, 2009 (1918), S. 440; Vollmer, 2014, S. 146.
32 Worringer, 1915; siehe auch Bätschmann, 2012.
33 Worringer, 1915, S. 89.
34 Worringer, 1915, S. 86. Kramer, 2007, S. 27–30.
35 Zweig, 1984, S. 104, Hervorhebung im Original.
36 Worringer, 1915, S. 85.
37 Mâle, 1917, S. 249.
38 Scheffler, 1919, S. 30.
39 Vgl. in diesem Zusammenhang auch Dolff-Bonekämper, 2003. Die Verfasserin verweist auf Francastel, 1945 und zeigt, wie sich die Polemik über die Entstehung der Gotik im Streit der Nationen über Jahrzehnte hin fortsetzte und durch den Zweiten Weltkrieg nochmals belebt wurde.

V. Die Entstehung des Kunstschutzes

1 Kott, 2006, S. 53–54.
2 Mainzer, 1991.
3 Zirkularbrief vom 7. September 1914, in: Nachlass Clemen, Briefe Kriegszeit 1914–1918, Archiv des Landschaftsverbandes Rheinland, Brauweiler. Ich danke einem freundlichen Hinweis von Christina Kott auf diesen und die weiteren zitierten Briefe.
4 Paul Clemen an Friedrich Schmidt-Ott, 17. Oktober 1914, GStA-PK, I.HA Rep. 92, Schmidt-Ott, Kunstschutz, Berlin.
5 Nachlass Clemen, Briefe Kriegszeit 1914–1918, Archiv des Landschaftsverbandes Rheinland, Brauweiler.
6 Clemen, 1923, S. 389. Goege, 1991, S. 151.
7 Ein Teil des Berichts vom 19. Dezember wurde veröffentlicht als «Der Zustand der Kunstdenkmäler im nördlichen und östlichen Frankreich», in: *Kunstverwaltung in Frankreich und Deutschland*, siehe Clemen, 1915c. Bereits vorher, am 1. Dezember 1914, war in der *Internationalen Monatsschrift für Wissenschaft, Kunst und Technik* (Clemen, 1914), S. 304–316, ein Beitrag Clemens mit dem Ti-

tel «Unser Schutz der Kunstdenkmäler im Kriege» erschienen, in dem er sich gegen die scharfe Kritik von französischer Seite wandte. Er wurde von Louis Dimier ins Französische übersetzt und mit kritischen, zum Teil spöttischen Anmerkungen versehen, vgl. Dimier, 1915.

8 Clemen, 1915c, S. 103.

9 Clemen, 1915c, S. 107.

10 Clemen, 1915c, S. 108.

11 Clemen, 1915a. 1916 wurde Clemens Vortrag als Sonderdruck in leicht erweiterter Fassung in der *Zeitschrift für Bildende Kunst* herausgegeben, dann auch noch als eigenes Büchlein, 1916, im Verlag E. A. Seemann Leipzig publiziert. Ab hier wird auf diese Fassung verwiesen als Clemen, 1916. Siehe auch Speitkamp, 1996, S. 164.

12 Paul Schumann, «Kriegstagung für Denkmalpflege in Brüssel», in: *Kunstchronik*, 21. September 1915, S. 561–576, hier S. 562.

13 Clemen, 1916, S. 1.

14 Clemen, 1916, S. 2.

15 Mainzer, 1991, S. 133.

16 Clemen, 1916, S. 2.

17 Clemen, 1916, S. 3.

18 Paul Clemen, «Die Denkmalpflege in Frankreich», erstmalig publiziert in der *Zeitschrift für Bauwesen*, Nr. 48, Berlin 1898 (Clemen, 1898a), im selben Jahr veröffentlicht als eigener Druck beim Verlag von Wilhelm Ernst und Sohn in Berlin (Clemen, 1898b) und ebenfalls reproduziert in: Paul Clemen, *Gesammelte Aufsätze*, Düsseldorf 1948, S. 143–159. Clemen benutzte unter anderem den Bericht von Sommerard, 1876 sowie die Darstellung von Pariset, 1891.

19 Clemen, 1916, S. 4.

20 Clemen, 1916, S. 4.

21 Clemen, 1916, S. 6. Als ein Beispiel für die militärische Nutzung des Turms der Kathedrale von Antwerpen veröffentlichte Clemen ein Foto, das er der *New York Times* vom 22. Oktober 1914 entnahm. Clemen, 1916, S.15.

22 Clemen, 1916, S. 6.

23 Clemen, 1916, S. 25. Vgl. auch mit ähnlicher Argumentation Hamann, 1915a.

24 Clemen entnahm die Abbildungen und bezog sich auf den Text der Ausgaben von *L'Illustration* vom 26. September und 10. Oktober 1914.

25 Clemen, 1916, S. 32.

26 «Briefwechsel Bartholomé-Clemen», in: Grautoff, 1915, S. 108–116. Vgl. Burollet und Gourand, 2017, S. 130–132, 313.

27 Grautoff, 1915, S. 108–116.

28 Paul Clemen an Albert Bartholomé, in: Grautoff, 1915, S. 112.

29 Vgl hierzu auch Hermann Rosens Beitrag zum Grabmal von St. Mihiel in Grautoff, *Kunstverwaltung in Frankreich und Deutschland*: Rosen, 1915.

30 Briefwechsel Bartholomé-Clemen, 1915, S. 113.

31 Briefwechsel Bartholomé-Clemen, 1915, S. 113.

32 Briefwechsel Bartholomé-Clemen, 1915, S. 115–116.

33 Vgl. hierzu die Charakterisierung Grautoffs durch Christina Kott: «Grautoff est l'exemple type de l'intellectuel bourgeois prétendument apolitique, qui, d'une conviction cosmopolitique et libérale bascule vers un nationalisme conservateur et opportuniste», in: Kott, 2006, S. 83. Levy, 2011, S. 378–381.

34 Im März 1915 machte Grautoff Rolland offenbar schwere Vorwürfe, sich nicht gegen die Verleumdungen gegenüber Deutschland öffentlich zu äußern. Hierzu Rolland: «Diesen Zeitpunkt, da mich die französische Presse als Helfershelfer Deutschlands bezeichnet, sucht sich der arme Dummkopf Otto Grautoff [...] aus, um mich zu beschuldigen, ich sei Helfershelfer der verlogenen französischen Presse!» In: Rolland, Bd. 1, 1983, S. 375–377, 448.

35 Grautoff, 1915, S. 5.

36 Grautoff, 1915, S. 5.

37 Der Artikel war bereits als «Der Begriff des ‹Barbarischen›», in: *Kunst und Künstler: Illustrierte Monatsschrift für bildende Kunst und Kunstgewerbe*, 13 (1914–1915), S. 437–441 erschienen.

38 Waetzold, 1915, S. 120.

39 Hamann, 1915a, S. 119.

40 Rolland, Bd. 1, 1983, S. 616–617: « Einstein teilt mir traurige Dinge über meinen Übersetzer Otto Grautoff mit. Er habe sich zum Agenten des Außenministeriums machen lassen und René Schickele wegen seiner französisch-elsässischen Gesinnung denunziert [...] Seitdem ist Grautoff in der Schriftstellerwelt sehr schlecht angesehen; man hält sich fern von ihm [...]»; siehe auch S. 673–674.

41 Alexandre, 1918. Hierzu auch Harlaut, 2005–6, S. 157–158.

42 Alexandre, 1918, S. 2: « [...] démontrer que les Barbares ce sont les Français, et que les Allemands au contraire donnent le plus parfait exemple de la conservation des monuments.»

43 Alexandre, 1918, S. 17: «Cette violence a été volontaire. Elle a été preparée. Elle a été calculée.»

44 Das Thema wurde dann von Paul Wescher aufgegriffen und unter dem Titel *Kunstraub unter Napoleon*, 1976, veröffentlicht.

45 Gurlitt, 1916.

46 Gurlitt, 1916, S. 3.

47 Gurlitt, 1916, S. 8.

48 Gurlitt, 1916, S. 9.

49 Gurlitt, 1916, S. 15.

50 Gurlitt, 1916, S. 11.

51 Gurlitt, 1916, S. 12.

52 Levy, 2011, S. 385; Goldschmidt, 1989, S. 172–173. Vgl. auch Roth und Röhl, 2016, S. 148.

53 Wölfflin, 1984, S. 289–299. Freundlicher Hinweis von Oskar Bätschmann und Tristan Weddigen. Vgl auch Dilly, 2000, S. 224.

54 *Courrier de Champagne*, 8. Januar 1917; *L'Écho de Paris*, 10. Januar 1917, in: Clemen, Bd. 1, 1919a, S. 48.
55 Zitiert nach Clemen, 1919c, S. 49–50.
56 Zitiert nach Clemen, 1919c, S. 50.
57 Landrieux, 1919, S. 125.
58 Pfeilschifter, 1916; Sauer, 1917.
59 Baudrillart, 1915b.
60 «Die alten steinernen Götter erheben sich dann aus dem verschollenen Schutt und reiben sich den tausendjährigen Staub aus den Augen, und Thor mit dem Riesenhammer springt endlich hervor und zerschlägt die gothischen Dome», Heine, Sämtliche Werke, Bd. 7–9, Hamburg 1934, S. 108.
61 Sauer, 1917, S. 10.
62 Sauer, 1917, S. 1. Als deutsche Gegendarstellung vgl. Rosenberg, 1915 und Pfeilschifter, 1916.
63 *Les Allemands destructeurs de cathédrales et de trésors du passé*, 1915.
64 Sauer, 1917, S. 3.
65 Sauer, 1917, S. 7.
66 Sauer, 1917, S. 11.
67 Demar-Latour, 1915, S. 5. Sauer, 1917, S. 63, Anm. 1.
68 Sauer, 1917, S. 70.
69 Clemen, 1919b, Vorwort zum ersten Band. Siehe auch Burg, 1920.
70 Clemen, 1919a, S. 1.
71 Clemen, 1919a, S. 2.
72 Clemen, 1919a, S. 3.
73 Grautoff, 1919.
74 Vgl. Deutsches Kriegsministerium, 1915.
75 Clemen, 1919c, S. 46.
76 Alexandre, 1918. «Diese Darstellung», so Clemen, «zwingt dazu, das Unglück von Reims auch hier noch einmal zu widerholen», in: Clemen, 1919c, S. 46, Anm. 2.
77 Clemen, 1919c, S. 47–48.
78 Clemen, 1919c, S. 61 und Anm. 2.
79 Clemen, 1919c, S. 62.
80 Maurice Barrès, «La bévue», in: *L'Écho de Paris*, 16. Mai 1918.
81 Zitiert nach Clemen, 1919c, S. 62.

VI. Die Restaurierung der Kathedrale

1 «L'invasion de 1870 ayant porté peu d'atteinte à nos richesses artistiques», schrieb Paul Léon in «La Restauration des monuments après la guerre», 1925, S. 12; Zu den Ruinen siehe Danchin, 2012.

2 Gide, 1955, S. 479.

3 Trotz der Bombardierungen durch französische Flieger vor allem im Rheinland und in Süddeutschland, vgl. Becker und Krumeich, 2010, S. 182–183.

4 Die Angaben über die zerstörten Denkmäler sind sehr unterschiedlich. Nach Paul Verdier wurden 31 Denkmäler völlig vernichtet und aus den Denkmallisten herausgenommen. 850 Monumente, davon 600 Kirchen wurden schwer beschädigt. Vgl. Verdier, 1934, S. 198; Auduc, 2008, S. 395. Vgl. auch Le Ray-Burmi, 2016.

5 Proust, 1954, S. 794.

6 Dolff-Bonekämper, 2013, S. 121.

7 Grautoff, 1915.

8 Réau, 1994. Für eine weitergreifende Untersuchung von Vandalismus und Ikonoklasmus siehe Gamboni, 1997.

9 Réau, 1994, S. 676.

10 Antony-Thouret, 1927.

11 Vgl. in diesem Zusammenhang den Katalog der Ausstellung *Conflict, Time, Photography*, hg. v. Simon Baker und Shoair Mavlian, London 2014; siehe auch Baker, 2012, S. 290, 300–306, und Passini, 2015.

12 Antony-Thouret, 1915.

13 Die Geschichte des Engels ist ausführlich dargestellt in Harlaut, 2008.

14 Mâle, 1914, S. 309.

15 Antony-Thouret gibt in seinem Buch an, er habe einen Kopf gefunden, der dem Engelskopf geradezu geschwisterlich gleicht und verkauft werden sollte. Vgl. Antony-Thouret, 1927, S. LXVI.

16 Sauerländer, 1970, S. 78, Abb. 28.

17 Es werden unterschiedliche Zahlen überliefert, siehe Léon, 1925, S. 14; Réau, 1994, S. 843; Cochet, 1993, S. 160–161, 164.

18 Zur Diskussion über den Wiederaufbau der zerstörten Städte und der Denkmäler siehe vor allem Auduc, 2008, S. 385–418; Danchin, 2014, Absatz 3.

19 Michel, 1914, S. 198.

20 Michel, 1914, S. 192.

21 Michel, 1914, S. 194.

22 «Qu'on respecte les ruines de Reims», in: *Le Matin*, 2. Oktober 1914, S. 1.

23 «Qu'on respecte les ruines de Reims», S. 1.

24 «Qu'on respecte les ruines de Reims», S. 1.

25 Henri Lavedan, «La question de la cathédrale», in: *L'Illustration*, 6. März 1915, S. 2.

26 Harlaut, 2005–6, S. 153.

27 Hierzu vor allem Dagen, 1996 und Vatin, 2013, besonders S. 381–420.

28 «Faut-il conserver, restaurer ou reconstruire les ruines?», in: *Le Flambeau*, Nr. 4, Juni 1915. Vatin, 2013, S. 385. Zu Künstlern im Krieg siehe auch Cork, 1994.

29 Zitiert nach Vatin, 2013, S. 385.

30 Harlaut, 2005–6, S. 276.

31 Harlaut, 2005–6, S. 276.

32 Harlaut, 2005–6, S. 276.

33 Dayot, 1915a, S. 47. Vgl. auch Harlaut, 2005–6, S. 284–285.

34 Harlaut, 2005–6, S. 286.

35 Harlaut, 2005–6, S. 287.

36 «To Use Rheims Cathedral as Pantheon for the Allies», in: *New York Times*, 18. Juni 1917.

37 «But now, amongst all the sufferings I have seen, none have appealed to me so much as those of things – the martyrdom of mutilated cities, the decapitation of cathedrals, the assassination of architecture. The chapter of the crime committed by the Germans against the Stones should remain an imperishable monument to their barbarism. It is for this reason I have said that the cathedral of Rheims should not be restored nor any of the other monuments of the past against which the Germans have vented their rage and impotency. Repair them, yes, permit their wounds to heal, but never attempt to restore them in their integrity. They should no more be touched than should the Parthenon, because, that which is lacking to them, their lost members and their tortured limbs, should remain as an eternal proof that the cause of France was right.» Whitney Warren, «Our Friend, France», aus einem Vortrag gehalten im Harvard Club, Boston, 1. Februar 1916 und an der Harvard University unter der Schirmherrschaft des Cercle Français, 2. Februar 1916. Zitiert nach Harlaut, 2005–6, S. 278–279.

38 Clout, 1996, besonders S. 287; Pilleboue, 2000. Vgl. in diesem Zusammenhang auch den Beitrag über die Bedeutung und Interpretation der Ruine in literarischen Werken, wie von Edgar Allan Poe, Victor Hugo und anderen, in: Baker, 2012, S. 290.

39 Londres, 2010, S. 34.

40 Hierzu bietet die Magisterarbeit von Jérémy Miriot reiches und neues Material sowie wichtige Einsichten über die künstlerische Darstellung der zerstörten Stadt im Zusammenhang ihres Wiederaufbaus. Miriot, *Reims, une ville détruite et reconstruite sous le regard des artistes: vers un adieu aux ruines (1918–1938)*, Master recherche Histoire-Histoire de l'art, Université de Reims Champagne-Ardenne.

41 Zu den Darstellungen der Kathedrale als Ruine vgl. Liot, 2014.

42 Hoog, 1981; Golan, 1995, S. 29; Liot, 2014, S. 118; zusammenfassend jüngst King, 2016, S. 145–148, 151–156.

43 Doyle, 1916, S. 65–66.

44 Kipling, 1915, S. 9.

45 Kipling, 1915, S. 49, Hervorhebung im Original.

46 Wharton, 1915a, S. 9. Wharton 1915b, S. 184–186.

47 *Le Rire*, 22. Mai 1915, Nr. 27. Whartons amüsierte Reaktion auf die Karikatur ist in ihrer Biographie beschrieben: Lee, 2007, S. 485. Edith Wharton wurde übrigens vom 22.–26. November 1915 von André Gide begleitet. Gide, 1955, S. 520.

48 *Rheims and the Battles For its Possession*, 1920.

49 Zu Einsteins Besuch in Frankreich vgl. Grundmann, 2004, S. 212.

50 Charles Nordmann, «Avec Einstein dans les Régions Dévastées», in: *L'Illustration*, 15. April 1922, S. 328–331.

51 Nordmann, «Avec Einstein dans les Régions Dévastées», S. 329–330. Grundmann, 2004, S. 215.

52 Grundmann, 2004, S. 215.

53 Kessler, 2010, S. 202–203. Freundlicher Hinweis von Françoise Forster-Hahn, Santa Monica. Der erwähnte Max Goertz war Kesslers Privatsekretär, Lebensgefährte und Direktor der Cranach-Presse.

54 Auduc, 2008, S. 396–406. Siehe auch Harlaut, 2014, S. 95–105.

55 Duval, zitiert nach Auduc, 2008, S. 399. Vgl. auch Audoin-Rouzeau, Becker, 2000, S. 199.

56 Bataille, 1974, S. 40. Siehe auch Baker, 2012, S. 293.

57 Cohen, Abram und Lambert, 2002, S. 134–135; Makarius, 2004, S. 206–207.

58 Siehe hierzu ausführlich Cohen, 2011, besonders S. 9–15.

59 Harlaut, 2005–6, S. 292.

60 Auduc, 2008, S. 403.

61 Michel, 1917, S. 42. Siehe auch Auduc, 2008, S. 404–405.

62 Michel, 1917, S. 409.

63 Michel, 1917, S. 410.

64 Léon, 1918, S. 79. Vgl. auch Auduc, 2008, S. 391, 404.

65 Michel, 1917, S. 412.

66 Léon, 1918, S. 61.

67 Léon, 1917.

68 Clemen, 1898b.

69 Léon, 1917, S. 270–271. Vgl. zu Léon auch Lemonnier, 1917, S. 342.

70 Michel, 1917, S. 414; vgl. auch Dassonville, 1919; Harlaut, 2005–6, S. 293.

71 Léon, 1925, S. 9.

72 Léon, 1925, S. 19.

73 Léon, 1925, S. 21.

74 Edwin L. James, «Rheims awaits her restoration», in: *New York Times*, 11. Juni 1919, S. 4.

75 Harlaut, 2005–6, S. 295–301.

76 Vgl hierzu ausführlich Emery, 2009.

77 James, «Rheims awaits her restoration», S. 4.

78 Über die verschiedenen Initiativen im In- und Ausland, die notwendigen finanziellen Mittel zur Restaurierung der Kathedrale zu erhalten, vgl. Harlaut, 2005–6, S. 358–409.

79 Pläne zum Wiederaufbau der Stadt wurden bereits während des Ersten Weltkriegs entwickelt. Aber erst nach dem Krieg begannen konkrete urbanistische Planungen und erste Maßnahmen. Das von dem amerikanischen, allerdings an der École des Beaux-Arts in Paris ausgebildeten Architekten George Burdett Ford vorgelegte Projekt einer großräumigen Neugestaltung der Stadt

und der Umgebung fand Zuspruch und wurde, wenn auch nicht vollständig, ausgeführt. «American Plan to Rebuild Reims», in: *Literary Digest*, 31. Juli 1920, S. 27–28. Boulanger et al., 2013, S. 165–169.

80 Nicht nur Rockefeller, sondern auch andere amerikanische Mäzene engagierten sich beim Wiederaufbau Frankreichs und besonders in Reims. Andrew Carnegie finanzierte den Neubau der Bibliothek und 1925 wurde das von amerikanischen Frauen gestiftete American Memorial Hospital in Reims eingeweiht. Siehe Charlotte Holmes Crawford, «Sick and Ye Visited Me: American Memorial Hospital of Reims», in: *Victory*, August 1919, S. 638–640.

81 Sainsaulieu, 1924; Boiret, 1993. Sainsaulieu schrieb regelmäßige Berichte über den Zustand der Kathedrale, vgl. Harlaut, 2005–6, S. 167–168; Harlaut, 2007.

82 Léon, 1925, S. 22.

83 Siehe Balsamo, 1988.

84 Eine zusammenfassende, mit Fotografien illustrierte Darstellung der Bauarbeiten wurde aus Anlass der Wiedereröffnung der Kathedrale im Juli 1938 in *L'Illustration* veröffentlicht: Max Sainsaulieu, «Les étapes d'une restauration», in: *L'Illustration*, 16. Juli 1938, S. 377–380.

85 Als Vertrauter von Rockefeller zog der amerikanische, wie George Burdett Ford an der École des Beaux-Arts in Paris ausgebildete Architekt Welles Bosworth für mehrere Jahre nach Frankreich um. Bosworth war ein erfolgreicher Architekt, der unter anderem auch für den Campus von MIT in Cambridge verantwortlich war. In Frankreich leitete er das Comité, das die Spende von Rockefeller zum Wiederaufbau von Reims, Versailles und Fontainebleau verwaltete. Boswell begleitete Rockefeller auch bei seinem Besuch in Reims am 23. Oktober 1925, wobei sie die fortschreitenden Arbeiten an der Konstruktion der modernen Dachlösung inspizierten. «Visite de M. Rockefeller», in: *Église de Reims, Vie diocésaine*, 7. November 1925, S. 354; «Welles Bosworth», 1927, S. 148–149.

86 Harlaut, 2005–6, S. 449; Auduc, 2008, S. 409–410.

87 Pellus, 2001, S. 79.

88 «La résurrection de la cathédrale de Reims», in: *Le Matin*, 10. Juli 1938, S. 2 sowie ein ausführlicher Bericht der Feierlichkeiten in «La cathédrale de Reims», in: *Le Matin*, 11. Juli 1938, S. 1–2 sowie in «La résurrection de la cathédrale de Reims», in: *Le Figaro*, 11. Juli 1938, S. 5.

89 «Les grandes orgues de la cathédrale qui doit être consacrée solennellement ce matin ont été inaugurées», in: *Le Petit Journal*, 10. Juli 1938, S. 5.

90 «Les grandes orgues de la cathédrale», 10. Juli 1938, S. 5.

91 Armand Albert-Petit, «La cathédrale», in: *Journal des débats*, 11.–12. Juli 1938, S. 1.

92 Albert-Petit, «La cathédrale», 11.–12. Juli 1938, S. 1.

93 Albert-Petit, «La cathédrale», 11.–12. Juli 1938, S. 1.

94 Albert-Petit, «La cathédrale», 11.–12. Juli 1938, S. 1.

95 Maurice Morin, «Naissance martyre résurrection de Notre-Dame de Reims cathédrale de la France», in: *Le Journal*, 11.–12. Juli 1938, S. 1.

96 Albert-Petit, «La cathédrale», 11.–12. Juli 1938, S. 5.
97 Paul Lesourd, «La résurrection de la cathédrale des rois», in: *Le Figaro*, 10. Juli 1938, S. 5.
98 «Il n'y a pas de place en Allemagne nazie pour les apôtres de l'art moderne», in: *Le Figaro*, 11. Juli 1938, S. 3.
99 «L'Antisemitisme dans le IIIeme Reiche», in: *Le Matin*, 10. Juli 1938, S. 3.
100 Vgl. hierzu die eindrucksvolle Studie von Yann Harlaut zum *Ange au Sourire*, Harlaut, 2008.

VII. Erinnerungsort der deutsch-französischen Freundschaft

1 Über die Geschichte des Élysée-Vertrages ist eine ausführliche Literatur vorhanden. Eine gute Einführung in die Probleme und Folgen des Vertrages bietet der Band *Der Élysée-Vertrag und die deutsch-französischen Beziehungen, 1945–1963–2003*, hg. v. Defrance und Pfeil, 2005, mit einer Auswahlbibliographie S. 258–288. Vgl. ferner Soutou, 2012; Boulanger et al., 2013, S. 194–199.
2 Josef Müller-Marein, «Das Gebet von Reims: Konrad Adenauers Reise durch Frankreich», in: *Die Zeit*, 13. Juli 1962. *Der Spiegel*, 11. Juli 1962, hob hervor, dass de Gaulle die Begegnung «mit der ihm eigenen Fähigkeit, geschichtliche Symbolik mit tagespolitischer Taktik zu vermischen», inszeniert habe (S. 19–21).
3 Charles de Gaulle, Brief an Konrad Adenauer, zitiert in Legoll, 2004, S. 195; Lappenküper, Bd. 2, 2001, S. 1731–1733.
4 Lappenküper, Bd. 2, 2001, S. 1732.
5 Defrance und Pfeil, 2005.
6 Legoll, 2004; Boulanger, 2005; Chabaud, 2010.
7 Freundlicher Hinweis von Klaus Rinke, den die Gobelins bei der Zeremonie in Reims im Jahre 1962 als Künstler tief beeindruckten.
8 Chabaud, 2010, S. 488.
9 Harlaut, 2008, S. 120–124.
10 Chabaud, 2010, S. 488.
11 Müller-Marein verkennt den symbolisch-politischen Hintergrund, wenn er Adenauers Teilnahme an der Kommunion, während de Gaulle stand, als schlechte Regie bezeichnete. Josef Müller-Marein, «Das Gebet von Reims», in: *Die Zeit*, 19. Juli 1962. Siehe dagegen Grosser, 2014, S. 22.
12 Chabaud, 2010, S. 488.
13 Peyrefitte, Bd. 1, 1994, S. 154.
14 Krumeich, Prost, 2016, S. 209–210.
15 François Hollande, zitiert in «Hollande et Merkel célèbrent à Reims cinquante ans d'amitié franco-allemande», in: *Le Monde*, 8. Juli 2012.
16 Im Jahre 1967 verband sich Reims im Rahmen der Partnerstadtverträge mit

Aachen, der Krönungsstadt Chlodwigs mit dem Herrschaftssitz Karls des Großen. Siehe auch Boulanger et al., 2013, S. 202–206.

17 Lemoine und Truillet, 2012. Zu den Fenstern von 2011 siehe auch Olivier, 2011; Kronenberger-Hüffer und Czymmek, 2014, S. 168–169, Nr. 70.

18 Die Entscheidung für die Gestaltung der Glasfenster nach dem Zweiten Weltkrieg war nicht unumstritten. Bereits die Gestaltung der Fenster in der Marienkapelle hatte keine einhellige Zustimmung der Bevölkerung der Stadt gefunden. Vor Imi Knoebel waren auch andere Künstler, wie Gerhard Richter, gefragt worden. Siehe den Beitrag von Werner Spies in der *Frankfurter Allgemeinen Zeitung*, 14. Juli 2011.

19 Siehe beispielsweise «Imi Knoebels Glasfenster in Reims. Zeichen der Versöhnung», in: *Tagesspiegel*, 9. Mai 2015; Bommelaer, 2015, aber auch die Mitteilung des Goethe-Instituts: «Imi Knoebels Stained Glass Images. Fragile Memories.»

20 Siehe die Rede Frank-Walter Steinmeiers, 11. Mai 2015, in Steinmeier, 2015.

21 Siehe Kate Connolly, «Artist Imi Knoebel: If You Want to Stay Alive, You Have to Do Something Radical», in: *Guardian* (U.S. edition), 15. Juli 2015.

22 Die Rede hieß ursprünglich «Reims: Die Königin der Kathedralen: Himmelsstadt und Erinnerungsort», siehe Sauerländer, 2013. Willibald Sauerländer schrieb einen Essay basierend auf der Rede: «Die Königin der Kathedralen», in: *New York Review of Books*, übers. von David Dollenmayer, 22. März 2012, http://www.nybooks.com/articles/2012/03/22/queen-cathedrals/.

Personenregister

Kursiv gesetzte Seitenzahlen verweisen auf Abbildungen